辻中 豊編
現代世界の市民社会・利益団体研究叢書
《全6巻》

❶ 現代日本の市民社会・利益団体

辻中 豊編著

木鐸社刊

はじめに

　本書は，一連の比較市民社会組織・比較利益団体分析の出発点をなす書物である。
　この一連の調査は，1997年春に日本から始まり，同年秋から冬には韓国調査，98年から99年にかけて米国調査，2000年にはドイツ調査が実施された。そして2001年以降中国調査が実施されつつある（以上の共同研究チームと調査方法，データについてはコードブック参照。辻中編 1999a; 1999b; 2001a; 2001b）。私たちは，この5ヵ国調査が世界的にも希な，市民社会の組織やその政治活動に関する体系比較であり，世界の比較市民社会研究に基礎データを提供するものと考えている。市民社会やNPO，NGOといった概念は，冷戦以後，社会主義以後の世界を亡霊のようにさ迷っているが，その実質に迫る経験研究は少ない（例外的な比較研究として，NPOセクターについてSalamon & Anheir 1997 参照）。
　本書は，こうした一連の調査結果すべてを分析するものではなく，その嚆矢として，各国データの一部を日本の位置を明らかにするために援用しながら，専ら日本の政治過程，市民社会構造に焦点をあてて分析するものである。現段階で可能なデータ分析を意味するが，より積極的には，これに続く，韓国，米国，ドイツ，中国の各国研究，日本との対比較研究に対して，理論や分析方法・手法において先鞭をつけ，導き手としたいからである。各国研究および日本との比較を行った後，最後の巻において，全体の比較分析をより体系的に行い，全体として総合するというのが本研究チーム（出発点での名称は「団体の基礎構造に関する調査」チーム，Japan Interest Group Study 略称 JIGS である。現在の比較研究全体の正式英文名は Cross-national Survey on Civil Society Organizations and Interest Groups であるが，全体を今も JIGS と略記する）の戦略である。

　簡単に研究の経緯を記しておこう。政治過程や市民社会における圧力団体，利益集団，NGO/NPO など市民運動に関する研究は，常にしっかりした対象，

素材，データは何かという問題に悩んできた。編者は，1970年代末からこの問題に取り組んできたが，90年代の中頃，地球環境政策ネットワーク研究(Global Environmental Policy Network Study, GEPON。これも日韓米独4ヵ国で，1997〜2000年に遂行した)に取り組むこととなり，そこで再び政策ネットワークの基底である社会過程でのNGO, NPOなどの実態と政治学的意義をしっかりと捉えたいと考えはじめた。今度こそ，これまでとは異なる，徹底的に包括的な，市民社会組織の把握を，市民社会の組織的な輪切りをしたような把握を行いたいと考えた。幸い，この書に寄稿してくれている若い優秀な研究者が，筑波大学に集っていたのを幸いに，JIGS-日本調査を97年春に行った。この時，この研究が数ヵ国に亙る調査研究に発展するという大望は，まだ「夢」の状態であった。というのは，下に記すような調査資金調査の目途は全く立っておらず，日本調査は，いわば，数十万円プラス人力で始めたからである。その後，このJIGS-日本調査は，予想以上の成果を上げた。その結果，地球環境政策ネットワークGEPONとともに，多くの調査資金が得られ，現在までに中国なども含め数ヵ国に亙る調査分析が可能となった。

　本研究は，共同調査，共同研究の産物である。本書に寄稿している森裕城，崔宰栄，石生義人，足立研幾，平井由貴子のほか，多くの研究者・大学院生（朴盛彬，三輪博樹，今井尚義），村井恭，金雄熙，鄭美愛，高橋裕子，辻中ゼミ関係の学類学生の熱心な協力を得た。特に森裕城は，編者が多忙でともすればルーズになるのに対して，この数年一貫して研究の機動力かつ旗振り役，また押さえ役であったし，同様に崔宰栄は精緻な統計分析を冷静に行い続けた。この両者なしには，本研究は出発も遂行もなしえなかったと思う。第一の貢献者である。加えて，この間，研究助手をつとめた仙保隆行，吉田里江，奥西美幸，中里しのぶ，近藤加奈の諸氏にも感謝したい。

　韓国，米国，ドイツ，中国と調査対象を広げていくには，言うまでもなく，内外の多くの研究者の協力なしには，行い得なかった。研究チームの詳細は，関連する各巻に譲るが，廉載鎬（高麗大学），李進（雄鎮専門大学学長），ミランダ・シュラーズ（メリーランド大学），ゲジーヌ・フォリヤンティ・ヨスト（マーチン・ルター・ハーレ大学），Li, Jing-Peng（北京大学），坪郷實（早稲田大学），久保文明（慶應義塾大学），国分良成（慶應義塾大学）のお名前

は，ここで触れ，感謝の意を表さずにおれない。

　本書が，草稿として，書き始められてからもほぼ2年が経つ（『選挙』での連載，辻中他 1999）。編者が大掛かりな調査を各国で次々と始めることに，若い研究者たちは呆れ顔で見つめていたが，その我慢も限界に達した今年，漸く第1巻を纏めることが可能となった。

　その第一草稿の纏まりを通読し，厳しい批判をお願いするという我侭かつ無理な要求を，快く引き受けて下さった何名かの研究者には，本当に感謝の気持ちで一杯である。その言わば被害者にあたる研究者は，伊藤光利（神戸大学），大西裕（大阪市立大学），丹羽功（富山大学），近藤康史（筑波大学）の諸氏である。2001年の春合宿に付き合って頂き，心よりお礼申し上げたい。

　村松岐夫（京都大学），山川雄巳（関西大学），三宅一郎（神戸大学名誉教授），中野実（明治学院大学，故人），蒲島郁夫（東京大学），大嶽秀夫（京都大学），猪口孝（東京大学），福井治弘（広島市立大学平和研究所），佐々木毅（東京大学），川人貞史（東北大学），真渕勝（京都大学），加藤淳子（東京大学），河野勝（青山学院大学），田中愛治（早稲田大学），川島康子（国立環境研究所），佐藤英夫（筑波大学，故人），ピーター・カッツェンスタイン（コーネル大学），スーザン・ファー（ハーバード大学），フランク・シュワルツ（ハーバード大学），T.J.ペンペル（ワシントン大学），ロバート・ペッカネン（ハーバード大学）その他，多くの優れた先生方，先輩方からは様々なご教示，ご批判，知的刺激を賜わった。これらなしには，こうした共同研究は生まれなかった。また，筑波大学における諸先輩，特に進藤榮一，中村紀一，波多野澄雄の諸先生，そして多くの仲間から得た刺激にも感謝したい。特に素晴らしい研究環境，時間，スペースと研究資金を提供してくださった大学当局にも心から感謝する。

　厳しい出版情勢の中で，本書を含む『現代世界の市民社会・利益団体』研究叢書を公刊できるのは，木鐸社の英断による。とりわけ，二〇年余に亙り，編者の研究を激励して頂いている編集者の坂口節子氏に心から感謝したい。

　最後に，私事ながら，編者の家族にも感謝したい。妻若子，長女梓，長男馨，次女遥に心から感謝する。頑固で，仕事中毒で，あまりできの良くない夫，父親であるが，彼らなしには，いかなるしっかりした体系的な経験研究も生まれなかった。

なお，これまで得た助成金，補助金は，以下の通りである。審査委員，事務局など関係各位に心から感謝申し上げる。日本でも，世界的な実証調査が可能となったのは，こうした資金援助のお陰である。

補助金リスト
「団体の基礎構造に関する調査」（JIGS）および「地球環境政策ネットワーク調査」（GEPON）研究に関して得た研究助成基金の一覧
- 文部省科学研究費補助金基盤研究（A）（1）（07302007）「日米独韓における環境政策ネットワークの比較政治学的実証分析」（1995－1997）
- 文部省国際学術研究（共同研究）（09044020）「日米独韓における環境政策ネットワークの比較政治学的実証分析」（1997－1999）
- 筑波大学学内プロジェクト補助金S（1997－2000）「世界における地球環境政策ネットワークの比較政治学的実証分析」
- 筑波大学学内プロジェクト補助金A（2000－2003）「世界における地球環境政策ネットワークの比較政治学的実証分析」
- 文部省科学研究費補助金基盤研究（A）（1）（12372001）「現代中国を中心とした利益団体および市民社会組織の比較実証的研究」（2000－2003）
- 文部省科学研究費補助金基盤研究（A）（1）（10302002）「米欧アジア主要国家における地球環境政策ネットワークに関する比較政治学的実証分析」（2000－2001）
- サントリー文化財団助成金（1996－98年度）「現代日本およびフランスの政治構造・政治過程に関する研究」
- サントリー文化財団助成金（2000－2001年度）「異なる連立政権の形成とそのインパクト」
- 松下国際財団助成金（1998－2000年度）「米欧アジア主要国家における地球環境政策に対する情報ネットワーク分析およびキーパーソンの認知に関する調査」

　この他，筑波大学TARA（先端学際研究センター）のプロジェクト（進藤榮一主査）からも様々な援助をえた。

現代日本の市民社会・利益団体　目次

はじめに　　　　　　　　　　　　　　　　　　　　　　　　　　　　辻中　豊

第Ⅰ部
導　入

第1章　序論：本書のモデル・構成・見方　　　　　　　　　　　　　辻中　豊
　　はじめに　16
　　1　本書のモデルと定義　18
　　2　本研究の調査対象，関連研究の調査対象とモデル　27
　　3　本書のねらい　27
　　4　検証されるべき日本政治・社会構造への見方　30
　　5　本書の構成　34

第2章　日本における利益団体研究とJIGS調査の意義　　　辻中豊・森裕城
　　はじめに　38
　　1　日本における実証的利益団体研究の系譜　38
　　2　『戦後日本の圧力団体』　41
　　3　『レヴァイアサン』98冬臨増号　48
　　4　JIGS：調査の設計とその特徴　50
　　5　調査時期の問題と韓米独でのJIGS調査について　60

第3章　概観：市民社会の政治化と影響力　　　　　　　　辻中豊・崔宰栄
　　はじめに　64
　　1　日本における市民社会組織の政治化　65
　　2　政治化の3層構造　67
　　3　東京と茨城の違い　70
　　4　団体分類別の特徴　71
　　5　日本の特徴　74
　　6　他のアクター影響力の評価　76
　　まとめ　79

第Ⅱ部
日本の政治過程と市民社会組織・利益団体

第4章　団体のプロフィール　　　　　　　　辻中豊・森裕城・平井由貴子
　1　団体分類　84
　2　10分類での「その他」の団体　85
　3　電話帳上・法人格上の分類との整合性　86
　4　分類別にみた団体の属性　90
　まとめ　101

第5章　活動地域別にみた団体の存立・行動様式　　　　　森裕城・辻中豊
　1　団体の活動地域　104
　2　立地・属性・志向性　105
　3　情報源と政治的標的　108
　4　団体－行政関係　109
　5　団体－政党関係　114
　6　行政接触と政党接触の関係　115
　まとめ　116

第6章　団体－行政関係：政府と社会の接触面　　　　　森裕城・足立研幾
　はじめに　120
　1　行政の外延：行政機能を遂行する団体　121
　2　団体－行政関係の基調　123
　3　行政活動の包括性　128
　4　関係性の濃淡　132
　まとめ　136

第7章　団体－政党関係：選挙過程を中心に　　　　　　　　森　裕城
　はじめに　140
　1　選挙活動のモード　141
　2　政党支持と政党接触　143
　3　選挙活動の有無と団体―政党関係　150
　4　政党政治の変化と選挙活動の停滞化　153
　まとめ　157

第8章　ロビイング　　　　　　　　　　　　　　　　　石生義人

   はじめに　164
   1　先行研究　165
   2　ロビー戦術の分類　166
   3　分析の焦点　167
   4　データ分析　173
   まとめ　184

第9章　地球化と世界志向利益団体　　　　　　　　　　　足立研幾

   はじめに　192
   1　地方化と小規模化　193
   2　公共利益の重視　197
   3　国家行政機関との関係　199
   4　ネットワーク形成とマスメディア利用　202
   まとめ　206

第Ⅲ部
比較の中の日本：
社会過程・政治体制と市民社会組織・利益団体

第10章　比較のための分析枠組み　　　　　　　　　　　辻中　豊

   はじめに　214
   1　現在の利益集団研究の主要分野　215
   2　比較利益集団研究の分析枠組み：試論　218
   3　一つの統合した理論的モデル：
      変動発展と団体セクターの位置づけのために　223
   4　統合空間ダイナミクスモデルからみた各章の位置づけ　226

第11章　制度化・組織化・活動体　　　　　　　　　　　辻中　豊

   はじめに　230
   1　理論的背景と課題：パットナムの問題提起に対応して　230
   2　市民社会組織の諸レベル　232
   3　制度化レベル　236

  4 組織レベル 241
  5 活動体レベル 245
  6 最近の組織化と活動体の比較：日本 247
 まとめ 249

第12章 歴史的形成   辻中豊・崔宰栄
 はじめに 256
  1 JIGS調査団体の設立年の分布 256
  2 JIGS設立年の解釈と問題意識 259
  3 国家・制度次元における体制変革の意義 261
  4 社会・資源次元の検討Ⅰ：
    日本における生産者セクター団体の量的優位と形成の先行 263
  5 市民社会組織の歴史的形成理論の課題 269
  6 日本の市民社会組織の比較的特徴：事業所統計による日米韓比較 271
  7 社会・資源次元の検討Ⅱ：
    「発展志向型国家の団体状況」仮説の部分的検証 277
 まとめ 283

第13章 組織リソース   辻中豊・崔宰栄
 はじめに 288
  1 理論的背景 288
  2 活動体の分布 289
  3 活動体の法人格 291
  4 組織リソースの分布 292
  5 アドボカシーセクターの比較 297
 まとめ 299

第IV部
全体的な分析と結論

第14章　現代日本市民社会の団体配置構造：要因相互間の関連
辻中豊・崔宰栄

- はじめに　304
- 1　方法　304
- 2　データ　305
- 3　数量化Ⅲ類による団体特性　307
- 4　団体特性の配置構造　317
- まとめ　328

第15章　結論
辻中　豊

- はじめに：本書の課題　332
- 1　比較政治的な発見：共通性と差異　332
- 2　旧構造の浮上？　333
- 3　旧構造をはみ出る3つの発見　335
- 4　深層の構造分析へ　337
- 5　3つの見方　338
- 6　比較に向けての1枚の地図　339

参考文献　341

付録：調査票　350

索引　362

第Ⅰ部

導　入

第1章

序論：本書のモデル・構成・見方

辻中　豊

　ここでは，市民社会組織，利益団体という本書の対象に関する概念と関連用語を定義するとともに，社会過程，政治過程，政策過程（そして全体としての政治体制）からなる3層モデルを分析枠組みとして提示する。新聞での用語の頻出度を手がかりに，現在の団体状況配置に関して，急速に進む多元主義化，メディア多元主義，既成生産者団体支配モデルの3つの見方，また団体の活動に関して，上からの動員か，下からの働きかけかという方向に関する見方，そして，市民社会，団体世界における亀裂は何か，団体世界のグループ化はできるか，といった本書の分析を導く，複数の見方群を問題提起として示す。

はじめに

「利益集団って何ですか？」
「利益団体とはどう違うのですか？」
「市民社会組織とは何を指すのですか？」
「私達,『団体』とか『組合』に属していない『普通の人』には, 関係ないんじゃないですか？」

　日本では, よく聞かれる質問である。そして欧米ではあまり聞かれることのない質問である。政治学関連の諸学会においても事情がそう変わるわけではない。例えば, 日本政治学会名簿（1999年版）によれば, 政治集団論を専門とする研究者はわずか5名, 政治運動論で7名, 現代社会論で14名に過ぎないのだから, それも肯けるところである。
　しかし, 集団はいうまでもなく重要である。村松岐夫がいうように「圧力団体は, 政治の実質的部分であるから, その活動の様々なシーンを個別的に記述するだけで生き生きとしていて面白い」（村松・伊藤・辻中 1986：1）のである。集団と政策決定の絡み合い, 決定の背後にある諸集団, そうした集団の利害・理念, 集団組織の内部の闘争, 集団と集団の権力を求めての競合, 集団と政党の関係, 集団と行政組織の関係, メディアと集団など, すべて, 現代政治, 政治の現在に関心を持つ者にとって, これほど興味のあるものはない。現実に挑む健全なジャーナリスティックな精神にとって,「集団こそがすべて」（Bentley 1908, 邦訳 1994）かもしれない。
　後に詳しく述べることになる（第12章 歴史的形成）が, 時代とともに集団現象はあるし, 集団とともに時代が移ろうのである。日本において集団が噴出したいくつかの時期は, 1920年代, 1945～55年頃, 1965～75年頃, そして1980年代後半以後である。そしてこの時期は, 政治社会体制の形成, 変容や変質化の時期であった。時代（政治社会体制）と集団がどう関係するのかというのは, 最も重要で大きな問いかけであり, それは私たちの現在と未来を問うものでもある。
　興味深いことに（次の第2章で述べることになる）, 政治学者はこの集団噴出を追いかけるように政治分析を行い, 日本の政治社会体制を理論化し, モ

デル化していったのである。

　「では，集団分析，団体分析，市民社会分析とは何でしょうか？」

　この問いには，「現代政治・社会での，気象研究のようなもの，地殻研究のようなものですよ」と答えておくことにしよう。
　今日の天気について具体的に述べることは難しいけれど，この10年の，1年の，季節の，傾向を示すこと，いわば気象構造を示すことはできる。同様に，いつ地震が生じるかは予想できないが，地震の起こる大きなマクロ・プレート・メカニズム，地殻構造を示すことはできる。何時どこでどの程度の雨が降るか，いつどこでどの程度の地震が発生するかを，完全に予測することはできない。しかしながら，日々の天候を規定する気象構造や地震の発生を規定する地殻構造の調査を積み重ねることで，それらが発生する時間的・空間的・規模的範囲や条件を科学的に特定することができる。
　政治現象も同じである。ある政治現象を完全に予測することはできない。しかし，それは必ずある枠組みの規定する範囲の中で発生しているはずである。中・長期的な政治の構造を，集団を分析することで，ある政治現象が発生する範囲を特定することが可能になるのではないか。一期一会的に発生しているように見える政治現象のあり方を規定する政治社会構造の地図，メカニズム，条件を示そうというのが，私たちの研究なのである。

　集団，利益集団，利益団体，市民社会，市民社会組織を分析する本書を始めるにあたって，3つの点でこうした研究は意味があると述べておきたい。
　第1に，集団，利益集団，利益団体は，それが政治を実際に動かしているがゆえに重要な研究対象なのである。そうしたものに属していないと考えている多くの人々も，知らず知らずにそれに属している場合も多い。また言うまでもないが，そうしてなされた政治決定の帰結は，全ての人に及ぶのである。現代では政治から逃れることができないように，利益集団や利益団体から逃れることはできない。
　第2に，本章で後に述べるように，利益団体と市民社会組織は，実際上はほぼ同じ対象を指している。こうした組織は，仮にそうしたものと無縁に生

きている人でも，一度政治に関わろう，公共政策に影響を及ぼそう，皆の問題を皆で考え，それを「公」に決めたいと考える時，形成せざるをえない組織なのである。いわば普通の人々が公共性を志向する時，市民社会組織は必然となるのである。

　第3に，社会と政治の大きな転換期にあって，私たちは，一瞬一瞬の政治決定や事件だけでなく，それらを生み出す構造を知りたいと思うし，知ることが重要である。そうした社会と政治の関係構造こそ，集団，利益集団，利益団体，市民社会，市民社会組織を分析することから理解されるのである。

　私たちは，これから示す図のように，3層構造で，社会と政治の関係を考えている。そして私たちは，それを「団体の基礎構造に関する調査（JIGS）」によって，ほぼ3層を貫く形で代表的な団体サンプルをランダムに取り出し，分析したのである。共通のフレームを用いて，この調査を4ヵ国で行った（1997〜2000）し，現在それを中国（2001〜）などに拡張しつつある。

　日本の社会過程について，メゾレベルの政治過程について，マクロレベルの政治体制について，調査結果に基づいて，調査時点での構造的な配置，いわば気象や地殻の構造配置にあたるものを示すようにしたい。従って，トップレベルの政策決定過程については，少ししか触れない。それらは，事例研究や参与観察の情報を加えて分析すべき課題であるからである。

　政治社会構造の基本として，集団（人々の集団化，その関係）構造と制度（人々を律する規範，ルール）構造，文化（内面化された行動様式，理念）構造などが考えられるが，本研究では，そのうち集団の政治・社会的な配置構造，アクターとの相互作用を中心に分析することにする。例えば，現在の政策決定を理解するための条件としては，これらを総合して考えずに理解することは困難である。制度論だけでも文化論だけでも難しい。私たちは，集団構造から，日本政治の構造とその世界での位置づけ，中長期的な構造の変化を示したいと思う。

　まず，私たちのモデルを説明しよう。

1　本書のモデルと定義

　本書では，政治と社会の構造を，石田（1992）の着想を借りて，3層構造の

システムとして捉えている（図1-1）。このシステムをなす円錐を，上中下と3段に分け，下から社会過程，上2段を政治過程，最上部を政策決定過程と呼ぼう。3層に重なる形で，政策決定過程レベル，政治過程レベル，政治体制レベルという3つのレベルも考えられる。これは前者が後者に含まれる形であるので，同心円状の入れ子をなすと見てもよい。

この概念図には，石田の原図にはない，いくつかの政治システムの機能も付け加えてある。社会過程から，政治過程へ，そして政策決定過程へと向かう矢印は，いわば，政治システムの入力機能に相当する。つまり，様々な要求，支持，批判，関心，無関心，そしてそれらにともなうカネ，情報，モノ（様々な財）の動きである。上部から下部に向かう外側に描いた矢印は，逆に政治システムから社会方向へ流れる政策・政治出力である。

さらに，円錐の外周を回るように描かれた2つのラインは，システム的見方だけでなく，制度論的な見方，文化論的な見方も書き入れたものである。つまり，政策決定過程，政治過程，社会過程，それらを含みこむ政治体制のどのレベルでも，またレベル横断的にも，ゲームのルールがそれらを規定し

図1-1　「権力の3層モデル」のシステム

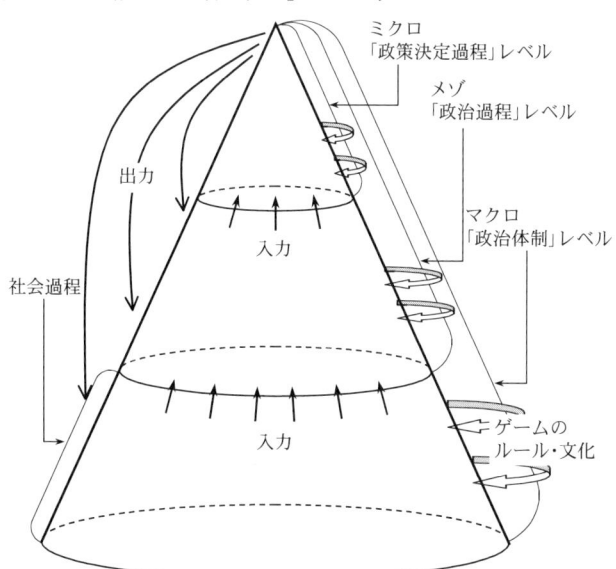

ているし,文化的な要因もそれらに影響を与えているという点を示している。

　残念ながら,入力・出力だけでなく,フィードバックにあたる作用もあるが省略した。同様に,他の国々や国際機関とのインターナショナルな関係や国境を越えたトランズナショナルな関係も,図を複雑にしすぎるので省略してある。

　この模式図は,ライト・ミルズ（邦訳 1969）のパワー・エリートモデルを彷彿とさせる。また,これを水平に置きなおせば,イーストン（片岡監訳 1980）やアーモンド（Almond and Powel 1996）の政治システムモデルや構造機能分析モデルと相似の図式となる。上下を逆転させれば漏斗状になるが,これもノークたちの政策ネットワークへの参与図式（Knoke, Pappi, Broadbent, Tsujinaka 1996：25）や投票行動論（三宅 1989：37）での説明図式に類似する。つまり,この図示はある意味でありふれたものであり,普通,政治と社会の全構造と全過程を包括的に捉えようとする時,用いられるものと考えてよい。

　私たちのモデルの特長は,モデルの形態そのものよりも,それに基づいて市民社会の組織,利益団体を理論的に位置づけること,そしてこのモデルとその位置づけに基づいて,実際に数ヵ国に跨る実証的な研究のためのサンプリングを体系的に行ったことにある。

1-1　市民社会組織

　社会には,無数といってよいほど,集団が存在する。恒常的なもの,一時的なもの,事務所や従業者を雇用する組織のあるもの,そうでないもの,私的なもの,公的なもの,営利性のあるもの,ないもの,‥‥そこには無限の分類と形態が存在するだろう。それらを完全にとらえることは,一瞬であれ,世界の時間を止めても,不可能かもしれない。そして,これらの中には私たちの研究対象とななるものとならないものが存在する。

　群集などのように永続性がないかもしくは存在時間の短いものや,男性・女性,茨城県人,外国人労働者といった様々な分類による集合ではあるが相互関係のほとんどないものは,社会集団と呼ばないことが多いし,私たちもそれを分析対象外にしよう。さらに,家族,親族,レストランの常連客,バンドやサークルの仲間のような純粋に私的な集団は,ある意味で社会集団で

図1-2　「権力の3層モデル」と市民社会組織・利益団体

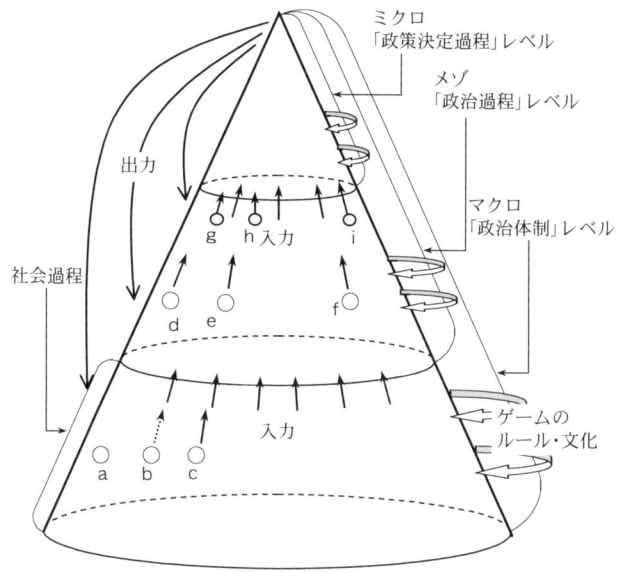

あるが、これも私たちの対象とはならない。

では次に、私たちが対象とする市民社会組織や利益団体を模式図に加えてみよう（図1-2）。

私たちが、対象とするのは、市民社会組織である（市民社会の活動体や団体といってもよいが、本研究で用いる分類の市民団体と紛らわしいので、ここでは市民社会組織とする）。第1の条件は、それは外部から把握できる程度の、一定の継続性、恒常性をもった集団であり、活動体であることである。いわば図のaの状態の社会集団組織である。ただ現実的にはこのaの状態にとどまる集団は少ない。aの状態の集団は、社会の中に存在するのであるから、他の集団組織の存在、また「政治」の存在を自然に意識していくであろう。また、他と共通するもの、広く「公共性」とは何かを意識していくであろう。従って、ほぼすべての社会集団組織はいわばbの状態として、政治的意識の潜在的な状態として存在する。この政治や公共性への意識を自覚した状態がcである。公共性への意識、これが市民社会組織の第2の条件である。

社会集団が、単なる私的利益や私的関係でなく、公共性をなんらかの形で

意識し自らを組織したとき，市民社会組織（b，cの状態）と考えてよいだろう（後述第10章のPutnam 1993の議論参照）。公共性を意識した市民の組織が，市民社会組織である。ここでの公共性は大変広い意味であって，現実には，何らかの組織を有する集団は市民社会組織であることが多い。

ただ，私たちは，営利企業，営利企業に準じた民間（私立）の病院・学校，宗教組織としての教会・寺院は，社会集団として扱い，市民社会組織の対象から外した。構成員に報酬を与える組織は営利企業に準じた組織とした。教会・寺院は，家族，親族などのような純粋に私的な組織に準じた組織とみなした。しかし，これらが下記の意味で利益集団化する可能性は否定できない。また公共性を意識する集団・組織であっても，国家（中央政府，地方政府，国・公営企業，国公立の学校，病院）そして国家権力追求組織（政党）に属するものは外した。

市民社会組織は，例えば，市民社会論を復権させた1人であるダイアモンド（Diamond 1994：96）によれば，「市民社会（組織）」として次の7種類があるという。ちなみに「市民社会は自発的，自己生産的，自己支持的，国家から自律的で，なんらかの法もしくは共有化された規約によって規制された組織的な社会領域である」（ibid. 208）と定義する彼にとっては，結社＝市民社会である。

(p)経済組織（製造業・商業の業界団体とネットワーク）
(q)文化組織（集団的な権利・価値・主義・信念・象徴を擁護する宗教，民族，共同体などの組織）
(r)情報・教育組織（利益を求めてであれ，そうでないものであれ，公共的な知識・理念・ニュース・情報を生み出し広めることに専心する組織）
(s)利益基盤型組織（労働者，退役軍人，年金受領者，専門家など，メンバー間の共通する職能的もしくは物質的な利益を促進，防衛するための組織）
(t)開発組織（地域の社会資本，制度，生活の質の向上のために個々人のリソースを結合する組織）
(u)争点志向組織（環境保護，女性の権利，土地改良，消費者保護等のた

めの運動）
　㈸市民政治組織（無党派方式で，政治システムの改良，人権のモニタリング，有権者教育と動員，世論観察，反政治腐敗運動などを通じた政治システムの民主化を追求する組織）

　市民社会（組織，以下省略）もその射程は極めて広く，彼自身「社会そのもの」とは異なるが，それに匹敵する広がりをもっていると考えているのである。

　しかし，ダイアモンドによれば，上記「市民社会」には4つの共通点がある。
⑴市民社会は，個人的・私的目的ではなく公共的 public 目的を目指している。
⑵市民社会は国家と関係するが，国家の正式の権力や官職を得ることは目的としない。
⑶市民社会は多元主義と多様性を含むものである。
⑷市民社会のいかなる集団も部分的である。

　それゆえ，「市民社会」は，国家とも社会とも同じでないし，政治社会（政党）とも区別される。

1-2　利益団体

　図1-2によりながら先の説明を続けると，bの状態の市民社会組織は，何らかの形で公共性や国家や多元主義を意識しながら，多様な形で，社会過程においてその活動を遂行している。当然，政治や政策が，市民社会組織の関心となり，政治レベルでの利益（私的レベルでない）が意識され，政策関心が生じる。図のcの状態である。それを利益集団化の開始と考えてもよい。利益集団については，特殊な，自己利益中心の集団と捉える定義や一般通念も存在するが，公共的利益（public interest），公共的な利益集団（public interest group）といった用語から理解されるように，多様なものを含みうるものである。

　政治・政策関心を有した市民社会組織＝利益団体b，cは，政治過程に参入するか，もしくは，政治過程に動員される可能性が高い。d，e，fは，そうした活動に従事している利益団体を示している。

　例えば，様々な公共的利益の実現のための啓蒙活動や生活や権利を防衛す

るための活動，行政のもたらす補助金や許認可を獲得するための活動を，利益団体は行うのである。集会を開いたり，新聞やテレビなどマスメディアに情報を提供することもあるだろう。その過程で，与党や野党の諸政党に，行政の各部局に，いわゆる有力者に接触したり，情報を流したり，稀にはデモや座り込みのようなことを行ったりすることもあるだろう。

　そうした利益団体としての行動は，より実際的な法案や規則の作成への関与，法案の原案を作成したりする諮問機関への審議参加，毎年の政府や地方自治体の予算編成への関与といった形をとることもある。公式，非公式の様々なチャンネルが用いられる。g, h, i で示される利益団体の活動は，こうしたレベルの団体活動を示している。

　d から i までの様々な団体活動は，自発的になされる場合も，政党や，行政機関のリーダーシップが関係する場合もあるだろう。いわゆる動員という側面もありうる。

　私たちの定義では，政治・政策関心を有した市民社会組織が利益団体である。この定義と先の公共性を意識した組織としての市民社会組織の定義とは本質的に異なるものではない。本研究では，後述（第3章）のように調査した組織のほぼ100%が政策関心をもっており，市民社会組織と利益団体は実態的にはほぼ同義と考えても差し支えない。社会過程での存在形態が，市民社会組織（b, c）であり，それが政治過程，政策過程に参入すると利益団体（d, e, f, g, h, i）となるのである。ただその境目は曖昧である。この両者を指して，一般に使われる用語を使って，「団体」と略称することが多い。普通にいう団体（団体・組合）とは，市民社会組織であり，利益団体のことである。

　市民社会組織でないもの，すでに触れた私たちの定義では，営利企業，それに準じた民間の学校，病院など，そして宗教活動組織としての教会・寺院なども，利益集団化する。政治・政策関心を有し，それへの働きかけも行うことはいうまでもない。加えて，国家の下位部分，つまり，官庁の部局も地方自治体も，公営企業も国公立の学校・病院ももちろんそうした活動を行う。つまり，利益集団という概念はずっと広いものである。本書での私たちの射程を超えるが，利益集団についても，触れておこう。

1-3 利益集団

　利益集団には，国家と社会の実質をなす全ての媒体（集団，組織，個人）が含まれる可能性を持つ（辻中 1988）。それは人々を選挙に動員し，代表過程に影響を与え，人々に様々な参加の機会を与え，様々な情報を伝達・流布し，政策形成や執行に影響を与え，自らに有利な情報，意見を反映させようとする。BaumgartnerとLeechによれば「その活動の多様さ，その含意の余りの豊かさゆえに，集団は体系的に研究するには最も困難な集合である。しかし，その幅広さ故に，政治学者は集団に関心を寄せなければならない。集団利益は実際の政治の基礎であり，利益集団は政治研究の基本でなければならない」（1998：188）。それゆえに，利益集団は複雑である。

　利益集団という概念にはあまりに多様なものが詰め込まれている。アメリカにおいて利益集団で用いられる定義には先のBaumgartnerとLeechによれば次の10種類がある（1998：29）という。

　(a)人口の内の社会的・人口統計学的な分類。例えば農民や女性，黒人。
　(b)会員制の組織。会員団体。結社。
　(c)信念，アイデンティティ，利害を共通する人々の集合。
　(d)社会運動。
　(e)立法府に登録されたロビイスト（米国の制度）。
　(f)政治活動委員会（米国の制度）。
　(g)規則作成ないし立法のための公聴会参加者。利害関係人。
　(h)企業や政府の諸機関を含む全ての制度。
　(i)組織や制度機関からなる連合体。
　(j)政治的な企業家やロビイストとして活動する，目立った個人。

　ここには，大規模ではあるが単なる人間の分類としての集団(a)から政治，特に議員や政府機関との交渉を専門的な職業とするロビイスト(e)(j)まで，捉えどころのない信念の共有集団(c)から明確な規約と成員規則を有した組織の連合体(i)まで，政府の外にある社会運動(d)から政府の下位機関(h)まで多様なものが雑多に存在している。

　しかし，ここにも1点だけ共通点が存在する。ここに述べられた全ての集

団は，公共政策，政治決定・執行権力との関連でここに登場しているのである。つまり，広い意味での政治への関心である。利益集団とは，政治に関心を持った国家と社会に存在する全ての集団のことである。それゆえ利益集団の研究は全政治社会システムを対象とした壮大なものとならざるをえない。私たちは利益集団を対象として本調査や研究を遂行することは困難と判断した。本研究は，利益集団研究の一部をなす市民社会組織と利益団体の研究である。

1-4　圧力団体・ロビー・ロビイスト

今まで触れてきた市民社会組織，利益団体，利益集団は，日本語では，新聞などで用いられる一般的な用語になっていない。後掲の表1-1，表1-3はそのことを示している。しかし，表1-3に示されるように，圧力団体，ロビー，ロビイストは違う。後の二者は主としてアメリカや国際政治での用語として，圧力団体は日本を含めて普通の用語として使われている。それゆえ，私たちの定義との関係を述べる必要があるだろう。

簡単にいえば，政治過程や政策過程において，その戦術や存在感ゆえに，非常に顕著な目立った利益集団が，圧力団体と呼ばれるといえるだろう。それは私たちの定義した意味での利益団体の場合もあるし，そうでなく，特定の営利企業（例，NTT，東京電力，IBM，GM）やある特定の業界（建設業の企業群，特定郵便局の集団），特定の政府下位組織（経済産業省や国土建設省の特定の部局）や地方自治体（東京都，茨城県，つくば市など自治体），大学や病院などがそれにあたる場合もある。これは，利益集団と同様に無数にあり，範囲も相当広いが，利益集団ほどでない。圧力団体は，政策決定の側から，それに関与するものとして把握することが可能である。事例研究として特定の政策決定を取り上げれば，そこでは，関連する圧力団体の把握が必要であり，また完全ではないが可能である。私たちが，別のプロジェクト（GEPON）で行った政策ネットワーク研究では，いわば，こうした圧力団体全てと政策決定機構の機関が，重要関連アクターとして把握され，分析されたのである（辻中ほか 1999）。圧力団体は，政策の内容，事例ごとに異なり，一般的な圧力団体という実体があるわけではない。その把握には上記のような別のアプローチを必要とするのである。このアプローチと私たちのアプロ

ーチは補完的であり，私たちも並行して遂行している。

同様に，ロビー，ロビイストも把握することができる。ロビーと圧力団体はほぼ同義である。ロビイストは，その専門的，人的側面である。米国では，ロビイスト（代理人），ロビー（代理機関）の登録（外国ロビーは司法省，国内ロビーは議会）が制度として確立している（辻中 1988）。ただ，日本では，圧力団体や有力仲介者といった漠然たる意味で使われており，研究用語としては適当でない。

2 本研究の調査対象，関連研究の調査対象とモデル

私たちは，上記のモデルにそって，現実を把握しようとした。そのためには，市民社会組織と利益団体に関して，包括的かつなるべく代表性の高い信頼性と妥当性のあるサンプルを得る必要がある。本調査では，電話帳を用いて，ランダムサンプリングによってそれを解決しようとした。私たちが，なぜそうした組織を実際の調査対象にしたか，その詳細，その研究上の意義については，次の章に譲ることにする。ここでは本書のモデルにおいてどのような領域を対象にしたか，図示しておく（図1-3）。

この「団体基礎構造調査」以外にも，いくつかの調査を併用し，その成果を吸収するか，参考にしている。特に，市民社会組織や利益団体の統計的な側面に関しては，非営利団体比較統計調査(D)を用いた。日本の政策過程の構造に関しては，政策過程構造調査，アクター間のネットワーク関係については，比較地球環境政策ネットワーク調査（GEPON）の分析を参考にしたが，本研究でそれらのデータを直接には用いていない（GEPON関係は別のシリーズを予定している）。こうした複数の調査を行い，分析することで，今後，市民社会や利益団体と政治過程の関係構造を，より一層立体的に捉えうると考えられる（図1-4）。

3 本書のねらい

私たちの本書での狙いは日本の市民社会組織,つまり国家と企業と家族(それらに準ずるもの）を除く，その他全ての，まさに生の市民社会の集団構造を，できるだけ包括的に，漏れのないように捉え，その構造を明らかにすることである。

図1-3 「権力の3層モデル」と団体基礎構造調査JIGS

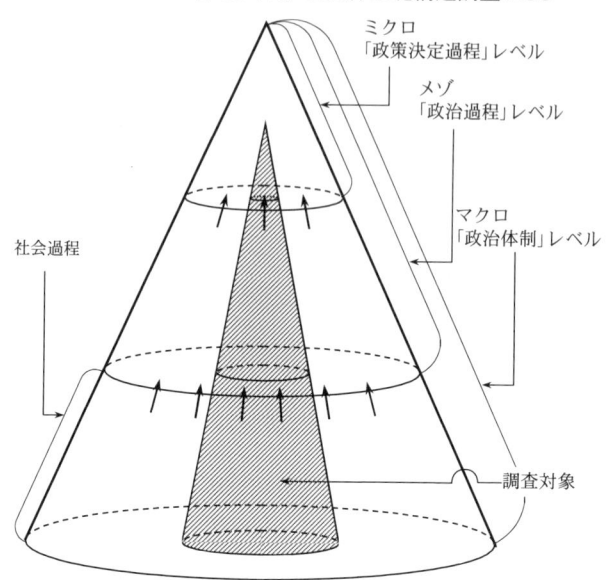

図1-4 各種の関連調査の対象

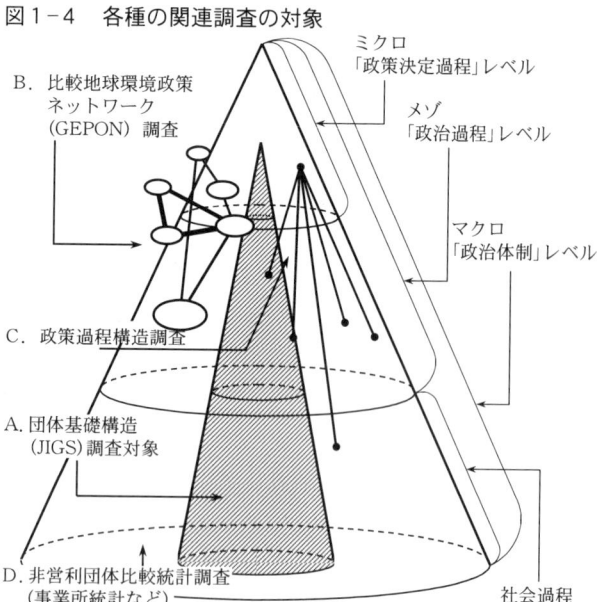

この課題を達成するために，具体的には以下の3点の分析を行う。
①市民社会と利益集団に対する調査が如何にして可能か，つまり市民社会組織と利益団体に注目し，それをいかに操作化するか，その調査方法を示すこと。
②日本の政治過程と利益団体（市民社会組織）の相互関係を，政治過程の主要登場アクターごとに明らかにすること。
③日韓米独の4ヵ国，もしくは日米韓の3ヵ国の調査結果の比較の中で，基本的な相違・相似点を明らかにし，日本の市民社会組織，利益団体の国際的な位置づけに関する仮説を提示すること。

以上である。

ここで「明らかにする」と述べたのは，データ自体の体系的な紹介，データと現実の記述，分類，そして分析である。デュヴェルジェ（1964，邦訳 1969：316）のいう経験的研究の基本形態として，記述，分類を行うことであり，さらにKingら（King, Keohane, Verba 1994）のいう記述的推論を行い，経験的なパターンを発見しようと試みる。

本巻では因果関係分析（説明，因果的推論）を慎んでおり基本的に行わない。それは次巻から始まる韓国，米国，ドイツそして中国と日本の各2ヵ国比較，さらに最終巻での5ヵ国比較の課題となる。

「構造」という言葉も曖昧であるが，イーストン（邦訳 1998：85）によれば，「構造とは秩序」であり，彼は観察可能な低次の「構造とは，1つの客体の各部分間または諸客体間の相対的に安定的な関係にかかわる経験的で記述可能な属性のこと」とし，カテゴリーによる集合体（民族集団や階級），政党や広義の利益団体（政治・社会組織，共同体組織，組織エリート，階級エリート，軍事組織）の政治的役割をあげる（辻中 1996：序論）。

構造は，安定しているが可変的でもあり，政治「分析の中心問題」である。「なぜ，それら（政党や利益集団，体制構造のような個々の部分構造）は現に今とっているような形態をとっているのか」（イーストン 1998：8）を明らかにするためには必要な変数なのである。現代日本の政治と社会の構造を示すという課題にとって，本書の方法は1つの接近方向を示すものであると考えている。

4 検証されるべき日本政治・社会構造への見方

さて、本研究は、利益集団化する可能性のある社会集団においても、企業および企業に準ずるもの、家族およびそれに準ずる私的集団、教会など宗教組織を除外しており、国家およびその下位機構・組織も除外している。さらに、政党・議会なども、市民社会組織、利益団体との関係で扱っている。いわば、他の研究同様、部分的な研究であることを免れるものではない。

それゆえ、検証されるべき見方として、日本の政治体制や政策形成過程のモデルが、多元主義であるのか、ネオ・コーポラティズムであるのか、エリート主義的であるのか、また階級闘争的であるのかといった（村松・伊藤・辻中 2001）、マクロな、またミクロな見方を直接提示するものではない。ただ、こうした見方にどう答えるかは、常に念頭に置かれているし、どの方向をベクトルとしてとっているのかについても敏感である。つまり、私たちが明らかにする市民社会と利益団体の構造は、どのモデルにより適合的かという問題である。

もう少し具体的に考えるために、政治現象の表層を、新聞用語という観点から観察してみよう。ここでは、朝日新聞の例を示したが、読売新聞でも検

表1-1 利益団体に関係する一般用語の

団体名	1987	1988	1989	1990	1991	1992	1993
与党	964	638	668	673	536	714	1,915
野党	2,828	3,004	3,615	2,870	2,065	2,750	2,549
利益集団	3	7	4	4	1	4	3
利益団体	4	7	4	9	4	12	6
圧力団体	14	19	13	23	9	21	23
市民団体	133	178	187	248	260	355	365
市民運動	149	129	156	195	134	158	138
市民社会	14	17	37	48	40	44	37
NGO	38	93	125	82	122	348	208
NPO	0	0	0	0	0	2	2
ロビイスト	18	21	17	15	18	29	16
労働組合	394	411	570	657	478	676	656
財界	584	622	657	600	501	486	502
業界団体	123	200	192	169	183	122	203
消費者団体	80	92	121	103	80	71	103
官僚	439	501	551	534	473	484	802
婦人団体	30	60	60	32	26	18	26
農業団体	44	45	46	47	48	49	50
記事総数	58,153	70,618	73,132	73,362	72,251	75,153	82,190

討しており，差異はみられるものの傾向自体は極めて相似している。

　この分析は，いわば新聞での言葉の頻度から見る日本の市民社会・利益団体構造のイメージを見たものである。1994年に第2次圧力団体調査（後掲，第2章）が遂行されたが，その際，調査した100組織（全国団体）に相互の一般的影響力を聞いている。その上位50位（実際には，同数の評価点のため55位）の評価点と新聞での記事登場数（1991年から1995年の朝日，読売，毎日の合計）との間の相関係数は，0.8325と相当高いものであった。

　影響力の評価点自体をどう考えるか，実際の影響力・権力との関係はそれ自体研究上の大きな論点である。また，メディア多元主義という理論的見地（蒲島 1990）からは，メディアは構造的なバイアスを持っており，いわばそれが媒介することで多元主義を推進する機能を果たす可能性があるから，その点にも留意する必要がある。ただ，こうした評判法で聞いた結果が，いわゆる政治・社会のイメージを形成していること自体は言うまでもない。この推論の延長上に，表1-1と表1-2をみると，次のような見方が浮上する。

　表1-1の一般用語の頻度推移からは，財界，労働組合，農業団体，婦人団体，消費者団体など既成団体組織の用語の頻出度は，比較的安定しているが，漸減傾向である。そして財界と労働組合が，ごく近年以外は相対的にみて多

使用頻度（朝日新聞1987－2000）

1994	1995	1996	1997	1998	1999	2000
3,877	2,930	2,886	2,595	1,686	1,885	3,092
2,073	1,364	1,653	1,706	2,675	1,974	2,513
6	4	5	4	10	2	11
8	9	10	6	14	8	7
21	16	17	19	16	10	10
303	435	609	510	516	559	557
137	150	187	109	145	137	112
47	89	77	73	60	99	99
399	521	397	444	399	517	683
6	48	107	117	142	279	381
11	14	5	9	9	8	14
461	334	331	369	362	396	373
378	306	319	335	351	238	297
240	178	216	198	181	179	247
80	55	61	44	46	78	68
962	1,187	1,434	1,167	1,306	798	761
36	26	21	17	18	12	5
51	52	53	54	55	21	24
82,462	82,469	80,883	78,627	79,318	81,816	84,977

表1-2　利益団体に関係する固有名詞の

団体名	1987	1988	1989	1990	1991	1992	1993
自由民主党＋自民党	5,147	4,577	6,349	5,220	4,800	5,562	6,031
全国農業協同組合中央会	13	50	40	18	27	14	30
経済団体連合会＋経団連	491	448	474	528	540	448	611
経済同友会	150	168	207	173	212	158	178
日本経営者団体連盟＋日経連	186	206	248	267	215	236	270
日本商工会議所	71	78	91	72	64	89	156
日本労働組合総連合会	0	3	152	296	208	369	328
全国労働組合総連合＋全労連	0	0	62	54	22	29	17
日本生活協同組合連合会	16	22	29	24	30	21	44
主婦連合会	3	15	37	17	22	12	24
部落解放同盟	25	38	40	34	24	19	21
消費者団体連合会	0	0	1	0	1	0	0
オイスカ	0	6	8	70	5	4	1
グリーンピース	17	20	52	47	42	118	93
市民フォーラム2001	0	0	0	0	0	0	3
記事総数	58,153	70,618	73,132	73,362	72,251	75,153	82,190

資料：『朝日新聞　Digital News Archives』

かったことがわかる（官僚，与党，野党は比較の目安として掲載）。他方で，市民団体は数倍，NGOは20倍近くの伸び，NPOなどは0から始まって400近くに達している。ここでは，市民関連の新しい諸団体，アドボカシーセクター（説明は後述第3章，具体的には，分類上，市民団体と政治団体の合計）の急速な進展が印象的である。

表1-2を見ていこう。これは具体的な団体固有名詞，主として全国的な団体や下位団体を組織した連合組織に注目したものである。こうした組織自体も相当数存在するから，この表はその一例に過ぎないが，そうした限界を踏まえた上でざっと傾向を観察してみよう。

ここでも，経済，労働中央団体は目立って多いが，その記事数は安定しているが漸減気味である。既成の市民・政治団体も漸減傾向である。NGO，NPOの代表格とされる団体も，外国のものを除いて記事数は少ないし，伸びていない。

こうした事実から日本の政治社会構造に対するいくつかの見方を考えることができる。

(ア)急速に進む多元主義化である。一般用語での市民系のアドボカシー団体セクターの伸びは，現実をかなりの程度忠実に反映しているという見方である。

使用頻度（朝日新聞1987－2000）

1994	1995	1996	1997	1998	1999	2000
4,349	3,516	4,090	3,862	4,848	4,220	4,387
52	15	19	8	26	22	34
456	373	376	320	324	316	251
182	137	143	124	133	89	84
277	214	191	131	93	137	142
87	38	47	43	49	40	56
126	24	23	14	12	30	9
19	9	19	18	30	34	21
44	22	19	16	17	6	7
29	13	11	11	12	7	11
39	31	21	11	11	19	12
0	1	0	0	1	0	0
2	0	8	2	3	2	2
60	233	60	61	38	41	59
7	5	5	9	0	1	4
82,462	82,469	80,883	78,627	79,318	81,816	84,977

(イ)メディア多元主義である。実際は，これほどではないが，マスメディアが，意図的かどうかはともかく新しい傾向の，しかも日本の政治・社会にとって必要とメディアの立場で考える団体，集団を多く報道しているという仮説である。一定のメディアによる増幅を考える立場である。

(ウ)既成生産者団体支配モデルである。これは，表層のこうした報道の意義は小さいと考える。依然として日本社会・政治では既存の団体が大きな役割を果たしていると捉える見方である。具体的には，経済，農業，労働といった生産に関連し，頂上団体を発達させたセクターの支配である。この(ウ)の見方は，そうした団体の協調的な政策形成や社会統合を強調するコーポラティズムへ結びつく可能性もある。また，エリートモデルや，階級闘争モデルとの関係も考えられる。

こうした複数の見方を念頭に置くことで，私たちは，新しく登場しつつある団体が，どういう傾向を有し，いかなるインパクトを既成の構造に与えているかを政治体制論的な文脈において考察することが可能になるだろう。

新聞記事への登場数を検討することから，いくつか見方の可能性を推察した。言うまでもなく，言葉は言葉，言説であって，実体そのものではない。しかし，一定程度実体を反映している場合もあるし，規範や理念，文化の形成と関係して，実体を作る可能性もある。表1－3の広辞苑での出現時期から

表1-3　利益団体関連用語の『広辞苑』における出現時期

○第一版（1955）	労働組合，財界，業界，協同組合，利権
○第二版（1969）	圧力団体，ロビイスト
○第三版（1983）	NGO，市民運動，ロビー（「→ロビイスト」という表現で）
○第四版（1991）	該当なし
○第五版（1998）	NPO
○未だ出現していないもの	利益集団，利益団体，市民活動，ネットワーク（人間関係を意味するものとしては未だ存在せず），政策ネットワーク

資料：岩波書店『広辞苑』各版（上記）。筆者作成。

は，現実に団体が登場して定着してから，掲載されているようにも読めるので，新聞記事数は検討に値する。

　以下の他に，日本の政治学の文脈では次の見方を外すことはできない。それは，市民社会組織や利益団体の政治との関係が，自発的なものか動員されたものかという問いである。日本では，次の２つの見方が並存している。第１は，上からの出力，市民社会への入力を重視する立場，すなわち国家論，制度論的なアプローチであり，もう１つは，下からのベクトルを重視し，政治過程を描く多元主義的アプローチである。このどちらがより妥当であるかは，政治過程のアクターと団体との関係，すなわち政党や行政と団体の関係を分析する中で，検討していきたい。

　最後に，本研究では，日本の市民社会，利益団体世界における亀裂，区分線は何か，様々な市民社会の組織，団体はいかにグルーピングできるかという類型学にも取り組みたい。団体の市民社会や政治過程での配置の形は，エリート主義，多元主義，コーポラティズム，階級闘争という諸モデルを考察する点でも，示唆を与えるであろう。ここでも，新しい団体や分類の位置を，これらの亀裂，区分線を考えることで，現在および将来への推察を行うことができる。

5　本書の構成

　本書は，４部構成である。

　この序論を含む第Ⅰ部は，いわば総論にあたる。本書の方法，特に調査方法の研究史上の意義を明らかにする。主たる素材である「団体の基礎構造調査（略称JIGS）」の方法的意義を検討する。そのために，日本での実証的な

利益団体分析とその歴史，現在を検討し，本書の位置を確定する。

第2章では，現在利用できる範囲で4ヵ国比較データを用いて，日本の市民社会組織，利益団体の位置を概観する。どれほどの割合の団体が，政策に関心をもち，政治過程での様々な活動，ロビイングをするのか，彼らはどの程度，自らの影響力を感じているのか。さらに彼らの判断する主要な政治・社会アクターの影響力の分布はいかなるものか。これらの設問に対して，日本と韓米独の相似，相違が示される。

続く，第Ⅱ部と第Ⅲ部は，並列的な関係にある。第Ⅰ部のあとは，第Ⅱ部でも，第Ⅲ部でも，関心のある方に，読者は進んでいただきたい。

第Ⅱ部では，JIGSデータを用いて，個々のアクターや政治領域ごとの検討がなされる。団体分類ごとの大まかな横顔が示され，活動範囲（地域空間）ごとの，団体の志向性の違いが示される。続いて，政党関係・選挙，行政関係，ロビイング，そして新しい世界志向の団体が，それぞれ分析される。

第Ⅲ部では，本巻以後に展開していく比較分析を展望しつつ，韓米独や米韓との比較の中で日本のデータの特徴が観察される。後に述べるような統合空間モデルに基づいて，国家・制度化の方向と，社会からリソースの方向への，2側面から主として量的な側面に光をあてる。そこから日本の利益団体の条件が明らかになり，仮説が構想される。団体の歴史的な形成も，現在を理解するのに不可欠であり，他の国々と比べた日本の個性的パターンが抽出される。

最後にⅣ部では，日本の政治社会体制の中で団体世界はどのような全体的構造を有しているのか，分類や種類，設立年ごとの位置の違いが明示され，日本の市民社会組織，利益団体の亀裂，区分線が示される。

最後の結論は，上記4部の分析を要約すると共に，日本政治，利益団体政治，市民社会への示唆を纏める。

第2章

日本における利益団体研究と
JIGS調査の意義

辻中　豊・森　裕城

　本研究では，この第2章と第10章にわけて，理論的先行研究の検討を行う。第2章では主要な日本での先行研究の成果と問題を確認する。本書および「団体の基礎構造に関する調査」(JIGS) 調査の特長は，市民社会全体の見取り図を描きつつ，社会過程，政治過程，政策過程，そして政治体制を検討しようとした点にある。利益団体の作業定義も比較調査に耐え得るものとして設定し，電話帳を中心とした母集団を決定する。

はじめに

　集団現象は時代とともに生れ，時代は集団の波に洗われる。様々な団体が歴史的に形成され，政治・社会体制に影響を与え，また政治・社会体制とその変化から団体は影響を被る。それゆえ集団分析は，その時代の体制とその変化に関心を持つ限り必要な作業である。『日本の圧力団体』の編者，升味準之輔がプレッシュア・グループスという「この流行語を契機として，これまでとりあげられることのすくなかった，政治体制の内奥の薄明に光をあて，そこのうごめくもののなかに，現代日本の政治過程のカラクリを剔抉することを目的とする」(日本政治学会編 1960：3) と述べたように，政治学者が健全なジャーナリスティックな精神をもって時代と格闘する限り，集団分析は必要な作業である。

　政治学者は，こうした集団現象の波（1945～55，1965～75，1980後半以後。後述第11章参照）に少し遅れて，その分析と理論化を行ってきた。日本においても偉大な，広い意味での利益団体，市民社会組織研究（以下，団体研究と略記）の先達を私たちは持っている。重要なマクロ政治分析は，広義の集団政治から研究を始めているし，その現代・現実理解の着想の出発点はそこにあることが多い。なぜなら，時代の体制，体制の変化，変化の方向に関心を持つ限り，現実を生で，集団のレベルで観察することが不可欠だからである。

　このことをまず，日本の実証的政治分析を振り返って確認し，受け継ぐ伝統，反省すべき点をしっかり確認する作業から始めたい。ついで，筆者達（『団体の基礎構造に関する調査』JIGS）の方法と対象を確定する。

1　日本における実証的利益団体研究の系譜

　戦後日本の利益団体の研究は，1950年代に集中的になされている。それはこれまでの日本の政治学界が誇りうる大きな業績の１つである。

　50年代の研究の背景となった日本の利益団体政治の現実，多様な集団の噴出現象をごく簡単に述べてみよう（辻中 1988：35-38）。まず，それまで抑圧されていた階級関係やそれに基づく政党の形成，組織化が新憲法によってはじめて可能になった。そして，1945年から48～49年まで続く労働運動，農

民運動，その他様々な自立的な社会運動の興隆は，引き続いて社会党，護憲的市民運動への結集をもたらす。急速な戦後復興，工業化とともに日本においてはじめて階級関係と政党の発展，自発的集団の噴出が始まったのである。このような時期に同様に様々な形で噴出した集団・団体を分析した研究者たちの問題意識は，このような団体をいかに近代化（＝西洋化）し，西洋的な意味での民主主義を確立するかというものであった。

　丸山真男，辻清明（1950）に始まる研究は，岡義武編『戦後日本の政治過程』（1953）から1960年の『日本の圧力団体』までの団体分析に結晶化した。そこでは石田雄，田口富久治，升味準之輔，永井陽之助，阿利莫二，松下圭一，篠原一，小林直樹らの人々が多様な力強い論文を執筆した。とりわけ，石田雄『現代組織論』（1961），松下圭一『現代日本の政治的構成』（1962），篠原一『現代の政治力学』（1962），田口富久治『社会集団の政治機能』（1969），升味準之輔『現代日本の政治体制』（1969）などの書物が代表的な研究である。ここでは，①日本の政治過程や利益団体体系における本系列と別系列，2系列の存在の指摘，②日本の団体や政党における役割の代替性や役割構造の欠如の発見，③組織成立時点における既存集団の丸抱え構造の存在，および団体内部における下駄預け的リーダーシップの存在や地位の政治の重要性，さらに統制団体化の危険性，④団体の行政官僚制志向，政治家（議員）の従属性，⑤諸団体の構成する政治過程を究極的に支配するものとしての高級官僚，自民党，財界の3者による3角同盟もしくは3すくみ状況，3頭制パワー・エリートの存在の指摘がなされた。以上のように50年代の研究はかなり明確なモデルを結晶化させたのである。

　しかし，そこでは体系的な比較という方法的手続きを欠き，実証的な研究も綿密ではあるが，対象に偏りが存在し，戦前と戦後の連続性の要素が強調され，実証的基礎が弱いままに三頭制モデルというエリート主義的モデルを提出したという点で，近代主義的なエトスが存在した（大嶽 1979b，1999）。すなわち日本の政治の近代化にとって，戦後噴出してきた圧力団体がどのような問題性を持ちどのように変えられるべきであるかという規範的問題意識に先導されながら，実証的研究や理論的まとめがなされていったように思われる。

　50年代に集中的に行われた圧力団体の研究は，60年代の初めに保守と革新

の配置が確定し，その中で戦後55年体制以前に形成された団体の政党関係が決定し固定化するにつれて，後続の研究を得ることなく終わる。おそらく，もはや圧力団体・利益団体が日本の近代化やその変革主体という関心からは重要なものではないように思われたからである。関心は次なる近代化の主体と客体を求めて地方自治体や市民運動へと移っていった。

　確かにその後，日本の利益団体の多くは官僚制の管轄のラインに沿って秩序づけられ，官庁クライエンテリズムと呼ぶべき団体と官庁そして関連議員を中心とする共生関係が形成されていく。70年前後から台頭する族議員の基礎の形成である。とはいうものの利益団体の形成は，60年代に入って，これまでの生産者団体に加えて，社会サービスに関連する諸団体の増大，さらには75年頃から脱工業化的なアドボカシー団体も増えてくる。このような高度成長期・同以後の団体の大増殖，またそれによる利益集団政治の変容は，大部分の政治学者の分析対象とならなかった。その間なされていたのは，内田満（1980，1988），中野実（1984）などを中心とするどちらかといえば学説史的な利益集団の理論的検討であった。

　この第2の集団化の波に対して正面から取り組む利益集団研究が復興したのは，70年代末に大嶽秀夫が大企業の政治権力を，村松岐夫が官僚制，圧力団体の研究を実証的に開始したときからである。具体的研究としては，大嶽秀夫『現代日本の政治権力経済権力』(1979)，村松岐夫『戦後日本の官僚制』(1981)，村松岐夫・伊藤光利・辻中豊『戦後日本の圧力団体』(1986) などがこれに当たる。これらの研究に代表される研究群は，日本の政策過程，政治過程における団体の活動を学問的に正当に，それ自体を事実に即して，政治的にではなく政治学的に評価することを指向するものであった。

　彼らの研究の背後には，1つの共通する認識があった。それは，日本の政治過程構造が高度成長期を経て保守・革新，資本主義・社会主義の体制対立では捉え切れない「新しい何か」に変質したという確信である。大嶽は「自由企業主義の世界」と表現し，村松は「古い朽ち果てた理論から，政治の実質の研究へ」と述べ，これらの研究を遂行することを通して，政治学的リアリズムの必要性を説いたのである。

　団体政治をリアリスティックに，学問的に正当に評価するには，基礎的情報の収集それ自体が重要になる。多くの研究者は，事例研究というアプロー

チから，政策過程における団体の活動に焦点をあてた。政治過程における事例研究には特定の団体自体に焦点を合わせた組織事例研究[1]と特定の政策決定に焦点を合わせた決定事例研究[2]が存在する。後者の事例研究は，政策の決定される決定的瞬間に焦点を合わせつつ，その現場でのアクター間の相互作用とその帰結，すなわち過程の実質部分を描こうとするものであった。例えば大嶽の研究は，日米繊維交渉，欠陥車問題における財界・業界の行動パターンを明らかにしている。

　大嶽に代表される事例研究は，日本の政策決定過程に団体が影響力を及ぼしていること，しかしながらその影響力行使のあり方はエリートモデルや階級政治が想定するような単純なものではなく，様々な方式があることを雄弁に主張した。そして，日本においても圧力団体政治が確かに存在すること，それを研究することの重要性を多くの学者に認識させることにも成功した。しかしながら，特定の事例や組織における団体の実態をどの程度まで一般化できるかという点では限界があった。

　この点を補完したのが，質問紙に基づくサーベイによる団体研究であった。代表的なものとして，村松岐夫の「官僚調査（1次，2次）」（村松ほか 1981），三宅一郎ほかの「エリートの平等観調査」（三宅ほか 1985），村松ほかの「団体調査（1次；2次）」（村松ほか 1986；辻中 1988；レヴァイアサン 1998冬臨増）がある。

2 『戦後日本の圧力団体』

　サーベイに基づく研究群の中でも，利益団体・圧力団体政治そのものを正面から分析したものが，村松・伊藤・辻中『戦後日本の圧力団体』（1986）であった。『戦後日本の圧力団体』は，私たちの調査・研究の直接的な先行研究であり，私たちはこの研究から多くのことを継承している。またその一方で，この研究にも残された課題があると考えている。私たちの研究の位置と特色を明確にするためにも，本節ではやや詳細かつ網羅的に『戦後日本の圧力団体』の内容を紹介しておきたい。[3]

2-1　データと分析の視点

　サーベイデータに依拠する研究を検討する場合は，まずその調査対象がど

のように選ばれたかを押さえておく必要がある。『戦後日本の圧力団体』の特色の1つは，調査対象団体の選び方にある。同書が調査対象としたのは，利益団体の中でも政治（特に中央の国政レベル）に対して積極的な働きかけを行う団体，すなわち圧力団体である。団体抽出作業については，次のように要約されている。「まず，村松岐夫が1976～77年に実施した『官僚調査』において各省庁の関係団体として名前をあげられた全団体が調査対象団体の候補となった。ついで『朝日年鑑』と『全国各種団体名鑑』を利用して，新聞の政治ニュースに登場する団体名を拾い出した。さらに，必ずしも新聞ニュースとなることは多くないが著名な業界関係団体なども追加した。こうして最終的には約450のリストをつくった。回収率を約60％と勘定したため，この程度のゆとりのあるサンプル選択が必要であった。これら450の団体を政策領域別（農業団体，福祉団体，経済団体，労働団体，市民・政治団体，教育団体，専門家団体，行政関係団体）に分け，また他方で重要度別に分けて，有効サンプルがバランスをもったものになるように努めた」（同書：25）。

　利益団体を定量的に扱う際には，一定の視角に基づいて調査対象団体に何らかのグルーピングを施さなければならなくなる。このグルーピングの仕方にも，研究者の視点は反映される。調査対象となった団体は，必ずしも自らの団体を利益団体・圧力団体であると自覚しているわけではない。このような諸団体を，どのように他称すればよいか。村松らは，団体分類と団体類型という2つの概念で団体をグルーピングした。

　団体分類とは，サンプリングの基礎となる団体のカテゴリーで，専門家団体，経済団体，農業団体，教育団体，行政関係団体，福祉団体，労働団体，市民・政治団体の8分類が採用されている。一方，団体類型とは，調査の結果として発見されたグループ分けであり，セクター団体（社会の経済的・職業的な構成や分野を反映している市場的な団体），政策受益団体（政府の活動にその存立が依存していたり，少なくとも政府の活動に密着して存立しえている団体），価値推進団体（その推進するイデオロギーや価値体系が「体制」や「政策体系」に深く根を下ろしていない団体）の3つがある。

　団体分類との関係では，セクター団体＝経済団体，専門家団体。政策受益団体＝農業団体，教育団体，行政関係団体，福祉団体。価値推進団体＝労働団体，市民団体，政治団体，福祉団体となる。定義的にはセクター団体とさ

れるべき農業団体や労働団体が，別の類型的特性を持っていたり，1つの分類が2つの類型にまたがって存在するあたりに日本的特性が表れているといえるだろう。

団体政治の"論じ方"という点でも，特色があらわれている。村松らは，上記の調査データと団体のグルーピングに基づき，団体政治の様々な局面を切り取っていくのだが，基本的には「政府—社会」という二元的構造を機軸に据えて，①社会過程における団体の姿，②社会と政府を結ぶルートの様式，③政策決定における団体の影響力，という3つの局面の解明に焦点が定められている。『戦後日本の圧力団体』の視点は，社会→政府という流れを前提としたものであり，多元主義理論を全面的に援用した研究の典型であることがわかる。

2-2 内容の検討

『戦後日本の圧力団体』の各論を具体的に検討しよう。各論は，大きく分けて3つの論点（社会過程における団体，政治へのルート，影響力）から構成されている。

(1) 社会過程における団体

村松らの前提とするところでは，団体世界は本来的には自律的な存在であるという。しかしながら現代社会においては，組織外からの援助なしでは存続できない団体が多数存在するため，政治が必要とされる契機が生まれるのであるという。日本の団体は，どの程度自律的な存在であるのか。そして，どのような団体が政治を必要としているのだろうか。

社会過程における団体の研究を担っているのは，第2章「団体の形成——そのサイクル」（辻中），第3章「連合と対立——大企業労使体制」（伊藤）である。辻中が担当する「団体の形成——そのサイクル」は，『戦後日本の圧力団体』の中で集計データを用いた唯一の章であり，日本の団体状況がいかに形成され，現在の政治過程配置にどのような歴史的痕跡を残しているかを，各種の年鑑をデータ源として団体世界の変化を量的かつマクロに捉えようとしている。議論は網羅的で様々な発見がなされているが，その主要なものを記せば「団体形成の循環」の発見がある。これは，社会における団体の噴出が，セクター団体→政策受益団体→価値推進団体という順に見られるという

知見である。この他，政治体制変動や政府の政策と団体数との関連なども指摘されている。

　伊藤の担当する「連合と対立――大企業労使体制」は，調査データを用いて，団体の協調・対立を扱ったものである。社会過程における団体は，他の団体とどのような関係にあるのだろうか。この課題を伊藤は，領域内の団体間関係，異なる領域に属する団体間関係，頂上団体と一般団体との関係に分割して，その結果を詳細に報告している。議論は多岐にわたりここでその内容を紹介できないが，全体として見ると，9割の団体は協力団体を持っており，その相手は同じ領域内の団体であることが多いという。これに対して，対立経験がある団体は4割とさほど高くない。多くの団体が対立経験なしに，政治的目標を達成しているのである。対立の内訳を見ると，その6割は領域内の対立であり，領域間の対立よりも多いと報告されている。同章で伊藤は，自律的過程である社会過程の団体の中で，バイアスが存在することを指摘する。その1つは，「大企業労使連合」と伊藤が呼ぶもので，このような団体群が社会過程における団体世界で優位な位置を占めているという。一方で弱者的団体も存在し，政府の援助を必要とする「分配志向団体」が数多く存在することも確認している。

（2）　政治へのルート

　『戦後日本の圧力団体』では，団体の活動は2段階に分かれるとされている。第1段階は団体相互間の交渉であり，そこで事態が解決しない場合，団体は政治制度（具体的には政党と官僚制）に働きかけるのである。この第2段階の部分を分析するのが，村松の担当した第4章「ロビイング――一党優位制の枠組み」である。ここで村松は，「団体は活発に行政に働きかけ，主として課長レベルでこれが受けとめられ，政策化されていく。しかし，政策化が進行する過程では，政権党の役割が大きい。政権党の影響力は次第に官僚制の影響力を凌駕するようになっていった」(178頁)という持論と，「競争力のある野党とかなりの程度自立的な官僚制がある場合，優勢政党も柔軟であらざるをえないのである」(209頁)という独自の一党優位制論を示し，これらの議論を下地としながら，データに基づいて政党－団体関係，行政－団体関係を個別に検討した後，「政党か行政か」という議論を行っている。

　政党－団体関係の議論でまず注目されるのは，村松が，政権党だけでなく

野党の影響力も重視している点である。そして，必ずしも自民党に距離の近い団体（友好自民党議員，自民党支持，自民党接触の3変数で尺度化）だけが影響力を持っているわけではないことを指摘し，自民党と距離の遠い団体は野党に接触することを通して影響力を発揮しているのではないかと主張する。村松の議論でユニークなのは，彼が野党（特に社会党）−団体関係が単にイデオロギーの共通性で結ばれているのではなく，社会党に接触する団体の少なからざるものがその野党としての地位に期待し，物質的利益を求めて接触を試みているとしている点である。

　団体−行政関係については，公的関係（許認可，法規制，行政指導，補助金供与）と積極的関与（協力・支持，意見交換，審議会・諮問委員会への委員派遣，退職後のポスト提供）という2つの尺度と影響力の関係を検討している。公的関係，積極的関与はともに行政への信頼，自民党支持という変数と正の相関を示しているが，団体が認知する影響力もしくは政策推進成功率と正の相関を示すのは積極的関与度のみである。この点から村松は，「自発的な政治活動（ここでは行政に向けての政治活動）をする団体は報われているのである」と指摘する。また，政策阻止成功率と積極的関与度には明確な相関は見られない点や，公的関係度・積極的関与度が低い団体が「働きかけの対象」として政党（ないし議会）を重視しているという点から，政策阻止という点では「別系列」の団体が野党を通じてその影響力を発揮している可能性があることを示唆している。

　団体は「何か問題があったとき」政党と行政のどちらに働きかけを行うのであろうか。この点に関して村松は，数量化理論Ⅱ類による分析結果から，次のような知見を導き出す。「いざというときに行政に依存したり行政に接触しようとするのは，自民党にも社会党にも接触をとることが少ないグループである」（207頁）。一方，政党のみへの依存が高いのは，「自民党支持が『低』く，行政への信頼も『低』く，しかし社会党への接触頻度は『高い』」（207頁）といったような特性を持つ団体である。これらの団体群に対して，行政にも政党にも関係するグループもあり，自民党支持＝高，行政信頼＝高，社会党支持＝低，予算要求度＝低（すなわち行政への依存度低）という特性が見られると報告されている。

　この章の分析・議論はやや拡散的で内容を要約することは容易ではないが，

団体と政治を結ぶルートには，政策受益団体が重視する「行政ネットワーク」，労働・市民・政治団体が重視する「野党ネットワーク」，専門家・経済団体といったセクター団体が重視する「政権党ネットワーク」の3つが存在することを全体として明らかにしているといえよう。

（3）　影響力

第5章「影響力の構造」は，団体が政策形成やその執行において，どのような影響力を持っているかを分析している。影響力を測定することは必ずしも容易な作業ではないが，村松らは次のような操作で2種類の影響力を検出する。1つめは「主観的尺度」で，団体指導者の自己評価から影響力を数値化したものである（認知された影響力）。2つめは「客観化された尺度」で，団体が「政策実施・阻止・修正に成功した経験があるかどうか」という設問によって測定されている（成功した影響力）。

本章の主要部分は，次の4つの仮説の紹介と検証である。①「組織リソース仮説」（団体の影響力は，団体の自由になる組織的リソースによって決まる），②「相互作用正統化仮説」（影響力は，政策エリートへのアクセス，とりわけ政策エリートとの相互作用によって決まる），③「バイアス構造化仮説」（影響力は，団体の属性や活動によってではなく，政策エリートとの一定の安定した関係によって決まる），④「頂上団体統合化仮説」（影響力は，団体間の社会レベルでのヒエラルヒーと関係する）。内容の詳細をここでは紹介しないが，全体として②と④に適合する結果を発見している。この結果は，日本の政策決定過程は多元主義的なものかコーポラティズム的なものかのどちらか（あるいはその折衷的性格）であり，階級支配論者やパワーエリート論者が想定するようなものではないという議論に連なっている。

この章の分析で興味深いのは，「認知された影響力」と「成功した影響力」の2変数を使用してみると，影響力の認知は必ずしも実社会での影響力行使の大きさと同じではないことがわかる点である。例えば，狭い領域で活動する団体ほど政治的影響力を高く認知する傾向がある。当然のことではあるが，政策領域ごと，団体分類ごとに影響力の感じられ方，影響力行使の成否は大きく異なってくるわけであり，影響力の分析をより現実政治に近い感覚で把握しようとすると，調査対象団体を一括して統計処理することの問題性にぶつかる。

『戦後日本の圧力団体』では最終的に，個々の政策領域別，団体分類別にまで立ち入って，影響力の分析がなされている。そして，影響力の自己認知（量の観点）と，活動が政策実現の方向と阻止の方向のどちらを目指しているか（方向の観点）から，団体分類を大きく3つに分別している。すなわち，①実現型（政策実現が政策阻止を上回っている）＝教育・行政関係（影響力の自己認知強），農業・福祉（認知準強），経済（認知中），②両方型（政策実現と政策阻止が同程度）＝専門家，③阻止型（政策阻止が政策実現を上回っている）＝労働・市民・政治，というものである。

この3つは，団体類型ときれいに重なるものではないが，大雑把に①狭い政策領域で影響力を自覚する政策受益団体（行政ネットワークと関連），②平時は自立的で対立が生じたとき影響力を行使するセクター団体（政権党ネットワークと関連），③政策阻止の経験から影響力を自覚する価値推進団体（野党ネットワークと関連）というように分別することができるとされている。

2-3 小括：JIGSに連なる問題意識と課題

『戦後日本の圧力団体』は，体系的なサーベイ調査に基づく日本で初の研究書である。団体政治の捉え方からはじまって，調査項目，ワーディング，変数の操作，知見の導き方等，様々な工夫が施されており，それらの多くは我々の調査・研究においても継承されることとなった。しかしながら，同書も，当然のことながらいくつかの課題を残している。個々の論点については，後の各章で論じることにして，ここでは大きくその課題をまとめておきたい。

第1に，村松らは先述の通り，議論の一般化を狙ってサーベイ調査に着手したのであるが，調査団体の抽出はかなりの程度主観的に行われた側面があるので，彼らの議論にも一定のバイアスが生じていると思われる。彼らが調査対象としたのは，どの程度"圧力"団体であったのか。また，その姿は，一般の利益団体とどのように相違しているのか。この部分が定かにならない限り，『戦後日本の圧力団体』をどの範囲で一般化すればよいかは確定されない。

第2に，村松らの発見は，1980年（同日選挙以前）という時代的特性を多分に反映している可能性がある。周知のとおり，村松らが調査を遂行した時期は，保革伯仲期から自民党一党優位全盛期への過渡期であり，そこで明ら

かにされた団体の姿は，長期的な観点からすれば逸脱型である可能性も否定できない。また，村松らの団体政治の論じ方は，自民党一党優位状況を前提としたものであるので，93年以後の政治変動を考慮に入れた利益団体論が必要となる。村松らの発見は，20年後の我々の調査でも再発見されるのだろうか。

　第3に，村松らの研究でも示唆されたことであるが，利益団体世界は単数形として分析できるほどに一様ではない。特に統計的手法に依拠して分析を行う場合には，政治過程の様々な局面，領域を想定し，分析対象の特色や文脈を一定程度把握した上で分析を施さなければ，分析結果は机上の空論となりかねない。『戦後日本の圧力団体』では，団体世界が持つ領域性の問題を提示しているが，それが具体的にどのようなものであるかは，明確にされていない。この点で，個別局面の分析の深化も課題として残されている。

3　『レヴァイアサン』98冬臨増号

　ところで，第2，3の点に関しては，村松らのチームが1980年調査と同じ要領で1994年に行った「第2回調査」の分析を掲載した『レヴァイアサン』98冬臨増号「政権移行期の圧力団体」によって，一定の進展を見せている。全体としてこの特集号は，『戦後日本の圧力団体』が分析対象とした80年代以降の変化を念頭に置いて書かれたものであるといえよう。政権交代という短期的な変化が利益団体にどのような影響を与えたか。また，高度成長の終焉・新自由主義的改革の時代が到来したことによって利益団体の活動はどのように変化しているのか，といった中期的な変化について議論が展開されている。[4]この特集では5本の論文が掲載されており，ここでは簡単な要約を提示しておく。各論文が自ら設定する課題に対して，どのような方法でどのような知見を導き出しているかをまとめておきたい。

　巻頭論文は，村松岐夫「圧力団体の政治行動——政党か行政か」である。第2回調査では，①自民党支持の低下，②圧力団体の活動総量の減退，③圧力活動のターゲットとしての行政の位置上昇，という結果が出ていた。この結果は，80年代に見られた「党高政低」現象に明らかに反するもので，「転換期の政治では行政が大きな役割を果たす」という通説に適合的なものであるが，村松は「筆者の見解では，政策過程の最終決断者が政局に時間とエネル

ギーを奪われてしまうので，官僚集団の活動機会も影響力も減少する」という持論を展開し，なおも政党の重要性を強調する。政権移行期の政治過程における「政党か行政か」という議論を見ると，80年調査に基づく議論が政治的・政治学的な時代的状況を多分に反映したものであったことに気づかざるを得ない。

　第2論文は辻中豊・石生義人「利益団体ネットワーク構造と政権変動――2層構造の発見」である。ここでは，回答団体の76団体に「ネットワーク分析」が施され，「現代日本の団体ネットワークには，いわばコーポラティズム的な協力関係の重畳が織りなすプリズム状のネットワーク構造と，デュアリズム論者が強調するような大企業優位，階級政治の構造が並存している」という興味深い発見がなされている。従来，質的に議論されていた事柄を，定量的に確認することを指向した論文である。

　第3論文は真渕勝「静かな予算編成――自民党単独政権末期の政治過程」である。ここで真渕は，予算編成過程が自民党政権末期にはそれ以前と質的に変化していた事実を挙げ，何がそのような変化をもたらしたのか，その変化は何を意味しているのかを論じている。予算配分をめぐる政治過程に関する94年調査の発見は，団体の活動量が大きく減退していることであった。このような調査結果に対して真渕は，財政状況の悪化・予算配分のゼロサム化と予算編成の早期化（資金の配分が予算編成過程の早い段階で決定される傾向）が，団体の有効性感覚の低下（＝あきらめ）を生み，その結果，活動の減退が起こった可能性があることを指摘している。ポスト高度成長期の団体政治の一局面を，きれいに描いて見せた論文である。局面を限定することで，既存の政治過程に関する知見とデータ分析の結果が対話可能となっている。このような中範囲レベルの分析の蓄積は，今後もっと重視されなければならないだろう。

　第4論文は秋月謙吾「分水嶺にある日本の圧力団体――政権交代前後にみる団体の態度変化」である。同論文は，利益団体の世界と政権・政局の変動が，どの程度直接的にリンクしているのかという観点から，団体の態度変化を分析している。分析の手法は，政権交代の前と後に同一の質問を同一の団体に尋ね，その回答の差異を分析することを通して，政権交代そのもののインパクトを探ろうとするものである。投票行動研究でよく利用されるパネル

調査の分析を，団体分析に応用したものとして注目できる。分析は多岐にわたるのでその詳細を紹介できないが，政権交代が与えたインパクト以上に，より長期的な変動が下地として存在していたことの重要性が指摘されている。現在進行している団体の変化は，「一時的な過渡的変化」か「構造的な永続的変化」かという大きな問いに連なる議論である。

　第5論文は伊藤光利「大企業労使連合再訪――その持続と変容」である。80年調査で発見された対立軸は，①保守と革新の対立，②民間大企業労使と政策受益団体の対立（新自由主義と社会民主主義），③経済団体と消費者・環境団体との対立，であった。このような対立が継続しているかどうかについて伊藤は，「94年調査では，要約的に言えば，これら3つの対立軸は，依然として持続しているが，全体として対立の激しさはかなり緩和した」と評価している。対立緩和に影響を与えた要因として，非市場団体（とくに政策受益団体）の利益を地方政府組織が表出するようになった点（機能的利益の地域的利害への転換）を伊藤は挙げている。政策受益団体との相互対立を認知している民間労使連合も，地方政府との対立は認知していないので，対立が緩和されるのであるという。この論文は，『戦後日本の圧力団体』でその存在が指摘された「大企業労使連合」が，その後どのように持続・変容しているのかを本人が検証したものであり，また団体政治分析に中央－地方関係の視点を導入することの必要性が指摘されている点でも興味深い。「小さな中央政府と大きな地方政府」という視点は，今後の日本政治を分析する上で無視できないものになるだろう。

4　JIGS：調査の設計とその特徴

4－1　市民社会・社会政治過程の研究

　この20年来の業績の蓄積によって，団体の諸活動を学問的に研究することそれ自体の意義は十分に確認されたといえるだろう。また，団体政治を研究する方法論も徐々に整備されつつあるように思われる。

　団体研究の次の課題は何だろうか。既存の視点をより実証的に掘り下げていくことはもちろん重要である。それと同時に，研究の焦点をより広げていくことも重要ではないかと総括できる。ここで先の図1－1のような社会過程

―政治過程―政策過程という3層構造を考えた場合，既存の研究は特定の一般化の困難な個別政策過程，個別政治過程に偏っているか，逆に全く抽象的な政治過程にのみ注目してきたといえないだろうか。いくつかの団体が日本のいくつかの個別の政策，政治過程で影響力を有するといっても，この社会に存在するすべての団体が等しく影響力を持つわけではない。個々人の投票行動に関係する団体や集団の影をぼんやりと科学的に描いても私たちの政治学的現実認識は深まらないのではないか。『戦後日本の圧力団体』，『レヴァイアサン』98冬臨増号も，利益団体全体を対象としたものではなかった。

　そもそも，日本には，数量的にどのくらいの団体があるのか。どのような性格の団体が，どのような割合で存在し，そのうちのどの程度の団体が政治的に活性化し，圧力活動を行うのか。圧力活動を全く行わない団体は一体どのくらいあるのか。その圧力・影響力活動はいかなるアクセスや態度の特徴をもつのか。実はこうした問題こそが，政治社会体制・構造問題と直結するのである。(5)

　社会過程―政治過程―政策過程の断面図を描くためには，政治的に活性化していない団体をも含めたランダムサンプリングによるサーベイ調査がなされなければならない。本研究は，このような視点から，東京，茨城の2地域（各国とも2地域）の団体をランダムサンプリングによって調査を遂行した。2地域に限定しているものの，ランダムサンプリングによる包括的な団体調査は，おそらく世界初の試みである（序論参照）。

4－2　利益団体の「作業定義」

　序論で触れたように，利益集団（Interest Group）という概念は機能概念であるため，すべての集合体をこの概念で把握し分析することが可能である。利益集団は，公共政策の主体以外の集合であり，かつ公共政策への関心を有するものである。ここには官僚制，議員集団，地方政府なども含みうる。こうした包括性は，政治システム的な認識を導くという点ではメリットであったが，経験的な「実体」がなく，実証分析には適さない。それゆえ，私たちは利益集団ではなく，理論的には市民社会組織，利益団体に，具体的には「組合・団体（union, association）」に注目することに決定した。

　私たちの焦点である組合・団体とは何か。ここでは，各国で，すなわち各

国の電話帳，団体統計（事業所統計，登録統計），名簿などで「団体・組合」と「呼ばれている」ものである。一般には，非政府・非営利的団体（NGO, NPO）とほぼ重なる。すでに序論の定義で述べたように，構成員自体に集団から報酬を与えるものではないし，与える仕組みがないことが必要である。これはほぼ非営利性といってもよく，企業やそれに準じた病院，学校などが対象から除かれる。市民社会組織としての団体であることから，公共政策の決定主体が除かれる。政治制度の下位集団，政府部局，地方自治体そのものなどは除かれる。後に実証するように，こうした組合・団体と呼ばれているものは，公共政策への関心をほぼ全体が有するので，組合・団体と認知されているものは利益団体のことなのである。これらのうち，政治的に活性化し，明示的な圧力活動を行うような団体が特に圧力団体と呼称されるのである。利益団体は，市場的な活動だけによってではなく，広い意味での政治的活動によって利益集団機能（公共政策への影響力行使）を遂行しようとする社会団体のことである。

　私たちが，ここで対象「外」としたものは，政治制度集団（官僚制，地方政府などの GO, Governmental Organization），および営利企業（PO, Profit Organization），そして私的集団（Private Organization）およびそれに準ずるものである。つまり，対象はほぼ NGO, NPO である。厳密に言えば，各種協同組合など一部の中間的な法人は利益を分配する可能性があり非営利と言えない場合もあるが，成員が集団から報酬を得ると判断できないこと（いわばグレイゾーン）から，含めることとした。他方，個別宗教組織（教会，寺社など）を構成員とする連合組織や直接的な布教活動を行わない間接組織（YMCA など）である宗教団体は含めるが，布教・礼拝など宗教組織そのもの（教会など）は特に強く現世利益が「ないものとして振る舞う」こと，また広義の私的集団と見なせることから除外した。学校法人や社会福祉事業体（一部），医療法人も，企業に準じ報酬を得る場合もあり，含めないこととした。

4 - 3 「作業定義」に基づく母集団の確定と調査サンプル抽出

　このように，利益団体として組合・団体を設定した後の問題は，具体的にこの定義にかなっている団体を摘出する作業である。有権者名簿のような「（利益）団体名簿」が存在しない以上，ランダムサンプリングによって調査

する場合には，このような定義に近似する性格の団体の情報を収めた何らかの団体母集団を利用することになる。そして，その近似団体を利益団体とみなすことになる。この点において，本研究における利益団体は，あくまで「作業定義」としての「組合・団体」である。

　組合・団体を包括的に捕捉した母集団としてはどのようなものが考えられるだろうか。通常，組合・団体を考える場合に用いられるのは「団体名鑑」「団体ディレクトリー」の類である。各国でこれまでの利益団体，利益集団，圧力団体，ロビーなどの研究は最も包括的な名簿としてこうしたものを用いてきている。日本でも，ミカミマーケティングインスティテュート『全国各種団体名鑑』など民間企業発行の名鑑や，『通商産業省（現，経済産業省）関係公益法人便覧』（通商産業省産業政策局総務課編，通商産業調査会発行，各年）など行政省庁が管轄の公益法人・関係任意団体等について纏めた便覧，助成財団，国際NGO，国際文化交流団体などにはその分野での中心的な組織が編集した名簿，宗教団体，政治団体などについても所管の省庁の編集する名簿が存在する。外国の研究では，例えば *Encyclopedia of Association* (Gale Research Company), *Washington Representatives* (Columbia Books), *Yearbook of International Organizations* (K. G. Saur), *Directory of Association in Canada* (Micromedia Limited), *Directory of British Associations* (CBD Research Ltd.) 『韓国民間団体総覧』（韓国ハンギョレ新聞編）などの包括的な名簿が母集団として用いられることも多い。これらは，大変貴重な資料であるが，(1)収集団体の編集方針に一定の傾向がありすべての社会団体を包含していない，(2)商業的目的で編纂されることが多く，一度収集された組織は休眠状態や廃止されても残存しやすく，逆に新規の組織は収集されにくい，といった限界がつきまとう。つまり，一般的にいって代表性に問題がある(6)。

　第2に考えられるのが，活動に着目し，母集団を確定する方法である。つまり，議会（国会）の公聴会出席団体，審議会など諮問機関への関与（構成団体）など，何らかの政策活動が公的に把握できる資料に基づく方法である。新聞のCD-ROMや縮刷版などに登場する団体を取り上げる方法もありうる。これは，団体収集の恣意性を避けることができるが，いわゆる圧力団体のみを拾い上げる結果となる。そうした限定した研究の母集団としては推奨できるが，本書のような全市民社会組織の縮図を作る試みには適さない。

第3には，恣意性を無くし，代表性を重んじる厳密な視角から考えられるもので，政府統計，具体的には事業所統計によるものである。日本では事業所統計は指定統計第2号の基本統計であり，3ないし5年毎にすべての1名以上の従業者がいる事業所を対象とした悉皆調査である。従業者とその作業所が存在すれば対象となる。調査時点では中分類番号94が「政治経済文化団体」であり，経済団体，労働団体，政治団体，学術文化団体，その他の団体が小分類に含まれる。その他，協同組合（分類番号85），社会保険・福祉（同90）なども関係する。アメリカ，韓国に同様の統計が存在し，母集団としてよい条件を備えているため，私たちはこれを第1候補として検討した。しかし，結果的には，事業所統計は使用できなかった。この統計母集団の使用主体には，「国の行政機関又は地方公共団体」という制限があり，筑波大学がこれに適合するものと統計局官房文書課によって認められなかったからである。

　第4に構想されたのが，職業別電話帳（タウン・ページ）を用いることである。後に詳述するが事業所統計における団体の数と電話帳における団体の数には当然のことながら相違が見られる。2000年現在の数値は，事業所統計での政治経済文化団体に協同組合，事業協同組合を加えた数が6.6万，電話帳での団体の数は3倍の19.8万である。これはそれぞれに収録されている団体の属性が異なることの表れにほかならない。事業所統計に収録される団体は，事業所並びに1人以上の常勤職員を保有する団体であり，電話帳に収録される団体は電話回線を有し，収録を希望する団体である。電話帳を母集団にした本調査は，事業所統計を母集団とした場合よりも，より小規模な団体を包含していることになる。事業所統計母集団はおそらくすべて電話帳母集団に含まれていると推定できる。社会過程までを射程に入れようとする本調査の趣旨からいえば，電話帳の方がより適切な母集団であったといえよう。また比較調査への応用可能性も高い。

　かくて，電話帳という母集団が採用されたのである。

4 - 4　母集団・調査対象団体・回答団体

　本調査の母集団は，1997年東京都版（島部を除く10エリア）と1997年茨城県版（5エリア）の職業別電話帳（日本電信電話株式会社発行『タウンページ』）の「組合・団体」という項目に記載されている23,128団体（東京21,366,

表2-1 電話帳『組合・団体』に含まれる団体

「組合・団体」に入っているもの： 組合・団体（学術・文化）（漁業協同組合）（経済）（社会保険）（宗教）（政治）（農業協同組合）（農林・水産）（労働）		「組合・団体」に入っていないもの： （以下太字は，左記との対比で注目されるもの）
医療団体	商工会議所	**青色申告会***
援護団体	商工会・商店会	**医師会***
学術団体	消費者団体	会計・弁護士事務所ほかの専門職事
学会	親睦団体	務所
共済組合	スポーツ団体	楽団
教育団体	政治団体	教会（キリスト教，諸教，神道）
教団	政党	劇団
漁協	青年会議所	研究所
漁業団体	団体	公団
経済団体	地域住民団体	公民館
啓発団体	町内会	**歯科医師会***
健康保険組合	農業協同組合	事業団
厚生年金基金	農業団体	社会福祉施設
国際親善団体	病院協会	社会保険事務所
国民年金基金	文化団体	商品取引所
慈善事業団体	ボランティアグループ	集会所
自治会	ライオンズクラブ	資料館
市民団体	林業団体	身体障害者厚生援護施設
社会事業団体	労働組合	**生活協同組合***
宗教団体	ロータリークラブ	寺
趣味の会		福祉施設
		保護施設
		母子福祉施設

下記および上記＊印は2000年度ＮＴＴホームページには組合・団体として所収。
　弁護士会＊，行政書士会＊，公認会計士会＊，社会保険労務士会＊，獣医師会＊，薬剤師会＊。

茨城1,762）である（表2-1）。この年の版での「組合・団体」という項目には，次に記す10の下位項目がある(7)。

①組合・団体，②組合・団体（学術・文化），③組合・団体（漁業協同組合），④組合・団体（経済），⑤組合・団体（社会保険），⑥組合・団体（宗教），⑦組合・団体（政治）⑧組合・団体（農業協同組合），⑨組合・団体（農林・水産），⑩組合・団体（労働）。

なお，それぞれの項目，下位項目への団体の分類は，客観的な基準に基づいて行われるものではなく，電話帳記載団体の自己申告に基づいて行われている。また複数の項目，下位項目に団体名を載せることも可能なため，調査団体選定時に，同一団体を重複してカウントしている場合がある。

表2-2 団体の分布

	母集団		調査対象団体		有効回答団体	
	東京	茨城	東京	茨城	東京	茨城
①組合・団体	42.8	33.0	42.0	29.4	44.2	27.9
②（学術・文化）	14.9	2.4	14.4	3.1	14.1	4.1
③（漁業協同組合）	0.3	2.6	0.6	3.1	0.3	3.0
④（経済）	20.0	15.2	19.5	12.6	19.4	14.7
⑤（社会保険）	3.8	1.9	4.6	2.6	7.0	3.0
⑥（宗教）	2.0	2.4	2.0	3.1	1.1	1.0
⑦（政治）	3.0	3.2	2.9	3.7	1.8	3.0
⑧（漁業協同組合）	1.0	12.2	1.4	18.6	1.3	15.2
⑨（農林・水産）	3.1	15.1	3.2	13.1	2.4	17.3
⑩（労働）	9.0	10.4	9.5	10.5	8.4	10.7
実数	21,366	1,762	3,866	381	1,438	197

　このほか電話帳には教会（3,860組織）など団体として考えうる可能性のある項目があるが、既にのべた私たちの利益団体の作業定義に照らし、上記の10項目が私たちの対象として十分であると結論したため「組合・団体」という項目のみを使用することとした。

　上記母集団からの抽出に際しては、無作為系統抽出法を用いた。調査方法としては、郵送法を用いた。郵送法には、(1)調査費用が相対的に安価であること、(2)同時に多量の調査対象を調査できること、といったメリットがある。他方、調査票の回収率や調査票内設問での回答率が低くなる可能性がある、というデメリットも指摘されている。この短所に関しては、回収率が下記に述べるように平均で4割を越えかなり高い水準を得たこと、また回答率も7割以上を記録したことでほぼ克服されたといえる。

　本調査では、東京、茨城合わせて4,247団体（東京3,866、茨城381）に調査票を郵送し、全体で1,635（東京1,438、茨城197）の有効回答を得た。回答者は団体の事務局長もしくは日常業務の責任者である（付録参照）。有効回収率は、東京37.2％、茨城51.7％である。ここで本調査の母集団、無作為に抽出した調査対象団体、そして有効回答団体の分布を下位項目別に示すと表2-2のとおりである。今回の調査での標本が、極めて母集団を反映した比率で構成されていることが理解できる。回答を寄せた団体は、東京の電話帳所載組織の6.7％、茨城の11.2％にあたる。またこれを電話帳所載全国団体の推計値（1997年当時、事業所統計と同比率で推計）15万団体（2000年版では分類の改訂もあり約20万）での比率を見れば約1.1％にあたる。

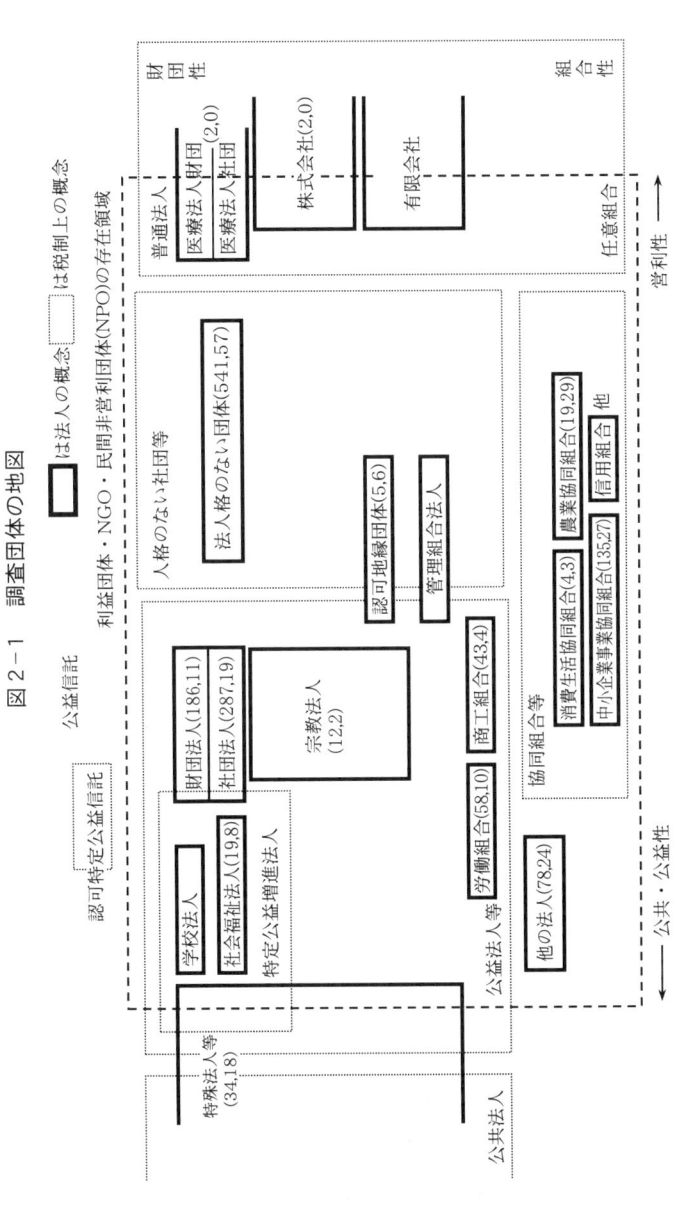

2章　日本における利益団体研究と JIGS 調査の意義　57

図 2-1　調査団体の地図

```
                    公益信託
          認可特定公益信託                                          財団性
    ┌─────────────────────────────────────────────────┐
    │        □は法人の概念  [ ]は税制上の概念          │
    │      利益団体・NGO・民間非営利団体(NPO)の存在領域  │
    │                                                   │
    │                               ┌─普通法人─────┐ │
    │                               │医療法人財団    │ │
    │                               │       (2,0)    │ │
    │                               │医療法人社団    │ │
    │                               └────────────────┘ │
    │                               ┌株式会社(2,0)──┐ │
    │                               │                │ │
    │                               │有限会社        │ │
    │                               └────────────────┘ │
    │  ┌公益法人等──────────────┐                       │
    │  │ 財団法人(186,11)         │  人格のない社団等    │
    │  │ 社団法人(287,19)         │  ┌法人格のない団体│ │
    │  │                          │  │  (541,57)      │ │
    │  │ 特定公益増進法人          │  └────────────────┘ │
    │  │ ┌学校法人──────────┐   │  認可地縁団体(5,6)  │
    │  │ │社会福祉法人(19,8)│   │  管理組合法人      │
    │  │ └──────────────────┘   │                     │
    │  │   宗教法人                │                     │
    │  │    (12,2)                │                     │
    │  └──────────────────────────┘                     │
    │                                                   │
    │  ┌公益法人等──┐          ┌協同組合等──────────┐ │
    │  │労働組合(58,10)│         │商工組合(43,4)       │ │
    │  │他の法人(78,24)│         │消費生活協同組合(4,3)│ │
    │  └──────────────┘          │農業協同組合(19,29) │ │
    │                             │中小企業事業協同組合│ │
    │                             │      (135,27)     │ │
    │                             │信用組合           │ │
    │                             └────────────────────┘ │
    │  特殊法人等                                       │組合性
    │   (34,18)                                         │
    │                                                   │
    │  公共法人                              任意組合     │
    └─────────────────────────────────────────────────┘
        ←─── 公共・公益性              営利性 ───→
```

(注)　括弧内の数字のうち，左側のものは東京における調査団体数を，右側のものは次城における調査団体数を示す。数字のないものは調査団体に含まれないものを示す。

図2-1は私たちの調査標本の分布地図を示したものである。電話帳は,自己申告によることもあり,先の定義以外の団体も若干調査対象に含まれることがわかる。

4-5　本調査の視点

　本調査を設計するにあたって,過去の調査結果との比較が可能になるよう,先行する研究の調査票の質問を多くとりいれた。主に参考にしたのは,既にふれた先行するサーベイ調査であるエリートの平等観調査,団体調査（第1次 1980年,第2次 1994年）である。本調査は先行する調査とは異なり,圧力活動を全く行わないような団体をも調査対象に含んでいる。既存の調査は,エリートレベル,頂上団体を対象としたものであったが,その際使用された質問文をその他の団体に尋ねた場合,どのような回答が得られるだろうか。本研究の焦点の1つである。

　本調査では,後になされる諸外国との比較以外に,調査対象内での次の3レベルの比較可能性にも留意した。それは,①地域間比較,②団体分類間比較,③過去との比較である。

　第1の地域間比較について。利益団体の属性・活動には大きな地域差があることが予想される。本調査では調査対象地域として,東京都と茨城県を選んだ。首都であり巨大都市である東京都と,代表的な農業県であり,中規模で,都市と農村の混在型の茨城県とでは,団体の属性・活動に大きな相違が見られるはずである。様々な政治変動の先端的な傾向を示してきた東京都と,保守勢力の強い茨城県との比較は,団体構造の大都市・地方間の相違を浮き彫りにするだろう。

　第2の団体分類間比較について。利益団体の属性・活動には,団体分類の間で大きな相違があることが知られている。異なる団体分類間でどのような相違が見られるかについては,本調査の大きな関心である。団体分類については,「農業団体,経済団体,労働団体,教育団体,行政関係団体,福祉団体,専門家団体,政治団体,市民団体,その他」の10分類を採用した。[8] この分類は,前掲『戦後日本の圧力団体』の8分類を改良（市民・政治団体を分割）したものである。そして,調査対象団体自身にこの10分類のうち,自分の団体がどの分類に当てはまるかを選んでもらった（Q1）。回答結果を見ると,

東京では約7割，茨城では約8割の団体が，「その他」以外の9つの団体分類のどれかに入ると認識している。

　第3に過去との比較について。90年代以降の日本政治は変化が著しいが，利益団体の活動はそれと相関しているのか，それとも独自の営みを持っているのか興味のあるところである。利益団体の活動の変化を追跡するためには，同じような調査が過去にも行われていなければならない。しかしながら，本調査のようなランダムサンプリングによる調査は過去になされたことはなく，適切な比較のデータが存在しない。そこで本調査では，「現在」についてだけでなく，「10年前はどうでしたか」と尋ねる質問を含めた。このような回答者の記憶を頼りにするリコール調査の手法は，投票行動研究では馴染みのものであるが，1994団体調査に一部含まれるほか団体調査ではこれまでなされていない。10年前と現在とでは，団体の活動にどのような相違があるのか。この点を明らかにすることも本研究の大きな焦点である。

　本調査の質問票は，大きく36の設問から構成されている。ここで，その内容を記すと次のようになる。Q1（団体分類），Q2（関心のある政策分野），Q3（団体の目的・活動），Q4（法人格の有無），Q5（会員の保革イデオロギー），Q6（活動の地理的範囲），Q7（活動地域における影響力），Q8（国の行政機関との関係），Q9（自治体との関係），Q10（行政への直接的働きかけ），Q11（行政への間接的働きかけ），Q12（行政機関からの働きかけ），Q13（政党支持），Q14（政党接触），Q15（選挙活動），Q16（国の予算編成における働きかけ），Q17（自治体の予算編成における働きかけ），Q18（行政機関，政党・国会議員に対する信頼），Q19（政党，行政，裁判所のどれが有効か），Q20（利益代表人数），Q21（ロビイング），Q22（情報源），Q23（個人的に接触できる有力者），Q24（マスコミ登場回数），Q25（重要政策決定との関係），Q26（影響力），Q27（協調・対立），Q28（政策実施成功の有無），Q29（政策修正・阻止成功の有無），Q30（団体設立年），Q31（団体設立時の援助），Q32（会員数），Q33（職員数），Q34（予算），Q35（補助金・奨励金），Q36（情報機器導入の程度）。

　本調査には約260の回答箇所がある。このように複雑で回答しにくい質問を含んだ調査を郵送で行うにあたっては，調査票の回収率だけでなく，個々の質問の回答率が低くなるのではないかという懸念があった。しかし，それは

杞憂に終わった。回収率は先述の通りだが，設問の回答率平均値は東京75.0（標準偏差19.5，最低値20.9），茨城72.1（標準偏差19.7，最低値18.3）で，期待以上の結果であった。電話帳に記載されている団体がこのような郵送調査に誠実に答えてくれることを発見できたことも，本調査の大きな成果と考える。

5　調査時期の問題と韓米独でのJIGS調査について

　日本におけるJIGS調査は，1996年秋から構想され，97年3月3日に調査表を発送（東京3,619，茨城381，計4,000），締切日を3月20日に設定した。同3月17日に督促状を送付，5月12日に無回答団体（および追加247）に対して調査票を再度発送し，締切日を5月31日に設定した。合計4,247団体のうち，1,635が有効回答であった（辻中編 1999a）。因みに，第Ⅱ部などで日本の位置を明らかにする目的で部分的に参照される韓国調査は，ソウル（2,940），京畿道地区（950）を対象に3,890団体に1997年10月20日に発送され，12月15日にかけて遂行された。回答はソウル371，京畿道110，計481で回収率12.4%であった。また米国調査は，ワシントンD.C.（2,465）とノースカロライナ州（2,625）を対象に1999年7月に実施され，それぞれ740，752の回答を得た。ドイツではベルリン（4,572），ハレ（1,086）を対象に2000年4月，5月に実施され，それぞれ643，154の回答を得た。（各コードブック参照。辻中編 1999b，2001a，2001b）。

　この比較参照調査との比較可能性についての方法的問題やその方法，両調査の時期的背景については，別の巻でまとめる予定であるのでそれを参照していただくとして，ここでは日本の調査時点について述べておきたい。

　1997年3月から5月という時期の政治史的な位置をスケッチしよう。当時の政権は，1996年1月に発足した橋本龍太郎内閣であるが，1996年10月の総選挙で過半数近くの議席を得て，11月の改造後第2次橋本内閣になり，それまでの自社さ政権から，社会民主党，さきがけは閣外協力に移行した。他方で，97年9月にはそれまでの入党工作の結果，衆議院での過半数を回復している。JIGS調査時点では，橋本政権は閣外協力を得た自民党単独少数政権であった。

　他方で野党に目を移せば，94年11月に結党した新進党は96年総選挙で156

議席を得たものの,改選議席を下回り,「二大政党制」形成に躓き選挙総括後内紛過程に入り,96年末には有力者が離党し太陽党が結成され,97年12月末には解党し6党に分裂するに至る。調査時点では自民党との協調も模索され,保保連合の可能性も取りざたされた。

第2の野党として,民主党は96年9月に結党され,10月総選挙で現状を維持したが,その後,社民党などから議員が流入し,97年12月の新進党解党後,98年4月にはその相当部分を吸収し新「民主党」として野党第一党になる。調査時点では,旧「民主党」であり,野党第2党である。

国内外の政治経済を概観すれば,クリントン第2期政権下でアメリカ経済が好調を維持したのに対して,アジア金融通貨危機が97年当初から問題化していった時期である。ただ表面化したのは7月以降である。日本経済もバブル崩壊後,一時期景気が緩やかに回復基調にあったものが,96年以後再び停滞し,97年にはマイナス成長に転じ,年末には金融破綻へと連なる時期である。調査時点ではこうした政策不況は表面化していないが,その兆候が現れ始めた時期である。

以上,本書の主たる素材を提供するJIGS調査の方法とその意義について述べた。「組合・団体」という実体的で作業可能な対象を確定し,理論的な位置づけを与えたこと,それに対する無作為系統抽出法による郵送調査という方式を実践し,その有効性を示したことによって,本調査,本研究は世界的に見ても1つの研究範型を示すことになったといえよう。

注

(1) Tsujinaka (1993),篠田 (1989) の「連合」研究,高橋 (1986) の医師会研究などが挙げられる。
(2) 大嶽 (1979),加藤 (1997),飯尾 (1993) などが挙げられる。
(3) 『戦後日本の圧力団体』の共同研究者である辻中自身が,同書を論評するのは適切でないと判断したので,本節は森が単独で執筆した。次節も同様である。
(4) 『レヴァイアサン』98冬臨増号で扱われなかった重要な問題としては,NPOなどの団体の噴出現象がある。現在,利益団体の数は着々と増大しているわけだが,そのような団体の登場はどのようなインパクトを日本の政治社会に及ぼしているだろうか。今後,検討されなければならない課題で

ある。NPO の台頭に着目した調査としては, 東京都 (1996), 経済企画庁 (1996), 社会調査研究所 (1997) がある。

(5) このような問いに対する直接的な解答ではないが, マクロで比較政治的な視点から利益団体を捉えようとする研究もすでに存在する。それは, 国勢調査や事業所統計等の集計データに着目し, 団体の活動を捉えようとするものである。日本の団体の量的な国際比較 (辻中 1994, 1996, Tsujinaka 1996), 各種団体の数の時系列的変化と民主化の関連 (Tsujinka 1997), 団体の県別分布と選挙結果との関連 (辻中 1997) を指摘する辻中の研究がそれである。ただし, 集計データを用いた研究はエコロジカルファラシー問題 (Alker 1969) と無縁ではなく, より広範なデータの収集と分析, 指標の検討, 事例分析による補完など分析をより精緻化させていく必要があることはいうまでもない。

(6) しかし, 名簿によってはそうでない場合もあるし, こうした名簿以外にデータがない場合もある。

(7) 電話帳は, 近年電子化され, ホームページで検索可能となったが, 分類などの変更が毎年みられ, 年度, 時期による変動が見られる可能性がある。

(8) 団体分類は, 9分類以外に, (1) 9 分類の「その他」を再コード化したもの, (2) Q 4 の法人格による分類, (3)調査表の質問への回答パターンを主成分分析し, 主成分得点によって再分類したものなどを分析の必要に応じて用いる。本稿でも(1)を用いている。

第3章

概観：市民社会の政治化と影響力

辻中　豊・崔　宰栄

　本章では，比較調査の成果を紹介し，これに続く利益団体の行動分析への概観を与える目的で，団体の「政治化」もしくは「市民社会組織の利益団体化」を包括的に検討する。市民社会の組織において，政策関心→ロビイング・アクター関係→強い政治活動（選挙・予算活動）の漏斗状の階層性を発見する。そして，試論的なデータの韓米独集計データの紹介を通じて，日本のロビイングという政治活動化が相対的に低い水準にある可能性を示唆する。分類別では，政治，農業，労働団体などに政治活動が活発であるものが多いこと，また，選挙活動，予算への影響力行使活動では，他の国々より活発であるものが多い可能性があることを示唆する。漏斗状の活動団体の3層構造は他の国々と共通である。

　他のアクターの影響力評価では，日本の団体は，官僚，農業団体，外国の政府，利益団体，国際機関に他国より高い評価を与えているが，労働組合や政治・市民団体などアドボカシー系の団体には低い評価を与えている。

はじめに

　団体の数，分布，比重は重要であるが，政治学的な意味を考えるにはそれだけでは十分でない。政治学的には，それがどれほど政治化しているか，政治的に活性化しているか，逆に言えばどれだけ政治に動員されているかが重要である。

　すでに第1章で述べたように，無数にある社会の集団のうち，「利益」つまり政治・政策に関心のある集団，すなわち公共政策の決定・執行活動に「能動的な関心」があるものが利益集団であり，そのうち永続的な組織を持ち，構成員自身に報酬を与えるのでない組織が利益団体である。社会においてどの程度の集団が利益集団であるかは，それぞれの社会の「政治性」を見る上で重要である。どの分野の集団がどのように利益集団化しているかは，その社会の国家・社会関係つまりは「政治体制」を識別する指標ともなる。本研究は，すべての集団でなく，市民社会組織，つまり国家，営利企業，純私的な組織以外の組織を対象としている。どの社会においても営利企業，とりわけ大企業は利益集団化することがしばしばあるが，ここでは，企業と国家組織，宗教など私的集団以外の市民社会の組織において，公共政策への関心を持ち，その利益にそった対外行動をどの程度するかを探求したい。

　私たちは，本巻で日本について，主として「首都」での利益団体のアクター行動を取り上げ詳細に分析する。同様に他の巻でも各国の利益団体行動が日本との比較において分析される。本章では，個々の行動の種類そのものよりも，様々な行動全体として，いかなる関心や行動を示したかに注目し，政治的な活性化自体の量的把握に努めたい。ここでの問いかけは，日本の団体全体としてどの程度，どんな方法で政治化しているのかである。前章で見たように異なる社会において団体の類型ごとの分布に差が見られるのが普通である。また同じ類型でも性質に相違があると予想される。しかし，ここでは団体の分類別等の詳細な分析は行わない。まず，全体として，市民社会の団体世界がどのように政治化しているかが知りたいのである。

　その際，現時点で利用できる限り，つまり日韓米独4ヵ国での比較政治的な特徴を考察しておきたい。比較データを基礎集計し，頻度や累積頻度を計算し，それらを概観した範囲で，日本の特徴づけを行いたい。すでに触れた

ように体系的な比較検討は,「なぜそうなのか」をめぐってこの比較プロジェクトの最終巻でなされる。ここでは,行動や諸傾向の把握に際して,日本の特徴の認識目的に資する「最小限の範囲」で参照データに触れ,「今どうなっているか」を素描するにとどめる。

　予備的な比較の最後に,各国での「団体による他の社会アクターの影響力評価」についても触れたい。これは,実際の影響力分布とどのような関係にあるかは現時点では評価できない。しかし,少なくとも,市民社会の団体によって共有された影響力分布のイメージである。本章で述べる団体の政治活性化や政治行動度がそれといかに関連するか,など多くの分析上の疑問にはここでは答えず,今後への問題提起として,比較データでの事実発見を提示するにとどめる。

1　日本における市民社会組織の政治化

　まず,図3-1を見ていこう。これはここに取り上げる日本のJIGSでの変数の論理的な繋がりの仮定図である。JIGSでの変数はこれに限られるわけではない。また私たちは本章でここで想定された関係を検証しようとするわけ

図3-1　市民社会組織（活動体レベル）の政治化関連変数

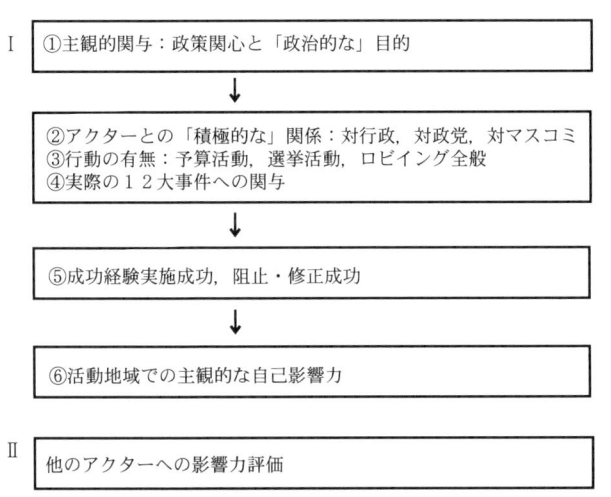

I　①主観的関与：政策関心と「政治的な」目的
　↓
　②アクターとの「積極的な」関係：対行政,対政党,対マスコミ
　③行動の有無：予算活動,選挙活動,ロビイング全般
　④実際の12大事件への関与
　↓
　⑤成功経験実施成功,阻止・修正成功
　↓
　⑥活動地域での主観的な自己影響力

II　他のアクターへの影響力評価

でもない。ここでの関心は，各質問にどの程度「yes」ないし「肯定的」な団体が存在するか，その割合自体である。1つ1つの設問への回答割合を個別に見ても全体の傾向を把握しにくいので，いくつかの設問の「どれか」にyesである比率（累積頻度）も計算して政治化の割合を測ろうとした。

まず，主観的な関与の領域である。団体はリストアップされた20以上の様々な国や自治体の政策に関心を持つかどうか（Q2「あなたの団体が関心のある政策や活動分野はどれにあたりますか」）。次に団体の目的において政治的・対外的な目的をもつかどうか（Q3-3，5，6，8，9 会員や組合員の「生活や権利の防衛のための活動」「国や自治体からの補助金や奨励金を斡旋」「許認可や契約などの行政上の便宜」「専門的知識に基づく政策案を提言」「公共的利益実現のための啓蒙活動」）。この2つの設問から主観的な政治への関与の割合を探りたい。

ここで知りたいのは，何らかの形で「政治化」しているかどうかであるから，各項目への諾否だけでなく，「どれかに」肯定的なものは，まず政治化への主観的関与ありと見なす（累積的な頻度割合）。22項目の政策分野の1つにでもyesならそれでいいのである。同様に5つの政治的目的の1つに当てはまればまずよいわけである。

次に，政治的アクター関係，対政治的アクター行動，具体的な政策決定事件でのアクター行動・立場である。すなわち，他の政治アクター，行政機関（Q8，Q9，Q12，Q11，Q10），政党（Q13，Q14），マスメディア（Q21-11）との関係，積極的な関係の有無を聞く質問，続いて予算活動（Q16），選挙活動（Q15），ロビイング全般（Q21）といったより明確な政治的利益集団活動の有無を聞く質問，さらには実際に80年代から90年代に生じた12の重要な政治的決定作成への参加の程度，賛成反対の立場の表明，こうした3つの集合の設問群によって，一般的な政治アクター関係から，具体的で政治的な利益集団活動，さらに特定の事件への影響力行使活動まで，レベルごとにその政治化度合を探求する。これも主観的関与同様，個々の設問への諾否だけでなく，質問集合群ごとにどれか1つでも諾ならカウントする方法も用いた。

そして，最後にこうしたロビイングや関係の結果として，国や自治体の特定の政策や方針の「実施」上の成功経験（Q28）や修正・阻止経験（Q29）を確かめ，自己の地理的な活動対象領域での影響力の評価（Q7）を聞いてい

る。

2　政治化の3層構造

　その結果は，後述の4ヵ国比較の表3-1に詳しいが，まず日本での概略を示す図3-2，図3-3を見ていこう。図3-2は先の諸質問への日本での答えを首都と茨城を対比し，両地域の著しい相違点と各回答の概略を太字で示したものである。図3-3は団体分類別に検討し，全体の割合より比率が顕著に高い分類を抜き出し，分類別の特徴を付け加えたものである。数値はいずれも絶対比率である。つまり表示したのは，全体の有効調査標本に占める割合であって，回答団体に占める割合ではない。missingを含めた統計に対する割合である。こうすることで，回答率の低い設問での回答を過大に評価する誤りを防ぐことができる。以下，この比率を基に，日本の市民社会組織の政治化を推論するが，設問相互の関係はここでは考察していない。同じように「5割の団体が」と述べても，いうまでもないがその内容は異なる。

　まず，後に示すように，韓米独3ヵ国ともほぼ共通する次の点にとりわけ注目したい。

　それは「政策関心→ロビイング→政治活動」の階層性とその参与割合である。つまり，各国とも，①政策関心：ほぼ100％（米国では政策に対するロビイング実施率のため8割），②ロビイング全般：4から7割，③選挙活動：1割前後を示しているという興味深い事実である。

　第1の事実①は，回答した団体はほぼ100％この設問に回答し，ほぼ100％の団体が財政政策，金融政策に始まり，国際交流・協力・援助政策，文教・学術・スポーツ政策で終わる22の政策のどれかに「関心ある政策や活動分野」として〇印をつけたということである。当り前のことのようだが，私たちの調査対象は，無作為に電話帳から抜き出された普通の団体であって，決して圧力団体や政策活動で知られた団体（ばかり）ではない。いわばでたらめに抜き出した団体が，すべて公共政策分野との関係を有しているという単純な事実である。

　これは，ある意味で大変印象的な発見である。確かに，団体の指導者に質問すればどれか1つぐらいは政策に関心ありと答えるというのは，常識的である。ただ，その常識の裏には，社会集団が組織化され活動体化されるとい

図 3-2　市民社会組織の利益集団化（政治化）Ⅰ
　　　：概要と東京・茨城の対比

---

①主観的関与：政策関心（22のうちどれか）：約100％（98-99％）
　政治的な（生活権利防衛，補助金斡旋，行政便宜，政策案提言，公共利益啓蒙の
　5つのうちどれか）目的：　約5-6割（56-63％）
　政策案提言：1-2割（17-9％）

↓

アクター関係	②アクターとの「積極的な」関係対行政
行政	・（協力，意見交換，審議会参加，ポスト提供）
	対国行政約3-5割　　　（44-34％）
	対自治体行政約3-5割（30-46％）
	どちらか5割　　　　　（51-54％）
	・行政協議2-3割　　　　　　（32-22％）
	・政治家経由国行政ロビー3-5割　（31-45％）
	政治家経由自治体行政ロビー2-6割（27-54％）
	政府省庁接触7-8割　　　（78-71％）
政党	対政党
	与党接触2割　　　　（16-17％）
	野党接触1割　　　　（8-7％）
マスコミ	対マスコミ情報提供1-2割　（16-13％）
行動 予算 選挙 ロビー	③行動の有無
	予算活動1-2割　　　　（13-22％）
	選挙活動（5活動の内どれか）1-4割（15-44％）
	ロビイング全般（7項目どれか）3-5割（43-35％）
12大事件	④実際の12大事件への関与（どれか）
	参加　　4割（39-44％）
	立場表明　6割（60-61％）

↓

⑤成功経験
　実施成功　　　　1-2割（14-11％）
　阻止・修正成功　1割未満（7-6％）

↓

⑥活動地域での主観的な自己影響力
　「ある程度」以上4-5割（45-55％）
　「かなり」以上　1-2割（14-17％）

（注）　実際の結果（％）：ここに表示したのは，全体の調査標本に占める割合。missing を含めた総計に対する割合である。（　）内は実際の数値で前が東京，後が茨城の数値。両者のポイント差が大きいところは，太字で表示した。

図 3-3　市民社会組織の利益集団化（政治化）II
：団体分類別の特徴（首都：数字%）

①主観的関与：
　政策関心（22のうちどれか）：全体98-99
　目的：(5項目中どれか)：全体57, 労働92, 政治72
　　　生活権利防衛：全体26, 労働89, 農業49
　　　補助金斡旋　：全体11, 経済22, 農業20, 政治14
　　　行政便宜　　：全体10, 政治21, 経済19, 農業14
　　　政策案提言　：全体17, 政治45, 専門家36
　　　公共利益啓蒙：全体28, 市民47, 政治48, 行政42, 専門家37

↓

アクター関係	②アクターとの「積極的な」関係
行政	・対行政（協力，意見交換，審議会，ポスト提供） 　　対国行政約：全体44, 経済62, 行政57, 農業57 　　対自治体行政：全体30, 政治45, 農業43 　　どちらか：全体51, 農業83, 経済70, 行政65 ・行政協議：全体32, 行政43, 経済43, 農業43 ・政治家経由国行政ロビー：全体31, 政治76, 市民55, 労働53 　同自治体ロビー：全体27, 政治72, 労働55, 市民53
政党	対政党　与党接触：全体16, 政治55, 市民30 　　　　　野党接触：全体8, 政治38, 労働29, 市民23
マスコミ	対マスコミ　情報提供：全体17, 政治35, 市民33
行動 予算 選挙 ロビー	③行動の有無 予算活動：全体13, 農業34, 労働27, 政治21 選挙活動（5活動）全体15, 政治86, 労働44, 農業31 ロビイング全般（7項目）全体44, 政治79, 市民62, 労働60, 農業51
12大事件	④実際の12大事件への関与（どれか） 参加：全体39, 政治69, 労働66, 農業51, 経済51 立場表明：全体58, 政治86, 農業80, 労働75

↓

⑤成功経験
　実施成功：全体15, 政治28, 市民27, 福祉25
　阻止・修正成功：全体7, 政治21, 労働20, 市民14, 農業12

↓

⑥活動地域での主観的な自己影響力
　「ある程度」以上：全体45, 政治76, 農業63, 市民57, 労働52
　「かなり」以上：全体14, 農業34, 政治21

うことが，政策関心ありの団体と同義であること，すなわち，かつて集団理論が述べたように，集団（組織）化＝政策（政治）関心を持つ，という理論的含意がある。A. F. ベントリーが20世紀初頭，政治過程論，集団理論の出発点で得た直観（利益＝集団＝活動）(Bentley 1908, 1967 上林・喜多訳 1994：266) は，正しかったのである。組織化されている限り，そこにはいかなるタイプ，いかなる類型の団体でも，政策関心が存在するのである。ダールが述べるように「私たちが政治から逃れることは事実上不可能」(Dahl 1991：1）であるから，すべての集団は公共政策に関心を持たざるをえないのである。[1]

　第2の事実(2)は，アクター関係や行動のある一定のジャンルごとに同様のやり方で集計した場合，つまり，その設問での複数の政策影響力活動・ロビイングのどれかを行うのはせいぜい半分前後であるということだ。わかりやすいのは，日本のQ21である。図3-2では中段の下方に記載されている。与党との接触から，マスメディアへの情報提供，他団体との連合の形成まで8項目[2]の手段や行動をあげ，どれか1つでもすればよいとする場合である。このケースで，日本（東京）では43％がどれかに〇印をつけた。ほかの設問群でも3～6割の団体が実施している場合が多い。また，80～90年代に生じた12大事件のどれかへの参加や立場を明確にした割合も4～6割である。[3]つまり，利益団体，圧力団体として，積極的に政治・政策過程に入っているのは市民社会の団体のうちおよそ半分であるということである（後掲第8章参照）。

　第3の事実(3)は，全体の1～2割が選挙運動，政党接触，政策案提言，予算活動，審議会参加など，より「党派性」の明確な積極的な政治的利益集団活動を行うことである。同様に日韓では，影響力を聞いた実施実績や阻止・修正実績の有無や，主観的影響力の自己評価で「かなり」あるとする団体の割合も1～2割であるという事実である。但し，ここでは，これらが相互に関連しているかどうかは検証していない。ここでは，1～2割の少数の団体が，いわゆる政治活動をしているという点に注目する。

3　東京と茨城の違い

　図3-2の（　）の中には，東京と茨城の数値を記入してある。余り違わないものも多いが，かなり異なるものもある。両者の比較からどのようなことが言えるだろうか。

全体にいえることは，茨城の方が数値の高いものが多いことである。ここで検討した22項目中，茨城の方が低いのは，政策案提言，対国行政積極的関係，行政協議，政府省庁接触，野党接触，マスメディア情報提供，ロビイング全般，実施実績，阻止・修正実績の9項目で，東京との差も大きくない。

他方で，茨城の方が高い比率を示すのは，政策関心，政治的目的全般，対自治体行政との積極的関係，両者のどちらかとの積極的関係，政治家経由国行政ロビイング，政治家経由自治体行政ロビイング，与党接触，予算活動，選挙活動，12大事件参加，同立場表明，主観的影響力2項目など13項目である。とりわけ，選挙活動，予算活動，政治家経由自治体ロビイング，対自治体行政積極的関係などでは，相当東京の団体の比率を引き離している。

こうした観察から，茨城のような地方の市民社会組織は，全体として観察する限りは，決して首都である東京地域の団体に引けを取らないし，いや一層政治化し利益集団化しているとさえ言えることである。両地域では団体分類別の構成が異なるので，その団体分類別のパターンの違いがそれに影響している可能性が考えられる。団体分類別の違いについては，節を改めて観察してみたい。

4　団体分類別の特徴

団体全体では3層構造が見られたが，それは団体分類ごとのパターンを異にする。図3-3は，やや詳しく設問回答を紹介するとともに，全体での割合より相当大きい割合の分類を抜き出している。数値はいずれも絶対比率（有効調査団体への回答割合）である。

図3-3の上から見ていこう。主観的な関与において，突出している分類は，労働，政治である。下位項目によっては，市民や経済，農業，専門家団体にも高いものがある。

政党，行政，マスメディアといった政治アクターとの関係では，政治，市民，農業が目立ち，次いで経済や労働，行政団体という構図である。政党やメディアへの関係と行政との関係では目立つ団体分類に違いがある。行政との関係では経済や農業団体が目立ち，政党やメディアでは政治，労働，市民団体が目立つ。

予算，選挙，ロビイング，事件関与などの活動・行動では，政治，農業，

表3-1 市民社会組織の

変数名		変数(日韓米独)	カテゴリー	抽出方法
主観的関与	政策関心	Q2/Q2/Q10/Q3	1〜21の政策	どれか1つ
	政治的な目的	Q3/Q3/Q9/Q4	3 生活・権利の防衛 5 補助金斡旋 6 行政便宜 8 政策案提言 9 公共の利益のための啓蒙	
アクター関係	対行政	Q8/Q8/Q12/Q7 (積極的な関係)	全体 4 政策決定・予算活動に協力 5 団体事情などに意見交換 6 審議会などへの委員派遣 7 退職後のポスト提供	どれか1つ 対国行政
		Q9/Q9/Q12/Q8	全体 4 政策決定・予算活動に協力 5 団体事情などに意見交換 6 審議会などへの委員派遣 7 退職後のポスト提供	どれか1つ 対自治体・行政
		Q12/Q12/N.A./Q11 (行政協議)	全体 1 ある 2 ない	どれか1つ
		Q11/Q11/N.A./Q10	1〜3(国・自治体ロビー) (政治家経由国行政ロビー) (政治家経由自治体行政ロビー)	どれか1つに「2. ある程度」、「3. かなり頻繁」の答え
		Q21/Q24/Q17/Q23	3 政府省庁と接触	「3. ある程度」、「4. かなり」、「5. 非常に頻繁」の答え
	対政党	Q21/Q24/Q17/Q23	1 与党と接触 2 野党と接触	
	対マスコミ	Q21/Q24/Q17/Q23	13 マスコミへの情報提供	
行動	予算活動	Q16/Q19/N.A./Q15	1 する 2 しない	
	選挙活動	Q15/Q16/Q16/Q14	1〜5 1 会員に呼びかけ 2 会員を通じ一般人に呼びかけ 3 資金の援助 4 人員の援助 5 会員の推薦 6 選挙記録の公表(米国のみ)	どれか1つに「3. ある程度」、「4. かなり」、「5. 非常に頻繁」の答え
	ロビイング全般	Q21/Q24/Q17/Q23	1.2.3.10.12.13.14 10 大衆集会の開催 12 有料意見広告 14 他団体との連合	
12大事件	参加	Q25/Q28/N.A./N.A.	1〜12	どれか1つに、「2. 普通」、「3. 強い」の答え
	立場表明	Q25/Q28/N.A./N.A.	1〜12	
成功実績	実施成功実績	Q28/Q31/N.A./Q27	1 はい 2 いいえ	
	阻止・修正成功実績	Q29/Q32/N.A./Q28	1 はい 2 いいえ	
主観的な自己影響力	—	Q7/Q7/N.A./Q6	1 非常に強い 2 かなり強い 3 ある程度 4 あまりない 5 まったくない	1, 2 1, 2, 3

注) N.A.:No Answer
日本の数字:**ゴチック・*斜体***は,日本が最高比率の項目,**ゴチック**は日本の最低比率の項目である。

政治化（日韓米独比較）

備考	度数及び構成比										
	日本			韓国			米国			ドイツ		
	団体数	構成比	母数	団体数	構成比	母数	団体数	構成比	母数	団体数	構成比	母数
「22.その他」除外米国カテゴリー異なる	1379	98.3%	1403	349	98.9%	353	590	82.5%	715	585	98.0%	597
	375	26.1%		150	40.4%		486	65.0%		145	22.6%	
	155	10.8%		37	10.0%		199	26.6%		122	19.0%	
	135	9.4%		63	17.0%		86	11.5%		62	9.6%	
	245	17.0%		123	33.2%		544	72.7%		29	4.5%	
	394	27.4%		152	41.0%		609	81.4%		206	32.0%	
	804	55.9%		259	69.8%		687	91.8%		365	56.8%	
米国カテゴリーやや異なる（カテゴリー7, 4, 5, 6と対応）	200	13.9%		56	15.1%		433	57.9%		93	14.5%	
	504	35.0%		181	48.8%		459	61.4%	748	133	20.7%	
	187	13.0%		85	22.9%		421	56.3%		95	14.8%	
	121	8.4%		24	6.5%		89	11.9%		9	1.4%	
	629	43.7%		224	60.4%		544	72.7%		184	28.6%	
ドイツカテゴリーやや異なる（カテゴリー1は、日本の1～4を含む）	254	17.7%		75	20.2%		470	62.8%		93	14.5%	
	582	40.5%		198	53.4%		484	64.7%		283	44.0%	
	248	17.2%		92	24.8%		482	64.4%		180	28.0%	
	147	10.2%		24	6.5%		102	13.6%		12	1.9%	
	730	50.8%		243	65.5%		587	78.5%		324	50.4%	
	458	31.8%		143	38.5%		−	−		194	30.2%	
	822	57.2%		160	43.1%		−	−		449	69.8%	
	542	37.7%		178	48.0%		−	−		380	59.1%	
	443	30.8%		159	42.9%		−	−		285	44.3%	
	383	26.6%		136	36.7%		−	−		332	51.6%	
	417	29.0%		164	44.2%		348	46.5%		228	35.5%	
	234	16.3%		82	22.1%		287	38.4%	748	99	15.4%	
	115	8.0%		71	19.1%		281	37.6%		122	19.0%	
(11と13の合成)。ドイツは、12(10)。	234	16.3%	1438	94	25.3%	371	184	24.6%		298	46.3%	643
	183	12.7%		31	8.4%		−	−		78	12.1%	
	1146	79.7%		300	80.9%		−	−		565	87.9%	
	213	14.8%		45	12.1%		111	14.8%		27	4.2%	
	164	11.4%		33	8.9%		43	5.7%		18	2.8%	
	83	5.8%		26	7.0%		32	4.3%		17	2.6%	
	73	5.1%		12	3.2%		67	9.0%		2	0.3%	
	72	5.0%		18	4.9%		11	1.5%		6	0.9%	
	73	5.1%		15	4.0%		24	3.2%	27	11	1.7%	
	−	−		−	−		79	10.6%		−	−	
(11と13の合成)。ドイツは、12(10)。	620	43.1%		202	54.4%		440	58.8%		438	68.1%	
ドイツカテゴリーは、9。	91	6.3%		42	11.3%		72	9.6%		71	11.0%	
ドイツカテゴリーは、11。	52	3.6%		35	9.4%		35	4.7%		100	15.6%	
ドイツカテゴリーは、13。	115	8.0%		44	11.9%		325	43.4%		254	39.5%	
	567	39.4%		145	39.1%		−	−		−	−	
	846	58.8%		237	63.9%		−	−		−	−	
	205	14.3%		57	15.4%		−	−		209	32.5%	
	991	68.9%		202	54.4%		−	−		434	67.5%	
	93	6.5%		41	11.1%		−	−		169	26.3%	
	1065	74.1%		211	56.9%		−	−		474	73.7%	
	53	3.7%		18	4.9%		−	−		75	11.7%	
	157	10.9%		43	11.6%		−	−		218	33.9%	
	432	30.0%		150	40.4%		−	−		148	23.0%	
	449	31.2%		110	29.6%		−	−		122	19.0%	
	222	15.4%		30	8.1%		−	−		53	8.2%	

労働そして経済，市民団体が続いている。

全体として，政治，農業団体はあらゆる面で突出し，次いで労働，市民，経済団体が続いているというように読みとることができる。

実施実績や阻止・修正などの成功実績や主観的な自己影響力でも，政治，農業，市民，労働団体の占める割合が相対的に高くなっている。

このように団体分類ごとに，主観的な関与やアクター関係や行動パターンに一定の違いが見出される。政策「関心」の100％は変わらないが，ロビイングといった「利益集団活動」では6割から8割が行う分類が存在するし，明確な党派的・積極的な「政治活動」である選挙でも3割から政治団体のように9割に達する分類も存在するのである。

つまり，市民社会組織全体は，漏斗状の，政策関心，広義ロビイング行動，政治関与の3層構造があるが，政治，労働，農業，市民団体などのように政治化度が高いレベルの分類とその他の分類のように政治化度が低いレベルの分類とが日本には存在するのである。

5　日本の特徴

団体全体を各国別で比較した表3-1によりながら，日本の特徴を概観しておきたい。

第一に確認しておきたいのは，政策「関心」，ロビイング「活動」，選挙・予算など「政治活動」の3者の漏斗状の構造は日本だけでなく，韓米独にも存在するという事実である。こうした漏斗状の3層からなる階層性は，自由民主主義体制を貫く一般性を有するのかもしれない。日韓米独は確かに先進工業国，自由民主主義体制の中で「似たもの」とは言いにくいが，それでもこうした類似が存在することは，後述する組織団体，活動団体の量的な類似（第11章）とともに極めて注目すべき共通の特徴かもしれないのである。

ではもう一歩踏み込んで，日本の特徴はなんであろうか。単純な頻度集計からの検討であるが，日本が韓米独と異なる点を整理してみよう。

5-1　**日本が，ここで比較できる4ないし3ヵ国のなかで最低の割合を示す設問（比率は絶対比率）**（表3-1において太字で表示）。

政治的目的　　　　　　　　　　　　　　　米92％，韓70％，独57％，日56％

公共的啓蒙	米81％, 韓41％, 独32％, 日27％
政策案提言	米73％, 韓33％, 日17％, 独 5 ％
権利防衛	米65％, 韓40％, 日26％, 独23％
対行政関係	
対国行政政策決定・予算活動協力	米35％, 韓15％, 独15％, 日14％
対自治体行政政策決定・予算活動協力	米53％, 独39％, 韓20％, 日18％
審議会委員派遣：	米37％, 韓23％, 独15％, 日13％
政府接触	米47％, 韓44％, 独36％, 日29％
政治家経由国行政ロビイング	独44％, 韓43％, 日32％
政治家経由自治体行政ロビイング	独52％, 韓37％, 日27％
上記のどちらか	独59％, 韓48％, 日38％
対政党野党接触	米38％, 韓19％, 独19％, 日 8 ％
対マスメディア接触	独47％, 韓25％, 米25％, 日16％
ロビイング全般	独68％, 米59％, 韓54％, 日43％
他団体連合	米43％, 独16％, 韓12％, 日 8 ％
大衆集会	独44％, 韓11％, 米10％, 日 6 ％
有料意見広告	独22％, 韓 9 ％, 米 5 ％。日 4 ％

5－2　日本が，ここで比較できる4ないし3ヵ国の中で最高の割合を示す設問（比率は絶対比率）（表3－1でゴチック・斜体で表示）。

国行政退職後のポスト提供	日 8 ％, 韓 7 ％, 米 6 ％, 独 1 ％
選挙活動全般	日15％, 米15％, 韓12％, 独 4 ％
選挙：会員投票呼びかけ	日11％, 韓 9 ％, 米 6 ％, 独 3 ％
選挙：人員援助	日 5 ％, 韓 5 ％, 米 2 ％, 独 1 ％
選挙：会員を候補推薦	日 5 ％, 韓 4 ％, 米 3 ％, 独 2 ％

　ここでは各国別のデータの紹介にとどめ，詳細な検討は省くことにする。しかし，少なくとも日韓米独の間に，かなり明確な相違点が存在するであろうと推定できることを確認できる。

　即ち，米国では，3ヵ国比較が可能な設問のうち，選挙活動に関する政治化を除いて，ほぼすべての設問で，最も政治化比率が高いことである。とりわけ，政策案提言や公共的啓蒙，ロビイングなど政策形成活動への参与，連

合形成などにおいてそれが著しい。それに対して，日本の比率は選挙活動参加を除くほとんどの設問において最低かそれに近い。韓国は，行政との関係設問において高く，最低と最高の中間の高さを示す場合が多い。ドイツはロビイング関係の設問で最高の値を示すが，選挙や行政との関係では低く，最高か最低かというメリハリのある結果となっている。

　ここで紹介したデータは，今後の仮説構築に資することを目的としている。日本は，ここで観察した限りでは，予算活動や選挙活動を行う団体比率が他の国々よりやや高いが，ほとんどの団体活動，ロビイングでは，やや低い値を示し，そうした団体が比率では少ないことを示している。割合は少ないが，最も政治的な予算と選挙に特化する日本の団体のロビイング様式は，他の3ヵ国との比較では，特徴的なものと見なすことができる。こうした特徴をもたらす要因の推定は，今後の課題である。

6　他のアクター影響力の評価

　先の表3-1の下段に示されているように，日本の市民社会組織は，韓国，ドイツとの比較では，相対的に大きな影響力を自認する団体が少なく，また政策の実施実績や修正・阻止実績をもつ団体の割合も高くない。

　こうした点とも関連すると推定されるが，最後に，日本を含め各国の団体がもつ政治アクターの影響力への評価を概観しておきたい。これも，各国の市民社会組織や政治体制そのものへの仮説を導く，重要なヒントを提供する。

　この質問は，これまで用いた設問とは異なり，他のアクターの評価を団体指導者に聞いたものである。用いた設問は，「Q26　下記の諸グループが日本の政治にどの程度の影響力を持っていると思いますか。『ほとんど影響力なし』を1とし『非常に影響力あり』を7とする下のような尺度にあてはめると何点にあたりますか。」という設問である。

　表3-2は，そのアクターごとの平均値を各国ごとに計算し，順位をつけ，日本のそれぞれの数値や順位との差を算出したものである。図3-4は，日本での順位を基礎に，4ヵ国のアクター評価値をグラフにあらわしたものである。

　表3-2の日本と他の3ヵ国の差に注目しよう。平均点では日本の数値の方が高いと差はプラスに，また順位では日本の方が順位が高いとマイナスに

表3-2 「他のアクター影響力の評価」の日韓米独比較（首都，平均）

区分	日本(J)	韓国(K)	米国(U)	ドイツ(G)	J-K	J-U	J-G	Jの順位	Kの順位	Uの順位	Gの順位	J順位-K順位	J順位-U順位	J順位-G順位
官僚	6.32	5.21	4.92	4.47	1.11	1.40	1.85	1	5	5	6	-4	-4	-5
政党	6.12	6.18	6.08	5.56	-0.06	0.05	0.57	2	1	1	4	1	1	-2
経済・経営者団体	5.65	5.30	5.14	5.58	0.35	0.51	0.07	3	4	3	3	-1	0	0
大企業	5.38	5.36	5.00	5.73	0.02	0.39	-0.35	4	3	4	1	1	0	3
マスコミ	5.32	6.06	5.35	5.61	-0.75	-0.03	-0.29	5	2	2	2	3	3	3
農業団体	5.22	3.07	4.19	3.95	2.14	1.03	1.27	6	15	7	7	-9	-1	-1
外国の政府	5.18	4.35	3.28	3.79	0.83	1.90	1.39	7	8	14	10	-1	-7	-3
国際機関	4.64	4.11	3.10	3.89	0.53	1.54	0.75	8	11	16	8	-3	-8	0
自治体	4.37	4.25	3.77	3.86	0.11	0.60	0.50	9	10	10	9	-1	-1	0
労働団体	4.30	4.45	4.46	4.58	-0.15	-0.16	-0.27	10	7	6	5	3	4	5
外国の利益団体	4.11	3.87	3.11	3.12	0.23	1.00	0.99	11	12	15	15	-1	-4	-4
文化人・学者	3.93	4.45	3.64	3.71	-0.52	0.29	0.22	12	6	12	12	6	0	0
消費者団体	3.89	4.33	3.90	3.73	-0.44	-0.01	0.17	13	9	9	11	4	4	2
福祉団体	3.49	3.01	3.43	3.36	0.48	0.06	0.13	14	16	13	14	-2	1	0
NGO・市民団体・住民運動団体	3.48	3.81	4.02	3.40	-0.34	-0.54	0.08	15	13	8	13	2	7	2
婦人・女性運動団体	3.42	3.62	3.70	2.97	-0.2	-0.29	0.45	16	14	11	16	2	5	0

なる。ここでは，順位により注目してまとめておきたい。

　日本における評価が他の3ヵ国においてよりも高いアクターは，官僚，農業団体，外国の政府，国際機関，外国の利益団体である。やや高いか同じであるのは，自治体である。

　それに対して，日本における評価が他の3ヵ国においてよりも低いアクターは，マスコミ，労働団体，消費者団体，NGO・市民団体・住民運動団体である。低いか同じであるのは，婦人・女性運動団体，文化人・学者である。

　ほとんど評価が同じであるのは，政党，経済・経営者団体，大企業，福祉団体である。

　「他のアクターの影響力評価」が実際の影響力分布とどのような関係にあるかについて断定的なことをいうことはできないが，4ヵ国での共通部分も相違部分も大変示唆的な回答になっている。

　日本の評点は全体にやや他の国々より高い。また順位に注目して，4ヵ国の類似度を検討すれば，6通りの組み合わせ中で，日本とドイツが最も近く，それに対し，日本と米国は最も異なった順位になっている。日韓はその中間（4～5位）である。(4)

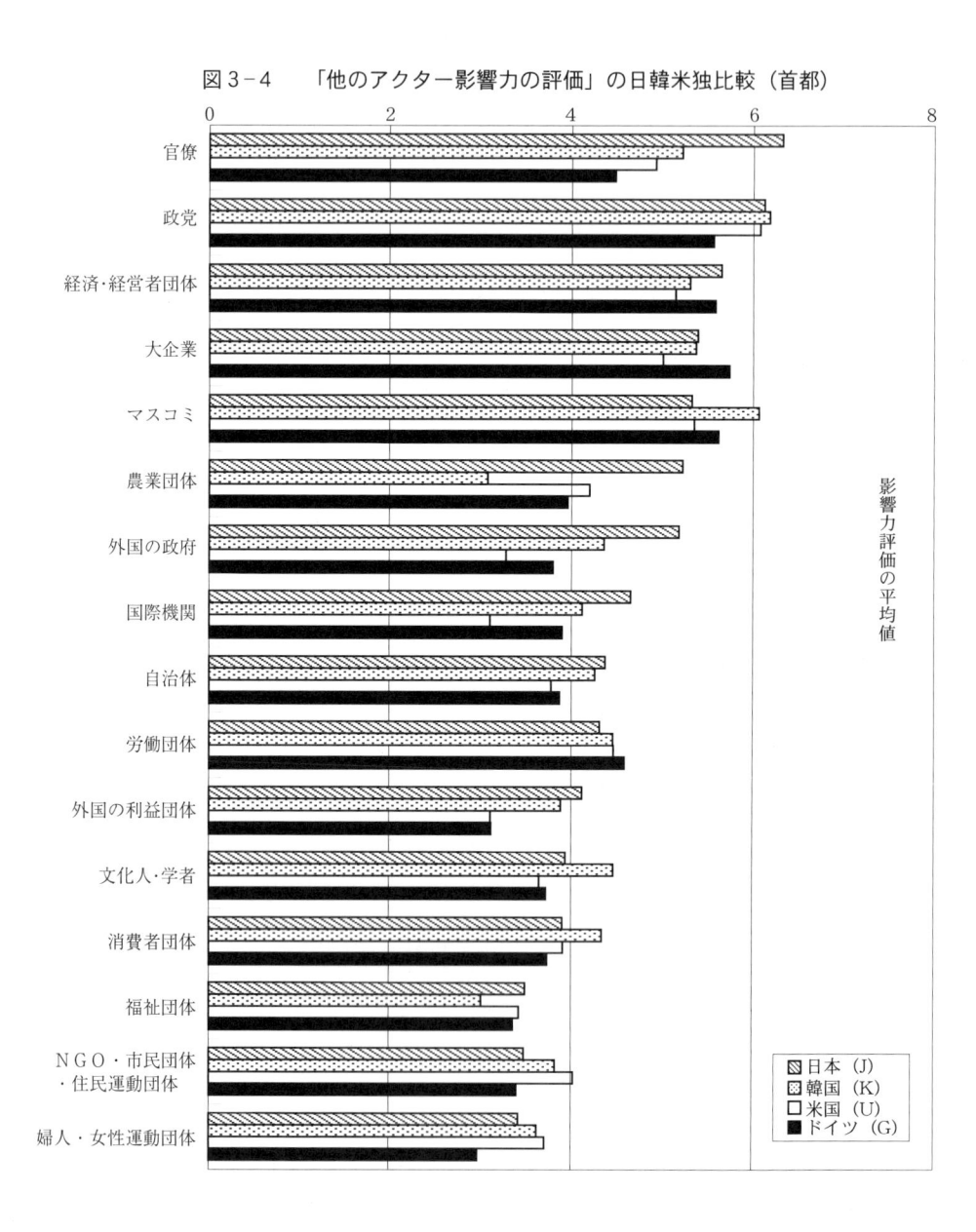

図3-4　「他のアクター影響力の評価」の日韓米独比較（首都）

影響力評価の平均値

まとめ

　本章では，これに続く利益団体の行動分析への概観を与える目的で，団体の「政治化」「政治的活性化」もしくは「利益集団化」を包括的に見てきた。私たちは，「ほぼ100％の政策関心→3〜7割のロビイング→1〜2割の明確な政治活動（選挙・予算）」の階層性をまず発見した。しかし，政治や農業，労働などの団体分類では政治化が進んでおり，政治化の高いものと低いものと2つの集団に日本の団体は分かれることが確認できた。そして，韓米独の集計データとの比較を通じて，日本の政治化が，選挙・予算などの政治活動は高いが，その他の多様なロビイング自体は，相対的に低い水準にある可能性を示唆した。(5) 主観的な影響力評価やロビイングなどでの政策の実施や修正の実績も相対的に低めであった。

　他方で，他のアクターの評価では，日本の場合，官僚，農業団体そして外国や国際のアクターが高い評価を得る一方で，マスコミや労働，消費者，市民などの団体への評価は低いことがわかった。政党や経済関連団体への評価はほぼ4ヵ国共通である。

　4ヵ国に共通する政治化の3層構造および影響力評価，また政治化での選挙・予算に傾く日本の特質，官僚や農業団体，そして経済関連団体への評価と，その他の市民社会組織の低い評価など，極めて重要な仮説を示唆するものであるが，後続の諸章および今後の体系的な比較研究への課題提示にとどめておきたい。

注

(1) 各国の回答率はすでに触れたように，韓国京畿道の1割強から日本の茨城の5割強までそう高くない。政治的な関心のある団体だけが進んで回答した，という推定もできないわけではない。ここでは，そうした仮説は採らず，サンプルは代表的であるとの仮定のもとに議論を進める。

(2) Q21には，14項目含まれるが，ここではそのうち各分野の代表的なロビイング方法7項目を選んだ。

(3) 12大事件は，1980年12月の外国為替法の改正から，83年の第2次臨調答申，92年の国連平和維持法などを含み，95年の住専処理決定まで12項目。コードブック（辻中1999a）の調査票参照。

(4) 類似度の計り方としては，順位間の単純相関および順位間の差の絶対値の総和の2通りで調べた。
(5) 確かに，日本の市民社会活動体の政治化は低いが，それが即，政治的パフォーマンスの低さにつながるわけではない。政治化の低さは，自治性，自足性の高さの可能性もありうる。

第II部

日本の政治過程と市民社会組織・利益団体

第4章

団体のプロフィール

辻中　豊・森　裕城・平井由貴子

　本調査の採用した10団体分類で,7〜8割の団体は自己規定できることを確認し，その団体分類にそって，市民社会組織・利益団体世界の横顔を記述する。法人格，組織リソースの点で，農業，経済団体が他より優位にあること，そうした団体の割合が多い茨城が，組織リソースの点で，東京の団体と遜色がなく，政策関心も幅広くかつ高いことが注目される。そうした差はあるものの，団体分類間のリソースの違いはそれほど大きくない。

1　団体分類

　我々が利益団体と呼ぶ団体の大多数は，おそらく自らの存在を"利益団体"や"圧力団体"であると認識してはいないだろう。今回調査対象になった団体も，実社会においては，何らかの個別名称（たとえば"経団連"や"○○医師会"など）で自らの団体を"自称"している。個別の政治過程を事例研究の手法で分析する場合には，団体を団体自身が使用する"自称"で語ることもできるが，本研究のように団体を定量的に扱う場合には，調査対象団体を何らかの視角に基づいてグルーピングを行い，何らかの形で別称しなければならなくなる。

　人間行動の分析も，同様の手続きを踏んでいる。例えば，個別政治過程の事例研究では"田中角栄"や"中曽根康弘"といった個別名称で当該現象を語ることができるが，それを定量的に扱おうとすれば，"自民党議員"とか"政治的リーダー"といったやや抽象的な名詞でその存在を称することになるであろう。投票行動研究などでは，有権者個々人の名前などが登場することはまずありえない。そこでは，性別や年齢，政治的意見・態度といった変数が重要であり，人々の行動は集積されて平均的な側面が語られることになる。

　それでは利益団体をどのように別称すればよいか。団体をグルーピングする基準はいくつかある。たとえば，属性（予算規模，構成員数など），志向性（設立目的，政策関心など）で団体をくくることもできるが，本研究では基本的に，経済分野，農業分野，労働分野などといった政治社会における「仕切り」から，団体を次のようにグルーピングすることにしている。①農業団体，②経済団体，③労働団体，④教育団体，⑤行政関係団体，⑥福祉団体，⑦専門家団体，⑧政治団体，⑨市民団体，⑩その他，である。

　この団体10分類は，V. O. Key Jr. などの研究にヒントを得て村松らが団体調査（1980年）において採用した団体8分類を改良したもので，「市民・政治団体」を「市民団体」と「政治団体」に分割し，そこに「その他」を加えたものである。本研究は基本的に村松らの分類を踏襲したわけだが，どの団体がどの分類に当てはまるかの認定方法は，まったく異なっている。村松らの場合は，当該団体の自己認識に関わりなく，サンプリングの時点で研究者が団体を8分類に振り分けたのに対して，我々の研究では，調査対象団体にＱ１

で「あなたの団体は，下の9つの団体分類のどれにあたりますか」と，団体自身に団体分類を選んでもらっている。

表4-1は，Q1に対する回答結果をまとめたものである。東京では約7割，茨城では約8割の団体が「その他」を除く9つの分類のどれかに入ると認識している。調査票の設計の段階で，どのような分類をいくつ設けるべきなのかについて議論を重ねたが，結論的にいって9つの分類に「その他」を加えた10分類で，団体の大多数は捕捉できるようである。

表4-1　団体分類

	東京	茨城		東京	茨城
①農業	2.4	28.9	⑧政治	2.0	2.5
②経済	19.0	15.2	⑨市民	4.2	3.6
③労働	7.6	11.2	⑩その他	28.2	18.8
④教育	8.6	2.5	非該当	2.4	2.5
⑤行政	9.5	5.1			
⑥福祉	5.9	4.6	合計	100.0	100.0
⑦専門家	9.4	4.1	N	1,438	197

Q1. あなたの団体は，下の9つの団体分類のどれにあたりますか。該当する番号を1つお選びください。資料：J-JIGS, Q1

興味深いのは「その他」を選んだ団体である。これら9つの分類には入らないと自己申告した団体は，東京で3割，茨城で2割ある。東京の方で多いのは，都市部における団体の多様化の反映とみてよかろう。どのような団体が「その他」を選び，そしてそのことからどのようなことが言えるかについては，次でもう少し深く検討しよう。

2　10分類での「その他」の団体

後の章（第Ⅲ部の歴史的形成）で述べるように，残余のカテゴリーである「その他」という分類は日本の団体状況を見る上で重要である。というのは，残余項であるために必ずしも同一の対象ではないが，1980年代以降「その他」の団体の増大がいくつかの統計で確認されており，特に事業所統計ではそれが最大の分類となっているからである。そして，それが日本の団体世界の多様化，多元化の証拠として推定される[1]。

私たちの調査でも，表4-1でみたように東京で最大の分類，茨城で第2位の分類であるので，その中身を確認しておくことは以下の分析にとっても意味があるだろう。東京地域において「その他」であると自己認識した団体

(417団体)を特定化し，個票の自由回答（9分類に当てはまらない場合に記入）を精査し再分類すると以下のようになる。

表4-2 その他の団体の内訳（自由回答，東京）

分　類		団　体
① 無記入	100	
② 商・工業関連団体	68	中小企業を中心とした業界団体（特にサービス関連），同協同組合など
③ 非営利団体・協同組合など	47	非営利団体，公益法人，協同組合など
④ 学術・研究・芸術文化団体	40	学術団体，美術団体など
⑤ スポーツ関連団体	40	スポーツ団体，趣味・武道団体など
⑥ 厚生・保険関連団体	26	健保組合，医療団体，年金基金など
⑦ 自治・住民・ボランティア関連団体	25	奉仕団体，自治会，管理組合など
⑧ 親睦関連団体	17	親睦団体，同窓会など
⑨ 国際交流関連団体	16	国際交流・親善団体，国際協力など
⑩ 宗教関連団体	12	
⑪ 農林水産関連団体	11	
⑫ 専門技術関連団体	8	
⑬ 外国政府関連団体	4	
⑭ 税務関連団体	3	

このように確かに多様な団体が含まれる。中小企業関係の，特に協同組合などの団体は，「経済団体」と自己認識しないものがかなりあること，「教育団体」と認識しない研究や趣味などの団体，また「市民団体」と自己認識しない市民の団体がかなりあること，準公的な非営利団体もそれぞれの関連分野でなく「その他」にもかなり含まれることが興味深い。

3　電話帳上・法人格上の分類との整合性

私たちが分析の枠組みとして採用した団体10分類のほかにも，団体を分類できる変数として，職業別電話帳上の分類と法人格の分類がある。職業別電話帳の分類は団体が実社会で活動する上でのアイデンティティを示し，法人格上の分類は国家が構築した制度的枠組の中でのアイデンティティを示すものであるといえよう。このような性格を持った分類とQ1の団体分類には，どのような関係が見られるだろうか。

3-1　電話帳上の分類

電話帳における分類とQ1で団体自身が回答した分類には，どの程度の整合性が見られるだろうか。表4-3を参照してみよう。

職業別電話帳の分類は，NTTが指定する次のような団体カテゴリーの選択

表4-3 電話帳カテゴリーと団体分類（東京）

	農業	経済	労働	教育	行政関係	福祉	専門家	政治	市民	その他	全体**
組合・団体	0.0 (0)	31.5 (86)	7.3 (8)	61.8 (76)	44.9 (61)	82.4 (70)	40.7 (55)	6.9 (2)	88.3 (53)	49.6 (207)	44.2 (636)
（学術・文化）	0.0 (0)	2.6 (7)	0.9 (1)	31.7 (39)	14.0 (19)	7.1 (6)	42.2 (57)	6.9 (2)	5.0 (3)	16.5 (69)	14.1 (203)
（漁業協同組合）	2.9 (1)	0.4 (1)	0.0 (0)	0.0 (0)	0.0 (0)	0.0 (0)	0.0 (0)	0.0 (0)	0.0 (0)	0.5 (2)	0.3 (5)
（経済）	11.4 (4)	53.5 (146)	2.7 (3)	3.3 (4)	16.2 (22)	1.2 (1)	12.6 (17)	3.4 (1)	3.3 (2)	16.3 (68)	19.4 (279)
（社会保険）	5.7 (2)	9.5 (26)	0.9 (1)	0.8 (1)	17.6 (24)	8.2 (7)	0.7 (1)	0.0 (0)	1.7 (1)	8.2 (34)	7.0 (100)
（宗教）	0.0 (0)	0.0 (0)	0.0 (0)	1.6 (2)	0.0 (0)	0.0 (0)	0.0 (0)	0.0 (0)	0.0 (0)	3.4 (14)	1.1 (16)
（政治）	0.0 (0)	0.0 (0)	0.0 (0)	0.0 (0)	0.7 (1)	0.0 (0)	0.0 (0)	82.8 (24)	0.0 (0)	0.0 (0)	1.8 (26)
（農業協同組合）	51.4 (18)	0.0 (0)	0.0 (0)	0.0 (0)	0.0 (0)	0.0 (0)	0.0 (0)	0.0 (0)	0.0 (0)	0.0 (0)	1.3 (18)
（農林・水産）	28.6 (10)	1.8 (5)	0.0 (0)	0.0 (0)	2.9 (4)	1.2 (1)	0.7 (1)	0.0 (0)	1.7 (1)	2.6 (11)	2.4 (34)
（労働）	0.0 (0)	0.7 (2)	88.2 (97)	0.8 (1)	3.7 (5)	0.0 (0)	3.0 (4)	0.0 (0)	0.0 (0)	2.9 (12)	8.4 (121)
％* 合計	100.0 (35)	100.0 (273)	100.0 (110)	100.0 (123)	100.0 (136)	100.0 (85)	100.0 (135)	100.0 (29)	100.0 (60)	100.0 (417)	100.0 (1,438)

（　）内は絶対数
*％は四捨五入しているため100.0にならない場合がある。
** 各団体の合計では無回答などの欠損値が除かれているため全体の合計と一致しない。

肢の中から，団体自らが選択したものである（ただし10個の分類から複数を選択することも可能）。①組合・団体，②組合・団体（学術・文化），③組合・団体（漁業協同組合），④組合・団体（経済），⑤組合・団体（社会保険），⑥組合・団体（宗教），⑦組合・団体（政治），⑧組合・団体（農業協同組合），⑨組合・団体（農林・水産），⑩組合・団体（労働）。

すでに序章でふれたように電話帳の分類は近年インターネットでのホームページ化がなされ，細部の分類の変更なども見られるが，ここでは調査時点（97年）での電話帳によるものを採用している。

前節でふれた「その他」の意義と関連づけながら，10の団体分類の電話帳分類との関係についてみていこう。電話帳での「組合・団体」一般の分類は，下位分類にコード化されたくない，もしくは両方にされたい団体である。いわば電話帳での「その他」にあたる。

東京でのデータの場合，この電話帳での「組合・団体」が少なく，8割以

上が電話帳での分類と符合するのは，労働，政治，農業の3分類であり，それぞれ（労働），（政治），（農業協同組合）および（農林水産団体）に対応する。それに続いて，経済団体も半分が（経済）に属し，3割が「組合・団体」に属している。

逆に対応関係がなく，「組合・団体」が多いのは，市民，福祉，教育である。教育は3割が（学術・文化）に属し，同様に専門家も4割が属している。先に述べたように，「その他」の分類は，多様であり，「組合・団体」に半分，（学術・文化）（経済）に6分の1づつなど分散している。

茨城のデータはここに示していないが，ほぼ同様の傾向をより明確に示している。政治，農業，経済，労働の対応関係は明確であり，福祉，専門家，行政，教育は大部分が「組合・団体」に分類されている。

労働，農業，経済といった生産関連の団体と政治団体は，一般社会で活動する上でのアイデンティティとしての電話帳分類と調査での分類がほぼ対応する関係にある。それに対して，市民，福祉，教育などの生産以外の市民社会や生活サービスの領域の分類は，対応関係が明確でない。それは，電話帳分類法に潜む，生産者団体を中心とした政治社会構造を暗示する。

3-2 法人格上の分類

法人格とは団体に対して与えられる法律上の人格に他ならないが，法人格の種別は国家による団体分類に基づいているとも考えられる。つまり財団法人，社団法人，特殊法人，社会福祉法人などといった区別は国家による全法人格内につけられた区分でもある。国家はこの区分に基づいてそれぞれの権利・義務を定めており，法人税率もこの区分によって異なっている。実際のところ，団体がどの法人格を取得するかは団体自身の申請によるので，どの法人格を付与するかという決定権が国家側になく，法人格が完全に国家による団体分類であるとは言えない。しかし申請された団体を法人として認可するか否かは国家の決定によるため，消極的には法人格区分は国家による団体分類という性格を持つといえるだろう（ペッカネン 2000参照）。

表4-4は今回行われた調査で使用された団体10分類と法人格の関係について東京に関するクロス集計を表したもので，各団体が法人格を得ているか，得ているとすればどういった種類の法人格を得ているのかを示している。

表4-4 団体分類と法人格の関係（東京）

	農業	経済	労働	教育	行政関係	福祉	専門家	政治	市民	その他	全体**
財団法人	5.9 (2)	3.7 (10)	4.7 (5)	31.1 (38)	20.6 (28)	23.8 (20)	13.0 (17)	0.0 (0)	5.1 (3)	20.3 (84)	13.2 (186)
社団法人	32.4 (11)	19.9 (54)	3.7 (4)	18.0 (22)	31.6 (43)	10.7 (9)	37.4 (49)	0.0 (0)	11.9 (7)	14.3 (59)	20.4 (287)
特殊法人	0.0 (0)	4.0 (11)	0.0 (0)	0.0 (0)	7.4 (10)	4.8 (4)	0.0 (0)	3.6 (1)	1.7 (1)	1.5 (6)	2.4 (34)
社会福祉法人	0.0 (0)	0.0 (0)	0.0 (0)	0.0 (0)	0.7 (1)	20.2 (17)	0.0 (0)	0.0 (0)	0.0 (0)	0.2 (1)	1.3 (19)
認可地縁団体	0.0 (0)	0.7 (2)	0.0 (0)	0.0 (0)	0.0 (0)	0.0 (0)	0.0 (0)	0.0 (0)	1.7 (1)	0.2 (1)	0.4 (5)
労働組合	0.0 (0)	0.0 (0)	52.3 (56)	0.0 (0)	0.0 (0)	0.0 (0)	0.0 (0)	0.0 (0)	0.0 (0)	0.2 (1)	4.1 (58)
商工組合	0.0 (0)	11.2 (30)	0.9 (1)	0.8 (1)	1.5 (2)	0.0 (0)	1.5 (2)	0.0 (0)	0.0 (0)	1.7 (7)	3.1 (43)
生活協同組合	2.9 (1)	0.4 (1)	0.0 (0)	0.0 (0)	0.0 (0)	0.0 (0)	0.0 (0)	0.0 (0)	0.0 (0)	0.5 (2)	0.3 (4)
農業協同組合	44.1 (15)	0.4 (1)	0.9 (1)	0.0 (0)	0.7 (1)	0.0 (0)	0.0 (0)	0.0 (0)	0.0 (0)	0.2 (1)	1.3 (19)
中小協同組合	8.8 (3)	33.1 (90)	0.0 (0)	0.0 (0)	3.7 (5)	0.0 (0)	3.8 (5)	0.0 (0)	0.0 (0)	7.3 (30)	9.6 (135)
株式会社	0.0 (0)	3.3 (9)	0.0 (0)	5.7 (7)	1.5 (2)	0.0 (0)	0.8 (1)	3.6 (1)	3.4 (2)	0.7 (3)	1.8 (26)
その他	2.9 (1)	2.2 (6)	1.9 (2)	1.6 (2)	11.8 (16)	6.0 (5)	0.0 (0)	7.1 (2)	5.1 (3)	9.9 (41)	5.5 (78)
法人格なし	5.9 (2)	25.4 (69)	38.3 (41)	41.8 (51)	22.8 (31)	33.3 (28)	42.7 (56)	85.7 (24)	72.9 (43)	45.5 (188)	38.4 (541)
合計団体数*	100.0 (34)	100.0 (272)	100.0 (107)	100.0 (122)	100.0 (136)	100.0 (84)	100.0 (131)	100.0 (28)	100.0 (59)	100.0 (413)	100.0 (1,408)

( ) 内は絶対数。％の合計は四捨五入のため100.0にならない場合がある。
* 各法人数は法人格ごとの質問に基づいたものであるため，合計団体数と一致しない場合がある。
** 各団体の合計では無回答などの欠損値が除かれているため全体の合計と一致しない。

　表4-4の下端に「法人格なし」の割合が示されている。政治，市民団体では7割を超えており，その他，専門家，教育の団体でも4割，労働，福祉団体で3割を超えている。それに対し，農業では6％，経済も25％と法人格のない団体は少ない。ここに国家と各分類の関係がある程度示唆されている。

　法人格を得た団体では，全体的に財団法人（13％），社団法人（20％）の団体が多い。ついで中小企業協同組合（9％）である。興味深いことは同じ分類に所属する団体でも数種の法人格に分散して法人化されているのが普通であるということである。労働団体のようにほとんどが労働組合の法人格を得ている（52％）のは例外に属する。農業団体をみると，そのすべてが農業協同組合の法人格（44％）を得ているわけではなく，同じくらいの割合で社団

・財団法人（合計38％）になっている。経済団体も同様に，中小協同組合（33％）とともに社団・財団法人の法人格（合計24％）を取得している。福祉団体においては社会福祉法人（20％）よりも社団・財団法人（合計25％）になる団体の方が多い。つまり，農業，経済，福祉団体においては法人化される場合2，3以上の法人格の可能性があるわけである。団体10分類と法人格区分の間には少なからず「ずれ」が生じている。これは，法人格の取得の容易さという点ですでに国家との関係が生じている上に，その種類の点でも団体の分野と国家（政治，行政）の関係が多様であり，違いがあることを示しているのである。

4 分類別にみた団体の属性

本研究では，基本的に団体10分類を用いて，団体の存立様式と行動様式を記述していく。次章以降では，この団体10分類（たいていは東京地域）をほとんど何の断りもなく使用することになるので，ここで団体分類のプロフィールを簡単に紹介しておくことにする（4ヵ国比較の観点からは第Ⅲ部で記述する）。

4－1　団体の組織リソース

団体の組織リソースは様々なものが考えられ，本調査でも多くの設問を設けているが，ここでは代表的な外形的組織リソースであるものとして，予算規模，個人会員数，団体会員数，常勤職員数に注目しておこう。

予算規模（表4－5　東京地域）：全体的にみれば，政治団体，市民団体を除いて，1,000万円以上の予算を持つ団体が多いことがわかる。特に大きな予算を持つのは農協という広範なビジネスを行う組織が4割を占める農業団体であるが（60％以上の団体が2億円以上，3分の1以上が10億以上の予算），行政関係団体，福祉団体も10億円以上の予算を持つ団体が各29.7％，12.8％と，少なからず存在し，全体に予算規模が大きい。一方政治団体，市民団体は1,000万円から1億円未満の予算規模に集中し，それ以上の予算を持つ団体はほとんどなく，やや予算規模が小ぶりである。教育，労働，経済，専門家の各団体は1,000万円から10億円規模に幅広く存在し，分布が似ている。全体として，分類ごとに違いはあるが，農業・行政関係といった大きな予算規模の分類以

表4-5 平成8年度予算と団体の分類のクロス表（東京）

%	農業	経済	労働	教育	行政関係	福祉	専門家	政治	市民	その他	全体**
100万円未満	0.0 (0)	1.6 (4)	1.0 (1)	5.3 (6)	0.8 (1)	1.3 (1)	2.3 (3)	3.8 (1)	3.4 (2)	0.8 (3)	1.7 (23)
100万円～300万円未満	0.0 (0)	1.6 (4)	5.8 (6)	0.9 (1)	0.8 (1)	2.6 (2)	5.7 (5)	11.5 (3)	12.1 (7)	3.7 (14)	3.3 (43)
300万円～500万円未満	0.0 (0)	2.3 (6)	1.0 (1)	5.3 (6)	3.1 (4)	5.1 (4)	3.9 (5)	11.5 (3)	13.8 (8)	5.3 (20)	4.4 (58)
500万円～1,000万円未満	0.0 (0)	2.7 (7)	3.9 (4)	9.6 (11)	5.5 (7)	5.1 (4)	4.7 (6)	3.8 (1)	12.1 (7)	5.9 (22)	5.5 (72)
1,000万円～3,000万円未満	3.4 (1)	21.8 (56)	23.3 (23)	16.7 (19)	10.2 (13)	21.8 (17)	22.5 (29)	30.7 (8)	36.2 (21)	20.1 (75)	20.3 (267)
3,000万円～1億円未満	10.3 (3)	29.2 (75)	23.3 (24)	28.1 (32)	16.4 (21)	17.9 (14)	25.6 (33)	23.1 (6)	17.2 (10)	25.9 (97)	24.1 (318)
1億円～2億円未満	17.2 (5)	16.0 (41)	18.4 (19)	11.4 (13)	14.8 (19)	12.8 (10)	15.5 (20)	7.7 (2)	3.4 (2)	12.6 (47)	13.8 (182)
2億円～10億円未満	34.5 (10)	19.1 (49)	16.5 (17)	14.9 (17)	18.8 (24)	20.5 (16)	17.1 (22)	0.0 (0)	1.7 (1)	19.0 (71)	17.5 (230)
10億円以上	34.5 (10)	5.8 (15)	7.8 (8)	7.9 (9)	29.7 (38)	12.8 (10)	4.7 (6)	7.7 (2)	0.0 (0)	6.7 (25)	9.5 (125)
合計団体数*	100.0 (29)	100.0 (257)	100.0 (103)	100.0 (114)	100.0 (128)	100.0 (78)	100.0 (129)	100.0 (26)	100.0 (58)	100.0 (374)	100.0 (1,318)

* （　）内は絶対数。%は四捨五入しているため100.0にならない場合がある。
** 行和と全体における数値は，行和がクロス後の数値の合計であるため，一致しない場合がある。

外は類似した分布であることが理解される。

　茨城における団体（表省略）を見ると，農業，経済団体以外の団体では東京と比べて全体的に規模が縮小されているが，農業，経済団体における予算規模は東京のものと比べても遜色がないことがわかる。

　構成員数（表4-6　東京地域）：所属会員数を個人会員数，団体会員数によって聞いた。まず個人会員数をみると，行政関係団体の個人会員数0人（19%）を例外的に除けば，全くいない，もしくは2万人以上の会員を持つ，という団体はあまりない（5%未満）。つまりほとんどの団体が2万人までの範囲に収まっている。その中でも比較的大規模な会員を持つのが，政治，福祉，農業，労働，教育団体などであり，1,000人から2万人の個人会員を持つ団体が多い。これらに比べ若干小規模になるのが経済団体であり，大体1,000人までに収まっている。団体会員数は100団体までの団体が多い。行政関係団体は個人会員で0が多かったのに対し，団体会員で見ると250以上が29%と，多くなっていることが興味深い結果である。また教育団体や労働団体も100団体以上の団体会員をもつ比率が高い。しかし全体として各団体分類間にお

表4-6
個人会員数（現在）と団体の分類のクロス表（東京）

%	農業	経済	労働	教育	行政関係	福祉	専門家	政治	市民	その他	全体**
0人	11.8	9.4	0.0	2.6	18.9	5.7	5.0	0.0	0.0	8.1	7.0
	(2)	(14)	(0)	(2)	(14)	(3)	(5)	(0)	(0)	(20)	(62)
1〜99人	17.6	44.3	11.0	9.1	16.2	7.5	17.8	19.0	11.4	20.3	20.8
	(3)	(66)	(9)	(7)	(12)	(4)	(18)	(4)	(5)	(50)	(183)
100〜999人	23.5	30.2	36.6	42.9	32.4	32.1	33.7	23.8	47.7	34.1	34.5
	(4)	(45)	(30)	(33)	(24)	(17)	(34)	(5)	(21)	(84)	(304)
1,000〜4,999人	17.6	10.1	31.7	23.4	17.6	28.3	27.7	14.3	29.5	20.7	21.0
	(3)	(15)	(26)	(18)	(13)	(15)	(28)	(3)	(13)	(51)	(185)
5,000〜19,999人	29.4	5.4	12.2	15.6	6.8	13.2	8.9	23.8	6.8	9.3	9.9
	(5)	(8)	(10)	(12)	(5)	(7)	(9)	(5)	(3)	(23)	(87)
20,000人〜	0.0	0.7	8.5	6.5	8.1	13.2	6.9	19.0	4.5	7.3	6.7
	(0)	(1)	(7)	(5)	(6)	(7)	(7)	(4)	(2)	(18)	(59)
合計団体数*	100.0	100.0	100.0	100.0	100.0	100.0	100.0	100.0	100.0	100.0	100.0
	(17)	(149)	(82)	(77)	(74)	(53)	(101)	(21)	(44)	(246)	(880)

団体会員数（現在）と団体の分類のクロス表（東京）

%	農業	経済	労働	教育	行政関係	福祉	専門家	政治	市民	その他	全体**
0	17.4	7.1	12.0	18.2	10.4	20.0	12.2	0.0	9.5	7.2	10.4
	(4)	(10)	(3)	(10)	(8)	(6)	(10)	(0)	(2)	(15)	(71)
1〜19	26.1	26.2	24.0	14.5	15.6	13.3	15.9	44.4	23.8	56.7	19.8
	(6)	(37)	(6)	(8)	(12)	(4)	(13)	(4)	(5)	(38)	(135)
20〜99	39.1	37.6	24.0	25.5	23.4	30.0	37.8	55.5	47.6	32.4	33.2
	(9)	(53)	(6)	(14)	(18)	(9)	(31)	(5)	(10)	(67)	(226)
100〜249	8.7	18.4	20.0	16.4	22.1	20.0	19.5	0.0	9.5	18.4	17.9
	(2)	(26)	(5)	(9)	(17)	(6)	(16)	(0)	(2)	(38)	(122)
250〜	8.7	10.6	20.0	25.5	28.6	16.7	14.6	0.0	9.5	23.7	18.6
	(2)	(15)	(5)	(14)	(22)	(5)	(12)	(0)	(2)	(49)	(127)
合計団体数*	100.0	100.0	100.0	100.0	100.0	100.0	100.0	100.0	100.0	100.0	100.0
	(23)	(141)	(25)	(55)	(77)	(30)	(82)	(9)	(21)	(207)	(681)

所属人数合計（現在）と団体の分類のクロス表（東京）

%	農業	経済	労働	教育	行政関係	福祉	専門家	政治	市民	その他	全体**
0人	25.0	11.8	4.3	25.0	11.4	27.8	24.4	0.0	7.1	10.4	14.5
	(2)	(11)	(1)	(8)	(4)	(5)	(11)	(0)	(1)	(11)	(56)
1〜99人	25.0	10.8	4.3	9.4	5.7	5.6	11.1	16.7	7.1	9.4	9.6
	(2)	(10)	(1)	(3)	(2)	(1)	(59)	(1)	(1)	(10)	(37)
100〜999人	9.4	25.8	17.4	18.8	8.6	16.7	26.7	33.3	42.9	22.6	22.7
	(3)	(24)	(4)	(6)	(3)	(3)	(12)	(2)	(6)	(24)	(88)
1,000〜19,999人	12.5	35.5	26.1	31.3	51.4	33.3	31.1	33.3	21.4	34.0	34.1
	(1)	(33)	(6)	(10)	(18)	(6)	(14)	(2)	(3)	(36)	(132)
20,000人〜	0.0	16.1	47.8	15.6	22.9	16.7	6.7	16.7	21.4	23.6	19.1
	(0)	(15)	(11)	(5)	(8)	(3)	(3)	(1)	(3)	(25)	(74)
合計団体数*	100.0	100.0	100.0	100.0	100.0	100.0	100.0	100.0	100.0	100.0	100.0
	(8)	(93)	(23)	(32)	(35)	(18)	(45)	(6)	(14)	(106)	(387)

* （ ）内は絶対数。%は四捨五入しているため100.0にならない場合がある。
** 行和と全体における数値は，行和がクロス後の数値の合計であるため，一致しない場合がある。

ける際立った違いというのはあまり見られない。

茨城における構成員数（表略）をみると東京で見た特徴と同様に，農業，労働，福祉団体の個人会員数が多くなっていることがわかる。特に農業団体では半数以上が1,000人〜2万人の範囲に存在している。専門家団体の個人会員数が東京と比べ若干小規模になっているのを除けば，茨城の団体が東京の団体に比べて小規模になっているとは言えない。

常勤職員数（表4-7　東京地域）：常勤職員数の数ではほとんどの団体分類において1〜30名の常勤職員を置いていることがわかる。その中で特筆できることは，農業団体において50人以上の常勤職員を置く団体が多く（4分

表4-7
常勤職員数と団体の分類のクロス表（東京）

%	農業	経済	労働	教育	行政関係	福祉	専門家	政治	市民	その他	全体**
0人	0.0	3.2	13.7	9.0	3.2	13.7	5.3	12.0	20.8	8.0	7.5
	(0)	(8)	(14)	(9)	(4)	(10)	(6)	(3)	(10)	(29)	(94)
1〜4人	25.0	54.0	49.0	46.0	32.3	24.7	51.8	56.0	60.4	54.1	48.6
	(8)	(134)	(50)	(46)	(40)	(18)	(59)	(14)	(29)	(196)	(607)
5〜29人	46.9	37.1	28.4	36.0	49.2	47.9	35.1	28.0	12.5	32.0	35.5
	(15)	(92)	(29)	(36)	(61)	(35)	(40)	(7)	(6)	(116)	(444)
30〜49人	3.1	2.4	2.0	5.0	4.8	2.7	5.3	0.0	0.0	2.5	3.0
	(1)	(6)	(2)	(5)	(6)	(2)	(6)	(0)	(0)	(9)	(37)
50人〜	25.0	3.2	6.9	4.0	10.5	11.0	2.6	4.0	6.3	3.3	5.4
	(8)	(8)	(7)	(4)	(13)	(8)	(3)	(1)	(3)	(12)	(68)
合計団体数*	100.0	100.0	100.0	100.0	100.0	100.0	100.0	100.0	100.0	100.0	100.0
	(32)	(248)	(102)	(100)	(124)	(73)	(114)	(25)	(48)	(362)	(1,250)

非常勤職員数と団体の分類のクロス表（東京）

%	農業	経済	労働	教育	行政関係	福祉	専門家	政治	市民	その他	全体**
0人	50.0	64.0	56.6	22.8	43.2	29.0	45.5	42.1	50.0	44.0	45.6
	(11)	(89)	(30)	(18)	(35)	(18)	(40)	(8)	(16)	(111)	(383)
1〜4人	13.6	30.9	34.0	57.0	38.3	40.3	44.3	42.1	31.3	44.8	40.0
	(3)	(43)	(18)	(45)	(31)	(25)	(39)	(8)	(10)	(113)	(336)
5〜29人	18.2	4.3	7.5	13.9	13.6	25.8	10.2	15.8	18.8	9.9	11.7
	(4)	(6)	(4)	(11)	(11)	(16)	(9)	(3)	(6)	(25)	(98)
30〜49人	9.1	0.7	0.0	2.5	1.2	0.0	0.0	0.0	0.0	0.4	0.8
	(2)	(1)	(0)	(2)	(1)	(0)	(0)	(0)	(0)	(1)	(7)
50人〜	9.1	0.0	1.9	3.8	3.7	4.8	0.0	0.0	0.0	0.8	1.8
	(2)	(0)	(1)	(3)	(3)	(3)	(0)	(0)	(0)	(2)	(15)
合計団体数*	100.0	100.0	100.0	100.0	100.0	100.0	100.0	100.0	100.0	100.0	100.0
	(22)	(139)	(53)	(79)	(81)	(62)	(88)	(19)	(32)	(252)	(839)

* （ ）内は絶対数。％は四捨五入しているため100.0にならない場合がある。
** 行和と全体における数値は行和がクロス後の数値の合計であるため，一致しない場合がある。

の1)，行政団体，福祉団体でも1割を超えている。他方で，市民では2割，労働，福祉，政治団体では1割以上が全く常勤職員を置いていない。茨城でもやはりほとんどの団体が東京と同様に1～30名の常勤職員を置いているが，農協が4割を占める農業団体の常勤職員の多さが目立つ。

4-2 志向性

設立目的（表4-8 東京地域）：団体の設立目的・活動内容は大きく2つに分けることができ，1つは会員・組合員のための内向きの活動であり，もう1つは対外的な活動である。(2) 前者には会員・組合員のための情報提供，教育・訓練・研修，経済的利益の追求，補助金斡旋などがあり，後者には政策提言や啓蒙活動，情報提供などがある。全体的に見るとどの団体においても対

表4-8 団体分類とその主な目的・活動（東京）

%	農業	経済	労働	教育	行政関係	福祉	専門家	政治	市民	その他	全体*
情報提供	82.9 (29)	96.0 (262)	85.5 (94)	55.3 (68)	69.9 (95)	48.2 (41)	82.2 (111)	75.9 (22)	70.0 (42)	68.3 (285)	74.6 (1,064)
教育・訓練・研修	62.9 (22)	73.6 (201)	76.4 (84)	75.6 (93)	52.2 (71)	36.5 (31)	65.2 (88)	31.0 (9)	43.3 (26)	46.3 (193)	58.2 (830)
経済的利益の追求	65.7 (23)	72.2 (197)	87.3 (96)	8.9 (11)	22.1 (30)	10.6 (9)	18.5 (25)	20.7 (6)	8.3 (5)	20.6 (86)	34.6 (494)
生活・権利防衛活動	48.6 (17)	31.9 (87)	89.1 (98)	5.7 (7)	16.9 (23)	24.7 (21)	17.0 (23)	34.5 (10)	28.3 (17)	16.3 (68)	26.3 (375)
補助金・奨励金の斡旋	20.0 (7)	21.6 (59)	13.8 (15)	6.5 (8)	7.4 (10)	3.5 (3)	11.9 (16)	13.8 (4)	3.3 (2)	7.2 (30)	10.9 (155)
行政上の便宜を図る	14.3 (5)	19.0 (52)	9.1 (10)	1.6 (2)	7.4 (10)	2.4 (2)	4.4 (6)	20.7 (6)	5.0 (3)	8.9 (37)	9.5 (135)
情報収集と外への提供	22.9 (8)	27.8 (76)	16.4 (18)	17.1 (21)	15.4 (21)	17.5 (15)	27.4 (37)	17.2 (5)	25.0 (15)	20.6 (86)	21.4 (305)
政策案の提言	14.3 (5)	17.6 (48)	16.4 (18)	15.4 (19)	17.6 (24)	7.1 (6)	35.6 (48)	44.8 (13)	15.0 (9)	12.5 (52)	17.2 (245)
啓蒙活動	20.0 (7)	22.1 (60)	20.0 (22)	30.1 (37)	41.9 (57)	28.2 (24)	37.0 (50)	48.3 (14)	46.7 (28)	22.3 (93)	27.6 (394)
資金助成	0.0 (0)	5.1 (14)	5.5 (6)	7.3 (9)	2.2 (3)	12.9 (11)	4.4 (6)	6.9 (2)	15.0 (9)	7.9 (33)	6.7 (95)
一般向けサービス提供	20.0 (7)	20.1 (55)	9.1 (10)	22.0 (27)	17.6 (24)	27.1 (23)	14.8 (20)	10.3 (3)	28.3 (17)	15.6 (65)	18.0 (256)
その他	2.9 (1)	4.0 (11)	4.5 (5)	8.1 (10)	15.4 (21)	24.7 (21)	9.8 (13)	13.8 (4)	18.3 (11)	25.7 (107)	14.5 (206)
合計団体数	35	273	110	123	136	85	133	29	60	417	1,426

( )内は絶対数
質問は複数回答で答えられている。数値（%）は団体分類別（列）の割合。
*行和と全体における数値は行和がクロス後の数値の合計であるため，一致しない場合がある。

外的な活動に比べ会員・組合員のための活動が多く行われているようである。

対内的な活動の中でも会員のための情報提供や教育・訓練はほとんどの団体において行われている活動である。特に農業（83％），経済（96％），労働（86％），専門家団体（82％）においては80％以上の団体が「その主な目的や活動」であると答えている。同じ会員向けの活動でも，他のアクターの活動とも関連する経済的利益の追求は農業，経済，労働団体において高い確率で行われているが，教育団体，市民団体によってはあまり行われない。同様に行政への働きかけを伴う，「行政上の便宜を図る」と答えた団体に関しては政治団体の21％が最も高く，それ以外の団体では20％を越える団体は存在しない。補助金の斡旋では，農業，経済団体の比率がやや高く2割を超えている。

一方対外的な活動に関しては，強いて言えば，行政関係，専門家，政治，市民団体によって啓蒙活動が高い割合で行われているが，先に述べた対内的な活動より比率はやや低い。専門家，政治団体による政策案の提言は他団体と比してよく行われている活動の1つだと言えるだろう。資金助成や一般向けのサービスに関しても，分類ごとの差は小さく，比率は3割以下である。茨城の団体においても，会員・組合員のための活動が対外的な活動に比べて高い割合で行われているという特徴は同じである。

政策関心[3]（表4-9）：団体の政策関心をまとめた表からは，福祉から地域開発まで11分野に36％から20％までの団体が関心を持っていることに見られるように，政策関心がかなり平均的に散らばっていることが理解される。確かに，農業政策には農業団体（97％），労働政策には労働団体（95％），福祉政策には福祉団体（91％）が関心を持つ，といった傾向も当然見られるが，環境政策のように，政治（59％），市民（57％），経済（44％），専門家（42％），労働（40％），農業（40％）など，ほとんどの団体分類で高い関心が共有される分野も見出される。

東京では全体として，福祉，環境，文教スポーツ，国際，消費者といった，新しくかつ広く「市民」的な性格の強い政策に多くの団体が関心を持ち，ついで，業界，財政，金融，通産，地域開発，通信，土建といった経済的な，やや特殊利益的な政策に関心が持たれ，外交，司法人権，安全保障，治安といった伝統的な国家基本政策への関心が低いという，極めて興味深い「政策関心の階層性」があることがわかった。

表4-9 団体の政策関心

東京

全体 n=1438		農業 n=35		経済 n=273		労働 n=110		教育 n=110		行政関係 n=136	
福祉	36	農林	97	業界	74	労働	95	文教スポ	82	福祉	40
環境	34	業界	43	通商	54	福祉	66	国際	43	業界	29
業界	33	環境	40	金融	48	消費	54	通信	24	財政	24
文教スポ	30	金融	37	消費	45	財政	46	福祉	24	金融	24
国際	28	消費	37	環境	44	環境	40	環境	22	環境	24
財政	28	地域開発	29	財政	43	金融	36	財政	20	土建	24
消費	27	財政	23	労働	28	業界	35	科学	20	地方行政	22
金融	26	労働	17	地域開発	28	司法人権	33	金融	18	消費	22
労働	23	福祉	17	土建	26	地方行政	29	地域開発	15	通商	19
通商	23	通商	14	通信	26	運輸	27	労働	15	国際	18
地域開発	20	通信	14	運輸	23	通商	24	消費	15	地域開発	17
通信	19	土建	11	福祉	19	通信	22	司法人権	13	科学	16
土建	17	科学	11	地方行政	18	国際	22	業界	12	労働	15
地方行政	17	国際	11	農林	17	安全保障	21	外交	11	農林	15
運輸	16	運輸	9	科学	16	地域開発	18	地方行政	11	運輸	14
科学	15	地方行政	9	国際	13	治安	18	通商	8	通信	13
農林	15	外交	6	文教スポ	9	土建	17	運輸	8	文教スポ	13
外交	10	文教スポ	6	外交	8	外交	16	農林	8	治安	6
司法人権	10	司法人権	3	安全保障	5	文教スポ	15	土建	7	外交	4
安全保障	8	安全保障	0	治安	4	農林	11	安全保障	5	安全保障	3
治安	7	治安	0	司法人権	2	科学	10	治安	2	司法人権	2

　他方，茨城ではかなり異なり，経済的・特殊利益的な政策が第1のグループをなし，新「市民」的政策は次に，最後はやはり，国家基本政策となる。
　団体の分類ごとに細かく検討すれば，政策関心が平均的に高いのは，政治，労働，経済団体，ついで市民，専門家，農業の順であり，福祉，教育，行政などの行政政策依存型の団体は自らの関係するものには比較的高いが，それ以外の政策関心が低く，全体として低くなっている。政策に関心のある分野数をみても，5つ以上の分野に関心を示した団体は，政治団体で69％，次いで労働団体61％，経済団体56％と多く，市民，専門家，農業は4割程度，教育，行政関係，福祉団体は3割未満である。
　団体には，こうした幅広型の関心を有するものと特殊型の狭い関心のものがある。他方で，福祉，環境，財政政策のような広い政策争点がほとんどすべての団体の関心を呼んでいるのである。茨城の団体は政策関心が東京よりやや高く，幅も広いことが注目できる。

4-3　協調と対立[(4)]

4章 団体のプロフィール

茨城

福祉 n=136		専門 n=135		政治 n=29		市民 n=60		全体 n=197	
福祉	91	国際	47	福祉	66	環境	57	農林	43
財政	26	文教スポ	44	地方行政	62	福祉	52	金融	41
国際	19	環境	42	財政	59	国際	42	財政	39
司法人権	18	科学	33	環境	59	文教スポ	38	業界	33
地方行政	18	福祉	30	消費	55	地域開発	32	福祉	33
文教スポ	18	業界	28	国際	55	地方行政	32	地域開発	32
金融	15	地域開発	25	運輸	52	消費	30	消費	31
労働	15	土建	23	外交	48	財政	23	環境	31
環境	12	通信	22	安全保障	48	司法人権	23	労働	27
消費	9	財政	20	金融	45	運輸	20	地方行政	27
地域開発	8	金融	16	土建	45	金融	18	通商	22
通信	7	通商	16	司法人権	45	土建	18	土建	21
外交	6	運輸	15	治安	41	外交	18	通信	17
業界	5	消費	15	文教スポ	41	治安	17	運輸	16
通商	4	労働	13	通商	38	農林	17	文教スポ	14
土建	4	農林	13	業界	38	安全保障	13	司法人権	10
科学	2	地方行政	10	通信	38	業界	12	国際	10
安全保障	2	外交	9	労働	38	通信	12	安全保障	8
治安	2	安全保障	8	地域開発	34	科学	12	外交	7
運輸	1	司法人権	5	農林	31	労働	12	治安	7
農林	1	治安	4	科学	28	通商	8	科学	4

　団体は様々な政治的アクターと関係を持っている。その詳細については，次章以降で検討することになるが，ここでは団体が他の分野の団体とどのような関係にあるかを大把みに鳥瞰しておきたい。取り上げる質問は，「官僚，政党，経済・経営者団体，大企業，マスコミ，農業団体，外国の政府，国際機関，自治体，労働団体，外国の利益団体，文化人・学者，消費者団体，福祉団体，NGO・市民団体・住民団体，婦人・女性運動団体」の16グループと自己の団体との協調・対立関係を問う質問（Q27）で，7段階の尺度（1が「非常に対立的」，4が「中間」，7が「非常に協調的」）で回答を求めている。

　表4-10は結果の総括表である。4.0が中間であるから，4.5以上の欄に含まれる分野は「協調的傾向」と見ることができるし，4.0未満は「対立的傾向」とみなすことができる。表の右端の東京都と茨城県の全体の比較からは，際立った違いはないようだが，茨城の方が協調と対立関係にある分野の上下の幅がやや広い。つまり，関係の良し悪しがより明快に答えられている。

　分野別に概観すると，極めて自然な結果であるとは言えるが，どの団体も自己の分類に近いアクターとの関係をより「協調的」に評価しているのが特

表4-10 団体の協調と対立

	農業団体	経済団体	労働団体	教育団体
5.5以上	農業団体 (6.0)		労働団体 (6.2)	
4.5以上	自治体 (5.1) 政党・消費者団体 (4.8) 官僚 (4.7)	経済団体 (5.0) 官僚 (4.7) 自治体 (4.6)	福祉団体 (4.8) 市民団体・女性団体 (4.7) 政党・消費者団体 (4.6)	文化人 (4.9) 自治体 (4.7) マスコミ (4.6) 官僚・福祉団体 (4.5)
4.0以上	マスコミ・文化人・福祉団体・女性団体 (4.3) 労働団体 (4.2) 経済団体・市民団体 (4.0)	政党 (4.4) 大企業・マスコミ・消費者団体 (4.3) 文化人 (4.2) 福祉団体・市民団体・国際機関 (4.1) 労働団体・農業団体・女性団体・外国政府 (4.0)	文化人・自治体 (4.3) 国際機関 (4.2) マスコミ (4.1)	経済団体・市民団体 (4.4) 政党・大企業・消費者団体 (4.3) 女性団体・国際機関 (4.2) 農業団体・外国政府 (4.1) 労働団体・外国団体 (4.0)
3.5以上	大企業・国際機関 (3.9) 外国政府・外国団体 (3.8)	外国団体 (3.9)	農業団体・外国政府 (3.9) 外国団体 (3.8) 官僚 (3.5)	
3.5未満			大企業 (3.3) 経済団体 (3.1)	

4章　団体のプロフィール　99

行政関係団体	福祉団体	専門家団体	政治団体	市民団体
	福祉団体　(5.8)		政党　(5.5)	
				市民団体　(5.3)
官僚　(5.0)	自治体　(5.0)	文化人　(4.9)		
自治体　(4.8)			福祉団体　(4.8)	消費者団体　(4.8) ・福祉団体 ・自治体
	市民団体　(4.6)	マスコミ　(4.6)		女性団体　(4.6)
		官僚・国際機関　(4.5)	自治体　(4.5)	マスコミ　(4.5)
経済団体・大企業・文化人　(4.4)	消費者団体・女性団体　(4.4)		経済団体・市民団体　(4.4)	文化人　(4.4)
政党・福祉団体　(4.3)	官僚・マスコミ・文化　(4.3)	福祉団体・女性団体・自治体　(4.3)	文化人・消費者団体　(4.3)	
マスコミ　(4.2)		労働団体・経済団体・政党・大企業・消費者団体・市民団体　(4.2)	マスコミ・女性団体　(4.2)	労働団体・政党・国際機関　(4.2)
国際機関　(4.1)	労働団体・経済団体・政党・大企業　(4.1)	外国政府　(4.1)	農業団体・官僚・大企業　(4.1)	農業団体　(4.1)
労働団体・農業団体・消費者団体・外国政府　(4.0)	外国政府　(4.0)	農業団体・外国団体　(4.0)	労働団体・国際機関　(4.0)	外国政府・外国団体　(4.0)
市民団体・女性団体・外国団体　(3.9)	国際機関・外国団体　(3.9)		外国政府　(3.9)	経済団体・大企業　(3.9)
	農業団体　(3.8)			官僚　(3.8)
			外国団体　(3.7)	

東京都全体	茨城県全体
	自治体 (5.2)
	農業団体 (5.0)
自治体 (4.6)	
文化人・福祉団体 (4.5)	政党・福祉団体 (4.5)
官僚・政党・マスコミ (4.4)	経済団体・消費者団体 (4.4)
労働団体・経済団体・消費者団体・市民団体 (4.3)	労働団体・官僚 (4.3)
大企業・女性団体・国際機関 (4.2)	女性団体 (4.2)
農業団体・外国政府 (4.1)	マスコミ・文化人・市民団体 (4.1)
外国団体 (4.0)	
	大企業 (3.8)
	外国政府・国際機関 (3.7)
	外国団体 (3.5)

徴的である。しかし詳しく見れば，ここでも2つのグループに分けることができる。すなわち協調的なアクターへの得点平均と対立的アクターへの得点平均の差が大きい（良し悪しがはっきりしている）グループと，そうでなく，中立的なやや協調という平均点を他のどのアクターにも示すグループである。前者には労働（得点差3.1以下同様），農業 (2.3)，福祉，政治，市民団体があり，後者には経済 (0.8)，教育・専門家 (0.9)，行政関係がある。

　個々の分類ごとの態度をみていこう。農業団体による他のグループとの関係の捉え方をみると，農業団体自身に対しては極めて協調的であるのに対し，他のグループにはほぼ中立的な態度をとり，外国関係のアクターや大企業とは対立的であるとしている。経済団体をみると，興味深いことに労働団体との強い対抗関係は見受けられない。また，他の分類と比べて，自己グループに対する協調度は必ずしも高くない。他方，経済団体が労働団体を中立的に見ているのに対し，労働団体は経済団体に対して明確に対立関係を示している。教育団体は文化人とやや協調的だが，ほぼすべてのアクターと協調的中立を示している。行政関係団体は，官僚，自治体とやや協調的で，市民・女性団体，外国団体とは対立というほどではないが微妙な関係である。福祉団体は，自己系列以外では自治体，市民団体と協

調的である。専門家はやや文化人，マスコミと協調的である。政治団体は政党と強く協調し，外国関係と微妙な関係であるといえよう。市民団体は市民，消費者，福祉，自治体，マスコミと協調的で，経済団体，官僚と微妙となっている。以上，各団体の分野の性格が対他アクター関係によく現れているといえる。

まとめ

　以上，本調査の採用した10団体分類で，7～8割の団体は自己規定できることを確認し，団体分類の意義を，電話帳での分類や法人格分類と比較し検討したのち，この10の団体分類にそって，団体の属性，指向性，協調と対立の関係を概観してきた。団体自身によって判定させ，選択させた分類であるが，興味深い相違や共通性を示す分類であることが示唆できたように思う。例えば，法人格，組織リソースの点で，農業，経済団体が他より優位にあることがそうである。また，そうした団体の割合が多い茨城が，組織リソースにおいて東京と遜色がなく，政策関心も幅広くかつ高いことが注目される。こうした差はあるものの，団体分類間のリソースの違いはそれほど大きくない。「その他」を含め，10の団体分類を中心として，日本の市民社会と政治の関係について，次章以下，構造分析の旅に出立することにしよう。

注
(1)　Tsujinaka 1996, Tsujinaka 2002 参照。
(2)　ここで用いた4つの活動分類は，主成分分析によって検出されたものである。内向きの「対内サービス」と「経済便宜」，外向きの「政治的活動」と「対外サービス」の4つであり，叙述はそれに従っている。
(3)　辻中他　1999『選挙』11月における韓国との比較分析を参照。
(4)　辻中他　1999『選挙』10月における韓国との比較分析を参照。

第5章

活動地域別にみた団体の存立・行動様式

森　裕城・辻中　豊

　JIGS調査は，政策過程にある圧力団体だけでなく，社会過程に存在するすべての市民社会組織・利益団体を調査対象にしている。それゆえ，本調査のデータを使用して議論を展開する場合には，団体活動に関する様々な前提を改めて問うことから始める必要がある。そこで第5章では，諸団体が棲息・活動する「場」，具体的には活動対象となる地理的空間を検討する。団体の活動地域としては，大まかにローカル，ナショナル，トランズナショナルという3つのレベルを想定することができるが，東京では，活動レベルが全国以上のナショナル・トランズナショナルな型の団体が多く，その割合は6割以上である。他方，茨城では，県レベル以下のローカル型が圧倒的である。そして，活動対象空間の大きさによって，団体の属性，政策志向，情報源，政治的標的，行政，政党との関係が異なっているのである。なお，活動地域別分析での位置づけをもとに，次章以下第6，7，8章では，主として東京の全国志向（活動対象の範囲が，「日本全国」）の団体に限って分析される。

1　団体の活動地域

「団体の基礎構造に関する調査」（JIGS）は，政策過程にある圧力団体だけでなく，社会過程に存在するすべての利益団体を調査対象にしている。それゆえ，本調査のデータを使用して議論を展開する場合には，団体活動に関する様々な前提を改めて問うことから始める必要がある。例えば，本章の焦点である諸団体が棲息・活動する「場」の検討などは，重要はポイントである。団体が棲息・活動する「場」の捉え方・アプローチには様々なものがあろうが，本章では特に地理的空間に着目したい。

日本の団体は，どのような地理的空間で活動を行うのであろうか。大まかに言えばローカル，ナショナル，トランスナショナルという3つのレベルを想定することができる。ローカルとは市町村から都道府県という生活圏の範囲であり，ナショナルとは日本全国，トランスナショナルとは，世界全体という空間である。

本調査では，団体の地理的活動範囲を特定するために，「あなたの団体が活動対象とする地理的な範囲は，次のどのレベルですか」という設問（Q6）を用意した。提示したエリアは，①市町村レベル，②県レベル，③複数の県にまたがる広域圏レベル，④日本全国レベル，⑤世界レベル，という5つである。

回答結果をまとめた表5-1から明らかなように，東京と茨城の違いは極めて明瞭である。東京では，活動レベルが全国以上のナショナル・トランスナショナルな型の団体が多く，その割合は6割以上である。予想以上に東京の団体は，全国を活動対象とする団体の集合であった。他方，茨城では，県レベル以下のローカル型が圧倒的で8割を超えている。最も活動範囲の広い世界レベルの団体が，東京で1割を超えているのは，市民社会レベルにおける「地球化」の反映として注目できる。

団体分類別に表5-1を見れば，茨城では農業・経済団体の9割以上が県レベル以下を活動対象とし，ローカル志向が一層明確である。他方，茨城の労働団体は県，広域圏を中心としており，かなり大規模な組織であることを示唆しており，ユニークである。

東京の団体では，市民団体を除いてすべてがナショナルレベルを活動対象

表5-1 活動対象の地理的範囲

		市町村	県	広域圏	日本全国	世界	N
東京	全体	14.3	11.0	11.1	49.7	13.8	1,388
	農業	28.6	22.9	2.9	45.7	0.0	35
	経済	16.2	13.2	16.5	48.9	5.1	272
	労働	16.8	14.0	23.4	39.3	6.5	107
	教育	4.9	7.4	7.4	67.2	13.1	122
	行政	11.9	14.8	8.9	57.0	7.4	135
	福祉	24.7	15.3	8.2	40.0	11.8	85
	専門	4.5	3.8	7.5	63.2	21.1	133
	政治	20.7	24.1	10.3	34.5	10.3	29
	市民	32.8	8.6	6.9	27.6	24.1	58
茨城	全体	51.8	33.5	8.4	4.2	2.1	191
	農業	76.8	14.3	7.1	1.8	0.0	56
	経済	69.0	24.1	3.4	3.4	0.0	29
	労働	18.2	36.4	27.3	18.2	0.0	22

とするものが最多の分類となっていて，全国団体性が濃厚である。市民団体は唯一，市町村レベルが自己の分類では最多であると同時に，世界レベルで活動する団体比率も他の団体と比べると最高の24％を記録しており，ローカルかトランスナショナルという両極性を示している。その他の団体は，大きく二分される。ナショナルなレベル以上が6割以上を占める専門家，教育，行政の団体と，ローカルな活動団体が4割から5割強程度を占め，ナショナルなレベルと2極化している農業，政治，福祉の各団体である。残る経済と労働の団体は，全国を中心に広域圏もやや多く，相似形を示している。

　以上，東京と茨城を対比しつつ分類別の団体分布と活動地域空間との関係を検討したが，以下では，主として東京における団体に焦点をあて（以下特に触れない限り東京のデータ），それぞれの活動地域空間における団体の属性，政策志向，情報源，政治的標的，行政，政党との関係の特徴を探ってみることにしたい。本章における試みは，利益集団論においても，政治過程分析においても，これまで体系的に分析され論じられることのなかった「活動地域としての政治空間」という新しい分野に光をあてるものである。

2　立地・属性・志向性

2-1　立地

　それでは，基本的な部分の検討から始めよう。まずは活動地域と立地の関係である。団体はどのような場所に，自らの活動拠点を置くのだろうか。表

表5-2 活動地域と立地

	東京		茨城	
	区	区外	水戸	他
市町村	9.6	52.4	22.2	70.9
県	10.6	16.3	65.3	12.8
広域圏	11.3	10.2	9.7	7.7
全国	54.1	12.9	1.4	6.0
世界	14.5	8.2	1.4	2.6
合計	100.0	100.0	100.0	100.0
N	(1,222)	(147)	(72)	(117)

(注) 水戸とあるのは、正確には「水戸・ひたちなか地区」。

5-2は,東京については23区内の電話帳に記載されている団体(1,222団体)とそうではない団体(147団体),茨城については県庁所在地を含む「水戸・ひたちなか地区」に記載されている団体(72団体)とそうではない団体(117団体)に分けて,その活動地域の分布を見たものである。同じ東京都内でも分布の形態は大きく異なっており,区部では全国レベルを活動対象とする団体が多いのに対して,区外では市町村レベルを活動対象とする団体が多くなっている。茨城の場合も同様で,水戸・ひたちなか地区では県レベルを活動対象とする団体が多いのに対して,その他の地域では市町村レベルを活動対象とする団体が群を抜いている。この結果から,団体は自らの活動地域に合わせて,拠点とする場所を選択する傾向があるといってよいだろう。

2-2 法人格・職員数・予算

表5-3は,活動地域と団体の規模との関係を捉えることを目的に,団体の法人格の有無,職員数,予算規模を空間別に整理したものである。法人格では,市町村レベルで法人格を有しない団体が他と比べ,やや多い。職員,予

表5-3 活動地域と法人格・職員数・予算規模

	(法人格)	(常勤職員)		(平成8年度予算)	
		10名以上	0名	1億以上	500万未満
市町村	53.3	12.1	10.6	19.6	15.6
県	68.6	23.5	5.9	33.3	9.2
広域圏	61.7	17.5	5.8	36.4	10.4
全国	62.3	20.3	6.1	43.2	6.5
世界	57.8	30.7	5.2	44.3	7.8
全体	61.5	23.3	7.6	40.7	9.4

(註) 数値は,各空間ごとに該当する団体の割合を%表示したもの。

算規模を見ると，活動範囲が広くなるほど，団体の規模が大きくなっていることがわかる。(1)

2－3 政策関心

表5-4は，団体の政策関心を，活動地域別に整理したものである。活動地域別に順位が大きく変動する政策分野と，それほど大きな変動のない政策分野が存在する。例えば，環境政策や厚生福祉政策への関心はどのレベルでも高い。また安全保障や治安政策はどのレベルでも低い順位であるが，比率ではやや市町村レベルで高い。他方，地域開発や地方行政政策は市町村レベルで，各業界の政策は県から全国のレベルで，国際協力政策は全国から世界のレベルで活動する団体の関心が高い。

以上，団体の立地や属性，政策関心など個々の団体の性格を中心に，活動地域との関係を見てきた。次にアクターとの「関係」「行動」へとポイントを移して検討する。

表5-4 活動地域と政策関心（％）

市町村		県		広域圏		全国		世界	
厚生福祉	45.2	厚生福祉	45.1	業界	39.6	環境	35.8	国際協力	67.2
環境	39.2	業界	39.9	厚生福祉	39.0	業界	35.8	文教スポ	47.9
消費者	37.2	財政	35.9	金融	36.4	国際協力	33.3	環境	34.9
財政	36.7	消費者	30.7	労働	35.7	厚生福祉	32.9	厚生福祉	28.6
地域開発	36.2	金融	30.1	財政	33.8	消費者	27.7	科学技術	24.5
地方行政	35.2	労働	30.1	通商	30.5	財政	25.5	外交	22.9
業界	35.2	環境	28.1	環境	29.9	金融	24.9	通信情報	20.3
金融	31.7	地方行政	24.2	消費者	27.9	通商	24.3	業界	19.8
労働	25.1	文教スポ	19.0	公共事業	24.7	労働	22.3	財政	19.8
通商	24.6	地域開発	19.0	文教スポ	20.8	通信情報	22.0	通商	17.7
文教スポ	20.6	通商	18.3	国際協力	20.8	文教スポ	20.8	地域開発	17.2
公共事業	20.1	公共事業	18.3	地域開発	19.5	科学技術	18.4	金融	15.1
国際協力	15.6	通信情報	14.4	通信情報	18.2	農林水産	17.8	消費者	14.6
農林水産	13.6	国際協力	13.7	地方行政	15.6	運輸交通	17.4	労働	12.5
運輸交通	14.6	農林水産	13.7	農林水産	13.6	地域開発	17.0	司法人権	12.5
通信情報	14.1	運輸交通	13.1	運輸交通	13.6	公共事業	16.5	地方行政	12.0
司法人権	14.1	司法人権	10.5	外交	11.7	地方行政	12.3	農林水産	11.5
治安	13.1	治安	6.5	科学技術	11.7	外交	7.8	運輸交通	11.5
安全保障	10.1	安全保障	5.2	司法人権	8.4	司法人権	7.7	安全保障	11.5
科学技術	8.5	外交	5.2	安全保障	7.8	安全保障	6.5	公共事業	9.9
外交	8.0	科学技術	4.1	治安	4.5	治安	6.2	治安	6.8

（註）数値は，各活動地域ごとにその政策に関心を持つ団体の割合を％表示したもの。

3 情報源と政治的標的

3-1 活動の情報源

団体は，活動する上で必要とする情報をどこから得ているのだろうか。表5-5は，12のリスト（その他を含む）から団体が重要なものを3つ選択し，1〜3の順位を付けた結果を集計したものである。最も重要とされた情報源に3点，2番目に2点，3番目に1点を与え，その得点の合計に応じて情報源を順位化している。

表からわかるように，情報源の順位は活動地域によって大きく変動している。ここで大まかな傾向を記すと，次のようになる。①団体はローカルなレベルでは自治体に情報を求め，活動レベルが広くなるほど国の行政機関に情報を求める傾向がある。②学者・専門家への依存は世界レベルまでほぼ直線的に活動レベルの広がりとともに高まっていく。③政党や議員はどのレベルでも情報源になっていない。④広域圏の活動団体では，マスメディアや専門・業界紙といったメディアへの依存が他のレベルより高い。⑤協力団体，団体員は一貫して重要度の高い情報源であるが，団体員をあてにするのは全国規模以上の団体，協力団体をあてにするのはややローカルなレベルの団体という対照がある。

表5-5 活動地域と情報源

	市町村		県		広域圏		全国		世界	
1位	協力団体	1.00	自治体	1.00	協力団体	1.00	国	1.00	専門家	1.00
2位	自治体	0.93	協力団体	0.90	国	0.96	団体員	0.70	団体員	0.97
3位	団体員	0.61	専門紙	0.88	専門紙	0.94	協力団体	0.66	協力団体	0.85
4位	専門紙	0.54	国	0.57	マスコミ	0.76	専門紙	0.64	専門紙	0.73
5位	マスコミ	0.52	マスコミ	0.54	団体員	0.67	マスコミ	0.44	国	0.66
6位	国	0.46	団体員	0.54	自治体	0.54	専門家	0.39	マスコミ	0.65
7位	地方議員	0.27	専門家	0.20	専門家	0.40	企業	0.19	その他	0.33
8位	専門家	0.24	その他	0.12	企業	0.36	自治体	0.14	企業	0.23
9位	その他	0.18	地方議員	0.10	その他	0.12	その他	0.11	自治体	0.18
10位	企業	0.12	国会議員	0.08	国会議員	0.10	国会議員	0.04	国会議員	0.06
11位	政党	0.10	政党	0.06	政党	0.08	政党	0.03	政党	0.02
12位	国会議員	0.09	企業	0.04	地方議員	0.03	地方議員	0.01	地方議員	0.01

（注）順位の算出方法：回答団体が情報源の1位として選択したものに3点，2位に2点，3位に1点を与え，その得点の合計を順位の基準とした。
　　表中の数値は，それぞれの活動地域において最高点を獲得した情報源を1とした場合の比率。

3−2 政治的標的

次に、団体の政治的標的を活動地域別に見ていこう。団体の政治的標的を把握するための設問として、「あなたの団体の主張を通したり権利、意見、利益を守るために、政党（ないし議会）、行政、裁判所のどれに働きかけることがより有効だと思われますか」（Q19）というものがある。表5−6は、活動地域空間別に1位に選択された標的の割合（1位選択率）をまとめたものである。

表を一見してわかるように、どのレベルでも1位選択率は、行政→政党→裁判所の順になっている。細かな違いを見ていくと、行政を標的とするのは全国レベルと市町村レベルに多く、政党はやや広域圏で多い。裁判所は市町村と広域圏というような特徴を見出すことができる。

行政と政党の差が最も小さくなるのは、広域圏レベルである。行政の選択率が、広域圏で落ちるのは、広域圏をカバーする制度がないことと関係しているのだろう。他方で世界レベルで活動する団体は、どの標的にも「有効性」を感じる団体の割合が低い。これもその活動範囲から理解できる傾向である。

表5−6 働きかけの対象（1位）

	行政	政党	裁判所
市町村	38.2 (1.00)	16.1 (0.42)	9.5 (0.25)
県	36.6 (1.00)	16.3 (0.45)	5.2 (0.14)
広域圏	29.2 (1.00)	18.2 (0.62)	7.1 (0.24)
全国	39.9 (1.00)	15.1 (0.38)	6.1 (0.15)
世界	31.8 (1.00)	9.4 (0.30)	5.2 (0.16)
全体	35.7 (1.00)	14.5 (0.41)	6.5 (0.18)

（註）数値は、活動地域ごとに該当する団体の割合を％表示したもの。
欠損値（無回答）があるのでヨコの合計は100にならない。
括弧の中の数値は、行政を1とした場合。

4　団体−行政関係

前節で見たように、行政機関は多くの団体にとって重要な情報源となっており、一方で政治的標的としても有効であると判断されている。そこで本節では、団体−行政関係を具体的に検討していくことにする。

4−1　団体−行政関係の諸相

本調査では，団体と国の行政機関，自治体との関係について次のような質問を行った（Q8, 9）。

①許認可を受ける関係がある。
②何らかの法的規制を受ける関係がある。
③何らかの行政指導を受ける関係がある。
④行政機関（自治体）の政策決定や予算活動に対する協力や支持をしている。
⑤団体や業界などの事情について意見交換をしている。
⑥審議会や諮問機関に委員をおくっている。

表5-7　団体－行政関係

<国>

	許認可	法的規制	行政指導	協力支持	意見交換	委員派遣	ポスト提供	補助金
市町村	29.6	29.1	33.2	12.1	16.1	3.5	3.5	7.5
県	28.8	35.9	40.5	17.0	26.8	5.2	4.6	10.5
広域圏	46.8	44.2	48.1	5.8	38.3	9.7	3.9	11.7
全国	40.4	35.2	54.3	17.5	44.5	19.7	12.6	15.5
世界	38.0	20.3	30.7	9.9	32.3	10.4	7.3	19.3
全体	37.3	32.6	44.5	13.9	35.0	13.0	8.4	13.5

（註）数値は，各活動地域の項目ごとに該当する団体の割合を％表示したもの。

<自治体>

	許認可	法的規制	行政指導	協力支持	意見交換	委員派遣	ポスト提供	補助金
市町村	36.7	26.6	38.7	19.1	26.6	16.1	6.5	35.7
県	47.1	39.9	49.7	18.3	35.9	16.3	7.2	24.2
広域圏	35.7	32.5	42.9	7.8	29.9	7.8	2.6	7.8
全国	11.9	11.7	18.4	7.2	20.6	6.8	1.6	3.6
世界	11.5	10.4	10.9	5.7	19.3	6.8	1.0	4.2
全体	21.6	18.6	25.7	9.7	23.4	9.0	2.9	10.8

（註）数値は，各活動地域の項目ごとに該当する団体の割合を％表示したもの。

<国・自治体の両方>

	許認可	法的規制	行政指導	協力支持	意見交換	委員派遣	ポスト提供	補助金
市町村	22.1	21.1	22.1	8.0	12.1	2.5	0.5	4.5
県	20.3	29.4	32.7	13.1	20.9	4.6	1.3	4.6
広域圏	28.6	30.5	35.1	3.9	27.3	5.8	1.3	2.6
全国	9.9	10.4	17.0	5.2	18.3	5.4	1.2	1.4
世界	10.4	8.3	9.9	3.6	16.7	5.2	1.0	2.6
全体	14.7	15.6	19.8	6.0	18.0	4.8	1.0	2.4

（註）数値は，各活動地域の項目ごとに該当する団体の割合を％表示したもの。

⑦行政機関の方が退職した後のポストを提供している。

　表5-7は，上記の設問に対する回答をまとめたものである。上段が国との関係，中段が自治体との関係の表であり，下段の表は国・自治体両方に該当する団体の割合を記載している。

　活動地域のレベルによって，団体と国，自治体との関係には濃淡が見られる。一般的に，世界レベルを別として，国内では活動域が広くなるほど団体は，国との関係が深くなる傾向が見られる。他方，活動範囲が狭い団体，特に県レベルで活動する団体は自治体との関係が深い。また下段の表からも明らかなように，広域圏を活動地域とする団体は，他と比べ相対的に国，自治体の双方との関係を持つ傾向がある。

4-2　行政との直接接触

　行政との関係に続いて，団体がどの程度行政と直接接触を試みているかを見ていこう。本調査では，「あなたの団体が行政に＜直接的＞に働きかけをする場合，次のそれぞれの役職の方とどの程度接触（面接・電話等）されるでしょうか」という質問を行った。提示した役職は，国については，大臣・局長クラス，課長クラス，係長クラス，一般職員の4つ，自治体については，首長，課長クラス，係長クラス，一般職員の4つである。

　表5-8は，国（自治体）の4つの役職のうち，1つでも接触している団体を＜接触あり団体＞とみなし(2)，その割合をまとめたものである。国内では，活動地域空間が広くなるにつれ国との接触が増え，逆に，活動地域空間が狭いほど自治体との接触が増えるという傾向が明確にあらわれている。

表5-8　行政との接触（単純集計）

	国	自治体	少なくとも一方
市町村	24.1	68.3	71.9
県	37.9	69.9	75.8
広域圏	58.4	55.2	70.1
全国	74.8	37.7	78.8
世界	64.6	39.1	67.2
全体	58.4	46.3	72.6

(註) 数値は，各活動地域ごとに該当する団体の割合を％表示したもの。

表5-9　国・自治体との接触のパターン

	両方	国	自治体	非接触
市町村	21.1	3.0	47.2	28.6
県	32.0	5.9	37.9	24.2
広域圏	43.5	14.9	11.7	29.9
全国	33.6	41.2	4.1	21.2
世界	36.5	28.1	2.6	32.8
全体	32.1	26.3	14.2	27.4

(註) ヨコの合計が100％（ただし四捨五入のため100にならない場合がある）。

次に，団体の国，自治体への接触パターンを，より細かく分類し，活動地域別に見ておこう（表5-9）。接触パターンは4つである。①国の行政機関と自治体の両方に接触する，②国だけに接触する，③自治体だけに接触する，④両方ともに接触しない。

接触パターンは，活動地域別にかなり相違している。市町村，県レベルの活動団体は，自治体のみというパターンが多く，全国レベルは国だけというパターンが最も多い。広域圏，世界レベルは，両方ともに接触するというパターンが最も多い。活動地域と行政区画が一致しないことの影響であろうか。国と自治体ともに非接触という団体は，だいたいのところ3割未満である。

4-3 行政との間接接触

団体は行政に対して直接接触するだけでなく，間接的に接触を試みることもあるだろう。行政に対する団体の間接接触を把握するために，本調査では，「あなたの団体は，次のような人を介して，行政に＜間接的＞に働きかけることがありますか」という設問（Q11）を用意した。行政と団体の媒介になる存在として，国については，①地元の国会議員，②①以外の国会議員，③首長，地方議会の議員の3つを，自治体については，①国会議員，②地方議員，③その地域に有力者の3つを提示している。

表5-10は，結果を活動地域別にまとめたものである[3]。全体として，東京では間接的な接触が最も多い「その他の国会議員」で24％程度であり，直接接触（表5-8では全体で58.4％が接触）よりもかなり低い数値が出ている。「地元の国会議員」を介して最も働きかけるのは，県・広域圏レベルでの活動団体，「それ以外の国会議員」を介するのは広域圏と全国レベル，「首長・地方議員」を介するのも広域圏が中心である。この結果は，国会議員などの政治家を動かすには，それなりの活動範囲の広さが必要であることを示唆している。

結果を詳細にみるために，表5-10には，行政への直接接触の有無別，政党接触の有無別[4]に，回答を整理した結果を掲載している。全体として行政への直接接触がある団体（②）ほど間接接触を試みており，また政党との接触がある団体（④）ほど政治家（国会議員，地方議員，首長）を媒介とする間接接触を試みていることがわかる。行政への間接接触は，行政に直接接触を試みな

い団体が行うわけではない。行政への直接接触を試みている団体が，政治家を経ての間接接触も併用しているのである。

　自治体への政治家を介した働きかけ（間接接触）も，媒体により11％から23％の団体が行っているに過ぎず，量的には直接接触（46.3％）に劣る。なかではやや地方議員との接触が多く，県や市町村レベルの活動団体がそれを多用している。

表5-10　行政への間接接触

<国>		市町村	県	広域圏	全国	世界	全体
地元の国会議員	①	22.6	26.8	26.0	13.6	9.4	17.1
	②	43.8	48.3	38.9	16.7	14.5	22.5
	③	15.9	13.7	7.8	4.6	0.0	9.1
	④	38.9	50.6	58.2	32.1	23.1	38.2
	⑤	3.2	2.6	1.1	2.3	4.3	2.7
上記以外の国会議員	①	14.6	24.8	27.9	27.1	20.8	24.3
	②	31.3	37.9	43.3	33.3	30.6	34.2
	③	9.3	16.8	6.3	8.6	2.9	9.2
	④	24.1	46.8	59.7	60.3	55.8	51.1
	⑤	3.3	2.6	3.4	6.8	7.9	5.8
首長・地方議会議員	①	21.6	22.9	28.8	8.6	9.9	13.3
	②	37.5	43.1	26.7	9.3	14.5	15.9
	③	16.6	10.5	7.8	6.3	1.5	9.4
	④	33.3	42.9	40.3	19.8	25.0	28.4
	⑤	7.7	2.6	2.3	1.6	4.3	2.9
<自治体>		市町村	県	広域圏	全国	世界	全体
国会議員	①	14.6	19.6	18.8	6.8	9.9	11.1
	②	16.2	25.2	29.4	14.2	22.7	19.3
	③	11.1	6.5	5.8	2.3	1.7	3.6
	④	25.0	36.4	40.3	16.8	23.1	24.4
	⑤	2.2	2.6	2.3	0.7	5.0	1.9
地方議員	①	48.2	44.4	23.8	10.7	12.5	22.6
	②	60.3	56.1	50.6	23.8	29.3	40.6
	③	22.2	17.4	13.0	2.8	1.7	6.2
	④	70.4	76.6	67.2	26.3	28.8	46.6
	⑤	22.0	11.8	8.0	1.2	6.4	6.1
その地域の有力者	①	21.1	17.0	18.8	7.8	11.5	12.5
	②	26.5	23.4	30.6	17.7	26.7	23.1
	③	9.5	2.2	4.3	1.9	1.7	2.8
	④	26.9	24.7	35.8	15.6	26.9	22.4
	⑤	14.3	9.2	5.7	3.0	5.7	5.6

(註)　数値は，各活動地域の当該項目ごとに該当する団体の割合を％表示したもの。
　　①当該活動地域の全体
　　②国（自治体）への直接接触ありの場合
　　③国（自治体）への直接接触なしの場合
　　④政党接触ありの場合
　　⑤政党接触なしの場合

5 団体－政党関係

次に団体－政党関係に目を移そう。

5－1 政党接触の有無

本調査では，自民党，新進党，民主党，共産党，社民党，太陽党，さきがけ，その他のそれぞれについて，団体がどのくらいの頻度で接触を試みているか尋ねている。表5-11は，これらの政党のうち，少なくとも1つの政党に接触している団体を＜政党接触あり団体＞とみなし，その分布を活動地域空間別に見たものである。団体と政党との接触は，活動地域空間が狭いほど，つまりローカルになるほど多くなり，活動地域が広がるにつれ少なくなる傾向が明瞭にあらわれている。このことは，政党接触の重要性が，地域レベルによって異なっていること，そしてローカルほど高くなることを意味している[6]。

表5-11　活動地域と政党接触（%）

	市町村	県	広域圏	全国	世界	全体
接触有	54.3	50.3	43.5	38.0	27.1	39.8

（註）数値は，活動地域別に該当する団体を%表示。

こうした政党接触（全体の39.8％）は，先の行政接触（国58.4％，自治体46.3％，どちらか72.6％）に比べると，明らかに少なくなっている。またローカルで活動する団体ほど接触が頻繁であるという接触のパターンは，やや自治体に対する団体の接触行動に類似している。

5－2 政党接触の内容

次に政党別に接触の内容を見ると，団体の自民党志向がわかる（表5-12）。接触率が最も高いのは自民党である。どのレベルにおいても，接触率が1位となっている。さらに＜政党接触あり団体＞に占める自民党接触団体は，県レベルを除き8割を超えている。

表5-12を政党別に詳しく見ると，全体傾向としては，活動地域が狭いほど，どの政党も接触率が高くなる傾向が見られる。この相関関係が最もきれいに見られるのは，自民党である。市町村レベルの接触率が最高値（45.2％）で，

表5-12 接触の内容

	市町村		県		広域圏		全国		世界	
自民	45.2	(83.3)	39.9	(79.2)	35.1	(80.6)	32.9	(86.6)	24.5	(90.4)
新進	19.1	(35.2)	22.9	(45.5)	18.8	(43.3)	19.0	(50.0)	13.5	(50.0)
民主	19.1	(35.2)	21.6	(42.9)	17.5	(40.3)	13.5	(35.5)	10.4	(38.5)
共産	12.6	(23.1)	11.8	(23.4)	4.5	(10.4)	5.8	(15.3)	6.3	(23.1)
社民	16.1	(29.6)	18.3	(36.4)	15.6	(35.8)	12.0	(31.7)	8.3	(30.8)
太陽	9.5	(17.6)	13.1	(26.0)	10.4	(23.9)	9.7	(25.6)	8.3	(30.8)
さき	9.5	(17.6)	13.7	(27.3)	9.7	(22.4)	9.7	(25.6)	8.9	(32.7)

(註) 数値は，各活動地域の項目ごとに該当する団体の割合を％表示したもの。
　　　括弧の中の数値は，「接触あり団体」を分母とした場合。

活動地域空間が広くなるにつれて，その値は段階的に低くなっている。つまり，ローカルなレベルほど自民党との接触が広く行われているのである。同様の傾向を示すのは，共産党だけであるが，相関は広いレベルでは直線的でない。その他の政党は，県レベルで政党接触が最高値を示している。草の根（グラスルーツ）レベルの活動団体との接触が多い政党が，自民党と共産党であるという結果は両党の「足腰」や「地盤」の強さと関係するのかもしれない。

6　行政接触と政党接触の関係

　行政へ接近する団体があり，またやや量的には少ないが，政党へと向かう団体がある。果たして，市民社会の団体は行政志向派と政党志向派に分かれているのであろうか。このことを念頭に行政接触と政党接触との関係を探っていくことにしよう。ここでは＜行政接触あり団体＞を，国か自治体のどちらか一方でも直接的に接触している団体として，次の4パターンを作成した。①行政・政党両方接触，②政党のみ接触，③行政のみ接触，④両方非接触。

　表5-13は，4パターンの分布を示したものである。全体の傾向としては，行政のみ接触というパターンが相対的に多く4割で，次に両方接触（35.9％）というパターンが続く。政党のみ接触というパターンは少なく5％弱である。つまり，ここから言えるのは，「政党派」はほとんどなく，「行政派」と「政党および行政派」が多く存在するということである。

　4パターンの分布を活動地域別に集計すると，やや詳しいその様相が浮き彫りになる。活動地域が狭い部分では，両方接触が最高値となる。政党接触のみというパターンは，最低値であることには変わりはないが，その値はローカルなレベルで相対的に高くなっており，市町村レベルでは，政党のみ接

表5-13　行政接触と政党接触の関係

	両方	政党	行政	非接触
市町村	42.7	11.6	28.6	17.1
県	43.8	6.5	32.0	17.6
広域圏	37.0	6.5	33.1	23.4
全国	34.3	3.6	44.5	17.5
世界	24.5	2.6	42.7	30.2
全体	34.4	5.4	38.2	22.0

(註) ヨコの合計が100％（四捨五入のため100にならない場合がある）。

触というパターンが10％を超えている。逆に行政のみと接触するのは全国や世界を活動範囲とする団体に多い。また行政や政党ともに接触しない，いわば「脱行政・政党派」の団体は，世界レベルで活動する団体の3割を占めている。

まとめ

　以上本章では，無作為抽出による代表性の高いサンプルをもとに，団体の地理的な活動地域と，団体の諸特性との関係を検討した。本章の試みは，利益集団論においても政治過程分析においても，これまで体系的に論じられることのなかった地理的な「政治空間」という新しい分野に光を当てるものと位置づけられよう。

　ここでの興味深い発見を要約すれば，次のようになる。

(1)　東京と茨城は団体の活動範囲に大きな違いがある。東京では地球化の流れに沿って世界レベルを活動範囲とするものや全国規模が多数であり，茨城では8割以上が県レベル以下を対象としている。

(2)　団体の立地，規模，政策関心，情報源も，活動地域によって大きく異なっている。

(3)　団体と行政と政党との関係では，行政志向が相当に強いことがわかる。団体が頼りとする有効な標的は，政党志向より行政志向が倍以上である。それだけではない。国・自治体を併せた行政接触は政党接触のやはり倍近い。

(4)　活動地域の観点から，行政との関係を観察すれば，団体と国の行政との関係は，一般に全国的な活動へと空間が広がれば広がるほど関係は深まり，接触する団体も増えていくことがわかった。自治体との場合は，反対に，県

レベルで関係が深く，また接触もローカルなほど多い。

(5) 行政へ接触を試みる団体は，直接にも間接にもアプローチする傾向がある。具体的には，国の行政には国会議員を通じて，地方自治体には地方議員を通じて，団体は行政に間接的に接触を試みている。

(6) 「接触」という観点からすると，団体と政党との関係は，団体と自治体との関係に似ている。ローカルにいくほど接触が増えるからである。

(7) 政党別に接触の内容を見ると，団体との接触率が最も高いのは自民党である。自民党との接触率は，活動地域がローカルになるほど高くなる傾向がある。これと似た傾向を示すのは共産党である。

(8) 結局，市民社会の団体において，行政派と政党派を分けて考えるのは間違いであろう。現実に存在するのは，「行政志向派」と「政党および行政志向派」なのである。この比率は8対7とほぼ互角である。行政志向派は，国・自治体両方派，国の行政派さらに地方自治体派に細分され，その割合はおよそ5：4：2である。後者も当然，いくつかの系列に細分化されるであろう。この点については，別の章で扱う。

注

(1) 広域圏以上のレベルの団体比率が15%以下の茨城ではこうした傾向は観察されず，逆に市町村レベルが予算，職員が多く，法人格有りの団体比率も多い。

(2) 本来の質問は，接触の頻度を尋ねるものであるが，ここでは頻度は問わない。「まったくない」という回答以外，つまり「あまりない」という回答以上を「接触あり」とした。

(3) 本来の質問は，接触の頻度を尋ねるものであるが，ここでは頻度は問わない。「まったくない」という回答以外，つまり「あまりない」という回答以上を「接触あり」とした。

(4) 政党接触の有無の操作化については，後述。

(5) 本来の質問は，接触の頻度を尋ねるものであるが，ここでは頻度は問わない。「まったくない」という回答以外，つまり「あまりない」という回答以上を「接触あり」とした。なお本質問の回答欄7つ全てが無回答の場合は，「接触なし」とみなした。

(6) 茨城ではやはり市町村レベルが最も高いが，その他のレベルでは活動地域と政党接触頻度の連関は見出せない。

第6章

団体－行政関係：政府と社会の接触面

森　裕城・足立研幾

　多元主義理論を前提とすれば，政府－社会関係は下からのベクトルを軸として描かれることになる。しかしながら，日本政治における政府－社会関係は，上からのベクトルが強調され，行政による団体の包摂という視点から描かれることが多い。団体の行政への働きかけを検討するにあたっては，団体と行政との恒常的関係性を確認しておくことが必要となる。そこで第6章「団体－行政関係：政府と社会の接触面」では，政府と社会の接触面がどのような状態にあるかという観点から，団体－行政関係の諸相を検討し，団体－官僚関係の協調性，情報源としての行政機関の重要性，行政による団体包摂の度合いの高さを改めて確認する。

はじめに

　政府と社会という図式で一国の政治過程を捉えようとするならば，政府と社会の接触面（interface）が恒常的にどのようなものであるかがまず問題とされなければならない。政府と社会の接触面のあり方は，固定的であるというよりは，可変的であり，相互浸透的であるとするのが現実的であろう。そしてその程度は，その国の歴史的文脈や行政機構のあり方によっても，異なってくるに違いない。

　日本における政府と社会の接触面のあり方，その相互浸透性に関しては多くの論者が言及している。例えば伊藤大一は，「底が抜けた」という印象的なフレーズを用いて，官僚制の自己完結性の弱さに起因する官僚組織の開放的な性格を次のように指摘している（伊藤 1980：26）。

　すなわち，ここでは，行政幹部が儀式を独占する反面で，実務が拡散し，官僚と民間人によって分有されることの結果として，官僚制の外延が著しく不明確になっている。言い換えれば，官僚の世界と民間人の世界との間に，大規模な相互浸透作用が起っているのである。そのため，日本では，官僚制が行政という相対的に閉鎖的な活動体系の組織化ではなく，むしろ，民間人まで含む，その意味で底が抜けた――という表現が悪ければ，開放的な――組織としての性格を強くもつことになった。

　官民の協働という点を，異なる角度から指摘したものとして，村松岐夫の提示する「最大動員システム」という概念を挙げることもできよう（村松 1994）。村松は，少ない行政資源，広い管轄等の特性を有する日本の行政が，「省庁ごとにではあるが，行政組織をこえた，民間組織をも含むネットワークを作ることによって，社会全体のリソースを最大動員しようとしてきた」（4－5頁）と主張している。そして，R. Samuels のいう「保証人論」を援用し（Samuels 1987），日本の行政が民間との関係において，「必要なときには資金やネットワークを提供し，民間が最大限の力を発揮できるように仕組みを与える『保証人』の役割を果たしている」（128頁）としている。

　この他に，現代日本の官僚制を前近代からの長い歴史の中で捉えようとし

た猪口孝の一連の議論も，政府と社会の接触面を扱ったものとしてとらえることができるだろう（猪口 1983, 1993a, 1993b）。猪口もやはり，政府と社会との相互作用の強さに着目し，政府の社会動向に対する敏感性を多くの箇所で言及している。そして，経済発展の舵取りという点では，「民間部門への情報とインセンティブの提供者」（猪口 1993a）としての役割を政府が果たしてきたと指摘している。以上，伊藤，村松，猪口という代表的な論者の議論をとりあげたが，いずれの研究も政府と社会の相互作用の強さ，官民の協調性を指摘するものである。

政府と社会の接触面に関する具体的な姿は，これまでにも通産省の行政指導を題材としたチャーマーズ・ジョンソンの研究をはじめとして多くの研究が扱ってきた（ジョンソン 1982，大山 1996）。しかしながら，それらの多くは特定の省庁と団体に関する事例研究であり，政府と社会の接触面に関する全般的な情報はいまだ収集の途上にあると言わなければならないだろう。

「団体の基礎構造に関する調査」には，政府と社会の接触面のあり方を探る多くの質問が組み込まれている。本章では，それらの設問の回答結果を分析することによって，政府と社会の接触面，行政－団体関係の具体的な諸相を明らかにしたい。

なお本章が分析の対象とするのは，「あなたの団体が活動対象とする地理的な範囲はどのレベルですか」（Q6）という問いに，「日本全国レベル」と回答した690団体（東京）である。このような処置をとるのは，本章の関心が中央政府と団体の関係にあるからにほかならないが，回答団体全体の場合については，必要に応じて言及していくことにしたい。

1 行政の外延：行政機能を遂行する団体

行政の外延はどこにあるのだろうか。先に紹介した伊藤や村松の指摘にもあるように，それはかなりの程度，民間にも食い込んだものであることは疑いない。我々の調査においても，回答団体の中に行政機能を遂行する団体が少なからず存在していることが確認された。ここでは，このような団体がどのような分布を示しているかを検討しよう。

行政機能を遂行する団体としては，まず団体分類を問う設問（Q1）で，自らを「行政関係団体」と申告した団体が挙げられる。このような団体は，

表6-1 政策関心分野

	行政関係団体(全国)(%)	全国レベル全団体(%)
財政	23.4	25.5
金融	23.4	24.9
通商	20.8	24.3
業界の振興	27.3	35.8
公共事業	19.5	16.5
運輸・交通	15.6	17.4
通信・情報	18.2	22.1
科学技術	19.5	18.4
地域開発	15.6	17.0
外交政策	2.6	7.8
安全保障	0.0	6.5
治安	5.2	6.2
司法・人権	1.3	7.7
地方行政	16.9	12.3
労働	7.8	22.3
農林水産	18.2	17.8
消費者	23.4	27.7
環境	20.8	35.8
厚生福祉	37.7	32.9
国際交流	15.6	27.0
文教スポーツ	15.6	33.3
その他	2.6	4.5
	N=77	N=690

表6-2 団体分類

	N	補助金斡旋(%)	行政上の便宜(%)
農業団体	16	12.5	18.8
経済団体	133	17.3	17.3
労働団体	42	11.9	7.1
教育団体	82	7.3	1.2
行政団体	77	5.2	5.2
福祉団体	34	8.8	0.0
専門家団体	84	15.5	3.6
政治団体	10	10.0	10.0
市民団体	16	6.3	6.3
全団体	680	10.4	7.6

回答団体全体では135団体,9.5%,「日本全国レベルを活動対象とする団体」の中では77団体,11.2%存在する。

表6-1は,「国や自治体の政策のうち,あなたの団体が関心のある政策や活動分野はどれにあたりますか」(複数回答)という設問(Q2)の回答を整理したものである。この表からは,行政関係団体の政策関心が特定の分野に限定されず,多方面に向かっていることがわかる。行政関係団体の分布を,日本全国レベルを活動対象とする団体全体の分布と比較してみても,それほど大きな相違は見られない。

ただし,行政関係団体の関心が顕著に低い分野も存在するので,簡単に触れておく。例えば,一国と他国の行政府間の問題であり市民の関与する余地の小さい「外交政策」,「安全保障政策」においては,全団体の場合にはそれぞれ7.8%,6.5%が関心ありとしているのに対して,行政関係団体では2.6%,0%となっている。また司法に関係する領域である「司法・人権政策」においても,全団体の7.7%に対し,行政関係団体では1.3%が関心ありと答えるにとどまっている。

行政関係団体の他に，行政機能を遂行する団体として，団体の目的・活動を尋ねた設問（Q3）で「会員・組合員に，国や自治体からの補助金や奨励金を斡旋する」「会員・組合員に，許認可や契約などの行政上の便宜をはかる」と回答した団体も挙げることができよう。このような団体がどの団体分類に属するかを整理したものが表6-2である。

これを見ると，「補助金の斡旋」や「行政上の便宜をはかる」ことを活動目的とする団体が，行政関係団体に限定されずに，9分類全体に広がっていることがわかる。この表で興味深いのは，当該活動を目的とする団体の包含率が，多くの団体分類で行政関係団体の場合よりも高くなっている点である。特に「補助金の斡旋」では，すべての分類が行政関係団体よりも高くなっている。こうした点からも，行政機能の分散化を読みとることができよう。

本節では，本調査が対象とした団体の中に，行政機能を遂行する団体が社会のあらゆる領域にわたって一定程度分布していることを確認した。これらの団体の存在は，日本政府の行政資源の少なさを補完するものであると同時に，政府と社会の間にあって，行政の外延の一部を構成するものであるとみなすことができよう。

2　団体－行政関係の基調

次に，行政とその外延の外側にある団体との関係を見ていくことにしよう。まず本節では，官民協働を可能とする前提条件を確認する。ここで検討するのは，行政－団体関係の協調性，団体側の行政に対する情報依存の程度である。

2-1　行政－団体関係の協調性

官民の協働を可能にする前提条件として，行政－団体関係の協調性がしばしば挙げられる。まずは，この点がデータによって裏付けられるかどうかから確認していこう。

本調査には，団体の対他アクター関係を捉える質問として，「あなたの団体は，次の諸グループとどのような関係にありますか。『非常に対立的』を1とし『非常に協調的』を7とする尺度にあてはめると，何点にあたりますか」というものがある（Q27）。提示したリストは，①労働団体，②農業団体，③

表6-3 協調度平均値

	協調度平均値	標準偏差	N
労働団体	4.24	1.0570	491
農業団体	4.08	0.8270	482
経済団体	4.38	1.1120	498
官僚	4.67	1.1900	511
政党	4.35	0.8500	495
大企業	4.29	1.1160	492
マスコミ	4.44	0.9620	507
文化人・学者	4.54	0.9780	499
消費者団体	4.30	0.8620	489
福祉団体	4.39	0.9080	479
NGO・市民団体	4.21	0.8280	473
女性運動団体	4.16	0.7880	476
自治体	4.48	0.9040	491
外国の政府	4.02	0.5830	468
国際機関	4.12	0.6990	471
外国の利益団体	3.91	0.6420	464

表6-4 団体分類×官僚との協調度

	協調度平均値	標準偏差	N
農業団体	4.86	1.0995	14
経済団体	4.91	1.0540	102
労働団体	3.63	1.4031	38
教育団体	4.45	1.0980	66
行政関係団体	5.15	1.2386	55
福祉団体	4.63	1.4225	19
専門家団体	4.68	1.1420	62
政治団体	4.00	1.6330	10
市民団体	4.08	0.2887	12
全団体	4.60	1.1956	502

経済・経営者団体，④官僚，⑤政党，⑥大企業，⑦マスコミ，⑧文化人・学者，⑨消費者団体，⑩福祉団体，⑪NGO・市民運動・住民運動団体，⑫婦人・女性運動団体，⑬自治体，⑭外国の政府，⑮国際機関，⑯外国の利益団体，の16グループである。

　表6-3は，日本全国を活動対象とする団体のそれぞれのアクターに対する評価の平均を算出したものである。団体との協調度が16グループのうちで最も高いのは官僚であり（4.67），文化人・学者（4.54），自治体（4.48），マスコミ（4.44），福祉団体（4.39）と続いている。以上の結果から団体と官僚の関係は，全体として協調的なものであることが確認されたと言える。ただし，標準偏差が1.19と他のグループの場合よりも高く出ているので，団体分類ごとに官僚との関係を確認しておこう。

　表6-4は，16のグループに対する評価のうち，官僚に対するものだけをとりだして，団体9分類ごとに平均値を算出してみたものである。平均値の高い順に団体分類を記すと，①行政関係団体（5.15），②経済団体（4.91），③農業団体（4.86），④専門家団体（4.68），⑤福祉団体（4.63），⑥教育団体（4.45），⑦市民団体（4.08），⑧政治団体（4.00），⑨労働団体（3.63）となっている。尺度の中間である4未満が労働団体のみであることを見れば，団体分類別に見ても，概ね団体－官僚関係は協調的であるとみてよいだろう。

2－2　労働団体の位置

　80年代中旬の「コーポラティズム化」[(4)]以降，政策過程への参与を進展させてきた労働団体が，自社さ政権期である97年の調査時点でも，官僚との関係を依然として対立的であると認識している点は興味深い。このことは，過去の対立のしこりが依然として継続していることを示しているのであろうか。

　この点の解釈としては，2つの見方がありうる。第1は，55年体制以降一貫して労働団体と官僚との関係が対立的であるというもの。第2は，確かに「コーポラティズム化」が進展した時期に労働団体と官僚との関係は好転したが，その後，労働の政策過程参与の行き詰まりが表面化し，関係が対立的なものに逆戻りしたというものである。

　後者の可能性を示唆する研究として，久米郁男の労働調査がある（久米2000）。久米の調査は，村松らが行った1980年，1989年の調査に継続する形で，村松らの調査におけるサンプルから労働団体を取り出して，1994年に実施されたものである。そこで久米は，労働団体の行政に対する信頼度が，1980年から1989年にかけて上昇したものの，94年には再び低下したことを明らかにしている。

　本調査にも，「あなたの団体の権利や利益，意見を主張するときに，行政機関や政党，国会議員はどの程度信頼できるとお考えでしょうか。現在と10年前について，次の尺度でお示しください」という設問がある。尺度は5段階で，「非常に信頼できる」が5，「かなり」が4，「ある程度」が3，「あまりできない」が2，「まったくできない」が1となっている。はたして，労働団

表6－5　行政信頼度

	現在			10年前		
	信頼度平均	標準偏差	N	信頼度平均	標準偏差	N
農業団体	3.20	0.6761	15	3.13	0.8338	15
経済団体	2.87	1.0011	111	2.80	0.9854	102
労働団体	2.33	0.8281	36	2.47	0.9288	34
教育団体	2.45	1.1323	65	2.37	1.1927	60
行政関係団体	2.68	1.0899	63	2.75	1.1844	57
福祉団体	2.63	1.2091	24	2.50	1.3572	20
専門家団体	2.57	0.9954	63	2.43	1.0019	54
政治団体	2.50	0.8498	10	2.38	0.7440	8
市民団体	2.29	0.7263	14	2.00	0.8528	12
全団体	2.59	1.0342	530	2.56	1.0782	484

表6－6　行政信頼度の変化

	低下	変化なし	上昇	N
農業団体	6.7	80.0	13.3	15
経済団体	7.9	85.1	6.9	101
労働団体	20.6	70.6	8.8	34
教育団体	8.3	78.3	13.3	60
行政関係団体	19.3	73.7	7.0	57
福祉団体	10.5	89.5	0.0	19
専門家団体	7.4	81.5	11.1	54
政治団体	12.5	75.0	12.5	8
市民団体	0.0	75.0	25.0	12
全団体	10.5	81.2	8.4	478

体の行政に対する信頼度はどのような変化を示しているであろうか。

表6-5は，行政機関の場合について，団体分類別に「現在」と「10年前」の評価の平均値を算出したものである。信頼度が高いのは「現在」「10年前」ともに，農業団体，経済団体，行政関係団体であり，逆に労働団体は信頼度が低く，この傾向は先の協調－対立関係を尋ねた設問の結果と共通している。

ここで注目されるのは，労働団体の信頼度平均値が，「10年前」では2.47,「現在」では2.33と低下している点である。ここからは，労働団体と行政機関との関係が一貫して疎遠なものであったのではなく，「コーポラティズム化」が言われた頃にあたる「10年前」は，97年の調査時点よりも良好であったことがうかがえる。

平均値の比較では正確なことが言えないので，同一団体の「現在」の評価（1～5）と「10年前」の評価（1～5）の差を求めることによって，信頼度の変動を確認しておこう（表6-6）。団体全体では，信頼度が低下した団体が10.5％，変化なしが81.2％，上昇が8.4％となっており，上昇と比べると低下の方がやや多い。注目の労働団体は，低下が20.6％，変化なしが70.6％，上昇が8.8％となっている。やはり，信頼度が低下した団体の方が目立って多い。この他，行政関係団体，福祉団体でも低下傾向が顕著である。行政関係団体，福祉団体の信頼度が低下している背景には，行政改革の影響，財政の逼迫などの要因が考えられるが，ここでは断定的なことは言えない。

2-3 情報源としての行政機関

表6-7 必要情報源（全国団体）

	全団体		農業団体		経済団体		労働団体		教育団体	
1位	国	1.00	国	1.00	国	1.00	専門紙	1.00	国	1.00
2位	団体員	0.70	団体員	0.70	団体員	0.72	団体員	0.84	団体員	0.92
3位	協力団体	0.66	協力団体	0.67	専門紙	0.62	協力団体	0.62	学者	0.86
4位	専門紙	0.64	専門紙	0.43	協力団体	0.51	マスコミ	0.60	専門紙	0.82
5位	マスコミ	0.43	学者	0.17	マスコミ	0.32	国	0.48	マスコミ	0.63
6位	学者	0.39	自治体	0.07	企業	0.18	学者	0.22	協力団体	0.58
7位	企業	0.18	国会議員	0.07	学者	0.16	企業	0.21	企業	0.32
8位	自治体	0.14	地方議員	0.07	その他	0.05	政党	0.13	その他	0.15
9位	その他	0.11	企業	0.07	自治体	0.04	その他	0.10	自治体	0.14
10位	国会議員	0.04	マスコミ	0.03	政党	0.02	国会議員	0.06	政党	0.05
11位	政党	0.03	政党	0.00	国会議員	0.01	自治体	0.00	国会議員	0.00
12位	地方議員	0.01	その他	0.00	地方議員	0.00	地方議員	0.00	地方議員	0.00

日本の行政は，必要な情報を提供することによって民間を誘導している，という指摘も多い。協調性の問題に続いて，この点を確認しておこう。

本調査には，「あなたの団体は，活動する上で必要な情報をどこから得ていますか。次の中から重要な順に3つまでお答えください」という設問がある。提示したリストは，①国の行政機関，②自治体，③政党，④国会議員，⑤地方議員，⑥学者・専門家，⑦一般のマスメディア，⑧専門紙・業界紙，⑨協力団体，⑩団体のメンバー，⑪企業，⑫その他，である。表6-7は，1位として選択された情報源に3点，2位に2点，1位に1点を与え，その得点の合計を基準に①から⑫の情報源を順位化したものである。なお，横に提示した数値は，1位の得点を1とした時にどの程度の得点を得ているか（各位の得点／1位の得点）である。

表6-7を一見してわかるように，多くの団体にとって「国の行政機関」は最も重要な情報源となっている。全団体について見ると，「国の行政機関」が群を抜いており，2位の「団体のメンバー」でも「国の行政機関」の7割の得点にとどまっている。団体分類による相違はどうだろうか。団体9分類のうち，農業団体，経済団体，教育団体，行政関係団体，福祉団体，専門家団体の6分類において「国の行政機関」が1位となっている。特に行政関係団体では，その情報依存度が顕著である。

一方，労働団体，政治団体，市民団体の3つの分類においては，「国の行政機関」は必要情報源の1位になっていない。労働団体と市民団体では5位，政治団体では7位にとどまっている。

行政関係団体		福祉団体		専門家団体		政治団体		市民団体	
国	1.00	国	1.00	国	1.00	マスコミ	1.00	マスコミ	1.00
協力団体	0.36	協力団体	0.67	団体員	0.91	国会議員	0.69	協力団体	0.94
専門紙	0.26	マスコミ	0.36	学者	0.77	専門紙	0.62	学者	0.61
自治体	0.24	学者	0.34	専門紙	0.65	学者	0.54	専門紙	0.61
団体員	0.23	団体員	0.26	協力団体	0.61	協力団体	0.46	国	0.56
マスコミ	0.14	専門紙	0.24	マスコミ	0.42	団体員	0.38	団体員	0.56
企業	0.14	自治体	0.14	企業	0.16	国	0.31	企業	0.33
学者	0.14	その他	0.07	自治体	0.10	企業	0.31	自治体	0.17
その他	0.05	政党	0.03	その他	0.07	政党	0.15	その他	0.17
国会議員	0.01	企業	0.03	国会議員	0.02	地方議員	0.15	政党	0.06
政党	0.01	地方議員	0.02	政党	0.01	自治体	0.00	国会議員	0.06
地方議員	0.00	国会議員	0.00	地方議員	0.00	その他	0.00	地方議員	0.06

3 行政活動の包括性

　政府はその触角を多方面に伸ばして，社会全体の動向を把握しようと努めている。政府が社会に存在する団体を捕捉する手段としては，一般的な規制行政（法的規制，許認可，行政指導など）や助成行政（補助金など）をはじめ，意見交換，人的交流（審議会，天下り）なども挙げられる。本節では，それらの射程を検討することによって，行政－団体関係のグラデーションを捉えてみたい。

3－1　射程

　本調査には，行政－団体関係の実態を把握する設問として，次のようなものがある（Q8）。

　あなたの団体と＜国＞の行政機関との関係をお尋ねします。以下の事項に該当する場合は，○印を記入してください（複数回答）。
　　1. 許認可を受ける関係がある。
　　2. 何らかの法的規制を受ける関係がある。
　　3. 何らかの行政指導を受ける関係がある。
　　4. 行政機関の政策決定や予算活動に対する協力や支持をしている。
　　5. 団体や業界などの事情についての意見交換をしている。
　　6. 審議会や諮問機関に委員をおくっている。
　　7. 行政機関の方が退職した後のポストを提供している。

　補助金については，Q35で「あなたの団体は国から補助金や奨励金をいくら受けておられますか。平成8年度についてお答ください」という設問があり，これを利用する。ただし，以下では金額は問わず補助金を受けているかどうかを見ていくことにする。

表6－8　行政機関との関係

	許認可	法的規制	行政指導	補助金	協力・支持	意見交換	委員派遣	ポスト提供
全団体	41.2	35.7	54.8	24.4	17.9	44.8	19.9	12.6

N=682，ただし補助金に関しては，N=438

表6-8は，それぞれの項目の単純分布を示したものである。該当団体が多い順に記すと，①行政指導（54.8），②意見交換（44.8），③許認可（41.2），④法的規制（35.7），⑤補助金（24.4），⑥委員派遣（19.9），⑦協力・支持（17.9），⑧ポスト提供（12.6）となる。

Q8の設問は，村松らの団体調査（80年，94年）と同じものであるが，団体の政策過程参与への積極性を示す項目で，結果が大きく異なっていることが興味深い。80年調査では，①意見交換（79%），②委員派遣（68%），③協力・支持（66%），④行政指導（51%），⑤許認可（49%），⑥法的規制（48%），⑦補助金（21%），⑧ポスト提供（19%）となっている。94年調査でも，①意見交換（83%），②委員派遣（63%），③協力・支持（61%），④行政指導（49%），⑤法的規制（43%），⑥許認可（39%），⑦ポスト提供（30%），⑧補助金（24%）となっている[5]。

最大の相違点は，我々の調査で最上位であった行政指導よりも，村松らの調査では，意見交換，委員派遣，協力・支持といった項目が上位に来ている点である。このような相違が生じた理由として考えられるのは，調査時期の相違（80年，94年と97年）と調査対象の違い（頂上団体調査と無作為抽出調査）があるが，おそらく後者の方が決定的な意味を持っているのだろう。村松らの調査データの方が，より政策過程参与に積極的な「圧力団体」の姿を捉えていることは間違いない。

このような決定的相違の中で，行政指導，許認可，法的規制，補助金といった行政側の活動量があらわれる項目の数値には，それほどの相違がないことは興味深い。客体としての団体の姿は，村松らの頂上団体調査のデータと我々の調査データ（ただし「日本全国を活動対象対象とする団体」に限定）に共通しているということなのだろう[6]。このような結果が必然的な結果なのか，偶然によるものなのかという点は，今後，団体調査が積み重ねられていくことによって明らかになっていくことだろう。いずれにせよ，我々の調査は，標準的な行政－団体関係の姿を捉えたものであると認識しておきたい。

3-2　関係性のグラデーション

次に，それぞれの項目がどのような関係にあるかを見ていきたい。
(1)規制行政

表6-9　規制行政

	P-1	P-2	P-3	P-4	P-5	P-6	P-7	P-8	合計
許認可	○	○	○	-	○	-	-	-	279
法的規制	○	○	-	○	-	○	-	-	243
行政指導	○	-	○	○	-	-	○	-	375
合計	146	13	57	57	63	27	115	204	682
	(21.4)	(1.9)	(8.4)	(8.4)	(9.2)	(4.0)	(16.9)	(29.9)	(100.0)

　まずは，規制行政の3項目（法的規制，許認可，行政指導）の中での関係である。これら3項目の組み合わせのパターンを示した表6-9を見よう。

　3項目のうち，一つでも該当している団体は，478団体（70.1％）にのぼる。「日本全国レベルを活動対象とする団体」の7割が，いずれかの規制を受けているわけであり，規制行政の包括性の高さがわかる。具体的な組み合わせでは，最も該当団体が多いのがP-8の「すべて非該当」（29.9％）である。それに続いて，P-1の「すべて該当」（21.4％），P-7の「行政指導のみ該当」（16.9％），P-3，P-4の「行政指導と許認可あるいは法的規制」（ともに8.4％）が続き，行政指導の射程の広さが明瞭にあらわれている。

　許認可，法的規制は，いずれも行政指導と組み合わされることが多い。許認可を受ける団体のうちの72.8％，法的規制を受ける団体のうちでは83.5％にものぼる団体が，行政指導を受けている。

(2)規制行政と助成行政

　助成行政である補助金と規制行政の関係はどのようなものか。助成行政と規制行政はアメとムチの関係にたとえられることが多いが，これらはやはりセットで行われるのだろうか。

　表6-10は，規制行政と補助金の関係をみたものである。なお，先の規制行政3項目のうちの1つでも該当する場合を「規制行政あり」としている。数値の高い順に記すと，①補助金なし＋規制あり（52.4％），②補助金なし＋規制なし（23.0％），③補助金あり＋規制あり（20.7％），④補助金あり＋規制なし（3.9％）となる。全体では，規制のみを受ける団体の方が圧倒的に多く，アメとムチを同時に受ける団体は20.7％にとどまっている。ただし，補助金のみを受け取るという団体は少なく，補助金を受ける場合には，規制を受ける傾向が強いことは確かなようである。

(3)意見交換

表6-10 規制行政と助成行政

	規制行政あり	規制行政なし
補助金あり	90(20.7)	17(3.9)
補助金なし	228(52.4)	100(23.0)

(注) ( ) 内の4つの数値の合計は100%

表6-11 協力・支持と意見交換

	協力・支持あり	協力・支持なし
意見交換あり	94(13.8)	213(31.2)
意見交換なし	27(4.0)	348(51.0)

(注) ( ) 内の4つの数値の合計は100%

表6-12 ポスト提供と委員派遣

	ポスト提供あり	ポスト提供なし
委員派遣あり	32(4.7)	104(15.2)
委員派遣なし	55(8.1)	491(72.0)

(注) ( ) 内の4つの数値の合計は100%

表6-13 規制行政とポスト提供

	規制行政あり	規制行政なし
ポスト提供あり	82(12.0)	5(0.7)
ポスト提供なし	396(58.1)	199(29.2)

(注) ( ) 内の4つの数値の合計は100%

行政側は社会の動向を把握するために，多くの団体と意見交換をしているものと考えられる。その際，どのような団体が意見交換の対象として選定されているのだろうか。ここでは，団体側が行政機関の方針に支持的態度をとっているかどうかに関わりなく，幅広く意見交換が行われていることを確認したい。

表6-11は，Q8の「協力・支持」と「意見交換」の関係をまとめたものである。数値の高い順に記すと，①協力・支持なし＋意見交換なし（51.0％），②協力・支持なし＋意見交換あり（31.2％），③協力・支持あり＋意見交換あり（13.8％），④協力・支持あり＋意見交換なし（4.0％），となる。

協力・支持ありと回答した団体の方が，意見交換を行っている傾向が高いことは，まず事実として確認しておかなければならない。しかし，絶対数を重視すれば，協力・支持関係にとらわれず意見交換を行っている行政の姿が見て取れる。実際，意見交換を行う団体のうち，約7割の団体は，協力・支持なしと回答している団体である。この結果は，政府が社会の動向を把握することに熱心であるという通説的な理解を裏付けるものであると言えよう。

(4) 人的交流

最後に，人的交流を見よう。行政側からの移動としては，いわゆる「天下り」があり，団体側からのものとしては審議会や諮問機関への委員の派遣がある。

表6-12は，Q8の「ポスト提供」と「委員派遣」の関係を整理したものである。数値の高い順に記すと，①ポスト提供なし＋委員派遣なし（72.0％），②ポスト提供なし＋委員派遣あり（15.2％），③ポスト提供あり＋委員派遣な

し (8.1%)，④ポスト提供あり＋委員派遣あり (4.7%)，となる。人的交流に関係している団体は，全体の28.0% (②＋③＋④) である。

ポスト提供と委員派遣を同時に行っている団体は存在するが，その数は少なく全体の4.7%にとどまっている。人的交流は，相互交流というよりは，どちらかからの一方通行であることが多いようである。どちらか一方が該当する団体は，全体の23.3% (②＋③) となる。「ポスト提供」と「委員派遣」がセットで行われているケースが少ないことからして，この2つは異なる次元で展開されていると考えるべきなのだろう。

ちなみに官僚の民間への天下りについては，行政の民間への関与の大きさが，その機会を生んでいるという指摘がなされており，例えば村松岐夫は「規制緩和が行なわれるならば天下りの数は減るだろう」と述べている (村松 1994：62-63)。ここでこの点を，データで検証してみよう。

表6－13は，先述の規制の有無とポスト提供の関係をまとめたものである。これを見ると，ポスト提供を行っている団体のうち，何らかの規制を受けている団体は94.3%にものぼる。本データからも，天下り発生の背景に，規制行政の存在があることがうかがえる。

4　関係性の濃淡

政府と社会の接触面のあり方は，団体分類，関係省庁ごとに異なっていることが予想される。ここでは，行政－団体関係の濃淡を，団体分類別，関係省庁別に捉えてみたい。

4－1　団体分類別相違

団体分類別の行政－団体関係を見る前に，「団体類型」上の日本的特性をまず確認しておきたい。村松・伊藤・辻中は，『戦後日本の圧力団体』の中で，団体を「セクター団体」「政策受益団体」「価値推進団体」の3つに類型化している (村松 1986)。ここで彼らの定義を記せば，セクター団体は「社会の経済的・職業的な構成を反映している市場的な団体」，政策受益団体は「政府の活動にその存立が依存していたり，少なくとも政府の活動に密着して存在しえている団体」，価値推進団体は「イデオロギーや価値体系」が「あまり『体制』や『政策体系』のなかに深く根を下ろしていない」団体である。この

団体類型と団体分類を組み合わせると，理論的には次のようになる。
　セクター団体＝経済団体，専門家団体，農業団体，労働団体
　政策受益団体＝教育団体，行政関係団体，福祉団体
　価値推進団体＝市民団体，政治団体

ただし日本の現状では，いくつかの側面でグレーゾーンがあると村松らは指摘する。例えば，福祉団体は「福祉の観念の社会的・政治的な定着度が低いために，価値推進団体的な考え方と行動をとることがあらかじめ推測され」，農業団体は「最近は政府の施策によって団体構成員の所得が規定されるようになっているため，政策受益団体的な行動をとる可能性が強」く，労働団体は「明白に市場団体であるが，多くの資本主義国で『体制』の批判者として活動して」おり，価値推進団体として扱うのが適当であるとしている。したがって，日本的要素を加味した上で団体を3類型化すると，次のようになる。
　セクター団体＝経済団体，専門家団体
　政策受益団体＝農業団体，教育団体，行政関係団体，福祉団体
　価値推進団体＝労働団体，市民団体，政治団体，（福祉団体）

以上のような議論を念頭に置きつつ，我々のデータを見よう。表6-14は，行政－団体関係を団体分類別に捉えたものであるが，分類によりかなりの相違が見られる。ここで村松・伊藤・辻中の団体3類型論と関連づけながら，グルーピングを試みよう。

団体分類は大まかに，行政との関係が密接なもの，行政との関係は密接だが自立的なもの，行政との関係が疎遠なものに分けることができそうである。

表6-14　団体分類別にみた行政との関係

	N	許認可	法的規制	行政指導	補助金	協力・支持	意見交換	委員派遣	ポスト提供
農業団体	16	68.8	50.0	87.5	42.9	68.8	81.3	37.5	37.5
経済団体	133	45.9	39.8	66.9	12.0	19.5	73.7	33.1	13.5
労働団体	41	14.6	29.3	17.1	10.0	9.8	48.8	17.1	2.4
教育団体	82	45.1	28.0	43.9	24.0	18.3	24.4	15.9	6.1
行政団体	77	50.6	42.9	77.9	43.1	20.8	44.2	15.6	27.3
福祉団体	34	52.9	29.4	67.6	32.0	11.8	20.6	2.9	8.8
専門家団体	84	31.0	29.8	47.6	29.8	14.3	41.7	23.8	9.5
政治団体	10	40.0	50.0	20.0	20.0	20.0	20.0	0.0	10.0
市民団体	16	37.5	18.8	25.0	22.2	6.3	6.3	12.5	0.0
全団体	672	41.2	35.7	54.8	24.4	17.9	44.8	19.9	12.6

まず行政との関係が密接なものとして、農業団体、行政関係団体、福祉団体が挙げられる。この3つは、規制関係、補助金、人的交流・意見交換のほぼ全てで数値が高い。これらの団体には劣るが、教育関係団体、専門家団体も同様の傾向がある。これらの団体は、専門家団体を除いて、政策受益団体とされるものである。

次に、行政との関係は密接だが自立的なものとして、セクター団体とされる経済団体が挙げられる。経済団体は、規制関係、人的交流・意見交換の数値は高いが、補助金の数値が最低となっている。補助金を受ける団体の少なさは、経済団体が政府から自立していることを示していると言えよう。

さらに、行政との関係が疎遠なものとして、価値推進団体とされる労働団体、政治団体、市民団体が挙げられる。これらの団体は、ほぼ全ての項目で数値が低くなっている。ただ労働団体については、約半数の団体が行政と意見交換を行っており、この点で特徴がある。

4-2 省庁との関係

これまでは、国の行政機関をひとくくりにして、行政－団体関係を見てきたが、同じ国の行政機関といっても、省庁ごとに行動様式の相違は大きく（城山・鈴木・細野編 1999）、そのことが政府と社会の接触面のあり方にも多大な影響を与えていると考えられる。そこで以下では、どのような団体がどのような省庁と関係を持っているかについて、より具体的に検討しておきたい（省庁名は調査時点の1997年当時のもの）。

ここで検討するのは、「あなたの団体は、国や自治体の行政機関から政策の作成や執行に関して相談を受けたり、意見を求められたりすることがありますか。そのようなことがある場合は、具体的な組織名をすべてお書きください」（Q12）というものである。「日本全国レベル」を活動対象とする690団体のうち、具体的な国の行政機関名を記した団体は、240団体（34.8％）存在する。なお240団体中62団体（25.9％）が複数の行政機関を挙げているので（最大言及数は5）、延べにすると言及された機関の数は323となる[7]。

表6-15は、設問で言及された行政機関と団体分類の関係をまとめたものである。まずどのような機関が言及されたかを見ると（表の右端）、数の多い順に①通産省とその関連（83）、②農林水産省とその関連（49）、③文部省とそ

表6-15 省庁との関係

	農業団体	経済団体	労働団体	教育団体	行政関係団体	福祉団体	専門家団体	政治団体	市民団体	その他	全団体
通産省,関連	1	45	1	1	9		10		1	15	83
農林水産省,関連	11	17	2	1	3		3		1	11	49
文部省,関連		1	1	19	3		7			3	34
厚生省,関連		3	2	1	8	4	4			11	33
建設省,関連		4	2	1	5		4	1		8	25
運輸省,関連	1	4	2		3		3			5	18
労働省			6	4	1		2			1	14
その他,審議会			3	1	3				1	4	12
公正取引委員会		5			2				1		8
郵政省		1	1	1	2			1		1	7
警察庁		3			3					1	7
法務省,関連					1	2				3	6
大蔵省,関連		3			1						5
総理府		1		1			1			2	5
環境庁	1								1	2	4
自治省					1		1			1	3
総務庁,関連		1		1						1	3
経済企画庁									1	1	2
国土庁		1		1							2
科学技術庁	1	1									2
会計検査院		1									1
防衛庁										1	1
外務省										1	1
合計(のべ)	15	97	19	28	45	6	35	2	6	70	323
団体数	12	66	12	22	33	6	31	1	3	54	240

の関連(34)，④厚生省とその関連(33)，⑤建設省とその関連(25)，⑥運輸省とその関連(18)，⑦労働省とその関連(14)，となり，通産省を言及する団体の多さが注目される。日本の行政－団体関係における通産省の存在の大きさがうかがえる結果である。

次に，団体分類別に，どの行政機関から相談を受けているかを見ていこう。大まかに言って，特定の行政機関との関係が深い分類と，複数の行政機関とまんべんなく関係を持っている分類がある。

前者にあたるのが，農業団体，経済団体，教育団体，福祉団体である。農業団体は農林水産省とその関連(91.7％)，経済団体は通産省とその関連(68.2％)，教育団体は文部省とその関連(86.4％)，福祉団体は厚生省とその関連(66.7％)と関係が深い(括弧内の数値は，当該機関／団体数)。ただし，経済団体に関しては，通産省とその関連機関との関係が群を抜いているものの，農林水産省とその関連機関をはじめ，多くの行政機関と関係を保有して

いることには留意したい。日本社会における経済団体の影響力の強さを示唆する結果である。

　後者に当るのが，労働団体，行政関係団体，専門家団体，市民団体である。労働団体が後者に該当する理由については，労働団体がほぼ全ての政策領域で固有の組織を保持していることから，説明されるべきだろう。同様に，行政関係団体については，行政関係団体そのものが行政機関に付随した機能を遂行する役割を持っており，各省庁がそれぞれにそのような団体を抱えていることから説明がつく。一方，専門家団体，市民団体については，これらの団体の活動が多方面に向かっていることから，この傾向は了解できよう。

まとめ

　以上，政府と社会の接触面という観点から，団体－行政関係の諸相を検討してきた。本章の論点は多岐にわたっているが，全体として政府の団体に対する包摂度の高さ，政府と社会の相互作用の高さが，改めて確認されたように思われる。最後に，本章で明らかになった事実を，簡単にまとめておきたい。

(1) 社会過程にある団体の中には，行政機能を遂行する団体が1割程度存在している。しかも，そのような団体は，社会のあらゆる領域にわたってほぼまんべんなく分布している。

(2) 団体－官僚関係は，全体として見れば概ね協調的である。

(3) 労働団体は官僚との関係を対立的であると考える傾向がある。これは，「コーポラティズム化」の進展とともに好転していた関係性が，近年対立的なものに逆戻りしていることのあらわれと見られる。

(4) 多くの団体が「国の行政機関」を重要な情報源としている。ただし，労働団体，政治団体，市民団体は，「国の行政機関」に情報を依存していない。

(5) 政府が社会に存在する団体を捕捉する手段には規制行政，助成行政，意見交換，人的交流などがあるが，その中で最も長い射程を有するのが行政指導であり，55％の団体がそれを受けている。

(6) 許認可や法的行政も，行政指導と組み合わされることが多い。

(7) 助成行政と規制行政は，アメとムチにたとえられるが，これらは常にセットで行われるわけではない。多くの団体が，規制のみを受けている。た

だ，助成を受ける団体に限定すると，その多くが規制を受けており，この点でアメとムチのたとえは成立している。
⑻ 行政側は，社会の動向を把握するために，多くの団体と意見交換をしている。注目されるのは，団体側が行政機関の方針に支持的態度をとっているかどうかに関わりなく，幅広く意見交換が行われている点である。
⑼ 人的交流には，行政からの移動として「天下り」があり，団体側からの移動として審議会や諮問機関への委員の派遣がある。これらの人的交流は，相互交流というよりは，一方通行であることが多い。
⑽ 団体分類別に行政との関係を捉えると，行政との関係が密接なもの（農業団体，行政関係団体，福祉団体，教育関係団体，専門家団体），関係は密接だが自立的なもの（経済団体），関係が疎遠なもの（労働団体，政治団体，市民団体）に大別できる。
⑾ 団体がどのような省庁と関係を持っているかについて尋ねた質問には，690団体中240団体（35％）が具体的な組織名を答えている。そのうちの62団体（26％）は，複数の行政機関名を挙げている。最も多くの団体が挙げたのは，通産省（現経産省）とその関連機関である。
⑿ 団体分類別に，団体と個々の行政機関の関係を見ると，大まかに特定の行政機関と関係が深い分類と，複数の行政機関とまんべんなく関係を持っている分類にわかれる。前者に当たるのが，農業団体，経済団体，教育団体，福祉団体であり，後者に当たるのが労働団体，行政関係団体，専門家団体，市民団体である。

注

(1) 筆者たちに政府と社会の接触面という視点を与えてくれたのは，松田（1996）である。この論文は，直接的には明治期の政治思想における「統治と社会との接触面」の問題を扱ったものであるが，日本における公私観の問題等，現代日本政治を分析する者にとっても有益な内容を含んでいる。後に引用する伊藤大一の研究（伊藤，1980）の読み方についても，この論文に教えられたことを記しておきたい。
(2) 比較政治学の分野においては，かねてより一国の政策的帰結を説明する際に政府と社会の接触面のあり方に言及する研究が注目を集めている。例えば，長尾・長岡編（2000）を参照。

⑶ 「最大動員システム」とは，「人的リソース，資金，制度のあらゆるものを目的に向かって能率的に動員するシステム」を指す（村松 1994：4）。

⑷ 「コーポラティズム化」の展開については，辻中（1986a；1986b；1987）参照。

⑸ 80年調査については，村松（1986）を参照。94年調査については，辻中（1994b）を参照。なお，1994年調査に基づく研究成果としては，『レヴァイアサン』（特集・政権移行期の圧力団体），1998年冬臨時増刊号，がある。

⑹ ちなみに「日本全国を活動対象とする団体」に限定しなければ，数値は次のようになる。①行政指導（45.7），②許認可（38.3），③意見交換（36.0），④法的規制（33.5），⑤補助金（23.5），⑥協力・支援（14.3），⑦委員派遣（13.3），⑧ポスト提供（8.6）。

⑺ なお，同一省庁の関連組織を複数挙げている場合は，複数の行政機関との関係があるものとはみなしていない。郵送調査における自由回答形式の設問であることもあって，回答は大雑把なものから詳細な機関名を記すものまでばらつきがあったため，ここではこのような緩やかな基準で処理を行ったことを付記しておく。

第7章

団体－政党関係：選挙過程を中心に

森　裕城

　第7章では，団体の政治的活性化を握把する上で重要な指標となる選挙活動を実証的に検討する中で，団体－政党関係に関する基本的情報を紹介したい。具体的には，団体の選挙活動には地域差があること（農村部の方が積極的），選挙活動を積極的に行うのは政治団体，農業団体，労働団体であること，団体の政党支持・接触という点では自民党の優位が際立っていること（ただし10年前と比較すると停滞化している），団体は行政派，政党派に二分化されるのではなく，「行政派」と「行政・政党両方接触派」に分化していること等を報告する。

はじめに

　日々の政治過程において，なかなか外部には見えない政治構造が，ある瞬間に顕在化することがある。その瞬間として，我々は選挙過程を挙げることができる。

　学際的な研究が進展している選挙研究という分野において，政治学が固有に担うべき領域は何か。この問いに答えるためには，私たちの研究対象である選挙を，もう一度現実の政治の中に投げ返して考えてみることが必要だろう。現実の選挙過程では，様々なアクターがそれぞれの思惑のもとに活動を展開している。選挙過程に参加するアクターは，有権者と政党，候補者だけではない。本書が研究対象としている利益団体も，選挙過程に参加する重要なアクターである。日本の選挙において，各種の団体が旺盛な選挙活動を展開していることはよく指摘される。しかしながら，どのような団体がどのような活動を行っているかについての情報は，体系的に収集されたことはなく，団体の選挙活動については知られざる部分が多い。

　「利益団体と選挙」というテーマは，選挙研究と団体研究の双方からアプローチが可能なテーマである。しかし，このテーマを実証的研究の対象として正面からとりあげた研究は少ない[1]。その理由を研究史的観点から大きく整理すると，以下の3点を挙げることができるのではないだろうか。

　第1に，高畠通敏らに代表される「選挙の実証的研究における日本政治学の伝統」（三宅 1985：5）は，確かに選挙における組織的動員を重視してきた。しかし，団体の選挙との関わりを規範的観点から論じる傾向が強く，またその効果を事実に即して評価しようとする視点がやや弱かったように思われる[2]。第2に，現在選挙分析の主流となっている三宅一郎，蒲島郁夫らに代表される投票行動研究は，組織的動員効果で選挙結果の全てを説明しようとする伝統に批判的であり，非組織的動員効果（政党支持，争点等）の実証分析に力点を置いている[3]。確かに彼らも投票や政党支持に与える組織加入の影響などを論じているが，それは有権者の行動や意識に影響を与えるかどうかという観点からの分析であるため，被説明変数から因果関係的に遠い団体の行動そのものは触れられていない[4]。第3に，村松岐夫・伊藤光利・辻中豊に代表される団体研究は，「政治の実質部分」を説明するのは団体研究であると

いう認識から出発している[5]。それゆえ彼らの研究関心は，有権者と政党の行動を軸に展開されるいわば表の政治過程ではなく，「政治の実質」を規定する団体を主役とする政治過程の解明に向けられることになる。確かに彼らも，団体が選挙活動を提供することによって，政党に影響力を行使している側面に触れてはいる[6]。しかし，それを実証的に検討するには至っておらず，表の政治過程と裏の政治過程がどのように交錯しているかという興味深いテーマは，放置されたままである[7]。

このような研究の空白を埋めるべく，私たちは「団体の基礎構造に関する調査」に，団体と選挙に関する設問を組み込んでいる。本章では，①どのような団体がどのような選挙活動を行っているのか，②現在と過去とを比較した場合，その活動には何らかの変化が見られるのか，の2点を中心に団体の選挙活動を実証的に検討するとともに，本調査によって明らかになった団体－政党関係に関する基本的情報を提供することにしたい。

1 選挙活動のモード

団体の選挙活動にはいくつかのモードがあるだろう。本調査では，それを以下のような設問で把握しようとした。

あなたの団体は，国政選挙の時に以下のような活動をしますか。次の尺度で，現在と10年前について，お答えください。

⑤非常に頻繁　④かなり　③ある程度　②あまりない　①まったくない

1. 特定の候補者や政党に投票するように，会員に呼びかける。
2. 特定の候補者や政党に投票するように，会員を通じて一般の人に呼びかける。
3. 特定の候補者や政党に資金の援助をする。
4. 特定の候補者や政党の選挙運動に人員の援助をする。
5. 会員を特定の政党の候補者として推薦する。

図7-1は，「非常に頻繁」「かなり頻繁」「ある程度」と回答した団体の当該団体全体に占める割合を示したものである。

図7-1 団体の選挙活動(JIGS調査1997)

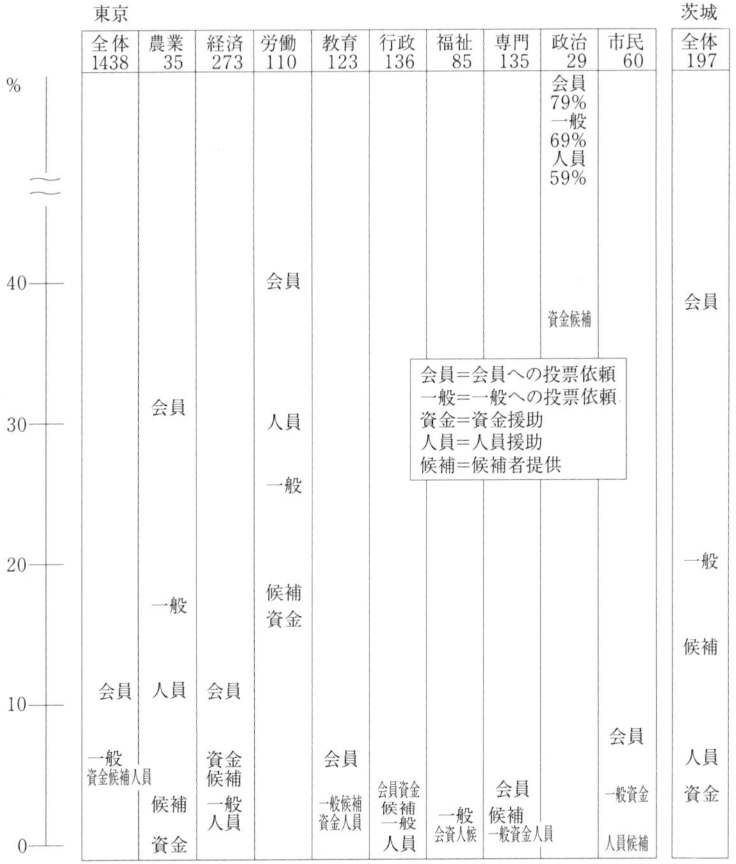

	東京										茨城
	全体 1438	農業 35	経済 273	労働 110	教育 123	行政 136	福祉 85	専門 135	政治 29	市民 60	全体 197

政治（東京）：会員79%、一般69%、人員59%

凡例：
会員＝会員への投票依頼
一般＝一般への投票依頼
資金＝資金援助
人員＝人員援助
候補＝候補者提供

活動率＝（ある程度＋かなり頻繁＋非常に頻繁）／n×100

まず選挙活動の地域差を確認するために，東京，茨城の「全体」を見よう。東京では，選挙時において精力的な活動を行う団体は1割程度にすぎない。団体の選挙活動は予想されたよりは，低調であった。これに対し茨城では，精力的な選挙活動が行われている。団体の選挙活動にこのような地域差が見られることは興味深い。選挙活動のモードの中では，「会員への投票依頼」が最も多く見られる点は，東京，茨城に共通している。

次に，東京を団体の分類別に見ていこう。各団体分類の間には，大きな相

違が見られる。選挙活動が旺盛なのは，政治，農業，労働団体であり，行政関係，福祉，専門家団体は低調である。選挙活動のモードという点では，多くの分類で「会員への投票依頼」が１位となっている。「会員への投票依頼」が最も手ごろな選挙活動なのだろう。興味深いのは，２位以下である。例えば農業，労働団体では人的活動が上位にくるが，経済団体では資金援助の方が上位にきている。この点に，各分類の性格がでているように思われる。[8]

ところで，このような団体の選挙活動はどの政党，候補者に向けられたものだろうか。団体の選挙活動を問う上記の設問の中では，「特定の候補者や政党」という文言を用いたが，それが具体的にどの候補者や政党なのかを問う設問は，調査票の紙幅の関係で残念ながら組み込むことはできなかった。この点は，選挙の設問とは異なる箇所で尋ねた団体の政党支持，政党接触より類推するしかない。そこで次節では，団体の政党支持，政党接触に関する基本的情報を提供することにしたい。

2　政党支持と政党接触

2-1　支持・接触の分布

本調査では，団体の政党支持，政党接触の程度について，政党ごとに次の５段階で回答を求めている。「非常に強い（頻繁）」が５，「かなり強い（頻繁）」が４，「ある程度」が３，「あまりない」が２，「まったくない」が１である。以下では，「非常に」「かなり」「ある程度」と回答した団体が当該団体全体に占める割合を，政党支持率，政党接触率として調査結果を報告する。

図７-２は，政党支持率についてまとめたものである。まず，東京と茨城の「全体」を見ると，自民党の優位が共通して確認される。２位以下が新進党，民主党，社民党と続く点も同じである。どちらの地域でも，自民党の支持率は他を圧倒しているが，その優位は茨城において際立っている（東京26.9％，茨城46.2％）。農村部における自民党の強さは，各種の選挙結果の示すところであるが，[9]団体レベルの政党支持でもほぼそれに照応している点は興味深い。

次に，東京を分類別に見よう。全体の基調は自民党優位であるものの，分類間の偏差は大きい。農業団体，経済団体，行政関係団体は，自民党の優位が著しい。他と大きな相違を見せるのは，労働団体である。労働団体では，

図7-2 団体の政党支持(JIGS調査1997)

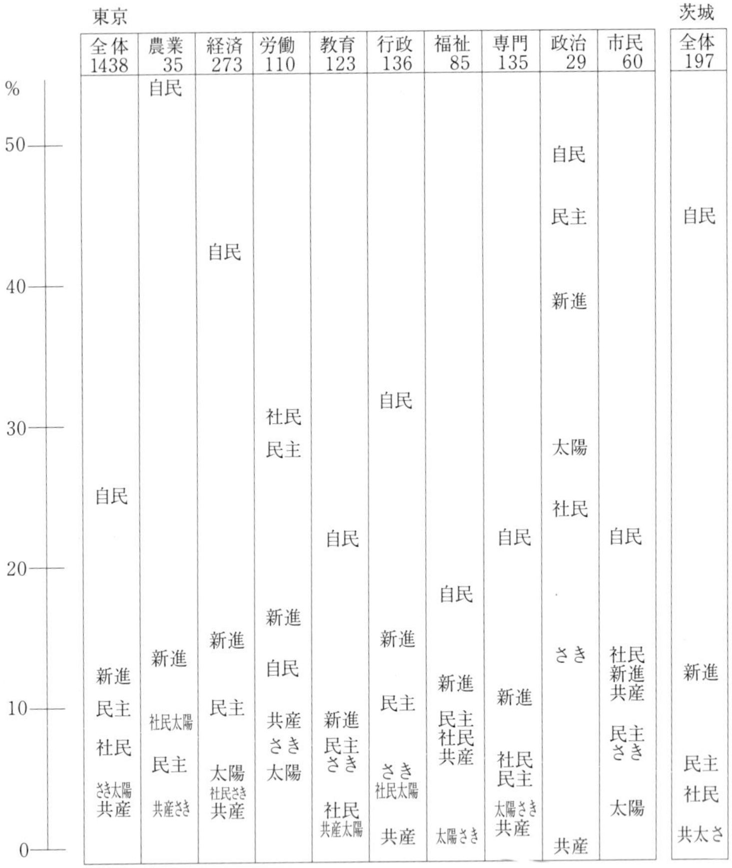

	東京									茨城
	全体 1438	農業 35	経済 273	労働 110	教育 123	行政 136	福祉 85	専門 135	政治 29	市民 60	全体 197
50%		自民							自民		
40			自民						民主 新進		自民
30				社民 民主	自民				太陽 社民		
20	自民				自民	自民	自民	自民		自民	
10	新進 民主 社民	新進 社民太陽 民主	新進 民主 太陽	新進 自民 共産 さき	新進 民主 さき	新進 民主 さき	新進 民主 社民 共産	新進 社民 民主	さき 社民 新進 共産 民主 さき	社民 新進 共産 民主 さき 太陽	新進 民主 社民
0	さき太陽 共産	共産さき	社民さき 共産	太陽	社民 共産太陽	太陽さき 共産	太陽さき 共産		共産		共太さ

政党支持率＝(ある程度＋かなり頻繁＋非常に頻繁)／n×100

社民党，民主党の支持が高く，自民党支持は新進党に次いで4位となっている。政治団体は，当然のことかもしれないが，支持が各政党に分散しているところがユニークである。

政党接触についてはどうだろうか。図7-3は，政党支持と同様の形式で，団体の政党接触についてまとめたものである。全体として支持の場合よりも接触の方が数パーセント低くなってはいるものの，大きな相違は発見できない。確認のために，同一政党に対する支持の強度(1〜5)と接触の頻度

図7－3　団体の政党接触(JIGS調査1997)

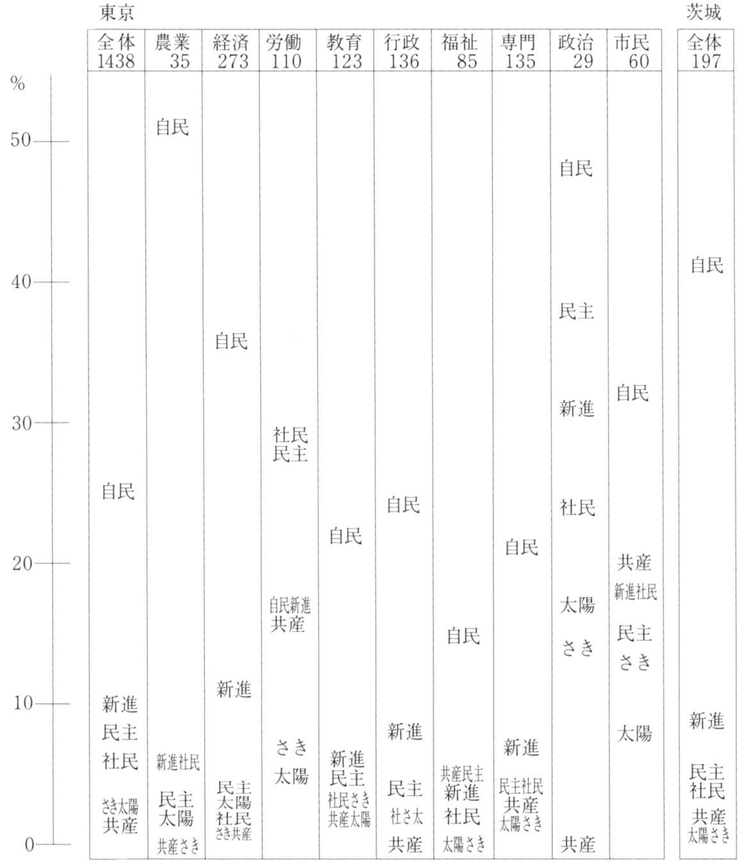
東京
茨城
全体 1438
農業 35
経済 273
労働 110
教育 123
行政 136
福祉 85
専門 135
政治 29
市民 60
全体 197
%
50
40
30
20
10
0
自民
民主
新進
社民
共産
太陽
さき

政党接触率＝（ある程度＋かなり頻繁＋非常に頻繁）／n×100

（1～5）の相関をとってみても，全ての政党について高い相関が検出された。(10)

以上，団体の政党支持，接触の分布を確認した。農業団体と労働団体の2つが選挙過程に深く関わっているのは前節で見たとおりだが，その政党支持率，接触率から見て，農業団体の選挙活動は主に自民党，労働団体の選挙活動は主に社民党，民主党に対して行われていると言ってよいだろう。

2－2　支持・接触のパターン

ところで，本調査で発見された政党支持と政党接触の相似という現象は，興味深いことに，村松らによって80年，94年に行われた調査結果と大きく相違している。村松らの調査では，政党支持の程度と政党接触の頻度を比較すると，接触の頻度の方が一般的に高くなっており，しかもその数値は議会の議席比に相似したものとなっている。これは，「政治過程の影響力配置に敏感である」圧力団体が，支持政党との関係にとらわれず，臨機応変に政党に接触を試みていることのあらわれであると解釈される（村松 1986：172，辻中 1994）。

村松らの調査結果にこのような団体の戦略的な姿が映し出されたのは，それが頂上団体を対象とする調査であったからであろう。私たちが対象とした社会過程にある団体の大多数は，頂上団体が示すまでには戦略的行動をとってはいない。

しかしながら，圧力団体ほどには戦略的でなくとも，社会過程にある団体も，複数の政党と関係を持っていることは確かなようである。団体は，いくつの政党と関係を持っているのだろうか。この点をまとめたのが，表7-1である。ここでも，支持，接触ともに，「ある程度」「かなり」「非常に」と回答した団体を分析の対象としている。

この表から明らかなように，政党と関係を有する団体のうちの半数近くが，複数の政党に支持意識を有し，また複数の政党と接触を試みている。ここで，2つ以上の政党に対して支持意識を有し，接触行動を試みている団体の割合を示すと，東京では支持の場合が全団体中16.6％，接触が12.4％，茨城でも

表7-1 団体はいくつの政党と関係を持っているか

政党数	東京 (1,438)		茨城 (197)	
	支持	接触	支持	接触
0	66.8	69.1	46.7	49.2
1	16.7	18.5	38.6	39.1
2	7.6	6.2	11.7	9.1
3	3.5	2.4	2.5	1.0
4	2.6	1.2	0.5	0.5
5	1.4	1.0	0.0	0.5
6	0.6	0.6	0.0	0.5
7	0.6	0.3	0.0	0.0
8	0.2	0.8	0.0	0.0
	100.0	100.0	100.0	100.0

支持，接触ともに「ある程度」以上。

支持が14.7%, 接触が11.7%となる。

　団体が複数の政党と関係を持つとして, その関係性には一定の傾向が見られるのだろうか。村松らは, 1980年の調査に基づいて, 政党に働きかけを行う団体は「政権党ネットワーク」に属するものと「野党ネットワーク」に属するものに大きく二分されると指摘していた。(11) 村松らが, 自民党を中心としたネットワークを「保守系ネットワーク」ではなく「政権党ネットワーク」と呼び, 社会党を中心としたネットワークを「革新系ネットワーク」ではなく「野党ネットワーク」と呼んだのは, 団体の中には保革の対立構造を超えて,「政権党」であるという理由から自民党に接触を試みようとするものや,「野党」の持つ抵抗機能に期待して社会党に接触を試みようとするものが存在することを重視したからであろう。(12) 自民党長期政権が崩壊した後, このようなネットワークがどのように変化したかを以下で検討しよう。

　表7-2は, 異なる7つの政党に対する支持の程度（1〜5）と接触の頻度（1〜5）が, お互いにどのような関係を持っているかを見るために, 相関係数を算出した結果である。自民党支持と最も相関が高いのは, 新進党で, 以下太陽党, 民主党と続いており, 保守・中道政党の間で相関が高いことがわかる。反対に自民党と相関が低いのは, 共産党である。共産党は, 社民党, 民主党と相関が高く, 自民党と対照的に革新・中道政党と相関が高いことがわかる。政党接触についても, ほぼ同様の結果となっている。

　与党である自民党と社民党の相関は必ずしも高いものではなく, 団体−政党関係が, この時期の連立の枠組みに沿った形で再編されているようには見えない。団体−政党関係が再編されるにしても, それは時間のかかることなのだろう。(13) むしろ, ここで重視したいのは, 団体−政党関係が依然として保

表7-2　政党支持・政党接触の相関（東京）

	自民	新進	民主	共産	社民	太陽	さき
自民	1.00(1.00)	0.73(0.68)	0.58(0.49)	0.26(0.26)	0.45(0.43)	0.58(0.52)	0.52(0.51)
新進	0.73(0.68)	1.00(1.00)	0.71(0.68)	0.35(0.35)	0.54(0.60)	0.72(0.71)	0.64(0.68)
民主	0.58(0.49)	0.71(0.68)	1.00(1.00)	0.41(0.44)	0.77(0.83)	0.66(0.69)	0.73(0.73)
共産	0.26(0.26)	0.35(0.35)	0.40(0.44)	1.00(1.00)	0.53(0.52)	0.34(0.43)	0.41(0.44)
社民	0.45(0.43)	0.54(0.60)	0.77(0.83)	0.53(0.52)	1.00(1.00)	0.56(0.66)	0.68(0.75)
太陽	0.58(0.52)	0.72(0.71)	0.66(0.69)	0.34(0.43)	0.56(0.66)	1.00(1.00)	0.78(0.84)
さき	0.52(0.51)	0.64(0.68)	0.73(0.73)	0.41(0.44)	0.68(0.75)	0.78(0.84)	1.00(1.00)

表中の数値は, 政党支持の相関（政治接触の相関）。
表中の相関係数はすべて1%水準で有意（両側）。

守－革新イデオロギーに方向づけられているように見えることである。日本の団体政治において，保革イデオロギーは，健在なのだろうか。

2-3 保革イデオロギー

団体と保革イデオロギーの関係については，これまでにもサーベイを用いた分析がなされている。1985年に三宅一郎らによって行われた「エリートの平等観調査」がそれであり，所属団体によって団体リーダーの保革イデオロギー軸上の分布が大きく変わることが明らかにされている（三宅，1986）。ただこの調査は，あくまで団体に所属する個人に対してなされたものであり，団体のイデオロギー的傾向を問うものではなかった。

本調査では，次のような質問で団体の保革イデオロギーを把握しようとした。質問文は「あなたの団体に属する人は保守的な人と革新的な人のどちらが多いですか」というもので，執行部と一般会員について，別々に7点尺度で回答を求めている。この質問で，団体のイデオロギー的立場そのものを問わなかったのは，回答者個人の保革自己認識が団体のイデオロギーとして表明されるのを避け，より客観的な評価が表明されるようにするためであった。回答率は，東京調査では，執行部については80.5％，一般会員については78.1％，茨城調査では，執行部については88.3％，一般会員については86.8％となっている。何が保守的で何が革新的かをすべての回答者が一義的に解釈したとは言えないが，回答率の高さから見る限り，この設問の意図は理解されたものと思われる。

7点尺度の中身は，中間である4を境に，1に近いほど革新的な人が多くなり，7に近くなると逆に保守的な人が多くなるというものである。図7-4は，横軸に執行部，縦軸に一般会員をとり，東京全体，茨城全体，そして東京の分類ごとの平均値をプロットしたものである。45度線に近いほど，執行部と一般会員とのギャップは少ないことになる。

まず，東京全体と茨城全体を比較すると，どちらも保守的な人が多いという傾向を有している。ただその位置はかなり離れており，回答結果に地域差が存在することがわかる。東京は保守でも中間寄りである。

次に東京を分類ごとに見よう。全体としては，45度線沿いのやや保守偏重でプロットされている。執行部，一般会員とも，最も保守的な方に位置する

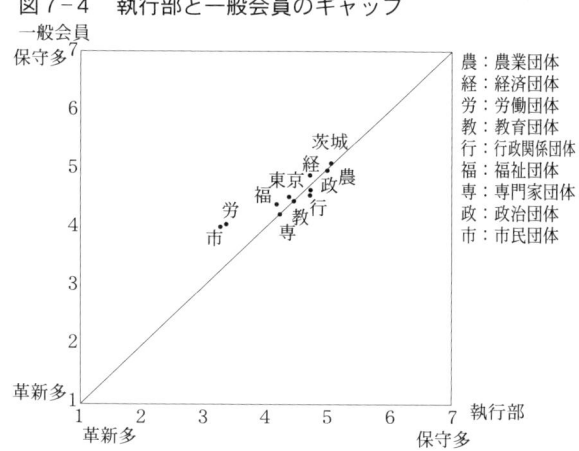

図7-4 執行部と一般会員のギャップ

農：農業団体
経：経済団体
労：労働団体
教：教育団体
行：行政関係団体
福：福祉団体
専：専門家団体
政：政治団体
市：市民団体

のは農業団体である。その次に政治，経済，行政関係団体が位置し，中間寄りのやや保守的な位置に，教育，専門家，福祉団体がくる。革新的な方には，市民団体，労働団体が位置している。この2つは執行部と一般会員のギャップという点で際立っており，45度線より上にプロットされていることからわかるように，執行部の方が革新的な人が多い。

最後に本調査で測定された保革イデオロギーと政党支持，政党接触の2変数の相関関係を見ておきたい。保守的な会員を多く抱える農業団体，経済団体が先に見たように自民党や新進党といった保守政党と深い関係にあり，その一方で革新的な会員を多く抱える労働団体が非保守の政党である社民党や民主党と深い関係にあることから，保革イデオロギーが団体－政党関係に一定の影響を及ぼしていることは想像がつくが，2変数の間にはどの程度の相関関係があるのだろうか。表7-3は，それぞれの政党に対する政党支持の程度，接触の頻度と，ここで測定された保革イデオロギーの相関をまとめたものである。保守的な人が多い団体ほど自民党との関係が深まり，革新的な人が多いほど共産党，社民党，民主党との関係が深まるという結果が出ている。執行部と一般会員では，全体に執行部の方が高い相関が検出されており，執行部レベルのイデオロギー的な方向性が団体－政党関係のあり方を引きずっていることがうかがえる結果となっている。

表7-3 保革イデオロギーと政党支持・政党接触の相関

		自民	新進	民主	共産	社民	太陽	さき
東京	支持	0.25**	0.06	−0.08*	−0.14**	−0.17**	0.06	0.04
		0.24**	0.07*	−0.03	−0.07*	−0.13**	0.02	0.00
	接触	0.19**	−0.03	−0.18**	−0.26**	−0.25**	−0.05	−0.09**
		0.17**	−0.06	−0.13**	−0.16**	−0.19**	−0.05	−0.09**
茨城	支持	0.29**	−0.11	−0.29**	0.39	−0.32**	−0.03	−0.07
		0.08	−0.00	−0.19*	0.02	−0.22*	−0.06	−0.09
	接触	0.22**	−0.25**	−0.32**	−0.30**	−0.33**	−0.10	0.05
		−0.35	−0.16	−0.30**	−0.29**	−0.31**	−0.17	−0.17

上段：団体執行部，下段：団体一般会員
**：1％水準で有意（両側），*：5％水準で有意（両側）

3　選挙活動の有無と団体－政党関係

　なぜ団体は，選挙活動を行うのだろうか。常識的に考えれば，団体は選挙活動を提供することによって，政党から見返りとして何らかの利益を得るのだろう。そうであるとするならば，政党と関係を持たない団体よりも，政党と関係のある団体の方が選挙活動を多くしているはずである。また，選挙活動をする団体には，政党を有効な政治的標的と認識しているものが多いだろう。このような常識的理解は，データによって確認できるだろうか。

3－1　政党接触と選挙活動

　団体が政治に働きかけるルートは，基本的には2つある。1つは行政を通じてのルートであり，もう1つは政党を通じてのルートである。団体の行政，政党との接触パターンは，①行政・政党の両方に接触する，②行政だけに接触する，③政党だけに接触する，④どちらにも接触しない，の4つがある。
　ここでは行政接触，政党接触の有無を次のように操作化しよう。まず行政接触の有無だが，本調査には団体の行政接触を尋ねる質問として，「あなたの団体が行政に＜直接的＞に働きかけをする場合，次のそれぞれの役職の方とどの程度接触（面接・電話等）されるでしょうか」というものがある。提示した役職は，国については，大臣・局長クラス，課長クラス，係長クラス，一般職員の4つ，自治体については，首長，課長クラス，係長クラス，一般職員の4つである。ここでは国，自治体あわせて8つの役職のうち1つでも接触している団体を「行政接触あり団体」とみなす。政党接触の有無は，自

民党，新進党，民主党，共産党，社民党，太陽党，さきがけ，その他のうちの1つでも接触している団体を，「政党接触あり団体」とみなす。なお本来の質問は，行政，政党接触ともに接触の頻度を尋ねるものであるが，ここでは頻度は問わない。「まったくない」という回答以外，つまり「あまりない」という回答以上を「接触あり」とする。また回答欄の全てが無回答の場合は，「接触なし」とみなす。

表7-4は，この4パターンの分布を示したものである。全体として団体は行政接触派と政党接触派にきれいに二分化はされず，むしろ「行政・政党両方接触派」（東京34.4%，茨城53.8%）と「行政のみ接触派」（東京38.2%，茨城26.9%）の二分化が見られ，「政党のみ接触派」は少数である（東京5.4%，茨城3.6%）。

ただし，この点も分類ごとに見ると，様相が異なってくることは指摘しておきたい。特徴的な点を列挙すると，農業団体は「両方接触派」が圧倒的に多く，政治団体がこれに続いている。「行政のみ接触派」が多いのは，行政関係団体，福祉団体，教育団体である。全体の傾向に反してユニークなのは，労働団体と政治団体であり，「政党のみ接触派」が2割以上存在している。

さて，この4パターンと選挙活動の関係はどのようなものだろうか。選挙活動の5つのモードのうち，1つでも活動を行っている団体を＜選挙活動あり団体＞とみなすと，東京では21.6%，茨城では49.7%の団体がこれに該当する。表7-5は，4つのパターンごとに＜選挙活動あり団体＞の割合を算

表7-4 政党・行政接触のパターン

	両方接触	行政のみ	政党のみ	非接触	N
東京	34.4	38.2	5.4	22.0	1438
農業	62.9	22.9	0.0	14.3	35
経済	41.8	39.2	5.1	13.9	273
労働	40.9	14.5	22.7	21.8	110
教育	24.4	48.8	4.9	22.0	123
行政関係	36.0	52.2	0.0	11.8	136
福祉	32.9	50.6	1.2	15.3	85
専門家	30.4	43.0	3.7	23.0	135
政治	55.2	10.3	24.1	10.3	29
市民	43.3	30.0	8.3	18.3	60
茨城	53.8	26.9	3.6	15.7	197

表7-5　政党・行政接触のパターンと選挙活動

	両方接触	行政のみ	政党のみ	非接触
東京	48.5	3.3	51.3	3.8
茨城	76.4	9.4	100.0	16.1

数値は，当該団体に占める「選挙活動あり」団体の割合を％表示したもの。

出してみたものである。結果は明瞭で，東京，茨城ともに，行政・政党両方接触，政党のみ接触の2つにおいて，＜選挙活動あり団体＞が多い。行政のみ接触，両方非接触という団体では，選挙活動を行う団体は少ない。

3-2　政治的標的としての政党

　それでは，政治的標的として政党を評価する団体ほど，選挙活動を行っているのではないか，という点についてはどのような結果が得られるだろうか。
　まずは，団体が政党をどの程度有効な政治的標的とみなしているかを確認しよう。表7-6は，政党（ないし議会），行政，裁判所のどれが，団体の主張を通す時に最も有効な標的かを尋ねた結果である。東京，茨城ともに，行政を1位とする団体が多数となっており，政党を選ぶ団体が2番目に多く，裁判所を選ぶ団体は少数である。東京を団体分類別に見ても，政治団体と労働団体を除いて，同じような順位となっている。分類ごとの選択率の相違は，それ自体興味深いことであるが，ここではすべての分類において，政党を行政よりも有効な標的だと考えている団体が存在していることを確認するにと

表7-6　政治的標的（1位に選択されたもの）

	政党	行政	裁判所
東京	14.5	35.7	6.5
農業	20.0	48.6	11.4
経済	12.8	44.7	5.5
労働	30.9	30.9	14.5
教育	18.7	35.0	7.3
行政関係	11.0	44.9	5.1
福祉	10.6	42.4	4.7
専門家	13.3	40.7	6.7
政治	55.2	6.9	13.8
市民	11.7	41.7	5.0
茨城	16.8	39.1	5.1

NAがあるので横の合計は100％にならない。

表7-7　政治的標的と選挙活動あり団体

標的の1位	政党	行政	裁判所
東京	51.7	20.8	32.3
茨城	66.7	58.4	70.0

数値は，当該団体に占める「選挙活動あり」団体の割合を％表示したもの。

どめる。

表7-7は，選択した標的によって団体を3つに分別した上で，＜選挙活動あり団体＞の割合を示したものである。東京では，政党を選択した団体において＜選挙活動あり団体＞が半数を超えており，他の2つと明確な差がある。茨城では，予想に反して裁判所を選択した団体において＜選挙活動あり＞団体の割合が最大となっている。(15) 政党を選択した団体における＜選挙活動あり団体＞の割合は，3.3ポイント低い66.7％で，これも十分高い値である。

4　政党政治の変化と選挙活動の停滞化

4-1　選挙活動の停滞化

近年，国政選挙における投票率が低下しているが，投票率の低下傾向は，本調査の対象地域である東京，茨城でも共通している。

なぜ投票率が低下するのか。そのメカニズムの解明は，選挙研究の大きなテーマであり，投票行動論の立場からの研究には少なからず蓄積がある。(16) しかしながら，集票側の動向を視野に入れた実証的研究は，集票活動の変化を定量的に把握することが困難なこともあってほとんど進んでいない。(17)

本調査では，調査対象団体に「現在」と「10年前」の選挙活動に関する自己評価を求めたことは先に触れたが，同一団体の「現在」と「10年前」の回答を比較すると，次に見るように選挙活動が活性化している団体よりも，停滞化している団体の方が多いことが明らかになった。

表7-8は，団体の選挙活動の変化をまとめたものである。活動量の変化は，「現在」の活動についての評価（1～5）と「10年前」の活動についての評価（1～5）の差から求めた。東京の「全体」を例にして，表の見方を説明しよう。たとえば「会員への投票依頼」だが，「現在」と「10年前」の活動に変化がない団体（→）は，91.4％，「現在」の方が活動の頻度が高い団体（↑）が1.9％，「現在」の方が低い団体（↓）が6.7％となっている。この選挙活動の停滞化傾向は，その他の項目についてもほぼ共通して見られる。茨城の場合も，「資金援助」以外は，すべて停滞化の方が活性化を上回っている。

東京の分類別の結果も同様の傾向を示している。個々の分類についてはケース数が少なくなっているため，ここで踏み込んだ解釈を行うことができな

表7-8　選挙活動の変化

	会　員			一　般			資　金			人　員			候補者		
	→	↑	↓	→	↑	↓	→	↑	↓	→	↑	↓	→	↑	↓
東京	91.4	1.9	6.7	96.5	0.9	2.7	96.4	0.9	2.7	96.3	0.9	2.8	96.6	0.6	2.8
	62.0	8.4	29.6	73.7	6.4	19.9	72.5	6.5	20.9	67.2	8.4	24.4	69.5	5.3	25.2
農業	88.9	0.0	11.1	96.4	0.0	3.6	93.1	0.0	6.9	93.1	3.4	3.4	92.9	0.0	7.1
	76.9	0.0	23.1	85.7	0.0	14.3	66.7	0.0	33.3	60.0	20.0	20.0	66.7	0.0	33.3
経済	88.6	2.0	9.4	97.1	0.4	2.5	93.8	0.8	5.4	95.8	0.8	3.4	94.5	1.7	3.8
	54.8	8.1	37.1	75.0	3.6	21.4	63.4	4.9	31.7	58.3	8.3	33.3	55.2	13.8	31.0
労働	80.0	3.2	16.8	85.6	0.0	14.4	91.1	1.1	7.8	84.8	2.2	13.0	89.0	1.1	9.9
	64.8	5.6	29.6	69.8	0.0	30.2	74.2	3.2	22.6	68.2	4.5	27.3	65.5	3.4	31.0
教育	95.5	1.8	2.7	97.2	1.9	0.9	99.0	1.0	0.0	98.1	1.0	1.0	100.0	0.0	0.0
	64.3	14.3	21.4	57.1	28.6	14.3	75.0	25.0	0.0	60.0	20.0	20.0	100.0	0.0	0.0
行政	93.8	0.9	5.3	97.3	0.9	1.8	97.3	0.9	1.8	98.2	0.0	1.8	96.4	0.9	2.7
	58.8	5.9	35.3	57.1	14.3	28.6	72.7	9.1	18.2	71.4	0.0	28.6	55.6	11.1	33.3
福祉	92.8	0.0	7.2	100.0	0.0	0.0	98.5	0.0	1.5	98.5	0.0	1.5	100.0	0.0	0.0
	37.5	0.0	62.5	100.0	0.0	0.0	66.7	0.0	33.3	66.7	0.0	33.3	100.0	0.0	0.0
専門	93.0	2.6	4.3	96.4	2.7	0.9	100.0	0.0	0.0	99.1	0.9	0.0	100.0	0.0	0.0
	55.6	16.7	27.8	60.0	30.0	10.0	100.0	0.0	0.0	66.7	33.3	0.0	100.0	0.0	0.0
政治	85.7	9.5	4.8	90.5	4.8	4.8	76.2	9.5	14.3	80.0	10.0	10.0	90.0	0.0	10.0
	83.3	11.1	5.6	88.9	5.6	5.6	61.5	15.4	23.1	66.7	16.7	16.7	81.8	0.0	18.2
市民	93.2	2.3	4.5	100.0	0.0	0.0	100.0	0.0	0.0	100.0	0.0	0.0	97.7	0.0	2.3
	62.5	12.5	25.0	100.0	0.0	0.0	100.0	0.0	0.0	100.0	0.0	0.0	75.0	0.0	25.0
茨城	86.7	4.8	8.4	90.7	4.0	5.3	95.3	2.7	2.0	92.6	2.7	4.7	96.0	0.7	3.3
	75.8	8.8	15.4	76.7	10.0	13.3	69.6	17.4	13.0	73.2	9.8	17.1	86.7	2.2	11.1

(注1) 上段：当該団体全体における割合。下段：「現在」「10年前」ともに当該の選挙活動をしていない団体を除外した場合。
(注2) 記号は，(→) 変化なし，(↑) 活性化，(↓) 停滞化，を示す。数値は，当該団体に占める割合を％表示。
(注3) 活動の変化は次のようにして算出した。なお対象とした団体は，それぞれの設問の「現在」と「10年前」の両方に回答した団体。
(活動の変化) ＝ (現在の活動に関する自己評価) － (10年前の活動に関する自己評価)

いが，選挙活動の全般的な停滞化傾向を指摘することができよう。選挙活動を活発に行っている農業，労働の2つのセクターにおいても，選挙活動の停滞化が起こっていることは注目される。

　このような選挙活動の停滞化はどのようなメカニズムで発生したのだろうか。まず第1に挙げられるのが，政党政治の変化である。自民党一党優位制が崩壊して以降，それまでは予想できないような政党の離合集散ならびに候補者の党籍変更が頻繁に見られた。その結果，過去に形成されてきた政党（候補者）－団体関係に亀裂が生じ，団体の選挙活動が停滞化したという仮説を立てることができる。以下，この点に関する基礎的な情報を提供しよう。

4-2 団体の政党ばなれ

本調査には,「あなたの団体の権利や利益,意見を主張するとき,行政機関や政党,国会議員はどの程度信頼できるとお考えでしょうか。現在と10年前について,次の尺度でお示しください」(Q18)という設問がある。尺度は5段階で,「非常に信頼できる」が5,「かなり」が4,「ある程度」が3,「あまりできない」が2,「まったくできない」が1となっている。

表7-9の左側は,政党・国会議員について「現在」と「10年前」の評価の平均値を算出したものである。これを見ると,東京,茨城ともに,信頼度が低下していることがわかる。分類別では,政党と関係の深い農業,労働団体の信頼度が,他の分類に比べて相対的にその高さを維持しつつも,大きく低下していることが注目される。

平均値の比較でははっきりしたことが言えないので,選挙活動の変化の場合と同様に,同一団体の「現在」の評価と「10年前」の評価の差を求めることによって,信頼度の変化を見たのが表7-9の右側である。ここでも,東京,茨城ともに,信頼度が低下した団体が上昇した団体の割合を上回っていることが確認できる。そして,分類別では,農業,経済,労働,行政関係,福祉団体において,信頼度が低下した団体が上昇した団体の割合を上回っている

表7-9 政党に対する信頼度

	現在	10年前	→	↑	↓
東京	2.15	2.19	82.8	6.4	10.8
農業	2.74	2.88	76.9	3.8	19.2
経済	2.12	2.19	89.5	1.6	8.9
労働	2.59	2.83	78.8	3.8	17.5
教育	1.99	1.94	79.8	11.7	8.5
行政関係	1.97	2.02	76.7	8.1	15.1
福祉	2.14	2.14	88.7	3.8	7.5
専門家	2.06	2.01	81.0	11.4	7.6
政治	3.00	2.70	70.0	25.0	5.0
市民	2.24	2.19	74.4	16.3	9.3
茨城	2.44	2.49	82.1	7.5	10.4

(注1) 左側は平均値。右側は「現在」と「10年前」の評価の変化で,当該団体に占める割合を%表示。
(注2) 記号は,(→)変化なし,(↑)上昇,(↓)低下,を示す。
(注3) 変化は次のようにして算出した。なお対象とした団体は,それぞれの設問の「現在」と「10年前」の両方に回答した団体。
　　(信頼度の変化)=(現在の信頼度)-(「10年前」の信頼度)

ことが確認できる。

それでは，個々の政党に対する支持，接触にはどのような変化が見られるだろうか。本調査では，「10年前」の政党支持，政党接触についても，「現在」の場合と同様の形式で尋ねているので，選挙活動の変化，政党に対する信頼度の変化の場合と同様の分析が可能である。表7-10は，55年体制下において各種の団体を選挙過程に動員してきた自民党と社民党（社会党）に対する団体の支持，接触の変動をまとめたものである。(18) はじめに東京，茨城の全体を見よう。これを見ると，自民党，社民党ともに，変化なしが大勢を占めるとは言え，支持・接触が活性化した団体よりも，停滞化した団体の方が多いことは明らかである。(19)

分類別に見ても，両党に対する支持，接触の停滞化の広がりが確認できる。特に注目されるのは，自民党，社民党の選挙活動を支えると考えられる団体分類において，支持・接触の停滞化が起こっている点である。具体的には，自民党の方では，農業，経済団体，社民党の方では労働団体の支持，接触の停滞化が見られる。

この他の点で，興味深いのは，労働団体の変化である。労働団体では，社

表7-10　政党支持・接触の変化

		<自民党>				(%)	<社会党（社民党）>					(%)
		支持			接触			支持			接触	
		→	↑	↓	→	↑	↓	→	↑	↓	→	↑	↓
東京	全体	85.9	4.7	9.4	87.4	4.2	8.3	87.3	2.7	10.0	89.3	1.7	9.1
	農業	82.8	3.4	13.8	89.7	0.0	10.3	83.3	12.5	4.2	87.5	4.2	8.3
	経済	84.2	3.2	12.6	88.8	1.7	9.5	87.6	2.8	9.6	91.1	1.9	7.0
	労働	80.0	15.0	5.0	75.0	17.1	7.9	65.1	5.8	29.1	70.9	2.5	26.6
	教育	88.3	2.9	8.7	89.7	2.8	7.5	89.1	2.2	8.7	95.8	1.1	3.2
	行政	79.1	6.4	14.5	84.0	2.8	13.2	89.8	2.0	8.2	91.4	0.0	8.6
	福祉	87.3	0.0	12.7	85.7	1.6	12.7	84.5	1.7	13.8	81.7	1.7	16.7
	専門	88.7	4.3	7.0	89.9	3.7	6.4	90.7	0.9	8.3	88.8	0.0	11.2
	政治	83.3	5.6	11.1	94.4	0.0	5.6	60.0	13.3	26.7	71.4	14.3	14.3
	市民	79.5	10.3	10.3	84.6	5.1	10.3	83.3	8.3	8.3	79.4	5.9	14.7
茨城	全体	84.9	5.7	9.4	87.8	3.8	8.3	76.1	2.6	21.4	79.3	1.8	18.9

(注1) 記号は，（→）変化なし，（↑）活性化，（↓）停滞化，を示す。
(注2) 数値は，当該団体全体に占める割合。％表示。
(注3) 支持と接触の変化は，次のようにして算出した。なお計算対象とした団体は，それぞれの設問の「現在」と「10年前」の両方に回答した団体に限っている。
　　　支持・接触の変化＝（「現在」についての自己評価）－（「10年前」についての自己評価）

民党に対する支持・接触の低下が進んでいる一方で，自民党支持・接触の両方で活性化している団体が多く見られる。これは近年，労働団体と自民党との対抗関係が，緩和しつつあることの現れと言えよう。ただし，労働団体の選挙活動が完全に自民党に向かうということは，現時点では考えられないので，このような変化が選挙活動の活性化につながっているとまでは言えない。[20]

　この他，選挙制度の変化が団体の選挙活動に影響を与えた可能性も指摘しておかなければならない。96年総選挙から衆議院の選挙制度として小選挙区比例代表並立制が採用されたことは周知の通りであるが，当選者が1人に限定される小選挙区制下においては，定数が複数の中選挙区制下よりも，どの候補者が当選するかを見定めることが一般に難しくなる。[21]これに加え96年総選挙は，新制度下における初の選挙であったこともあって，一層不確実性が高まっていたと言えるわけで，このような状況に直面した団体側が，リスクを回避するために選挙活動を抑制した側面もあったと思われる。[22]

まとめ

　日本の選挙において，各種の団体が旺盛な選挙活動を展開していることは，これまでにもよく指摘されてきた。しかしながら，「利益団体と選挙」というテーマは，実証的選挙研究と実証的団体研究の間にあって，体系的に論じられることはほとんどなかったと言えよう。本章はこの空白部分を埋めるべく，利益団体と選挙に関する設問を組み込んだ「団体の基礎構造に関する調査」のデータを用いて，①どのような団体がどのような選挙活動を行っているのか，②現在と過去とを比較した場合，その活動には何らかの変化が見られるのか，の2点を中心に団体の選挙活動を実証的に検討してきた。ここで本章における知見を簡単にまとめておこう。

(1) 利益団体の選挙活動には地域差がある。東京と茨城を比較すると，茨城の団体の方が選挙活動を活発に行っている。

(2) 利益団体の選挙活動には，いくつかのモードがあることが想定される。本調査では，「会員への投票依頼」「一般の人への投票依頼」「資金援助」「人員援助」「候補者の提供」の5項目について調査対象団体に活動の程度を尋ねているが，この中では「会員への投票依頼」が群を抜いて高かった。この点は，東京，茨城に共通している。

(3) 東京の団体を分類別に見ると，政治，農業，労働団体が選挙活動を活発に行っている。選挙活動のモードという点では，やはり「会員への投票依頼」が多くの分類で1位になっている。

(4) 団体の選挙活動がどの政党に向けられたものであるかは，団体の政党支持，接触から類推することが許されよう。団体の政党支持，接触は，全体として自民党が優位を保っている。他と大きく異なっているのは，労働団体である。労働団体では，社民党，民主党の支持が高い。

(5) 政党と関係を持っている団体の半分近くが，複数の政党と関係を持っている。異なる団体の政党支持・接触のパターンは，保革イデオロギーによって方向づけられている側面がある。

(6) 団体の政党，行政への接触パターンは，「両方接触」「行政のみ接触」「政党のみ接触」「非接触」の4つに分けられるが，このうち選挙活動を行っている団体が多く見られるのは，「両方接触」と「政党のみ接触」というパターンである。

(7) 政党を有効な政治的標的であると考える団体（政党派）は，行政を有効な標的と考える団体（行政派）よりも少ないが，全ての分類において存在している。政党派と行政派を比較すると，政党派において選挙活動をする団体が多く見られる。

(8) 本調査では，調査対象団体に「現在」と「10年前」の選挙活動の程度に関する自己評価を求めているので，団体の選挙活動の変化を捉えることが可能である。同一団体の「現在」と「10年前」の回答を比較すると，選挙活動が活性化している団体よりも，停滞化している団体が多いことが明らかになった。

(9) 団体の政党離れが進んでいる。特に，自民党の支持基盤である農業，経済，行政関係団体，社民党の支持基盤である労働団体において，政党支持・政党接触の停滞化が顕著に見られた。

以上の諸発見のほかに，選挙過程における集票側の動向を，無作為抽出法による社会団体調査のデータを用いて定量的に把握しえたこと自体にも，選挙研究の方法論の革新という点で，大きな意味があると言ってよいのではないだろうか。JIGS研究チームでは，日本で行った調査と同じ質問を用いて，韓国，アメリカ，ドイツの利益団体調査を遂行した。日本における利益団体

の選挙活動が比較政治学的にどのような意味を持っているのかについては，続く巻において報告されることになるだろう。

注

(1) 既存の選挙研究の中で，団体と選挙の関係に触れたものは多いかもしれないが，選挙と団体の関係を主題とした論文となると，その数は限られたものとなる。選挙と団体を主題とするものとしては，管見の及ぶ限りでは，内田（1972），犬童（1977），橋本（1980），上林（1985），堀（1985）がある。しかしこれらも，体系的な調査に基づくものではない。

(2) 代表的著作として，高畠（1980）を挙げておく。組織的動員効果の過大視を，「戦後政治学」の特性との関連で検討したものとしては，大嶽（1994，第4章）がある。組織的動員効果で選挙結果の全てを説明できるかのような記述には問題があるとしても，集票側から選挙過程を眺める高畠らの視点は，投票者側から選挙過程を眺める研究が主流となっている今日，継承すべき点が少なくない。集票側の視点から既存の選挙運動研究を整理したものとしては，山田（1997）がある。

(3) 三宅一郎は，高畠の主張する組織的動員効果の重要性は認めつつも，「しかし，その効果は決定的ではない」とし，政党支持研究の重要性を主張している（三宅 1985：5）。また蒲島郁夫も，高畠の「投票は組織への忠誠度の証明としてなされる」という見解に疑問を投げかけ，選挙における争点の重要性を主張している（蒲島 1998：49）。

(4) 有権者の団体加入の実態については，投票行動研究の立場からも情報収集がなされていることは付言しておきたい。例えば，（三宅，1989，第2章「候補者志向」）参照。この他，本章執筆中に出版された池田（2000）では，「労組や業界団体，生協，町内会などのボランタリーな加入団体のうち，最重要とする加入団体，2番目の加入団体から，手紙や電話，会合でどの政党の推薦を受けたかを尋ねたところ，働きかけを受けたことのない人々がそれぞれ71％，77％にも上った」ことが1993年の全国調査に基づいて報告され，「このことは，一般の団体がそれほど活発には政治的な活動をしているわけではないことを示している」と結論づけられている（31-33頁）。

(5) 代表的研究として，村松・伊藤・辻中（1986）を挙げておく。なお，この見解は，村松（1998）においてより明確に表明されている。

(6) 伊藤光利は，伊藤（1981）において，団体の影響力を論じる際に多くの論者が団体の集票力を重視している事実を指摘している。

(7) 村松らの団体調査では，団体－政党関係を把握するための設問は用意さ

れているが，団体の選挙活動に関する質問はない。
(8) ここで労働団体について補足的に説明しておく。今回の調査結果で，労働団体の人的活動の割合が高いわりに資金援助が低くなっているのは，労働団体が選挙で金を使用していないことを示しているのではなく，むしろ労働団体が政党・候補者の選挙活動をほぼ丸ごと肩代わりしていることを示している。労働団体では，組合中央から配分された資金は，組合の地方組織が自ら支持政党・候補者のために使用するので，表向き資金援助は低くなるのである。中沢孝夫氏（元全逓労働組合中央本部勤務）に対するインタビュー（1999年8月11日）より。
(9) 96年総選挙比例区の自民党得票率は，東京27.0％，茨城42.0％。
(10) 具体的な相関係数は次のとおり。東京では，自民党0.83，新進党0.78，民主党0.76，共産党0.74，社民党0.80，太陽党0.70，さきがけ0.69。茨城では，自民党0.88，新進党0.77，民主党0.84，共産党0.45，社民党0.81，太陽党0.68，さきがけ0.65。相関係数はすべて1％水準で有意。
(11) 正確には，村松は3つのネットワークの存在を指摘している。第1は比較的に狭い政策領域に関心のある政策受益団体が属する「行政のネットワーク」，第2は専門家団体や経済団体などのセクター団体が属する「政権党のネットワーク」，第3は労働団体，市民・政治団体が属する「野党ネットワーク」である。詳しくは，村松・伊藤・辻中（1986：4章・結章）を参照。
(12) 村松は，圧力団体と政党の関係を決定づける要因として，イデオロギーと物質的利益の2つを挙げ，後者の観点から野党である社会党にアプローチする団体が少なからず存在することを指摘している（村松・伊藤・辻中，1986：183）。
(13) 後に見るように，団体－政党関係が再編される「兆し」は本調査でも確認できる。本章第4節参照。その顕著なものが，労働団体－自民党関係である。
(14) 本来の質問は，活動の頻度を尋ねるものであるが，ここでは頻度は問わない。「まったくない」という回答以外，つまり「あまりない」という回答以上を「活動あり」とした。また回答欄の全てが無回答の場合は，「活動なし」とみなした。
(15) 裁判所を選んだ団体において＜選挙活動あり団体＞が多いのは，茨城に特有の現象なのかどうかは，裁判所を選択した団体そのものが少ないので，断定的なことは言えない。
(16) 蒲島（1998：10章）では，投票－棄権に対する組織加入の「媒介」効果が確認されている。

⑰　集票側の動向をいかに把握するかが第一の課題となる。この点で，片岡・山田（1997）が注目される。この論文は，大嶽・片岡・山田によってなされた読売新聞の各支局選挙班の責任者に対するアンケート調査を通して，選挙過程における各種団体の動向などを明らかにしている。

⑱　共産党に対する支持，接触の変化については次のとおり。東京では，支持上昇1.4％，支持下落2.1％，支持変化なし96.6％，接触上昇3.7％，接触下落2.9％，接触変化なし93.4％。茨城では，支持上昇2.7％，支持下落0％，支持変化なし97.3％，接触上昇0％，接触下落3.8％，接触変化なし96.2％。

⑲　茨城における社会党支持，接触の停滞化の大きさは，茨城における社民党地方組織の分裂，新社会党の設立が反映している可能性がある。

⑳　片岡・山田（1997）は，「社民・民主党候補が不在の場合において一部組合が自民党候補支持に回る事例は，18の選挙区でみられた」と報告している（350頁）。

㉑　ここでの指摘は，小選挙区において複数の有力候補者が競合している状況を想定した上での一般論である。96年総選挙の小選挙区部分における接戦度については，水崎・森（1998）を参照。

㉒　片岡・山田（1997）もこの点を指摘している（350頁）。

第8章

ロビイング

石生義人

　第8章では，日本のロビー戦術の実態と戦術選択に影響する要因を分析する。予想されたようにロビーの標的は政党よりも行政省庁，野党よりも与党である。団体の約半数がロビイングを行うが，こうした政治化した団体とそうでない団体の相違の分析から，政治化傾向が強いのは，政府に規制される団体，利益代表数が多い団体，政策提言指向の団体であることが分かる。ロビイングの戦術について，アクターとの交渉型であるインサイドと会員動員やマスメディア利用へ向かうアウトサイドのどちらが用いられるかという点を分析し，併用，インサイド，アウトサイドの順であることが確認された。さらにロビー戦術を経験的に分析し，動員・野党戦略，インサイド戦略，マスメディア戦略の差異を析出し，それと団体属性，分類との関係を示す。労働や政治団体が動員・野党戦略，市民団体がインサイドと分かれるのが印象的である。

はじめに

　日本における多くの利益団体が，ロビー活動を行っている。ロビー活動とは，政策アクター（政治家・官僚）の政策決定・執行に何らかの影響を与えるために行われる利益団体の意図的活動すべてを意味する。利益団体は，国の政策アクターから，有利な政策を引き出し確保し，自己利益を守るためにロビー活動を行うのである。この章では，利益団体がロビー活動に関わる程度や，ロビー戦術の方法など，利益団体の活動とその傾向を明らかにする。

　ロビー活動に関する先行研究を概観すると，日本の利益団体研究は未だに不十分だと言える。もちろん，村松・伊藤・辻中（1986），村松（1998），Ishio（1999）などの関連する先駆的研究はあるが，まだ実証的な研究が不足している。その理由の1つは，ロビー活動の多くは，選挙運動や選挙結果のように公開の場で観察できるわけではないので，分析が困難であることに少し関係があろう。しかし，それが主要な理由ではない。実際，同じような状況にあっても，アメリカ利益団体のロビー戦術の研究は近年かなり進んでいる（Schlozman & Tierney 1986, Goldstein 1999, Kollman 1998）。したがって，より実質的な理由は，日本の政治研究者がこの分野をあまり研究対象としてこなかったことが挙げられる。数少ない日本利益団体研究者の1人である村松（1998：7）は，「圧力団体は，日本の戦後政治学ではその重要性ほどには調査研究されてこなかった」と述べている。

　この章では，4つの実証的疑問に答える。第1に，どのようなロビー戦術を，日本の利益団体は頻繁に使っているのか。この疑問は，どのような政策アクターがロビー戦術の標的になっているのかということとも深く関係がある。第2に，ロビー活動を行う団体と行わない団体にはどのような違いがあるのか。第3に，ロビー戦術にもいくつかの種類があるが，どの戦術を組み合わせながら，行使しているのか。第4に，どのような組織的要因が，利益団体のロビー戦術選択に影響を与えるのか。これらの疑問に答えるために，前に説明したデータを使って分析を行う。定義を整理しておくが，ここでいう政策アクターとは，組織レベルでは政党や国の省庁のことを意味し，個人レベルでは政治家・官僚のことを意味している。[1]

1 先行研究

　日本の利益団体のロビー戦術に関する先駆的研究として，村松・伊藤・辻中（1986）によって1980年に実施された団体調査があげられる。この調査は主要252団体を対象としており，日本の利益団体を初めてサーベイ調査によって分析したものである。この分析では，いくつかの興味深い結果が得られている。まず，利益団体の政党別接触頻度は，その政党の国会議員議席比と相関が高いこと。また団体の種類によって，政党接触が異なること。具体的には，労働団体，市民・政治団体は，他の団体よりも自民党への接触が少ない。さらに，労働団体，市民・政治団体が大衆動員による活動を多く行うことなどである。

　1994年に村松らは1980年と同じ枠組みの下で，再び団体調査を行い，主要247利益団体を調査している（村松 1998）。その分析の1つとして，6つのロビー戦術がどの程度行使されるのかを調べ，1980年と1994年を比較している。表8-1は，その分析の結果であり，それぞれの戦術を行使する団体の割合を示している。まず，1994年を見ていくと，会見を行う団体が最も多く34.0％。次に多いのが会員動員で21.5％である。行使される割合が最も小さいのは直接行動で3.2％という結果である。この結果を1980年と比較してみると，1994年の結果はそのすべてで行使する割合が1980年よりも減少しており，特に会見は大幅に減少している。この原因を村松は，1990年代の政党の不安定性にあるとしている。この調査結果は日本の利益団体のロビー戦術に関する貴重な資料を提供している。

　村松らによる1980年と1994年の調査は，日本で政治的に影響力があると思われる「主要」団体を網羅するようにサンプルを抽出している。いわば全国

表8-1　村松らのロビー戦術研究

	戦術	1994年	1980年
(1)	会見	34.0％	62.3％
(2)	手紙・電話	13.7％	17.9％
(3)	人を介して	14.5％	21.9％
(4)	メンバーを動員	21.5％	30.6％
(5)	直接行動	3.2％	3.2％
(6)	大衆集会	13.3％	17.8％

出所：村松（1998: 12）。
％は「非常に」または「かなり」と答えた割合。

頂上団体と言える圧力団体の調査である。重要なサンプルであるが，その反面こうした「主要」な利益団体が分析対象となっているために，分析結果もそのような団体に限って当てはまると言える。したがって，著名でない団体や小さな団体をも考慮したサンプルで分析を行うと異なった結論が得られるのではないかという疑問が残る。

　もう一つの先行研究は，Ishio（1999）の日米のロビー戦術の比較研究である。この調査では，1980年代の労働政策分野に焦点をあて，日本のロビー戦術がアメリカのそれとどう違うのかを分析している。Ishio は日米のロビー戦術の違いをそれぞれの政治構造の違いから生まれるとし，日本の利益団体はインサイド戦術のみを行使する傾向にあり，アメリカの利益団体はインサイドとアウトサイドを併用する傾向にあると報告している。インサイド戦術とは，政策アクターと直接にコンタクトをとる戦術で，政治家・官僚と面会をすることなどである。アウトサイド戦術とは，政策アクターと直接的なコンタクトをとらない間接的な戦術で，団体会員・マスメディア・一般大衆にアピールすることなどを意味する（Ornstein and Elder 1978, Gais, Peterson, and Walker 1984, Evans 1991, Kollman 1998）。つまり，アウトサイド戦術とは，そのようなアクターにアピールすることによって，世論の力（部分的であるかもしれないが）を背景に，政策アクターに間接的に影響を与えようとする方法である。Ishio の研究はロビー戦術の重要な違いを発見したと思われるが，この研究の弱点もサンプルの対象が限られているところにある。日本のサンプルは，労働政策に「最も影響を持っている」90の利益団体であり，それは5人の労働政策の専門家によって選定されている。したがって，この結果が日本の利益団体全体に一般化できるのかどうかは明らかでない。したがって，ここで必要なのは，無作為抽出サンプルを使ったロビー戦術データの分析である。本研究はその研究ニーズに応えるものである。

2　ロビー戦術の分類

　利益団体が行使するロビー戦術はさまざまであり，Schlozman & Tierney (1986) は米国で使われる27種類ものロビー戦術を列挙している。そのため，ロビー戦術をその特徴別に分類する必要がある。分類方法の1つは，上述のようにインサイドとアウトサイドに分ける方法である。インサイド戦術は，

図8-1　ロビー戦術の分類

ロビー戦術	インサイド (直接型)	与党
		野党
		官僚制，省庁
	アウトサイド (間接型)	会員動員
		マスメディア

その戦術の標的によってさらに3つの分類に分けることができる。第1は，与党とその政治家との接触。第2は，野党とその政治家との接触。第3は，省庁とそこで働く官僚との接触である。図8-1を参照。

アウトサイド戦術も2つに分類でき，それは，団体会員動員戦術とマスメディア戦術である。団体会員動員戦術とは，団体指導部の促しによって，会員が政策アクターに手紙を書いたり，電話したり，またデモや座り込み，大衆集会に参加することである。マスメディア戦術は，ジャーナリストに情報を与えたり，政策広告を出したり，記者会見を開いたりすることである。

この分類はロビー戦術の分析を行う上で，有益だと考えられる。なぜなら，ロビー活動の標的の違いがはっきりとしているからである。利益団体は，その国の政治構造と団体の組織的特徴に合致した標的を選んで，ロビー活動を行うと考えられるので（Thomas 1993），上の分類を使えば，ロビー戦術の異なる傾向を浮かび上がらせることができると思われる。本章では，まずこの分類を使って基礎的分析を行い，その後，新たな分類法が適切であるのかどうかもデータ分析を通して明らかにしていく。次に，具体的な分析の焦点を提示する。

3　分析の焦点

3－1　どこに働きかけるのか？

　本研究の課題の1つは，どのような政策アクターがロビー活動の標的になっているのかを解明することである。ロビーの標的となりうる政策アクターは，与党，野党，省庁である。この中で，どのアクターが最もロビー活動の標的となっているのか。この答えは，日本の政治のどこに政治的影響力があるのかという問いに少なからず関係がある。利益団体は，その活動の効率と影響力を最大化するために，「影響力のあるところに働きかけをする」はずである（村松・伊藤・辻中 1986：172）。しかし，これには条件がつく。それは，異なる政策アクターのアクセサビリティが同じであればという条件である。

　アクセサビリティとは，接触可能性のことであり，政策アクターが利益団体にとってどれくらい接触を取り易いアクターかということである。アクセサビリティは，様々な要因が関係するが，ここでは特に政策アクターのイデオロギーと関係が深いと考えている。具体的には，政治的イデオロギーが似通っているアクターには団体は接触しやすい。逆に，イデオロギーが著しく異なるアクターとは接触が困難であると推論できる。それは，イデオロギーが心理的親近感の目安となるからである。したがって，団体のイデオロギーの分布が正規分布のように中心が多いと仮定するならば，ある政策アクターのイデオロギーが極端に偏れば偏るほど，そのアクターに接触を取ることに抵抗を感じる団体の割合は増える。つまり，そのような政策アクターのアクセサビリティは低い。逆に，政策アクターのイデオロギーが中立的になるほど，そのアクターに接触することに心理的抵抗を感じる団体は少なくなる。つまり，その政策アクターのアクセサビリティが高いと言うことができる。このアクセサビリティは本書の他の分析（特に第5・6・7章）とも密接に関係することはいうまでもないが，ここでは特に政策アクターの影響力が同じであれば，アクセサビリティの高いアクターの方が，ロビー活動の対象になると考えておきたい。このような前提に基づいて，次のような推論が可能である[2]。

　　H1：日本の利益団体は，政党よりも省庁に働きかける傾向がある。
　　H2：日本の利益団体は，野党よりも与党に働きかける傾向がある。

　H1は，省庁の影響力とアクセサビリティに関係がある。日本の多くの政策決定・執行過程において省庁が大きな役割を担うという多くの研究者の指

摘に基づいている (Silberman 1982, Johnson 1985, 猪口・岩井 1987, Kato 1994, 菅 1998)。予算配分や法案作成は，多くの場合，省庁の役人が仕切っているとまで言われている (Johnson 1982)。また，「行政機構は，政策が確定されてから後の執行においても非常に大きな裁量権を委ねられている」(村松・伊藤・辻中 1986：212) ので，執行過程にも影響力を持っている。この官僚の裁量権を利益団体が重要視しているのではないかと思われる。したがって，省庁に政策の決定・執行の大きな役割が存在しているならば，利益団体はそこに働きかけるはずである。

政党優位論を論じる村松 (1998：16) は別の視点を提示している。村松は，1994年調査で行政への圧力活動が政党へのそれよりも大幅に多いことを発見したが，その結果の解釈は官僚優位論ではなく，政党の不安定性としている。彼によれば，「政権移行期には，接触行動をする相手としての政党は政局の渦に巻き込まれ政策問題への関心を減じ提携先として不安定であるので，団体の活動は行政に向けられざるをえない」(ibid: 19)。つまり，官僚の影響力が原因ではなくて，政党再編が起こり連立政権となったことの不安定さが，行政へのロビイングを増加させたとしている。この解釈が正しいかどうかはここでは検証できないが，興味深い可能性である。

次に，様々な団体にとって，省庁は政党よりもアクセサビリティが高い可能性があるということである。省庁の官僚は，国家公務員の規定上政治的に中立の立場を取らなければならない。もちろん，これは建前だけのことかもしれないが，少なくとも政党よりも中立だと思われる。したがって，様々なイデオロギーを持つ利益団体も，比較的にコンタクトがとりやすいのが省庁であると考えられる。その1例として村松・伊藤・辻中 (1986：210) は，「自民党へのアクセスの方は否定されがちな労働,市民・政治団体であっても，局長，課長レベルでは，他の団体と等しいアクセスを与えられていることがわかる」と述べている。利益団体は，自分の組織とイデオロギーが大きく異なる政党へのコンタクトを自粛するか，またはその政党に接触を拒否されるであろうと考えられる。したがって，政策過程に影響力がありまたアクセサビリティが高いために，省庁が政党よりもロビー活動の標的となりやすいと考えられる。政党は影響力はあるが，アクセサビリティが低いと言えよう。

H2は，与党は，一部の例外的な時期を除いて，国会で過半数の議席を確

保して内閣を形成しているので，与党が野党よりも，政治的影響力が高いと考えるのは当然であろう。したがって，影響力のある政策アクターに働きかけようとする利益団体は，野党よりも与党にロビーの標的を集中させる可能性が高いと考えられる。実際，データ収集時期の国会の与野党勢力は，衆議院で与党257議席（自民党240，社民党・市民連合15，さきがけ2），野党243議席（新進党142，民主党52，共産党26，太陽党10，21世紀4，無所属9）。参議院では，与党138議席（自民党112，社民党・護憲連合23，さきがけ3），野党114議席（平成会61，民主党・新緑風会21，共産党14，二院クラブ4，自由の会4，新社会党・平和連合3，太陽3，無所属4）となっている[3]。衆議院も参議院も与党が過半数を上回っている。与党・野党ともにイデオロギー的に偏っているので，アクセサビリティに関しては，一般的にいえばどちらも低く両者にそれほどの違いはないのではないか（ここでは個々の団体のイデオロギーと各政党との親和性については問わないとする）。したがって，与党と野党の大きな違いは，影響力であると考えられる。

3-2　政治的な集団と非政治的な集団

　他の先進民主主義国と同様に，日本でも団体は様々な趣旨をもって設立され，様々な活動を行っている。経済的利益の追求のために設立される組織もあれば，会員の教育や訓練をするために設立されているものもある。また，共通した意見や利害を持った人の情報交換のために設立された組織もある。したがって多くの団体は，政治的利益の追求が第一義的な目的ではないが，そのような団体であっても，政治化して，ロビー活動を行使することがある。もちろん，政治的利益の追求を第一義的な目的とする団体もあり，これらははじめから政治化していると言っていいだろう。逆に，政治化しない団体もある（詳細は第3章参照）。それではなぜ，ロビー活動に精力的な組織と，旺盛でない組織が存在しているのか。この違いはどこから生まれるのか。この疑問に答えを出すことも本研究の課題の一つであり，仮説として，政府への依存，組織的リソース，組織目標に関係があると思われる。具体的には次の仮説を提示する。

　　H3：政府に依存している団体ほど，ロビー活動を行う。
　　H4：多くの組織リソースを持っている団体ほど，ロビー活動を行う。

H 5：政策提言を第一義的な目的としている団体ほど，ロビー活動を行う。

　それぞれの仮説の根拠を説明しよう。H 3は，政府への依存度とロビー活動の関係を予測している。利益団体によっては，国の政策動向によって，その活動または会員の利害が，著しく影響を受けるものがある。例えば，政府の許認可がなければ行うことができない活動・業務は数多くあるし，その許認可に依存している経営者・労働者・組織がある。また，政府の補助金に，活動・業務費の一部または全部を依存しているものもある。このような集団にとって，政策の動向は，著しく重要である。したがって，政府への依存度が高い団体ほど，政策アクターにロビー活動を行う傾向が強いと考えられる。組織に必要なリソースを安定的に確保する1つの手段として，ロビー活動が位置づけられるからである。

　H 4は，ロビー活動を行うには，ある程度の組織リソースが必要であるという前提に基づいている。ここでいうリソースとは，資金や人材のことである。例えば，スタッフを確保し，情報を集め，ロビー活動を実施するには，資金と人材が必要である[(4)]。マスメディアを使って，政治的な広報・宣伝を行うのにも費用がかかる。会員を動員するのにも，動員する会員が多くいなければならない。したがって，このような組織リソースが多い団体ほど，ロビー活動を行うと予想する。

　最後に，組織の活動目的もロビー活動と関係があると考えられる（H 5）。政策アクターに政策提言することを第一義的目的とする団体は，そのような目的を持たない団体よりも，ロビー活動を行うと予想できる。政策を提言することを活動の中心にしているということは，政策過程に関わることを前提としている団体であるので，政治化が進んでおり，ロビー活動をする傾向が強いと予想できる。

3-3　ロビー戦術の組み合わせ

　利益団体は，いくつかのロビー戦術を組み合わせてロビー活動を行う。その組み合わせを分析することにより，利益団体がどのようにして政策アクターに影響を与えようとしているのかがよく理解できるはずである。Ishio (1999) は，ロビー戦術を，(1)インサイド戦術のみの行使，(2)アウトサイド戦

術のみの行使,(3)インサイド・アウトサイドの併用という3つの組み合わせに分類して,1980年代の労働政策に関わる全国的な頂上利益団体の分析を行っている。その結果,日本の利益団体の過半数はインサイドのみを行使していると推定している。この結果に基づき,次のような仮説を立てる。

　　H6:日本の利益団体は,インサイド・アウトサイドを併用するよりも,
　　　　インサイドのみを行使する傾向が強い。

　Ishio は,アメリカと比較した場合,日本の政治構造は,政策過程において一般大衆に大きな役割を与えていないとしており,そのような政治構造がアウトサイド戦術の重要性を低め,インサイド戦術のみの行使を助長しているとしている。具体的には4つの政治制度上の可能性に着目している。第1に候補者決定過程における政党指導部の影響力を指摘している。政党指導部が公認候補者を決定する最終的な権限を持っているので,候補者は当選した後も党執行部の拘束を受けることになる。このことが,政党規律を高めており,国会における政策判断は,政治家個人が地元の有権者の意見を基に判断するわけではなく,党の指導部の方針に従う。そのため,利益団体としては,政治家個人ではなく,党執行部へのロビーを集中させる。そのような中央集権的な政党に影響を及ぼすには,世論に訴えるようなアウトサイド戦術は効果的でなくなる。したがって,インサイドのみを行使する傾向があるのではないかとしている。

　第2に,日本の政策過程における省庁の影響力の強さを指摘している。官僚は政策過程に影響力を持っているが,選挙で選ばれているわけではない。したがって,世論に敏感であることは官僚の第一義的な関心事ではない。したがって,官僚に影響を及ぼそうとする利益団体には,一般市民に訴えるアウトサイドを使う必要がなく,官僚に直接コンタクトをとるインサイド戦術に特化する。

　第3に,行政府の長である首相が国民による直接選挙で選ばれていないことが,国民によって選ばれるアメリカ大統領と比べて,[5]世論の影響力を相対的に小さくしている。したがって,行政府の長である首相に働きかけたい利益団体にとっても,アウトサイド戦術を使った世論へのアピールは,アメリカほど重要でなくなるとしている。

　第4に,Ishio によれば,日本のコンセンサス重視の政策決定スタイルが政

治上のコンフリクトをあまりオープンにせず，非公式に処理しようとする傾向がある。この傾向がロビー戦術の選択に影響する。なぜなら，アウトサイド戦術はコンフリクトの存在を表に出してしまうので，好まれず，インサイドのみの行使が好まれるということである。

以上がIshioの見地であるが，市民社会組織を対象とする本研究においても，日本の利益団体は，主にインサイドのみを行使する傾向を発見するであろうと予測する。

以上の推論を検証するために，以下のような分析を行った。データは，対象を国レベルの政策に関わる利益団体の分析に絞るため，東京に所在している団体で，地理的な活動範囲が「日本全国レベル」と回答したものに限ることとした。

4　データ分析

4-1　ロビーの標的

本調査では，9つのロビー戦術に関して，それぞれどのくらいの頻度で行使するのかを団体の回答者に尋ねた。回答形式は，1「まったくない」，2「あまりない」，3「ある程度」，4「かなり」，5「非常に頻繁」である。戦術の種類は，インサイド戦術の指標が3つ，会員動員戦術の指標が3つ，マスメディア戦術の指標が3つある。表8-2は，それぞれの戦術に関しての平均値，および「あまりない」「ある程度」「かなり」「非常に頻繁」と答えた集団の割合である。[6]

表8-2によれば，最も多くの団体に行使されているのが，政府省庁との接触で46.1％であり，平均値も1.98で最も高い。その他の戦術で比較的割合が高いのは，マスメディアへの情報提供27.4％，与党接触の25.2％，野党接触の17.2％，手紙・電話キャンペーンの17.1％，記者会見の16.5％である。その他の戦術は，15％以下の集団によって行使されている。また，45.8％の団体がこれらのロビー戦術を一つも行使していない。つまり，約半分の団体は全くロビー活動を行っていないと言える。

それぞれの戦術の指標を，より広い分類のカテゴリーにまとめてみよう（表8-2参照）。与党接触と野党接触を政党接触として合体してみると，27.5％

表8-2 ロビー戦術の行使割合

戦術	パーセント	平均値
インサイド (49.3%)		
政党 (27.5%)		
(1) 与党接触	25.2%	1.45
(2) 野党接触	17.2%	1.26
省庁		
(3) 省庁接触	46.1%	1.98
アウトサイド (35.9%)		
会員動員 (19.6%)		
(4) 政党・行政に対して，手紙・電話などを用いて働きかけるように一般会員に要請する	17.1%	1.27
(5) 座り込みなどの直接行動をとる	6.2%	1.07
(6) 大衆集会を開く	10.4%	1.16
マスメディア (31.0%)		
(7) 新聞などのマスコミに情報を提供する	27.4%	1.46
(8) 有料意見広告を掲載する（テレビ・雑誌・新聞）	10.0%	1.14
(9) 記者会見を行って，団体の立場を明らかにする	16.5%	1.27
ロビー戦術を行使していない	45.8%	1.00

N＝690．平均値は，1「まったくない」，2「あまりない」，3「ある程度」，4「かなり」，5「非常に頻繁」と
コーディングして計算している。

　が政党接触していることになる。与党との接触が25.2%なので，政党に接触する団体の殆どが与党に接触するということができる。また，インサイドの指標を三つとも合体してみると，49.3%の団体が何らかのインサイド戦術を行使したことになる。省庁接触が46.1%なので，インサイドを行使する団体の殆どが省庁と接触しているということができる。会員動員戦術を合体すると，19.6%が何らかの会員動員をしたことになる。また，31.0%がマスメディア戦術の少なくとも1つを行使している。会員動員戦術とマスメディア戦術をアウトサイド戦術として合体すると，35.9%がアウトサイド戦術の少なくとも1つを行使したことがわかる。

　これらの結果は，先の推論や仮説の一部を支持する結果である。まず，省庁が政党よりも頻繁にロビー活動の対象になっているということは，H1が支持されている。また，与党は野党よりもロビーの対象になっていることから，H2が支持されている。しかし，与党と野党の差はそれほど大きくはない。

　マスメディア接触が，会員動員や政党接触よりも多くの団体によって行われていることは，マスメディアを使ったアウトサイドのロビーが重要な戦術となっていることを示唆している（後述）。このことは，マスメディアの影響

力の大きさと関係があり，KabashimaとBroadbent (1986) が報告したマスメディアの影響力と部分的に合致する。しかし，これはマスメディアのアクセサビリティにも関係があるのかもしれない。マスメディアと言っても，テレビ，新聞，雑誌と様々なので，マスメディアへのアクセスは比較的容易なのであろう。

4-2 団体の政治化

表8-2によって，サンプルの45.8％の団体がここにあげたようなロビー活動を行っていないことがわかった。つまり，利益団体の約半分はロビー活動を行っているが，残りの半分はロビー活動を行っていないのである。政治化する団体と政治化しない団体のどこが違うのかを調べるために，ロジスティック回帰分析を試みた。ロビー活動の有無が従属変数で，独立変数は，政府依存度，組織リソース，組織目的である。それぞれの変数は，次のようにコーディングした。

ロビー活動：表8-2にあげたロビー戦術の1つでも行使する団体は1，全く行使しない団体は0とコーディングした。

政府依存度：2つの指標を用いる。1つは規制関係である。この調査では，国の行政機関と「団体が許認可を受ける関係」があるか，「何らかの法的規制を受ける関係」があるか，「何らかの行政指導を受ける関係」があるかという質問をしている。そこで，これらの項目に当てはまる数を規制関係の変数とした。つまり，3つ当てはまれば3，全く当てはまらねければ0である。数字が高いほど，規制を通して，政府に依存しているということができる。政府依存度のもう1つの指標は，1996年に団体が受けた国からの補助金の額である。コーディングは章末を参照。

組織リソース：この概念の指標は，会員数，1996年度予算の規模，利益代表数とした。コーディングは章末を参照。利益代表数に関して説明を加えると，回答者には次の質問が行われている。「あなたの団体は行政や政治家と交渉するときに，おおよそ何人ぐらいの人の利益を代表していると主張しますか」。この変数は，会員数とは異なる。なぜなら，会員数が少なくても，代表している人の数が多いと主張する組織は多いからである。実際，会員数と代表数の相関係数は0.23であり大きくない。利益代表数は，民主主義における

一種の組織リソースと言えよう。利益代表数が多いほど，それほど多くの民意を反映していると主張することができる。したがって，利益代表数が多い団体の主張を政策アクターは簡単には無視できないであろうし，また，利益代表数が多いことが，団体のロビー活動に対するコミットメントも高めると予測できる。[7]

組織目標：組織の主な目的・活動が「専門知識に基づく政策案を会員外の機関・団体に提言する」であるとした団体は1，そうでない団体は0とコーディングした。

政策スコープ：団体の回答者は，21の政策分野のリストから，「関心のある政策や活動分野」をすべてチェックすることになっているので，チェックした項目の数を政策スコープの指標とする。この指標は，関心政策分野が広いのか狭いのかを測っている。団体のスコープが広いほど（関心分野の数が多いほど），政府の政策によって利害に影響を受ける可能性が高くなると推定する。すなわち，ロビー活動が必要になる可能性が高くなる。したがって，この変数をコントロール変数として使用する。

表8-3は，ロジスティック回帰分析の結果である。個々の変数の影響をみていくと，規制関係が統計的に有意で正の影響がある。つまり，政府から何らかの規制を受けている団体ほど，ロビー活動を行っているということである。この結果は，仮説のH3（政府に依存している団体ほどロビー活動をする）を支持している。しかし，政府依存度のもう1つの指標である補助金の影響は，有意ではない。

組織リソースの2つの指標である会員数と予算規模は，ロビー活動に有意な影響を及ぼしていない。しかし，利益代表数は有意で正の影響を持ってお

表8-3 ロジスティック回帰分析結果

独立変数	回帰係数
規制関係	0.235***
補助金	0.062
会員数	−0.075
予算規模	0.020
利益代表数	0.259***
政策提言目標	0.860***
政策スコープ	0.073***
定数	−0.904**

*** $p < 0.01$; ** $p < 0.05$; * $p < 0.10$ (two-tailed)
従属変数：ロビー活動の有無。
的中率：68.8%
Model Chi-Square：127.225
Model -2 Log Likelihood：812.943
Nagelkerke R^2：0.227
N = 682

り，この点では仮説Ｈ４（組織リソースの多い団体ほどロビー活動をする）を支持している。したがって，ロビー活動をするか否かという選択は，会員数・予算規模には影響を受けておらず，単なる組織の大きさは関係ない。しかし，政府に対して実際に代表している人々の数が多い団体は，ロビー活動に参加する可能性が高い。

政策提言目標の影響は有意でプラスである。これは，政策提言が組織の主な目的・活動である団体は，そうでない団体よりもロビー活動を行いやすいということを意味している。この結果は，仮説Ｈ５（政策提言を第一義的な目的としている組織ほど，ロビー活動を行う）を支持している。最後に，コントロール変数の政策スコープは，予想していた正の影響で有意であり，政策関心のスコープが広いほど，ロビー活動を行いやすいということである。

モデル全体としては，的中率が68.8％，Nagelkerke R^2 が0.227なので，説明できていない部分がまだかなりあることがわかる。

4-3 インサイドとアウトサイドの組み合わせ

次に，利益団体がインサイドとアウトサイドの戦術をどのように組み合わせているのかを分析する。表8-4の分析結果によると，18.3％の利益団体がインサイドのみを行使し，4.9％がアウトサイドのみを行使しており，31.0％が両方を行使していることが分かる。したがって，最も多くの団体に行使されているのが，インサイドとアウトサイドの併用である。この結果は，Ｈ６（日本の利益団体は，インサイド・アウトサイドを併用するよりも，インサイドのみを行使する傾向が強い）の仮説を支持しておらず，Ishio（1999）の労働政策分野での研究結果と異なる。

なぜ，このようにIshioの研究と違った結果が出たのであろうか。1つの可能性は，Ishioの研究では政策過程において最も影響力があると判断された

表8-4 インサイドとアウトサイドの組み合わせ

組み合わせ	パーセント
インサイドのみ行使	18.3％
アウトサイドの行使	4.9％
インサイド・アウトサイド併用	31.0％

N＝690

数十の利益団体のみが分析されているので、このことが分析結果に影響を与えていたのかもしれない。本調査との間には、対象団体のレベルが異なっている。そこで、この可能性を本調査のデータで一定程度検証してみる。本調査の回答者は、その活動地域での政策課題に関して、どの程度影響力を持っていると思うかという質問に答えている。そこで、サンプルの中から「非常に強い」または「かなり強い」と回答した102団体だけを抽出し、再分析した。すると、この中で44.1％がインサイドとアウトサイドを併用しており、19.6％がインサイドのみを行使、2.9％がアウトサイドのみを行使している。したがって、影響力のある団体だけを分析してみても、インサイド・アウトサイド併用が最も多く、その傾向がサンプル全体よりも強くなっている。したがって、上の可能性は必ずしも妥当しない可能性がある。

　もう１つの可能性は、労働政策分野の特異性が考えられる。本調査では政策分野を限っていないが、Ishioの研究は労働政策の利益団体に関する結果である。そこで、この可能性を検証するために、サンプルの中で労働政策に関心のある組織154団体だけを抽出し、再分析した。その結果、44.2％がインサイド・アウトサイドを併用しており、16.2％がインサイドのみ、5.8％がアウトサイドのみを行使している。したがって、労働政策にかかわる団体だけを対象にしても、インサイド・アウトサイドの併用が多く、その傾向が強くなっている。このように、労働政策分野の特異性としては、違いが説明できないことがわかる。

　以上の可能性が否定されたが、それでは仮説と異なる結果が得られた理由は何であろうか。既に触れた調査レベルの違い以外に推定される要因は何だろうか。１つは、政治・経済的変化における世論の影響力の増大にあるのかもしれない。1990年代の政権交代によって、自民党による一党優位体制が崩れた。また1990年代初期のバブル経済崩壊以降、日本は不景気が続いている。この経済の低迷が政府に対する正統性の低下につながったかもしれない。しかし、このような変化がどのように影響したのかという疑問には２つの解釈が可能である。１つは、このような変化によって、政策アクターは世論の動向により敏感になり、世論の影響力が高まり、より多くの団体アウトサイド行使によって自組織の立場を有利にできるとが考えるようになったという解釈である。このことが、インサイド戦術を行使しつつも、アウトサイドを併

用することを助長したのではないのか。

　もう1つの解釈は、インサイド・アウトサイドの併用が増加したのではなく、インサイドのみを行使する団体が減ったのだとする解釈である。この解釈では、世論の影響の変化は関係がない。先に紹介した村松の1980年と1994年の比較分析では、会見を行う団体の割合が62.3％から34.0％まで減っている。アウトサイド戦術の行使も減少してはいるが、会見ほど急激ではない。このことと合わせて考えると、インサイドとアウトサイドの併用が最も多いのは、それが増えたのではなく、インサイドのみを行使する団体が減少したために、併用する団体の数が増加したように見えたのではないかと考えることもできる。インサイドのみを行使する団体が減ったのは、政権交代があり、また連立政権なって、どこに接触を取っていいのかがわからなくなった団体が増えたからなのかもしれない。

4-4　データに基づいたロビー戦術の分類・組み合わせ

　最後に、Ishioのロビー戦術の分類を超えた新しい分類を試みる。上での3分類は確かに論理的に構築してあるが、実証的には単純過ぎる可能性がある。仮に、団体Aが野党に接触し、会員も動員するが、与党や省庁には働きかけないという戦略をとるとしよう。そして、団体Bは、与党に働きかけ、マスメディア戦術も行使するが、野党には働きかけない戦略をとるとしよう。このAとBの2つの集団は、戦略的には全く異なるロビー戦術を行使しているが、Ishioの3分類では、それらはどちらもインサイド・アウトサイドの併用という分類になってしまう。このように、インサイドとアウトサイドに性質の異なる戦術が含まれているので、インサイドとアウトサイドだけの組み合わせを分析するのは十分ではないと考えられる。したがって、利益団体はどのような戦術を実際に組み合わせているのかを分析する。その組み合わせを確立した後に、その選択の分散を分析する。

　利益団体がロビー戦術を実際どのように組み合わせているのかを調べるために、9つの戦術をそれぞれ変数として、主成分分析を試みた。この分析を行うにあたって、まずロビー活動を全く行っていない団体をサンプルから除外し、ロビー戦術を少なくとも1つは行使した374団体を分析の対象とした。ロビー戦術のそれぞれの指標は、5「非常に頻繁」、4「かなり」、3「ある程

度」，2「あまりない」，1「まったくない」とコーディングしてある。表8－5は，バリマックス回転を使った主成分分析の結果であり，ロビー戦術の3つの成分が確認できる。第一成分には，野党接触，手紙電話キャンペーン，直接行動，大衆集会が高い値を示しており，野党接触と会員動員を組み合わせた成分であることがわかる[(8)]。第二成分に強く関わる戦術は，マスコミへの情報提供，有料広告，記者会見であり，マスメディア戦略の成分である。第三成分には与党接触，野党接触，政府省庁接触が高い相関を持っており，インサイド戦略の成分であることがわかる[(9)]。結果は，戦術に3つのパターンがあることを示している。会員を動員しながら，野党に接触をとるパターン（動員・野党戦略）。マスメディアだけにアピールするパターン（マスメディア戦略）。そして，アウトサイドを行使せずに政党と省庁に接触をするパターン（インサイド戦略）である。

この主成分分析結果は，Ishio (1998) の3パターン分類は十分でないことを物語っている。つまり，インサイドのみ，アウトサイドのみ，インサイド・アウトサイド併用という分類は論理的に成立するが，実際の組み合わせの観点からではあまり意味がないことがわかる。それと類似するがより具体的な3パターンの戦略があるのである。

ではどのような団体がどの組み合わせの戦術を行使するのであろうか。まず，団体分類別に傾向の違いをみてみよう。図8－2は，主成分分析で得られた結果を主成分得点として変数化し，団体分類別の平均点を示したものである。主成分得点は標準化されているので，全体の平均値は0である。したが

表8-5　主成分分析結果（バリマックス回転）

Tactics	第1主成分	第2主成分	第3主成分
与党接触	.347	.090	.747
野党接触	.656	.047	.472
省庁接触	－.061	.081	.772
手紙電話キャンペーン	.673	.207	.370
直接行動	.811	.199	－.048
大衆集会	.826	.260	.010
マスコミへ情報提供	.221	.690	.178
有料広告	.150	.750	－.138
記者会見	.144	.789	.238
% of Var. Explained	27.09	20.30	18.04

N =374

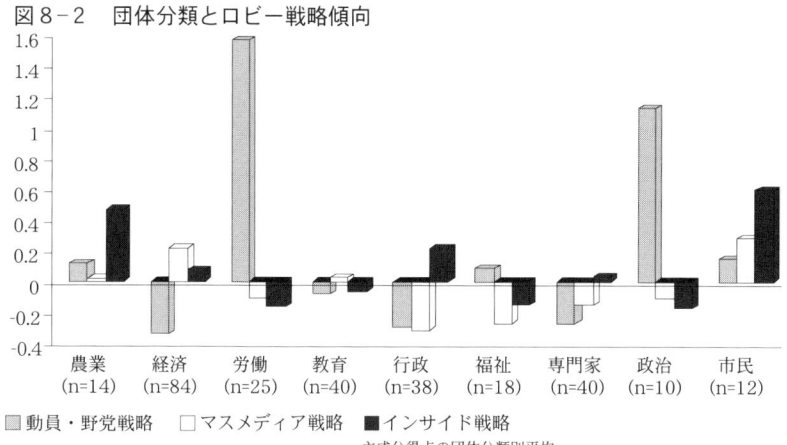

図8-2　団体分類とロビー戦略傾向

　　　　農業　　経済　　労働　　教育　　行政　　福祉　　専門家　　政治　　市民
　　　(n=14)　(n=84)　(n=25)　(n=40)　(n=38)　(n=18)　(n=40)　(n=10)　(n=12)

■ 動員・野党戦略　　□ マスメディア戦略　　■ インサイド戦略

主成分得点の団体分類別平均

って，値が０より大きければ全体の平均より高く，０より小さければ平均より低いと言うことができる。特徴が際立っている団体の傾向を説明すると，労働団体と政治団体による動員・野党戦略の点数が非常に高い。労働団体のこの特徴は，労働ストライキの経験および自民党に対する反対勢力としての傾向に関係があるのであろう。政治団体に関しては，反政権的なイデオロギーを持った団体が多いことが関係しているのかもしれない。村松・伊藤・辻中（1986）の調査でも，労働団体，政治団体が大衆動員による活動を多く行うという報告はされている。次に，農業団体と市民団体のインサイド戦略の得点が高い。自民党・農林水産省と関係の深い農業団体がインサイド戦略を取る傾向にあることは想像できるが，市民団体がインサイド戦略を積極的に取っていることは予想外である。市民団体は，労働団体のように野党・アウトサイド戦略を取るのであろうと考えていた[10]。他の団体は，それほど際立った特徴はなく平均に近い。ただ以上の分析について，各分類の絶対数が小さいので断定的なことはいえない。

　次に，それぞれの主成分得点を従属変数として，重回帰分析を試みた。重回帰分析を行うことによって，独立変数間の関係をコントロールしてそれぞれの影響をみることができる。独立変数は表８-３で使用したものの他に,以下のものを用いた。

省庁との関係：回答者は，省庁との関係を7点尺度を使って示している。7点は「非常に協調的」，4点が「中立」で，1点が「非常に対立的」である。この変数は，動員・野党戦略とマスメディア戦略の分散を説明するために使う。インサイド戦略は，それ自体に省庁接触の項目が含まれているので，この変数を説明する目的では使用しない。

　政治的イデオロギー：回答者は，次のような質問に答えている。「あなたの団体に属する人は，保守的な人と革新的な人のどちらが多いですか。団体の執行部・・・について，下の尺度でお答えください」。この尺度は1～7の7点尺度で，1が「革新的な人が非常に多い」で，7が「保守的な人が非常に多い」で，4が中間で「同程度」となっている。

　団体ダミー変数：図8-2で特徴がはっきりしていた農業団体・労働団体・政治団体・市民団体のダミー変数をそれぞれ作成した。これら以外の団体がベースカテゴリーとなる。

　表8-6は，重回帰分析の結果を提示している。まず，動員・野党戦略に関しては，イデオロギー，利益代表数，省庁関係，労働団体ダミー，政治団体ダミー，政策スコープの影響が統計的に有意である。つまり，次のような特徴を持った団体が動員・野党戦略をとる傾向が強いということである。それは，革新的な団体，利益代表数が多い団体，省庁と対立的な関係にある団体，労

表8-6　重回帰分析結果

	動員・野党	マスメディア	インサイド
規制依存	0.026	0.091	-0.056
補助金	0.001	-0.094	0.020
会員数	0.031	-0.076	0.058
予算規模	-0.025	0.055	0.102*
イデオロギー（保守）	-0.125**	-0.053	0.187***
政策提言目標	-0.005	0.159*	0.127**
利益代表数	0.189***	0.062	0.163***
省庁との関係	-0.166***	-0.073	------
農業団体ダミー	0.046	-0.025	0.086
市民団体ダミー	-0.002	0.032	0.201***
労働団体ダミー	0.310***	-0.090	-0.049
政治団体ダミー	0.188***	-0.009	-0.062
政策スコープ（コントロール）	0.115**	0.021	0.112**
Adj R^2	0.289***	0.023*	0.115***

N =332．係数は標準回帰係数。
* $p < 0.10$; ** $p < 0.05$; *** $p < 0.01$　(two-tailed)

働団体，政治団体，政策スコープが広い団体である。この調査が行われた時期は，保守政党である自民党が与党の中心であり，革新的な団体は，野党と接触するか会員を動員するなどの方法に訴える方が自然であったのであろう。利益代表数が多い団体は，潜在的に多くの支持者を持っている団体なので，会員動員的な手段を取りやすいのであろう。省庁と対立的な立場にある団体は，重要な政策アクターである省庁との接触が困難であり，動員的な手段を取らざるをえないのかもしれない。労働団体・政治団体が動員・野党戦略をとる傾向が高いのは，先に述べた理由からだと解釈できる。このモデルで分散の28.9%を説明することができるが，あまり高い数値とはいえない。

　マスメディア戦略は，政策提言しか有意な変数がなく，モデル全体でも分散の2.3%しか説明できていない。明らかに，このモデルの変数では説明できないようである。マスメディアを使ったロビー戦術が省庁接触に次いで多いにもかかわらず，これほど説明ができないということは，マスメディアと一口に言っても多くの媒体を含んでおり，そのため様々な特徴を持った団体によって使用されており，組織的特徴が偏っていないということであろう。

　インサイド戦略は，予算規模，イデオロギー，政策提言，利益代表数，市民団体ダミー，政策スコープの影響が有意である。このモデルで，従属変数の分散の11.5%を説明している。インサイド戦略を行使する団体は次のような特徴を持っているといえる。予算規模が大きい団体，保守的な団体，政策提言を目的としている団体，利益代表数が多い団体，市民団体，政策スコープの広い団体である。予算規模が大きい団体ほど，組織として認識され，政策アクターとのアクセスが取りやすいのではないだろうか。イデオロギーに関しては，調査時点では保守政党の自民党が与党の中心的な役割をしていたので，保守的な団体はインサイドを中心に動いていたのではないだろうか。また，保守的な団体にとって，一般大衆に訴えるという行動自体が，「保守的」イデオロギーと合致しないのではないかと考えられる。政策提言を目的としている団体が，マスメディア戦略とインサイド戦略を行使する傾向があるというのは，政策提言はマスメディアや政策アクターに対し行うもので，一般大衆などに向けて発せられるものではないということなのかもしれない。絶対数が少ないとはいえ市民団体がインサイド戦略を取る傾向にあるというのは，先に述べたように意外である。市民団体＝市民運動と考えて，大衆型

の戦略をとるようなイメージとつながりやすいが，市民団体のアプローチは政策アクターへの直接接触である。農業団体ダミー変数は，重回帰分析のモデルに投入すると有意にはならなかった。これは，イデオロギー変数の導入による結果である可能性もある。つまり，農業団体は保守的であるために，インサイド戦略を使う傾向があると考えられる。

　表8-6の結果を全体的にまとめてみよう。まず，政府依存度の指標である規制関係と補助金は，どの戦略に対しても有意な影響を持っていない。つまり，戦略の選択と政府依存度は関係がないということである。会員数の影響も有意ではなく，戦略の選択と関係がない。予算規模は，インサイド戦略にのみ有意である。イデオロギーに関して言えば，保守的な団体は，動員・野党戦略を避ける傾向にあり，インサイド戦略を好む傾向がある。言い換えれば，革新的な団体は，動員・野党戦略を好む傾向があり，インサイド戦略を避ける傾向がある。政策提言目標は，マスメディア戦略とインサイド戦略に有意である。利益代表数は，動員・野党戦略とインサイド戦略に有意である。省庁との関係は動員・野党戦略に負の影響を及ぼし，このことは省庁に敵対している団体は野党に接触したり，会員を動員していることを意味する。市民団体はインサイド戦略の傾向があり，労働団体と政治団体は動員・野党戦略の傾向がある。

まとめ

　この章では，日本のロビー戦術の実態と戦術選択に影響する要因を分析した。主な分析結果を要約すると，第1に，ロビー活動の最も標的となる政策アクターは，省庁であり政党ではないということ。政党間では，野党よりも与党の方がロビーの対象になっている。この結果は，ロビーの標的の選択は，標的の影響力とアクセサビリティに関係があるとする推論を支持していると考えられる。利益団体は，政策決定・執行に影響力のない政策アクターに接触をとることはあまりない。ロビー活動の効力を最大化するには，なるたけ影響力のある政策アクターに接触するのではないか。しかし，影響力だけがロビー活動の標的を規定するのではなく，その政策アクターのアクセサビリティも重要であろう。なぜなら，利益団体は影響力があり且つアクセスしやすい政策アクターに接触するからである。この観点から判断すると，日本の

省庁は政策決定・執行に関して影響力を持っているし，イデオロギー的に比較的中立なので，様々な利益団体にとってはアクセサビリティの高い政策アクターであると考えられる。このことが，省庁をロビー活動の最大の標的にする理由だと考えられる。

第2に，政治化する団体と政治化しない団体の違いを分析したところ，政治化する傾向が強い団体は，組織の活動が政府に規制されている団体，利益代表数が多い団体，組織の第一義的な目標が政策提言である団体であることが分かった。国から許認可・法的規制・行政指導などを通して組織の活動が規制を受ける団体は，ロビー活動を行う傾向が強いのである。規制を受けているということは，それだけ国の政策動向によって組織の利益が影響を受けるのであって，そのことが政策に対する関心を高め，ロビー活動の重要性を認識させ，実際にロビー活動に従事するのであろう。利益代表数は，民主主義国家においては特に重要な組織リソースであり，利益代表数が多いほど多くの民意を反映していると確信することになるし，そのような団体の主張を政策アクターは簡単には無視できないであろう。このことが，そのような団体の影響力行使の有効感覚を高くし，よりロビー活動に従事するのだと考えられる。組織の第一義的な目標が政策提言であることが，ロビー活動を旺盛にするのは当然なのかもしれない。そのような団体は政治に関わることが創立時からの目的であるため，初めから政治化している。以上のように，何が利益団体を政治化するのかという疑問にある程度の答えをだすことができた。これは，本調査で使ったサンプルに政治化していない団体（市民社会組織全般）が含まれていたので可能となった分析である。圧力団体として知られている団体のみを分析の対象とした場合，このような分析は不可能であり，本調査のサンプルの意義が改めて確認されたことになる。

第3に，ロビー戦術の選択を，インサイドのみ，アウトサイドのみ，インサイドとアウトサイドの併用と分類した場合，最も多くの団体に行使されている選択は，予想に反してインサイド・アウトサイドの併用であることがわかった。1980年代の労働政策に関わる利益団体を分析したIshio (1999)の研究では，日本の利益団体は，インサイドのみを行使する傾向が強いということが報告されており，同様な結果を本研究でも発見すると予想したが，仮説を支持することはできなかった。この原因は，両分析の基礎となる調査対象

レベルの違い以外に，1990年代の政治的・経済的変化に関係がある可能性がある。1993年代の政権交代によって，自民党による一党優位体制が崩れ，政権交代が起こり，その後自民党は与党として戻ったが連立政権となった。また，バブル経済崩壊以降の不景気は長期間に及び，政策アクターの正統性が低下しているのかもしれない。これらによる政治環境の変化によって，政府・官僚・政治家に対する国民および利益団体の意識が大きく変わったと推測できる。しかし，この変化がインサイド・アウトサイド戦術の併用にどのように影響したのかはいくつかの解釈が可能である。1つは，政治における世論の重要性が高くなり，それを敏感に捉えた利益団体が，アウトサイド行使によって世論に訴えて自組織の立場を有利にできると考え，インサイド・アウトサイドの併用を増幅させたという解釈である。つまり，併用する団体が増加したという考え方である。もう1つの解釈は，政権交代や連立政権の誕生が政治に不安定さを持たせ，それによってどの政策アクターにアクセスしてよいのかわからない団体が増え，インサイドのみを常に行使していた団体が，その行使を減少させたという考え方である。つまり，実際にはそれほどインサイド・アウトサイドの併用が増えていなくても，インサイドのみが減ったために相対的に併用が主流に見えるようになったと解釈できる。この解釈は村松（1998）の分析結果と通ずるところがある。

　第4に，主成分分析の結果，ロビー戦術を組み合わせには，経験的にいえば3つのパターンがあることが分かった。1つは，会員を動員しながら，野党に接触する動員・野党戦略。2つ目は，マスメディア戦術だけを行使するマスメディア戦略。それから，政党と省庁に接触するインサイド戦略である。この結果，ロビー戦術を単純にインサイド・アウトサイドと分類するだけでは十分でないことがわかった。

　最後に，その3つのロビー戦略に影響を与える要因を分析した。動員・野党戦略をとる傾向が強い団体は，革新的な団体，利益代表数が多い団体，省庁と対立的な関係にある団体，労働団体，政治団体であった。マスメディア戦略は，分散のほとんどを説明できないが，唯一有意な変数は政策提言であった。インサイド戦略を行使する傾向が強い団体は，予算規模が大きい団体，保守的な団体，政策提言を目的としている団体，利益代表数が多い団体，市民団体であった。

この分析結果によって，すべての利益団体が同様の戦略を取るのではなく，戦略の選択は組織的特徴によって助長または制約されることがわかる。また，この結果は，なぜすべての団体が単に省庁と与党に働きかけないのかを明らかにしている。省庁と与党が日本の政策過程の中で最も影響力のあるアクターであるならば，すべての利益団体は，ロビー活動の効率と有効性を最大にするために，これらのアクターを中心に働きかけるべきだと考えられるかもしれない。しかし，革新的なイデオロギーをもった団体，労働団体，省庁と敵対関係にある団体は，与党・省庁に働きかけることに抵抗を感じ，インサイド戦略を行使しない傾向がある。したがって，利益団体は，影響力のあるアクターのみに働きかけるのではなく，アクセサビリティのある政策アクターに働きかけるようである。この傾向を説明する例として，村松・伊藤・辻中（1986：182）は「経済界は，共産党には接触しようとしないことは明白」だと述べている。それは，ロビーの標的である政策アクターとイデオロギーが全く異なる利益団体は，そのようなアクターにはアクセスしようとはしないからである。

　これからの日本の政治における利益団体のロビー戦術は，どのような変化が予想されるだろうか。まず，考えられるのは，政党接触の重要性の増大である。官僚制度への批判，省庁再編に伴う副大臣制の導入および政府委員の廃止，また，議員立法の増加に伴い，政治家の政策における重要性が比較的に増してくるであろう。ある大企業の会長は「政策決定の中心が霞ヶ関から永田町に移っている。永田町との間にパイプを作ることは重要なことだと」発言している[11]。これが新たな傾向だとすれば，政党がロビー活動の対象になることがより増えるのではないだろうか。また，政党が世論の動向にどれほど敏感になるのかは予想できないが，その傾向が強くなるとすれば，世論の役目が大きくなり，利益団体はアウトサイドの戦術をより多く採用するのではないかと思われる。

注

(1) 利益団体は，地方自治体に対してもロビー活動を行うが，この論文では国のレベルでのロビー活動に焦点を置く。
(2) 以下の仮説はデータが収集された1990年代後半を対象としている。

⑶ 政党勢力の資料は，朝日新聞（1997年1月20日2面）の記事による。
⑷ Laumann and Knoke (1987) は，このようなリソースを monitoring capacity と呼んでいる。
⑸ もちろん，厳密にはアメリカの大統領選挙は，大統領選挙人を介する間接選挙であるが，大統領選挙人はその州の結果をそのまま踏襲するので，実質的な直接選挙である。
⑹ 「あまりない」という表現は曖昧であるが，行使を認めている表現なので，行使するに含めている。また，これを含めることによって，自組織の行動を過小評価する傾向があるとすれば，そのような団体を拾い上げることができる。
⑺ 利益代表数に関する質問には無回答が多かった（辻中編1999コードブック参照）。その理由は，この質問の趣旨がやや曖昧であったこと，加えて郵送調査であったことと，調査票の説明部分に当てはまらない項目は飛ばして次の質問に進むようにという指示をしていたことなどが考えられる。今回の分析ではこの質問に答えていない団体は，利益代表数がないと仮定し，無回答は利益代表数を0として処理した。このように処理することによって，多変量解析の時に分析のケースを大幅に減らすことなく，この重要な変数を分析に導入することができる。
⑻ 与党接触は0.347なので，強くはないが少し関係があることがわかる。
⑼ 手紙電話キャンペーンは0.370なので，第3成分と少し関係がある。野党接触は第1成分と第3成分の両方に関わっておりはっきりとは分類されていない。
⑽ 村松ら（1986）の調査では，調査対象団体数が少なく（全体で252），市民団体は政治団体と同じカテゴリーに分類されていたので，その違いは分析不能であった。
⑾ 朝日新聞，「危機感なき癒着構造」，2001年3月31日，4面。

付録：変数のコーディングは以下のとおりである。
　補助金受給額：金額　コード0円：（1），1～99万円：（2），100万～499万円：（3），500万～999万円：（4），1,000万～1,999万円：（5），2,000万～4,999万円：（6），5,000万～9,999万円：（7），1億～9億9,999万円：（8），10億円～：（9）
　会員数：0人：（1），1～49人：（2），50～99人：（3），100～499人：（4），500～999人：（5），1,000～4,999人：（6），5,000～19,999人：（7），20,000～99,999人：（8），10万人～：（9）
　1996年度予算：100万円未満：（1），100万以上300万円未満：（2），300万

円以上500万円未満：(3)，500万円以上1,000万円未満：(4)，1,000万円以上3,000万円未満：(5)，3,000万円以上1億円未満：(6)，1億円以上2億円未満：(7)，2億円以上10億円未満：(8)，10億円以上：(9)

　利益代表数：0人：(1)，1〜99人：(2)，100〜999人：(3)，1,000〜4,999人：(4)，5,000〜9,999人：(5)，10,000〜24,999人：(6)，25,000〜99,999人：(7)，100,000〜999,999人：(8)，1,000,000〜9,999,999人：(9)，10,000,000人以上：(10)，無回答は0人として処理している。

第9章

地球化と世界志向利益団体

足立研幾

第9章では,世界を活動対象とする団体に焦点をあて,それ以外の国内志向団体と対比しつつ,その存立・行動様式を検討する。ここでは,近年世界志向団体の設立が増加していることが印象的である。この背景には情報化の進展によって,小規模な団体が地方でも世界的な活動が可能になっていることがある。世界志向団体は,国の行政機関と一定の距離を保つ一方で,他団体との協調や積極的なマスメディア利用によって政治に影響を与えようとしていることなど,行動上も「草の根」的な独自な特徴を保持していることが発見される。

はじめに

　近年，著しい技術の進歩により，世界はますます小さく感じられるようになってきた。移動の手段の進歩は短時間での国家間の往来を可能にし，また，通信システムの発達はある国での出来事を，瞬時に地球の裏側にまで伝えたり，巨額のカネが一瞬のうちに国境を越えることを可能とした。こうした著しい技術の進歩とそれに伴ってもたらされた人，モノ，カネ，情報などの国境を越えた移動の爆発的増加により，国境の意味は相対化され，一国内の出来事が有する国際的な影響力が増大してきた。経済問題のみならず，政治，文化など全ての領域において地球化が進展してきたのである。

　このような状況を承けて，グローバルな市民社会が出現しつつあり，市民レベルの活動の重要性が高まったとする研究が現れつつある［J. Mathews (1997), R. Lipschultz (1992), マーチン・ショー (1997) など］。実際いくつかの研究は，個別の国際会議・条約締結などに関する特定の団体についてではあるが，そうした活動の果たした役割の重要性を指摘している。確かに，これらの事例研究によって団体の活動に関する生き生きとした具体的情報は多く得られよう。その一方で，そういった市民レベルの活動は，いったいいかなる特徴を有するのかといった分析を行ったものはほとんどない。市民レベルの活動そのものに関する議論一般化の試みはほとんどなされていないのが現状なのである。

　本章では，『団体基礎構造研究会』（通称 JIGS）における「団体基礎構造に関する調査」のデータをもとに，日本におけるそうした世界を活動射程とする市民レベルの団体そのものに焦点を当て，その特徴を分析する。その際，以下の2つの比較を手がかりとしながら分析を進めていくこととしたい。その第1として，「あなたの団体が活動対象とする地理的な範囲は，次のどのレベルですか」という質問（Q 6）において，日本国内を活動射程と答えた団体（以下「国内志向団体」）と世界を活動射程と答えた団体（以下「世界志向団体」）の特徴の比較を行う。またもう1つの手がかりとして，地球化進展の影響が出始める目安を1980年とし，それ以降とそれ以前に設立された団体の比較を行う。これら2つの比較を通して，地球化進展の影響を受けつつ，日本における世界志向団体がいかなる特徴を有し，いかなる活動を行っている

のかを浮き彫りにしたい。

1　地方化と小規模化

　1980年以降の地球化進展に伴って，世界志向団体の性格・属性は変容したのであろうか。まず，その設立団体数を見ていこう。5年ごとの設立団体数によると（図9-1），第二次世界大戦直後に世界レベルで活動する団体の数が，大きく増加していることが目立った傾向である。その後は全体としては漸増傾向にはあるが，1980年以降，特別に増えたというわけではない。しかし，国内志向団体のグラフと比較すると顕著な相違を見せている。国内志向団体は，1970年代後半以降，設立団体数が減少するのに対し，世界志向団体はこの時期最も多い設立数を記録しているのである。そのため東京にある全団体の中で世界志向団体の割合を見ると（表9-1），それまでの12.2％に対し1980年以降設立された団体では19.5％へと大きく割合を増やしている。つまり団体設立数的には微増傾向であるが，世界志向団体の割合は大きく増えているのである。日本でも1980年以降，地球化の進展とともに，世界志向団体のプレゼンスが大きくなってきていることが確認できる。[6]

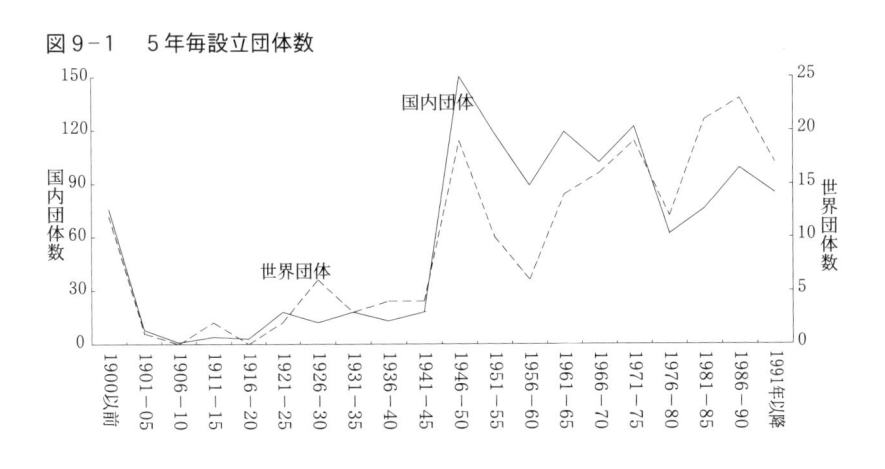

図9-1　5年毎設立団体数

表9-1　活動対象の地理的範囲

	市町村	県	広域圏	日本全国	世界	計	N
1979年以前	14.0%	12.2%	11.6%	50.0%	12.2%	100.0%	984
1980年以降	13.5%	7.2%	9.0%	50.9%	19.5%	100.0%	334

ただし，この点については，他のデータによるともっと劇的な増加が見られる。例えば，NGO 推進センターが隔年で出版している「NGO ダイレクトリー・国際協力に携わる市民団体要覧」を見ておこう。NGO ダイレクトリーでは，広く国際協力団体に関する情報を集め，掲載候補団体を選出，その中から，事業内容，組織運営及び事業実績，活動対象国についての一定要件を全て満たす団体を第1部に，一部満たさないものを第2部に掲載している。そこに掲載される団体数は，1980年までは収録団体数が100に満たなかった。しかし，1996年版では，収録団体数は実に373団体にまで膨れ上がっている。このデータによると，一定要件を満たす世界志向NGO に限ってみても，その数は1980年以降，実に4倍近くに激増しているのである。このような相違はなぜ生じたのであろうか。2つのデータの相違は，主にエリート調査か否かと全国の団体が対象か否かに関する2点である。JIGS データの方が団体の増加が少ないことを考慮すると，どうやらこの相違の原因は後者にあると思われる。すなわち「NGO ダイレクトリー」のデータは日本全国に存在する団体をその調査の対象としているのに対し，JIGS のデータは東京都で電話回線を所有している団体のみを対象にしている。このことが両データ間の団体増加の割合の差を生んだとするならば，1980年以降，東京都以外に本部をおく団体が大幅に増加したことが推測される。

「NGO ダイレクトリー」に掲載されている団体の団体所在地に注目してみよう（表9-2）。第1部に収録されている247団体のうち，46.6％にあたる115団体が東京に本部を置いている。ついで，関西圏に52団体（21.1％），東京以外の関東圏には39団体（15.8％），地方に41団体（16.6％）となっている。その設立年の平均に注目してみると，関西圏の団体は1986.35，関東圏では1986.82，地方では1988.51となっており，東京の団体が1982.57であるのと比較して明らかに設立年が新しい。1979年以前に設立した団体を調べると，東京に実に43団体中72.1％にあたる31団体が集中している。関西圏に6団体（14.0％），関東圏に5団体（11.6％），地方に至っては1団体しかない。1960年代以前に設立された団体では，関西圏，関東圏，それぞれ1団体が存在するのみでほとんどが東京に本部を置いている。すなわち，1979年以前は世界志向団体の大部分が東京に本部を置いていたのが，1980年以降地方にも世界で活動する団体が出現してきたのである。実際，1980年以降に設立された世

表9-2 団体本部の所在地

	東京	関東圏	関西圏	地方
総数	115(46.6%)	39(15.8%)	52(21.1%)	41(16.6%)
設立年平均	1982.57	1986.82	1986.35	1988.51
69年以前団体数	9(81.8%)	1(9.1%)	1(9.1%)	0(0%)
79年以前団体数	31(73.8%)	4(9.5%)	6(14.3%)	1(2.3%)
80年以降団体数	84(41.4%)	34(16.7%)	45(22.2%)	40(19.7%)

注) この表は，筆者が，「NGOダイレクトリー・国際協力に携わる市民団体要覧」1996年版より作成

界志向団体のうち，実に19.7%は地方に本部を置くものであり，関西圏，関東圏を加えると6割近くにも達する。このことは，地球化の進展やそれを可能とした技術進歩に従って，東京に本部をおかずとも世界を活動射程とすることが容易になったことを示していると見てよいのではないだろうか。1980年以降の世界で活動する団体の激増は，東京に本部を置く団体の増加に加え，地方に本部をおく団体が噴出したことによると考えられる。

　このような団体立地の地方化と並んでみられる傾向が，団体の小規模化である。まず設立時の団体会員数を見てみると(表9-3)，0人という団体が1980年以降8.2%から15.4%へと倍増し，100人未満の団体も45.9%から56.5%へと増加した。さらに常勤職員数を見ても（表9-4），同様に0人の団体が2.8%から11.5%へと激増し，10人未満の団体も55.9%から82.0%へと大きく割合を伸ばしている。常勤職員数の場合は，設立してからの年数が浅い団体ほど数が少ないということも考えられる。しかし，国内志向団体のその変化よりも劇的であることを考えると，この変化は設立からの年数のみによるものではなさそうである。また，国内志向団体との比較を見ると，国内志向団体と世界志向団体の差が顕著に縮小していることも見てとれる。従来は，活動範囲の広さを反映してか世界志向団体の方が国内志向団体よりも常勤職員数の多いものが多かった。しかし近年，世界志向団体の常勤職員数の減少が進み，急激にその差は縮小している。

　また予算規模の変容を見ても（表9-5），世界志向団体の小規模化が見受けられる。国内志向団体は，年間予算が100万円未満の団体が1980年を挟んで1.3%から2.0%に増加したのみなのに対し，世界志向団体は，1979年以前は1.8%であったのが4.7%へと大幅に増加している。年間予算が1000万円未満の団体も世界志向団体では，7.2%から20.3%へと激増している。国内志向団

表9-3 設立時個人会員数（世界団体）

	0人	1～49人	50～99人	100人以上	N
1979年以前	8.2%	31.1%	6.6%	54.1%	61
1980年以降	15.4%	30.8%	10.3%	43.5%	39

表9-4 常勤職員数

	国内団体 (%)		世界団体 (%)	
	1979年以前	1980年以降	1979年以前	1980年以降
0人	6.1	12.6	2.8	11.5
1～4人	48.4	54.3	35.7	42.6
5～9人	20.8	20.9	17.4	27.8
10人以上	24.7	12.1	44.1	18.0
	N=784	N=239	N=106	N=61

表9-5 年間予算（平成8年度）

	国内団体 (%)		世界団体 (%)	
	1979年以前	1980年以降	1979年以前	1980年以降
100万円未満	1.3	2.0	1.8	4.7
100万円以上1000万円未満	11.0	21.4	5.4	15.6
1000万円以上1億円未満	46.3	40.1	38.7	45.3
1億円以上10億円未満	31.6	27.8	41.5	29.7
10億円以上	9.8	8.7	12.6	4.7
	N=829	N=252	N=111	N=64

体も12.3％から23.4％へと大幅増加はしているが，増加の割合は世界志向団体のそれには及ばない。世界志向団体の予算の小規模化は，常勤職員数と同様，設立からの年数のみでは説明できないように思われるのである。こうしたことから1980年を境として急激に世界志向団体の規模が人員・予算とも小さくなってきていることがうかがわれる。このことは世界志向団体といえども，市民レベルでより小回りの利く団体が増えてきたことのあらわれであると予想される。

この点は，22の項目を挙げて，複数選択方式で政策関心分野について聞いた質問（Q 2）における団体の平均回答分野数の結果においても確認できる。1979年以前に設立された団体では平均政策関心分野回答数が4.69であるのに対し，1980年以降に設立された団体では4.04へと減少している。1980年以降の団体の方が，それ以前の団体より，少ない政策分野に関心を持っているのである。このことは，世界志向団体の小規模化に伴い，出来ることのみでも活動しようという，まさに"think globally, act locally"を実践する団体が増え

てきたためだと考えられるのではないだろうか。世界志向団体が地方化・小規模化してきたということは、地球化とそれをもたらした技術進歩に伴い、市民が世界を射程として活動することがますます容易になってきたことを示す証左と言えよう。特別大きな存立基盤がなくともまた東京に本部を置かなくとも、世界を射程として活動できるようになってきたのである。

2　公共利益の重視

世界志向団体は、国内志向団体と比較するとその活動目的は明瞭な相違を見せている。第1に全団体の団体分類を見ていくと（表9-6）、国内志向団体は経済団体が最も多く、ついで行政関係団体となっている。それに対し、世界志向団体では非営利団体、専門家団体の順になっている。また、世界志向団体は、国内志向団体と比べて、市民団体、学術研究団体、国際交流団体、NGO関連団体の割合が随分と多い。国内志向団体はより団体の直接的な利益を求めるのに対し、世界志向団体はより市民益を追求する団体が多いと言えるのかもしれない。

「あなたの団体の主な目的，活動は次のどれにあたりますか。あてはまるもの全てに〇印を記入して下さい。」という質問（Q3）の回答を比較すると、

表9-6　団体分類

	国内団体	世界団体	国内団体		世界団体	
			1979年以前	1980年以降	1979年以前	1980年以降
農業団体	3.0	0.0	3.2	2.3	0.0	0.0
経済団体	21.9	7.4	23.2	18.9	8.5	6.2
労働団体	8.5	3.7	9.7	4.9	5.1	1.5
教育団体	9.0	8.5	9.6	7.5	5.1	15.4
行政関係団体	10.6	5.3	10.4	12.1	5.1	6.2
福祉団体	6.4	5.3	5.6	7.5	4.3	7.7
専門家団体	8.9	14.8	8.4	10.6	17.1	9.2
政治団体	2.2	1.6	6.4	6.4	2.6	0.0
市民団体	3.7	7.4	3.3	5.7	6.0	9.2
非営利関連団体	9.2	15.3	8.4	10.6	15.4	12.3
スポーツ関連団体	1.9	9.0	1.8	1.5	9.4	9.2
学術・研究・芸術団体	2.1	6.9	2.1	2.6	9.9	1.5
国際交流団体	0.3	5.8	0.5	0.0	1.7	13.8
NGO関連団体	1.4	3.7	0.9	2.3	3.4	4.6
その他	11.0	5.3	6.5	7.1	6.8	3.2
	N=1180	N=189	N=853	N=265	N=117	N=65

注）非営利団体以下の分類は、その他と答えた団体を辻中豊が再分類したもの、表示は％。

やはり同様な傾向が見受けられる（表9-7）。1～6の団体会員・組合員を対象として情報提供や，経済的利益追求，行政上の便宜を図るなどの活動を行う団体は，国内志向団体に比べると世界志向団体では軒並み低い割合となっているのである。一方，7～11の会員・組合員以外に対する活動，例えば公共利益実現のための啓蒙活動などを行う団体の割合で，世界志向団体は，国内志向団体の割合を大きく上回っている。世界志向団体は国内志向団体に比べ，より市民益を追求する団体が多いことを裏付けていると見ることができそうである。

さらにそうした傾向は，1980年以降設立された世界志向団体において強まってきている。団体分類を見ると（表9-6），1980年以降に設立された世界志向団体は，経済団体，労働団体，専門家団体，学術団体などが割合を減少させている。その一方で，国際交流団体が，1.7％から13.8％，教育団体が5.1％から15.4％へと大きくその割合を増やしたのをはじめとし，福祉団体，市民

表9-7 団体の主な目的，活動

	国内団体(%)	世界団体(%)	国内団体(%)		世界団体(%)	
			1979年以前	1980年以降	1979年以前	1980年以降
1. 会員・組合員への情報提供	76.3	68.8	79.3	72.5	75.0	56.9
2. 会員・組合員の経済的利益追求	38.9	11.5	41.0	33.8	13.3	9.2
3. 会員・組合員の生活・権利の防衛	29.0	9.9	30.1	25.3	10.8	7.7
4. 会員・組合員の教育・訓練・研修	61.2	46.4	64.2	55.4	48.3	41.5
5. 会員・組合員に補助金・奨励金の斡旋	12.1	5.2	13.2	9.3	5.0	4.6
6. 会員・組合員に行政上の便宜を図る	10.5	4.2	11.1	8.2	5.0	3.1
7. 情報を収集し，会員外の機関・団体に提供	20.4	30.7	20.3	21.6	30.8	30.8
8. 政策案を会員外の機関・団体に提言する	16.7	22.9	16.6	18.6	2.2	16.9
9. 公共利益実現のための啓蒙活動	27.4	32.8	26.9	31.2	26.7	43.1
10. 他の団体や個人に資金を助成する。	5.9	12.0	6.6	4.5	8.3	16.9
11. 一般向けのサービスの提供	17.6	19.9	18.3	15.2	19.2	18.5
12. その他	11.6	29.8	11.4	12.6	26.7	33.8
	N=1196	N=192	N=864	N=269	N=120	N=65

・NGO団体など，市民生活により密接な活動をする団体が大きく割合を伸ばしている。その活動目的を見ても（表9-7），同様に顕著な変化が見て取れる。1～6までの会員・組合員向けの活動を目的とする団体が軒並み低下している一方で，公共利益実現のための啓蒙活動を行う団体は26.7％から43.1％へと大きく増加し，また他の団体や個人に資金を助成するといった活動を行う団体もほぼ倍増している。

もともと世界志向団体は，国内志向団体に比べると限られた団体員の利益よりも，より市民全体の利益を追求する活動を行う傾向が強いようである。しかし，世界志向団体であっても1979年以前に設立されたものは，限られた人のための活動を目的とする団体が少なくない。だが，1980年以降に設立された世界志向団体の間では，公共利益や市民益といったものの実現を目的とする団体が増加してきている。もちろん，こうした活動を行うことが即，地球化の進展に伴う地球規模の問題解決を目指すものとは言えない。しかし，世界志向団体が国内志向団体よりも公共利益を重視していることは注目すべき点であろう。そして，そうした傾向は1980年以降強まってきている。ますます市民益という考えに根ざし，国内・国際社会を問わずより良いガバナンスを目指して活動する団体が増えている現れと言えるのではなかろうか。

3 国家行政機関との関係

世界志向団体が，前節のような市民益という考えに根ざして行動する上で，重要となってくるのが国家の行政機関との関係である。国家の行政機関の規制やそれへの依存が大きいと，こうした団体の「官僚組織とは異なる視点」，「草の根からの運動」といった市民レベルの活動ゆえの良さが損なわれてしまいかねないからである。

そこで，団体と国の行政機関との関係を聞いた質問（Q8）を見ていこう。Q8においては，「許認可を受ける関係」，「法的規制を受ける関係」，「行政指導を受ける関係」，「行政機関の政策決定や予算活動に協力や支持をしている」，「団体や業界の事情について意見交換をしている」，「審議会や諮問機関に委員をおくっている」，「行政機関の方が退職した後のポストを提供している」という7項目をあげ，該当するものを挙げてもらっている。その回答状況を見ていくと（表9-8），国内志向団体に比べ世界志向団体では，国の行

表9-8 団体と国との関係

	国内団体(%)	世界団体(%)	国内団体(%) 1979年以前	国内団体(%) 1980年以降	世界団体(%) 1979年以前	世界団体(%) 1980年以降
許認可を受ける関係	38.5	39.0	39.4	36.7	40.5	39.1
法的規制を受ける関係	36.0	20.9	36.3	36.0	22.4	18.8
行政指導を受ける関係	49.0	31.6	49.9	48.1	32.8	31.3
協力・支持	15.3	10.2	15.8	14.0	9.5	10.9
意見交換	37.3	33.2	37.6	35.6	33.6	35.9
審議会・諸問委員会に委員を送る	14.1	10.4	15.6	8.7	12.9	7.8
行政機関退職後のポスト提供	9.1	7.5	9.6	8.7	5.2	12.5
	N=1178	N=187	N=853	N=264	N=116	N=64

政と関係があると答えた団体が軒並み少ない。特に，法的規制を受ける関係にあると答えた団体，行政指導を受ける関係にあると答えた団体は，世界志向団体ではともに国内志向団体の6割程度にとどまるのである。このことは，世界志向団体は国内志向団体と比較して，国家の行政機関との関係がより希薄であることを示している。

こうした国家の行政機関との関係は，許認可，法的規制，行政指導などについては，設立年の新旧によって大きな相違は見られない。相違が目立つのは，委員派遣が減少している点とポスト提供が倍増している点である。これらのことは，1980年以降に設立された世界志向団体は，それ以前の世界志向団体に比べると，国家行政に影響を及ぼすと言うよりも国家行政から影響を受ける立場にあることを示しているのかもしれない。

国家行政機関と距離を取るという姿勢が最も顕著に現れるのが，活動する上での情報をどこから得ているかという点においてである。「官とは異なる視点」，「草の根」ゆえの良さを発揮する上で，国家とは違う視点からの情報を重視しようとするのは自然なことであろう。活動する上で必要な情報源をどこから得ているのかを12の選択肢を挙げて上位1位から3位まで聞いた質問（Q22）を見ていこう（表9-9）。それによると，国内志向団体の場合，必要情報源の1位は圧倒的に国の行政機関と回答している。それに対し世界志向団体では，学者専門家が1位，次いで団体のメンバーが2位となっている。必要情報を国の行政機関から得ていると答えた団体は，国内志向団体に比べると世界志向団体では半分以下になっており，いかに情報に関して国家の行政機関に依存していないかが確認できる。

このような傾向は，1980年以降に設立された団体ではさらに強まっている。必要な情報源の第1位に選ばれたものを見ると（表9-9），国及び，自治体を選んだ世界志向団体は，1980年以降減少している。一方で，協力団体と答えた団体が6.4％から16.1％へと大きく増えており，情報面では国や自治体の団体に対する依存がさらに弱まり，お互いに情報を共有しあうようなネットワーク型[11]の団体が増えてきていることがうかがわれる。

上記の2つとは対照をなすのが，補助金に関しての国家行政機関との関係である（表9-10）。その活動範囲の広さを反映してか，世界志向団体は，全体的に国内志向団体に比して予算規模が大きい。予算規模が1億円以上の団体が国内志向団体では39.7％なのに対し，世界志向団体では47.3％に及ぶ。そのため，寄付や，団体員の会費頼みでは活動を維持していくことは困難なものも多いようである。そうしたことを反映してか，国から補助金を受けて

表9-9　必要情報源（1位）

	国内団体（％）	世界団体（％）	国内団体（％）		世界団体（％）	
			1979年以前	1980年以降	1979年以前	1980年以降
国の行政機関	27.5	12.4	28.2	25.7	13.8	10.7
自治体	9.3	3.5	9.2	8.7	4.6	1.8
政党	0.7	0	0.7	0.8	0	0.0
国会議員	0.5	1.2	0.2	1.2	0.9	1.8
地方議員	0.8	0	0.5	2.0	0	0.0
学者・専門家	6.1	21.8	5.3	8.7	21.1	19.6
一般のマスメディア	9.0	10.0	9.4	7.9	11.9	5.4
専門紙・業界紙	11.6	8.8	11.1	13.4	8.3	10.7
協力団体	12.7	9.4	12.8	12.3	6.4	16.1
団体のメンバー	15.4	20.0	15.8	14.2	22.9	16.1
企業	2.9	3.5	2.8	3.2	4.6	1.8
その他	3.4	9.4	3.8	2.0	5.5	16.1
	N=1102	N=170	N=811	N=253	N=109	N=56

表9-10　国からの補助金

	国内団体（％）	世界団体（％）	国内団体		世界団体	
			1979年以前	1980年以降	1979年以前	1980年以降
0円	77.4	70.9	75.4	82.9	73.2	69.8
1〜99万円	2.9	3.1	2.7	3.8	2.4	4.7
100万〜999万円	10.4	6.3	12.1	5.0	7.4	4.5
1,000万以上	9.3	19.6	9.7	8.3	17.0	21.0
	N=690	N=127	N=513	N=158	N=82	N=43

いる団体は国内志向団体の22.6％に対して、世界志向団体では29.1％と国内志向団体を若干上回っている。また、1,000万円以上の補助金を受けている団体で見ると、国内志向団体が9.3％なのに対し、世界志向団体は19.6％とほぼ倍になっているのである。

　こうした傾向は1980年以降、強まっているようである。国から補助金を受けている世界志向団体は、1979年以前に設立された団体は26.8％であるのに対し、1980年以降に設立されたものでは30.2％と増加している。1980年以降の国内志向団体では、逆に補助金を受ける団体が減少していることを考えると、国家が世界志向団体を重視するようになり、補助金を与える団体を増やしたこともこうした傾向に拍車をかけていると思われる。[12] 実際、国家の行政機関にとって、その活動の矛先が自らではなく広く世界を志向し、また強い公共性を有する世界志向団体は、補助金を与えやすい対象であったのかもしれない。いずれにせよ、世界志向団体は、財源に関しては、国内志向団体以上に国家の行政機関に依存している。もちろん、財政的に国家に依存することが即、活動の自由までも国家に拘束されることを意味するわけではない。実際、難民を助ける会副会長の吹浦氏の言葉によると、「われわれは外務省から補助金を受けていますが…（中略）…18年間の活動では、外務省から不当な干渉を受けたことはなく、われわれのポリシーが変わったこともない」（『外交フォーラム』1997, 17）ということであり、補助金を受けることによって、活動までが国に縛られるとは限らないのである。

4　ネットワーク形成とマスメディア利用

　前節のように国家の行政機関とは一定の距離を保ちながら、必要な情報・専門知識・ロビイング手段といった活動資源を確保することは容易なことではない。しかし、こうしたジレンマを解決する鍵として注目されるのが、互いに情報などの資源を共有し合うネットワーク形成とマスメディア利用の2つであろう。本節では、活動資源の乏しい世界志向団体が、国家とは一定の距離を取りつつ、いかなる行動をとっていたのか見ていくこととしよう。

　少ない活動資源を補う1つの方策として、前節でも触れた資源を共有しあうネットワーク形成というものが考えられる。こうしたネットワーク形成が進展したのではないかということは、必要情報源としての協力団体の増加、

及び他団体との協調関係を聞いた質問（Q27）からうかがわれる。

前節（表9-9）によると，1980年以降の世界志向団体の実に16.1％が必要情報源の第1位に協力団体をあげており，学者・専門家に次ぐ2番目の割合となっている。1979年以前の世界志向団体では，それがわずか6.4％だったことを考えると，いかに急速にネットワーク化が進んだかが見てとれる。さらに「あなたの団体は，下記の諸グループとどのような関係にありますか」という質問（Q27）で，協調的，あるいは非常に協調的と答えた団体を見てみる（表9-11）。1980年以降に設立された団体では，NGO・市民団体と協調的であると答えた団体は12.5％から27.7％へと大きく増加している。このことは，国内の団体が1980年を挟んで全く変化していないのとは，明瞭な対照をなしている。加えて，外国の利益団体と協調的であると答えた世界団体も7.5％から18.5％へと倍増以上の伸びを見せているのである。1980年以降設立された世界志向団体がますます国家という枠組みを離れ，国内のみならず外国の市民団体とも緊密に協調しつつ世界で活動していることを表していると見ることができるのではなかろうか。ネットワークの網は，国家の枠を飛び出してまさに地球化してきているのである。また，1980年以降に設立された世界志向団体では，外国の政府及び国際機関と協調的であると答えた団体も

表9-11 協調関係

	国内団体（％）	世界団体（％）	国内団体（％）		世界団体（％）	
			1979年以前	1980年以降	1979年以前	1980年以降
労働団体	12.5	10.9	13.7	10.8	11.7	10.8
農業団体	7.8	2.1	8.3	6.7	3.3	0.0
経済・経営者団体	22.4	15.6	22.1	26.0	15.8	16.9
官僚	24.7	24.5	25.7	25.3	21.7	30.8
政党	18.2	12.0	18.9	18.2	12.5	12.3
大企業	16.8	22.4	17.1	19.3	20.8	27.7
マスメディア	20.0	35.1	19.7	24.9	30.8	44.6
文化人・学者	21.7	34.4	21.5	25.7	30.8	41.5
消費者団体	18.1	9.9	20.1	15.2	10.0	10.8
福祉団体	20.4	16.7	21.2	21.6	14.2	21.5
NGO・市民・住民運動団体	14.5	17.7	15.2	15.6	12.5	27.7
女性運動団体	12.8	10.9	13.5	13.0	9.2	13.8
自治体	27.6	19.8	28.2	30.9	17.5	26.2
外国の政府	4.8	20.8	5.1	4.5	17.5	27.7
国際機関	8.0	29.7	8.2	8.9	22.5	43.1
外国の利益団体	3.4	11.5	3.5	3.3	7.5	18.5
	N=1196	N=192	N=864	N=269	N=120	N=65

大きくその割合を増やしている。これは1972年国連人間環境会議以降，NGOが国連への参加を続け，1992年の国連環境開発会議の準備プロセスでついに初の公式参加を果たしたという事実を承けたものであろう（毛利 1997）。国連などの場でも，このような地球規模でネットワーク化した団体の活動がますます重要となってきている。[14]

ネットワーク化とともに組織基盤の弱さを補う手段としての積極的なマスメディア利用もあげられる。[15][16] 特に，国家と一定の距離を保とうとする世界志向団体にとって，マスメディアは有力なロビイングの手段となったようである。前述の協調対立関係を尋ねた質問で，マスメディアとの関係を協調的であると答えた世界志向団体は35.1％と全体の3分の1以上にあたり，これは国内志向団体が20.0％にとどまるのとは顕著な相違である。1980年以降の世界志向団体では，この傾向はさらに進み，実に過半数近い44.6％の団体がマスメディアと協調的な関係にあるとしている。

こうしたことを反映して，世界志向団体はロビイングの手段としてマスメディアへの情報提供を非常に重視している姿が見てとれる（表9-12）。ロビイングの手段としてどのような行動をとるかを14の項目を挙げて聞いた質問[17]（Q21）を見てみると，全体として国内志向団体，世界志向団体に大きな相違は見られない。しかし，マスメディアに情報提供すると答えた団体が，国内志向団体では13.8％なのに対し，世界志向団体では21.9％に及び，記者会見を開くとした団体も世界志向団体の方が国内志向団体よりも多くなっているのである。さらに1980年以降に設立された世界志向団体では，マスメディアへの情報提供が大きくその割合を伸ばし（20.0％→26.2％），ロビイングの手段の1位にあげている政府省庁への接触（32.3％）に迫る勢いである。国内志向団体に比べて，世界志向団体がマスメディアを積極的に利用するという傾向がますます強まってきたと言えよう。

さらに，過去3年間にマスメディアに何回ぐらいとりあげられたかを聞いた質問（Q24）を見てみても（表9-13），このことははっきりと裏付けられる。国内志向団体は，マスメディア登場回数が0回であると答えたものが33.5％にも達するのに対し，世界志向団体でのそれは15.8％にとどまっている。その一方で，マスメディア登場回数が30回以上と答えた団体は，国内志向団体では11.8％なのに対し，世界志向団体では倍以上の25.3％となってい

表9-12 ロビイングの手段

	国内団体(%)	世界団体(%)	国内団体(%)		世界団体(%)	
			1979年以前	1980年以降	1979年以前	1980年以降
与党と接触	16.9	15.1	16.8	18.2	15.8	15.4
野党と接触	8.2	8.3	7.9	10.4	9.2	6.2
政府省庁と接触	29.7	31.8	30.6	30.9	32.5	32.3
発言力を持つ人	14.4	10.9	14.2	16.7	10.8	10.8
法案作成	2.9	5.7	2.9	3.3	5.0	6.2
データ・情報を提供	17.9	19.3	17.9	19.7	18.3	21.5
委員派遣	12.0	9.9	13.2	7.8	11.7	7.7
一般会員に働きかけ要請	8.3	6.3	7.9	10.4	5.8	6.2
直接行動	2.6	1.6	2.7	2.6	1.7	1.5
大衆集会	6.5	5.7	7.1	4.8	6.7	3.1
マスメディアに情報提供	13.8	21.9	12.7	19.3	20.0	26.2
有料意見広告	3.8	3.1	3.2	5.9	5.0	0.0
記者会見	7.7	12.0	8.7	5.2	12.5	10.8
連合形成	22.3	18.8	24.0	19.3	19.2	18.5
	N=1196	N=192	N=864	N=269	N=120	N=65

表9-13 マスコミ掲載回数

	国内団体(%)	世界団体(%)	国内団体(%)		世界団体(%)	
			1979年以前	1980年以降	1979年以前	1980年以後
0回	33.5	15.8	35.1	28.6	18.7	11.1
1〜9回	35.4	30.8	36.2	32.7	26.3	37.0
10〜29回	19.3	28.1	17.8	24.2	28.6	27.8
30〜99回	9.2	13.7	8.7	10.1	15.4	11.1
100回以上	2.6	11.6	2.2	4.4	11.0	13.0
	N=919	N=146	N=660	N=227	N=89	N=54

る。100回以上と答えた団体を見ても，国内志向団体では2.6％にすぎないのに対し，世界志向団体では11.6％にも達する。世界志向団体の方が，国内志向団体よりも明らかにマスメディアを積極的に利用していると言えよう。そして，このマスメディアを積極利用する傾向も，1980年以降の世界志向団体では強まってきている。マスメディアに掲載されたことがないという世界志向団体は，1979年以前に設立されたものでは18.7％なのに対して1980年以降に設立されたものでは11.1％へと大きく減少しているのである。

だが，世界志向団体がこれほどまでにマスメディアに登場するのは，世界志向団体が単に戦略としてマスメディア利用に積極的であったからではないだろう。世界志向団体は，マスメディアにとっても魅力的な素材であったことも重要であると思われる。すなわち「地球化の進展に伴い，噴出してきた

地球規模の問題,それに対応しようという市民レベル・草の根の活動」という構図は,まさにマスメディアにとって格好のテーマとなったと思われる。そうした活動を行う団体が,より小規模で組織基盤が脆弱であれば,それだけ題材として魅力を増そう。[18]

まとめ

　以上の分析によって,日本における世界を活動射程とする市民レベルの活動がいかなる特徴を有していたのか幾分なりとも明らかにされたのではなかろうか。地球規模の問題をもたらした通信・情報などの技術進歩は,同時に地方の団体,小規模な団体でも世界規模で活動することを可能にした。また,世界志向団体は国内志向団体と比較すると,その活動目的・団体分類が顕著に異なり,国家の行政機関とも一定の距離を保とうとし,他団体との協調,積極的なマスメディア利用を行っていることが確認された。

　これらの事実は,より市民に即した草の根レベルの団体が,広く公共の利益,市民益を求めて活動している表れと解釈できるのではなかろうか。そしてこれらの団体は,市民レベルの活動の「草の根」性ゆえの良さを損なわないために,国家の行政機関に対し一定の距離を保とうとしている。その際,その活動資源の乏しさが弱点となるが,そうした弱点をネットワーク形成により補い,さらに積極的にマスメディアを利用しようとしていると考えられるのである。ここに,市民レベルの活動ゆえの良さと資源の乏しさのジレンマを解決しようとした努力の跡が見ることができるのではあるまいか。

　しかし,こうした解釈が確認されるには,今後,利益団体そのものに対するより詳細な調査が重ねられるのを待たねばなるまい。地球化がますます深化し,地球規模の問題が解決どころかますます増加・深刻化しつつある現在,こうした市民レベルの活動はその重要性を一層増していくものと思われるのである。

　　　（付記）　本章は,「日本における世界志向利益団体の存立・活動様式」『国際政治経済研究』第5号,2000年,に加筆修正を施したものである。

注

(1) 本章において，地球化は「通信・情報技術などの進歩により，ある出来事が，それの起こった地域，国内にとどまらず，広く地球規模で影響を有するようになる現象」という意味で用いる。
(2) そうした研究は，環境分野，人権分野に関するものが多い。例えば Thomas Princen and Matthias Finger, eds.（1994）では環境問題に関わる NGO の多様な機能を分析している。また宮脇昇（1998）では，NGO と国際機関の関係を国連・OSCE の比較を通して分析している。また，Thomas G. Weiss and Leon Gordenker ed.（1996）の Part 2 では，こうした分野に加えて，HIV/AIDS や女性運動に関する NGO と国連の関係を扱ったものなども収録されている。
(3) ここで言う団体とは，市民レベルの団体すべてを含んでいる。すなわち，政策過程にある圧力団体から，政治団体，公益法人，業界，NGO，NPO，社会運動まで，社会に存在するあらゆる組織を含むものである。
(4) ここでは国内志向団体1,196団体（内訳，市町村レベル199団体，県レベル153団体，広域圏レベル154団体，日本全国レベル690団体），世界志向団体191団体が分析対象である。
(5) 地球化の進展自体は1970年代後半から指摘されている。厳密に特定の年を地球化の影響が出る境目とすることは出来ないが，本章では1980年の改正外為法の施行により金融取引が自由化され，ますます地球化の影響が受けやすくなったという側面も考慮し，1980年を地球化の影響の出る境目とした。実際，R. O'Brien が指摘するように地球化の影響を考慮する上で，金融の国際取引が最も大きいものであると言えよう。そこではモノの取引とは異なり，コンピューターを通して世界中がリアルタイムで結びつけられ，モノの貿易の何十倍もの取引が行われている。金融取引が自由化されると，他国からの影響を飛躍的に受けやすくなると思われるのである。Richard O'Brien（1992）.
(6) このような傾向は，日本特有なものではない。Thomas Risse-Kappen（1995：10-11）によると，世界中の国際的 NGO の数は，1972年の2,173団体から1988年には4,518団体へと倍増し，社会運動を行う国際的 NGO の数に限っても1983年の319から1993年の533団体へと激増している。
(7) 赤石和則（1998：11）また辻中豊（1988：199）も，別のデータから同様の指摘を行っている。
(8) こうした点を考慮すると，1980年以降の団体を見る上で，地方に出現した団体をはずすことはできない。しかし，本章ではデータの制約から，基本的には東京の団体のみで団体属性について分析する。東京の団体のみではあるが，国内団体との比較及び1980年前後の比較では，団体の属性には

興味深い相違・変容が見られるのである。

(9)　Q2では，「あなたの団体が関心のある政策や活動分野はどれにあたりますか。あてはまるもの全てに〇印を記入して下さい」という形で，財政，金融，通商，業界の産業振興，土木・建設・公共事業，運輸・交通，通信・情報，科学技術，地域開発，外交政策，安全保障，治安，司法・人権，地方行政，労働，農業・林業・水産，消費者，環境，厚生・福祉・医療，国際交流・協力・援助，文教・学術・スポーツ，その他の22の項目を挙げて複数選択方式で質問している。

(10)　この選択肢は以下の通りである。国の行政機関，自治体，政党，国会議員，地方議員，学者・専門家，一般のメディア，専門紙・業界紙，協力団体，団体のメンバー，企業，その他。

(11)　ここでいうネットワーク型の団体とは，互いに情報などの資源を共有しあう比較的継続的な関係にある団体のことを指している。いわゆるネットワーク理論のように，その関係構造を分析することは本稿の目的ではなく，そうした継続的関係にあること自体を重視している。なお，ネットワーク理論については，D. Knoke（1990）。

(12)　この点に関して，例えば，外務省による「NGO事業補助金」を受ける団体は，1989年15団体，8,258万円だったものが，1994年には49団体，4億1809万円へと団体・額とも大幅に増加している。また，1990年からは，郵政省による「国際ボランティア貯金」が始まり，この補助金交付を受ける団体は197団体，24億8,212万円（94年度）に上るなど，世界で活動する団体への補助金自体が大幅に拡大されている。

(13)　そうしたグループとして，ここでは以下のものを挙げている。労働団体，農業団体，経済・経営者団体，官僚，政党，大企業，マスメディア，文化人・学者，消費者団体，福祉団体，NGO・市民運動・住民運動，婦人・女性運動，自治体，外国の政府，国際機関，外国の利益団体。

(14)　近年のNGOのプレゼンス増大に伴い，1996年7月，NGOとの協議制度を改訂し協議を拡大することが試みられた。現在では，国連はNGOを3つのカテゴリーに分け，その能力や目的によって，議題提案権，発言権，意見書提出権，オブザーバーとしての出席などを認めている。経済社会理事会決議1996/31,1996年7月25日。しかし，各国の反対などもあり実質的な協議拡大はあまりもたらされなかった。国連とNGOの関係については，馬橋憲男（1999）に詳しい。

(15)　マスメディアと利益団体の関係一般については，本書では，紙幅の関係から正面からは取り上げていないが，簡単に特徴を指摘しておく。マスメディアと団体とはおおむね協調的な関係にある。特に活動対象範囲が広い

団体，設立年が新しい団体ほど，マスメディアと協調的な関係にあるものが多い。一方，団体を掲載する側のマスメディアにも一定の選好が見られる。例えば，広く会員外向けの活動を行う団体，地理的活動範囲が広い団体，設立年の新しい団体を，マスメディアは頻繁に取り上げている。こうした団体は，マスメディアを積極的に利用しようとしている団体でもあり，お互いのニーズが一致しているといえる。不特定多数の人に情報を発信するというマスメディアの特性を考えると，こうした一致は当然といえば当然かもしれない。また，マスメディアが新興の団体を取り上げているのは，既存の価値観にとらわれず，新しいものを取り上げようとするマスメディアの姿勢の表れと見ることも可能かもしれない。こうしたことは，保守的な人が執行部に多い団体よりも，革新的な人が多い団体ほど，頻繁にマスメディアに取り上げられているという事実からも推測されうる。蒲島郁夫は，「マスメディアは権力の核外に位置し，権力から排除される傾向にある社会集団の選好をすくい上げ」るという見解を提示しているが（蒲島郁夫 1990：8），同様な傾向が本データにおいても見られた。以上詳しくは，拙稿「団体とマスメディア」近刊予定を参照。

(16) マスメディアの日本政治における影響力については意見の一致があるわけではない。例えば，蒲島郁夫（1990）は，エリートの意識調査のデータを用いて，マスメディアの影響の大きさを実証しているが，これには石川真澄（1990）が批判を投げかけている。

(17) こうした項目としては以下のものを挙げている。「与党と接触する」「野党と接触する」，「政府省庁と接触する」，「政党や行政に発言力を持つ人を介して働き掛ける」，「法案の作成を手伝う」，「技術的・専門的なデータ・情報を提供する」，「審議会や諮問委員会に委員を送る」，「政党・行政に対して手紙・電話などを用いて働き掛けるように一般会員に要請する」，「座り込みなどの直接行動をとる」，「大衆集会を開く」，「新聞などのマスメディアに情報を提供する」，「有料意見広告を掲載する」，「記者会見を行って，団体の立場を明らかにする」，「他団体との連合を形成する」。

(18) この点については，蒲島郁夫（1990）は，エリートの意識調査のデータを用いて実証している。蒲島によれば，マスメディアは，新興集団で，しかも集団固有の利益ではなく，社会全体に利益を与えるような公共財のために活動している集団に好意的（前掲論文：18，22）なのである。世界で活動する団体は，まさにこのような団体であると言えよう。

第Ⅲ部

比較の中の日本：
社会過程・政治体制と市民社会組織・利益団体

第10章

比較のための分析枠組み

辻中　豊

　第Ⅲ部の第10章以降は，比較（韓米，および独）の中で日本のデータの特徴を観察したい。

　欧米の利益集団論の主要分野を要約し，近代化・社会発展モデル，空間モデル，制度化・権力規制モデルを統合した「統合空間ダイナミクスモデル」を提出する。そこから，国家・制度化の方向と，社会からの組織化，リソースの方向の2側面から，主として量的な側面に光をあて日本の利益団体の条件や仮説を構想する。

はじめに

　私たちは，本書においては，政策過程，政治過程，社会過程（政治体制）といった3層モデルを枠組みとして，日本の市民社会組織と利益団体について分析してきた。なお日本をめぐる分析課題は残っている。私たちは，日本以外にも，韓国，アメリカ，ドイツと JIGS 調査やその他の関連調査（GEPON 調査など）を遂行しており，残された課題は，各2ヵ国比較の中でさらに検討をつづけ，最終的には総比較の最終巻において課題を果たしたい。

　本章では，日本を把握し位置づけるために，また今後進めていく比較分析のために，1つの分析枠組みを提出してみたい。3層モデルは，現実の模型という意味でモデルであったが，ここではなぜそうした現実があるか，という説明を念頭においた枠組みである。そのために，まず私たちの研究の背景をなす利益集団研究の歴史を振り返っておきたい。

　利益集団研究の歴史はほぼ1世紀に及ぶ。欧米を中心に世紀転換期に登場した，大衆運動や大衆政党がその契機であった。とはいえ最初の半世紀は英米中心であったから，地球大で考えれば，第2次大戦後の半世紀の歴史である。集団研究は，まずアメリカを中心として，50～60年代には集団（グループ）理論を生み，それは近代化論，多元主義，ポリアーキー，政治システム論，システム論的な構造機能分析と密接な関係をもった。その後，70年代には欧州を中心に，ネオ・コーポラティズム，多極共存型民主制，デュアリズム，新しい社会運動論などが展開した。アメリカでは Olson (1965) 以後は，合理的な選択論が，ミクロな理論として有力であり，その対抗において，資源動員論や政治的機会構造論などが発達した。後述するように，90年代に入って新多元主義として，人間関係資本論が Putnam (1993) によって提唱され，association が再度，脚光を浴び始めた。

　筆者は，こうした理論と分析の系譜が現実における集団化の波と密接な関係があると考えている。ここでは，この分野における主要な研究方法を，アメリカにおける1950年から95年までの全ての利益集団研究を検討した最も体系的な理論的レビュー研究である Baumgartner and Leech (1998) にもとづいて，整理しておきたい。彼らの整理は優れているとはいえ，アメリカに視野を限定しており視野が狭い。それゆえ文化的バイアスからも逃れてはいない。

利益集団研究の知識社会学的検討は今後の課題として残しておきたい。

1 現在の利益集団研究の主要分野

　Baumgartner and Leech（1998:11-13, 169-174）は，半世紀にわたる利益集団研究において進展が見られる分野として以下5分野を指摘し，その理由を分析している。彼らの説明に筆者の解釈を交えてまとめると，以下のように述べることができる。

① M. Olson（1965）に始まる動員研究。

　利益団体がいかにして人々を動員し，形成・組織・発展するか。Olson は，Bentley に始まる集団理論だけでなく，K. Marx に代表される階級闘争理論，労働組合理論など多くの集団と政治の理論が，誤った前提にたっていると批判した。つまり，政治的なロビイングを目的とする組織は，一種の集合財を追求するので，一般のメンバーや組織外の大衆は，もし可能ならフリーライダーとして，その便益を享受したいと考えるのが合理的であると論じた。この論理によれば，大きな集団は組織化が困難で，小さい，お互いが確認できる集団，例えば寡占的な業界の団体だけが自然に形成される。大集団は他の刺激，強制力や飴にあたる誘引が必要なのである。この理論は，集合行動の演繹理論であるが，70年代以降の利益団体研究を方向づけ，多くの参加動機の研究，外部の財政支援や資源動員の方式の理論的研究を産み出した。またこの理論に触発された実証研究は，団体への参加，動員がいかに社会構造的な歪みをともなっているかについても，検証した。この分野の強さは，Olson 理論という概念枠組みの共通性にある。この分野に関して，日本では，ほとんど理論紹介の域を出ていない。

② Milbrath（1963）に始まり Schlozman & Tierney（1986）や J. Walker（1991）などを含む大規模な利益団体サーベイ。

　①が理論，しかも個々の成員や組織外の大衆と組織や指導者の関係を理論化したのに対して，60年代以降の行動科学研究の傾向は，利益集団の領域でも，大規模なインタビューや質問紙による調査を産み出した。ここでも Olson 理論の影響が見られ，組織の形成要因，財源，ロビイングとその影響・効果などミクロな要因を探求するものが多く見られた。ロビイング戦術研究が進んだ。この分野の強みは，注意深いサンプリングによる大規模な標本が，団

体のメンバーや活動についての実際の情報を提供しただけでなく，様々な理論の検証を可能にしたことである。日本では，村松・伊藤・辻中（1986）からこの接近法は出発し，本JIGS研究もその系譜にある。
③個別の政策領域と利益団体の研究。

　農業政策，保健政策，労働政策，消費者政策，行政改革政策などでの利益団体の役割や影響力を分析し論じたもの。各政策領域において，いくつかの政策決定事例を取り上げ，そこに様々な利益集団，利益団体がいかに関連するかを，詳細に検討しようとする。当初は，少数事例の丹念な経験的分析が主であったが，次第に団体の選出方法や政策事例の選出方法に洗練が加えられ，政策認知コミュニティ（epistemic）という概念や政策ネットワーク研究など新しい方法論も導入された。この分野の強みは，団体を孤立したものと捉えず，政治的文脈の中で，その関係性において分析したことである。大嶽（1979）に始まり，Knoke, Pappi, Broadbent and Tsujinaka（1996）などによってこの分野は日本では展開している。
④社会運動研究。運動の発生，運動企業家の役割。

　Olsonの理論とは裏腹に60年代末から70年代にかけては多くの大規模な社会運動がアメリカだけでなく世界中で発生した。こうした現実を分析し，理論化する多くの研究が生まれた。そこでは，運動を始める指導層の研究，つまり運動企業家の役割やその論理の研究，またそれに追随し参加する人々の動機，アイデンティティなどの功利的要因以外の要因，運動への文化的な枠付けなど広い意味での動員構造，国家の制度・行為や政治過程アクターの配置が産み出す政治的機会構造，などそうした運動に有利な要因の研究が生まれた。運動研究は，動員問題に直面するとともに，その多様な解決にも向き合うことになったのである。③同様，広い文脈の意識化がその強みである。日本ではもっぱら社会学者（片桐1995，社会運動論研究会編1994など）によって導入されている。
⑤団体の政策役割に関する比較政治体制研究。

　70年代以降世界的に生じた新しい集団研究は，政治体制論と利益団体論の融合による利益媒介構造論，政策過程構造論というべきマクロな配置を焦点とする研究である。石油ショック後，先進国における体制危機を政治的に調整するに際し，政府機関－集団の関係構造の違いが重要である，という問題

意識が生まれ，比較研究がなされた。多元主義に対して，ネオ・コーポラティズム，国家主義，多極共存型民主制，クライエンテリズムなど利益媒介・政策媒介研究のための体制概念が発明された。欧州やラテンアメリカ，日本（稲上ほか1994）などアジアでも比較研究が盛んになされた。この分野は，アメリカで中心的であった①の分野の対極をなす，最も広い文脈重視の，マクロ比較研究であるという強みを持つ。

　①から⑤という多様性はあるが，アメリカにおいては，専らアメリカの圧力団体を念頭において，①の動員研究を中心とした「洗練された（政治的には）無意味さ」を特徴とする研究傾向が発展した（Baumgartner and Leech：xvii）。1950年代の「前の世代の集団理論家が持っていた，すべてを説明し尽くそうという野望は，手際よく捨て去られた」。「集合行動のディレンマのもつ分析力に利益集団の文献は余りに依存し過ぎた結果，自分達の研究の集団行動のディレンマに直面したのである。」つまり，政治学者自身が，政治現象を総体的に解き明かす，複雑で大規模な，長期間を要する，蓄積的な研究プロジェクト（集合行動）を，いかにして組織するか，である（ibid.）。①の研究に力を注ぎすぎた結果，その機会費用として，他の研究分野は軽視されたのである。BaumgartnerとLeechの結論は，だから，理論も確かに大切だが，扱う範囲は広く（scope），他のアクターを含めた政治的な文脈（context）を重視せよ，そして権力，影響力，体制を扱い，比較せよ，というものである。

　換言すれば，利益集団政治の研究は，当初現実的なミクロな記述研究とマクロな集団理論として出発したが，その後，実証性や論理性を強調した結果，これまではミクロやせいぜいメソのレベルの研究が主であることがわかる（日本では事情が異なり，多くの分野で研究が絶対的に不足している）。その成果は否定できないが，今後発展する方向としては，再び利益集団とマクロな政治理論との関連，利益集団の活動するコンテクストの重視と他のアクター関係を踏まえた広い視野の研究であると考えられる。その際，世界各地での多様な発展を念頭におくべきである。世界では歴史的な経路規定性からいくつかの地域別に利益集団に対する視角の違いが生じている。こうした違いを確認するのは相互理解に不可欠であると同時に，それを踏まえた比較分析と，新しい理論化がグローバル化する世界で必要となっているからである。

2 比較利益集団研究の分析枠組み：試論

　以上のことを念頭に置けば，これからの利益集団研究の方向は，(1) 権力と影響力への関心，(2) 政策決定へのインプット（動員・表出）だけでなく，アウトプット（包摂・統合），および双方へのバランスのとれた関心，(3) (1)(2)からマクロな政治体制構造への関心，(4) マクロな政治（社会）体制論の検討に見合った方法と対象の設定，(5) (4)の1つの柱として，比較政治分析方法論の開発，(6) グローバル化する世界，相互依存化する世界という文脈要因の理論化，が必要であることが理解されよう。これまでの理論の歴史を振り返っても，それが歴史的に規定されたものとはいえ，現在もなお有効な理論枠組みがある。それをここで試論として整理し，本研究での市民社会組織・利益団体研究の分析枠組みとしよう。

2-1 近代化・社会発展モデル（A）

　まず，最初に取り上げるのは，Bentley (1908, 1967)，Truman (1951, 1980) の集団理論以来の社会重視の考え方である。社会発展の規定性を重視し，社会が発展する，つまり成熟し，多様な機能や構造に分化していくことが，利益集団発展の大きな条件であると考える。それは社会・経済の近代化が政治の近代化，自由民主主義をもたらすという近代化による政治発展モデルにつながる。無論一方的に社会発展が利益集団を規定するのではなく，民主主義体制の樹立，その定着，発展が団体政治の基礎であり，また逆にそれらが民主主義を育てる条件となるというように，相互規定性も指摘するが，その側面は深く検討されていない。しかし，こうした考え方には，社会的な不均衡が生じた時には，不満，撹乱，抵抗が生じ，それが新しい集団の組織化，政治化によって是正されるという均衡化の機制を伴うことが多い。

　集団理論，拮抗理論，多元主義，多元的民主主義論，参加民主主義論などがこの系譜に属し，近年の市民社会論，人間関係資本論もそうである。Putnam (1993) は，『民主主義を機能させる』において，social capital を蓄積した civic community が独立変数となり政治的業績を規定する，という命題，そして social capital に関して，その操作的定義として，市民社会のある種の集団化，ある種の組織・団体がその指標となるという方法を提起した。確認すべきは，

人間関係資本は，政治的なパフォーマンスを被説明変数とする独立変数であるという点である．即ち，

　人間関係資本 social capital →市民社会組織の指標 association →政治的業績という図式で Putnam は考えているということである（井戸 2000）．そしてこの人間関係資本は社会的，歴史的に形成される．政党や国家・政府の役割が小さく（もしくは，役割がなく），「無規定な水平型集団」の意義を強調する社会規定型の理論構造というべきで，それはかつての集団理論－多元主義とほとんど同型である．

　こうした考え方にたてば，近代化において先行したアメリカなどの西欧先進国において最も利益団体が発展し，それを残りの国々が雁行的に追随していくモデルが想定できる．単純なようだが，なお否定できない側面をもつ．それゆえ大抵の利益集団，利益団体の研究は暗黙になおこの団体世界の近代化モデルを前提としている．

　他方で，もっと価値中立的にこのモデルを考えれば，近代化は資源を一般的に豊かにするだけでなく，資源に対する分化した多様な利益も産み出す．市民社会組織が生れ，利益団体として活動するには，まずこうした資源が社会のどこかに必要である．

　以上の図式自体は，かつての多元主義と同様，米国型といえるだろう．政府や政党の役割が小さいこと，政治体制の変動が意識されていないことにそれはよく現れている．

2－2　空間モデル，マクロな市場空間論（B）

　（A）のいわば，近代化にともなう利益団体の自然史的な発展の考え方に正面切った批判を理論的に加えたのが，Olson 以来の集合行動論であった．それは論理的には発展し洗練されたが，その時代の現実すらも理論的には説明できず，大きな課題を残した．自然史的な（A）の考え方も集合行動論も，アメリカの現実そのものであるかと思われる2つの側面，多元主義と功利主義的な個人主義，を理論化したに過ぎないようにも見える．

　政治経済領域から生じた1つの新しい考え方は，NGO に関する体系的比較研究から生じた．NGO や NPO の研究は，90年代に急速に台頭したが，それが先進国にとどまらず，多様な政治社会体制を横断して展開されるとき，

Olson流の演繹論理的な批判でなく，経験的な批判の視角を生みだした。つまり，NGOやNPOに関しては，社会的な資源の乏しい発展途上国においても急激な発展が見出される場合がある。逆に先進国である日本は往々にしてNGO後進国と指摘されてきた。女性運動や人権運動だけでなく，多様な開発関連NGOでもそうである。例えば，フィリピンやバングラデシュ，タイなどでそうしたNGO「先進性」が発見された。

15ヵ国のアジア諸国を分析した重冨真一（2000：6-16及び2001）らは，各国におけるNGOの現象形態を規定する要因として，NGOの主体的な属性（思想的，社会的背景，経済的基盤など）に加えて，
　NGOの経済的スペース（市場，国家，社会による資源配分の欠陥）
　NGOの政治的スペース（国家と社会による規制制度）
の2つの要因を指摘した。後者は，次の政治権力・制度モデルと共通するが，前者はNGOに対する需要という観点から捉えた点が特徴的である。他の機制が，つまり，国家，政党や企業，伝統的な宗教などの社会組織などが十分経済的な需要に応えていなければ，NGOにも活躍の場，需要を満たす機能を発揮できる場，空間があるとみる。特に国家がこうした資源配分の欠陥をどの程度埋めているかが空間を測る上での焦点である。NGOは，単に資源を動員する主体であるだけでなく，国家や市場に代わって国民に財やサービスなど資源を供給する主体でもある。

彼らの考え方は十分理論的に展開されているわけではないが，他のアクターとの関係でのコンテクストを，政治，経済の2側面から捉え，比較政治的に多くの社会で検討したことによって説得力を増している。上記の近代化論の対極というわけではないが，それによって十分説明できない国家間の相違をうまく説明している。

例えば日本の場合も，官僚制度，企業，政党，伝統組織との関連で，新しい団体がその空間をもてるかどうかが重要になる。近代化の初めに空間を占拠したアクターと，その後新規参入を目指したアクターの関係，また団体の分野でも，初期に参入し早々に高い市場占拠を行った団体とその後の新しい団体の関係にこの考え方は十分適用できるだろう。

2-3　制度化・権力規制モデル（C）

国家は空間モデルでも，資源提供，公益サービスという観点でライバルとしてのみ団体の世界に関連するのではない。いうまでもなく法制度，行政制度，税制度，自治制度など多くの制度を通じて，公的権力を用いて，直接，団体世界を規制する。例えば
①団体の設立に関する規制
②団体の運営に対する規制（監督，会計検査，報告義務，活動許可）
③税制の優遇
④国家補助金と委託
⑤法的基礎（法人格）
⑥間接的手段による規制
などの点から，国家は団体を規制できる（ペッカネン 2000：77, Hall 1999, Levi 1999）。抑制も推進も可能である。国家ないし他の公的権力の発動，制度によって，団体の世界が大きく変貌することはいうまでもない。直接的には，この政治権力モデルの説明力は高く，これは固有の政治学の領域であったし，これからもそうである。

　ネオ・コーポラティズム論，国家論，制度論が強調してきたのはこの側面である。国家権力などの公権力は，上記のような様々な制度を通じて，集団の組織化を妨げ，団体を産み出し，規制し，方向づけ，囲い込み，正当化し，抑圧・促進の両側から団体世界を形成するのである。

2-4　グローバル化モデル（D）

　私たちは，これまで国内政治過程を暗黙の前提としてきた。しかし，現代の最も大きな変動要因の1つはグローバル化である。経済や社会がグローバル化するのと同様，政治過程もグローバル化してきたのである。つまり，20世紀の最後の四半世紀に，他の国，国際機構，地域統合機構，多国籍企業，NGO，シンクタンクなどが国内外の政策決定に重要な役割を果たすようになり，世界の諸地域，諸社会が相互依存の度合を深めるにつれて，国内と国家間の政治以外に政治の領域自体が急速に拡大した。いまでは，国際機構から国家，地域，企業，市民まで無数の異なるレベルを交差する政治過程が登場している。現代ではトランスナショナルな利益団体も同様な機能を，この多次元的な空間で果たしているのである（ヘルド 2000, Risse-Kappen ed.1995）。

利益団体が国家の枠をはみ出していまではあらゆる所で活躍しているのである。しかも，80～90年代以降のインターネットを核とする情報技術革命はそれをいとも簡単に可能にしたのである。極めて多様な利益団体という組織媒体が，いまではインターネットを経由して，世界の利益団体と，世界の無数のアクターと直接ネットワークを形成する時代が到来したのである。グローバル化したマスメディアがその動きを増幅し伝達する。

　ここでの利益団体研究にとっての要点は，
①国際的に活動するトランズナショナルな組織，その国際利益集団機能
②主として国内で活動する利益団体へのその影響
③国家相互間組織，国際政府組織，国際NGOなどのトランズナショナルな組織の，国内組織への影響（国内利益集団機能）
④世界的なマスメディアの役割，トランズナショナルなマスメディアの相互関係
⑤これらの複合の結果，地球的な政治過程という新しい政治の場や機制の台頭
といった環境の地球化，横からの入力という内容である。利益団体研究の地球化である。

2－5　文化・規範モデル（E）

　（A）から（D）の全てのモデルにおいて，団体の形成，発展から団体と国家との関係，他団体との関係，企業や官僚制との空間の取り合いなど，各社会での規範，文化的な認識フレームの役割抜きには理解できない。ここで詳細を展開できないが，団体と文化，社会規範の役割は大きな今後の研究焦点である。日本の市民社会に関しても，「日本人の集団指向」と「お上指向」という一見対立する文化的指向が指摘されることが多い。

　文化的なフレームや規範には2つの側面がある。人々が団体を組織し，活動する際の，内的規範の問題と，そうした団体を認知する各アクターの規範や認識枠組み（frame, framing）の問題である。先のグローバル化との比喩で言えば，文化・規範の問題は利益団体研究の歴史化である。

3 一つの統合した理論的モデル：
変動発展と団体セクターの位置づけのために

　以上，5つの新しい理論的方向を検討したが，本書では，前の3者，
(A) 近代化・社会発展モデル（社会資源動員）
(B) 空間モデル，マクロな市場空間論（場の市場的競合）
(C) 制度化・権力規制モデル（公権力規制・抑圧・促進）
の3つのモデルを統合し，「統合空間ダイナミクスモデル」を全体の枠組みとして構想したい。無論，(D)(E) の側面も重要であるが，本書では，規範は政治権力モデルを通じて，グローバル化は近代化・社会発展モデルを通じて表現されるものと仮定する。本モデルも，一定の仮説を構想するものの，完成したモデルではなく，政治システム論のモデル同様（富永 1984：255），比喩的な図式，分析の位置づけを可能にする枠組み，たたき台に留まっている。

　以下に示す統合モデルは，「近代化」と「制度化」に着目する点では，古典的なハンティントンの政治変動モデルと同様である（Huntington 1968, Tilly

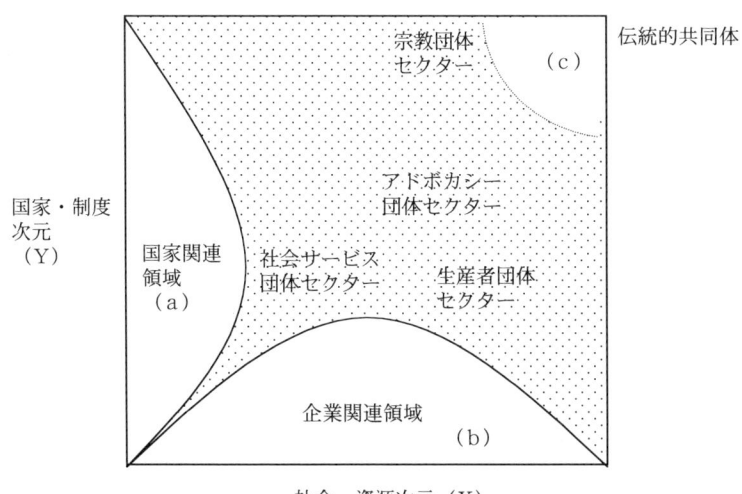

図10-1　統合空間ダイナミクスモデルと4団体セクターの位置

1984)。彼は政治変動のパターンとその問題性を理解するモデルとして，近代化・制度化関係を考察したが，ここでは，利益集団，市民社会組織，利益団体の発展（変化）を説明するものとして描いている。

図10-1の統合空間ダイナミクスモデルの特徴や含意は，以下に述べる通りである。また図10-2は，近代化・社会発展モデルと制度化・権力規制モデルと対比しつつ，このモデルの総合性を比喩的に図示したものである。

(1)近代化／社会発展要因が規定する社会・資源次元（横軸X）と制度化／政治権力規制要因が規定する国家・制度次元（縦軸Y）の統合を図っている。
横軸：近代化論的な社会発展の程度，豊かさと社会分化の程度を示す。市民社会組織，利益団体の世界に動員されるべき「資源」を提供する次元である。軸が原点から離れ伸びるほど，発展していることになる。
縦軸：国家制度による規制，憲法，根拠法，法人制度，税制などを示す。市民社会組織・利益団体の世界に活動の正負の意味での「自由」を提供する次元。規制による抑圧や促進を示す。軸が原点から離れ伸びるほど自由もしくは促進的である。

どちらかの軸の伸縮がともに広い意味での利益集団空間の規模を規定する。ここで利益集団という機能概念を再度持ち込んだのは，この空間自体は，利益団体によって必ずしも担われるとは限らないからである。しかし，この絶対的な規模の大小は利益団体にとっても重要である。但し，

(2)外枠の面積で比喩される「利益集団空間の場・規模」，内側の面積で比喩される「利益団体（市民社会組織）空間の場・規模」の区別には意味がある。

利益集団世界の基本規模：
 資源（X軸の長さ）×自由（Y軸の長さ）
利益団体世界：
 資源(X)×自由(Y)－国家関連領域(a)－企業関連領域(b)－伝統的共同体関連領域(c)

JIGS調査ではこの利益団体世界の「形」や「特性」を浮き彫りにしようとした。それは，国家や企業から侵食され，影響を被る可能性がある。また利益集団空間や利益団体空間の収縮は，それ自体大きな政治過程の紛争要因で

図10－2　利益団体空間の発展を説明する3つのモデル

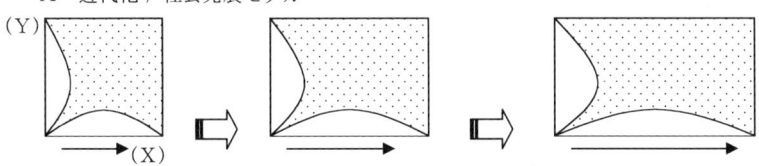

A：近代化／社会発展モデル

B：制度化／権力規制モデル

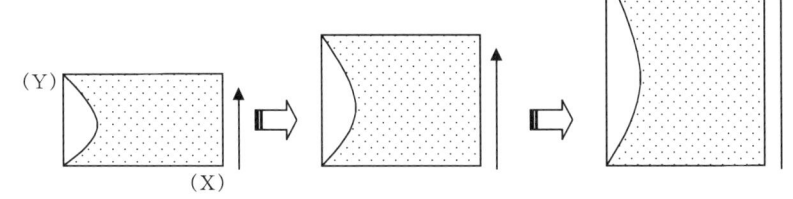

B－1　制度化（自由化）

B－2　国家干渉、浸食

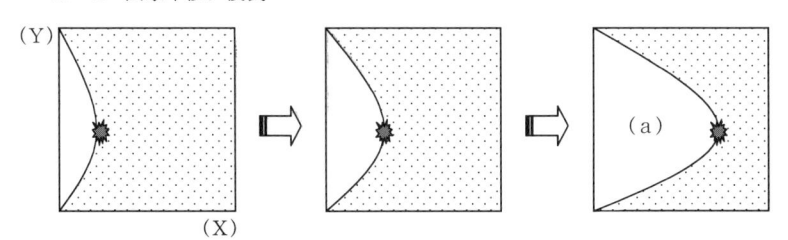

C：統合空間ダイナミクスモデル

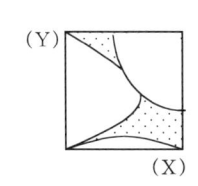

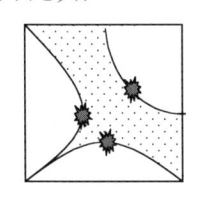

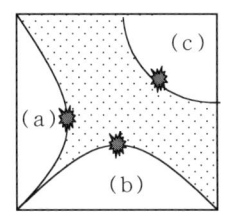

ある（図10-2に「衝突マーク」を入れることでその意義を示した）。

(3)この摩擦や紛争とも関連して，利益団体（市民社会組織）世界における各セクター類型の位置と関係も重要である。一応，仮定として，資源軸（X）（企業占拠地（b））に近い生産者団体，制度軸（Y）（国家占拠地（a））に近い社会サービス団体，伝統的共同体占拠地（c）に近い宗教団体，そしてそのどれとも異なる場にアドボカシー団体を布置してみた。この位置関係は一つの仮説に過ぎない。どうした位置にあるかは，本書および本シリーズの解明課題である。

このモデルは，先の重冨（2000）に刺激を受け，その空間モデルを改良したものである。それとの違いは，第1に重冨にあっては，どの社会でも，経済的な需要は一定とし，一定規模の枠内で，国家や市場とともにNGOがそれを競い合うという関係を問題としていた。つまり，利益団体の相対的な比重を問題にし，全空間の規模は一定であった。本モデルは，社会・資源次元，国家・制度次元の両方で，座標は拡大・縮小することがあると考え，空間自体のダイナミクスも考える点が異なる。つまり，図10-2に示されるように，社会・資源的な要因でも国家・制度的な要因でも，団体の空間，つまり，その存在や活動は規定されるのである。第2に，重冨モデルでは，国家（政府），市場（企業），既存社会（伝統的共同体）の3主体との競合を重視しているが，それだけでなく利益団体空間における団体セクター間の競合占拠関係も本モデルでは重視する。内と外の2種類の競合を想定し，弁別する必要がある。第3には，重冨モデルでは，この各次元に関して上記のような既存理論との関係づけが十分でない。ただ本モデル自体，仮設的な枠組みであり，今後の理論化と分析の出発点に過ぎない。

4　統合空間ダイナミクスモデルからみた各章の位置づけ

このモデルを分析枠組みにして，これまでに述べた各章および以下に展開する各章を位置づけてみよう。

本章以前では，日本の利益団体空間の内部が主として観察された。第Ⅰ部第2章で日本の市民社会の政治化について比較的に分析した。ここでの日本のロビイングの，選挙・予算活動を除く低調さが発見された。また他アクターへの評価では，官僚，農業，外国関連のアクターの高さ，マスメディア，

労働，市民関連団体の低さが印象的な特徴として検出された。国家関連領域の利益団体世界への進出，外圧が注目できる。第Ⅱ部では，そうした全体的特徴を，各アクターとの関係において，分析した。国家や企業関連領域のこれまでの規定性とともに，その縮小や変容も観察できた。

　これから展開する第Ⅲ部では，利益団体空間，利益団体世界の形状つまり規模と形成を位置づけ，社会軸と制度軸からの日本を分析する。第11章では，国家からの制度化の在り方としての，法人化の量的な状況を捉える。また社会的な事業所としての組織化，電話をもった活動体の状況の把握は，社会的な側面からの組織体，活動体の規模と見てよいだろう。第12章では，組織体と活動体という形での利益団体の歴史的形成を分析する。そこで，日本の団体世界の発展を，他の国との比較で押さえるとともに，日本の中でどの団体セクターが先行し，この空間を占拠していったかを把握することができる。第13章では現在の団体世界が有するリソースを比較する。

　日本の位置は，戦後～90年代までの空間枠組みの一貫した拡大と発展指向型国家的な国家・企業による占拠，90年代における地球化，脱規制化（国家後退），地球的な大競争化と日本経済の構造転換的な長期不況（企業の後退），既存の団体の衰弱・後退，さらに新規の枠組み作成（NPOほか）という両要因の交錯の中で，特徴を考察することが重要となるだろう。

第11章

制度化・組織化・活動体

辻中　豊

　まず市民社会組織に対する国家からの制度化を，法人（制度）に着目し，対米比，対韓比で検討する。特に非営利法人での米日韓比に注目する。米国の大きな法人化への自由度や，日本の国内対営利法人比割合などに興味深い発見が見られる。

　組織資源は社会から供給される。組織化レベルでの最大の発見は，制度化での大きな違いに対し，組織化レベルでは大きな量的な違いがないことである。他方，3ヵ国の団体種別構成比には明確な違いが見られる。活動体レベルの団体の量の面では，制度化同様に首都では米国は日本の3倍以上，韓国は半分以下と差があるが，地方ではかなり類似し，日本が最多であることが見出される。このレベルの団体種別の構成比では各国の個性が見られ，日本ではやはり経済団体と行政関係団体が多い。

　団体の，制度化，組織化，活動体の各国間の違いは，統合空間ダイナミクスモデルで説明される。制度化の違いは，各国政治体制の団体の法人化への許容度の違い，利益団体（政治）への自由度の違いを示唆する。組織化レベルでの類似性は，一定の産業化，豊かさのレベルに達した社会は同程度の利益団体を生み出すことを示している。

　組織化において日本より韓国が数量的に優るケースが見られるが，利益集団世界の規模ではなく利益団体空間の占拠関係で理解することができる。国家の制度化では，やはり米日韓の順で自由度が下がるが，社会空間的にはそう大きな違いはない。ただ占拠関係として，日本での経済団体，行政関係団体の比重の大きさから推察されるように，日本は恐らく，なお国家関連領域，企業関連領域が他の2国よりも大きく，利益団体空間がそれらによって侵食されているとの推論ができる。

はじめに

　私たちは，市民社会の組織，利益団体を分析するに際して「組合・団体と認識されているもの」を研究対象と定めた。ここでは，その意義を確定するために，それ以外の把握の仕方と比較して検討する。すなわち，国家による制度化と社会からの組織化という観点である。

　私たちは，団体世界の変動や発展と多様な団体セクターの位置づけのために，国家・制度・空間次元と社会・資源・空間次元からなる「統合空間ダイナミクスモデル」を構想した。このモデルから見れば，制度化とは言うまでもなく前者の次元と関係し，組織化とは後者の次元と関係する。国家が個々の団体に見合った法人制度などを作ることによって制度化が進行する。また社会が資源を提供する，もしくは社会の資源が動員されることによって，集団から組織が誕生し，組織化が進行する。この両者と関連して，利益集団の空間が形成され，発展する。その空間に関しては，再び，国家関連組織や企業関連組織，さらに伝統的組織から侵食もありうるので，それを引いた形で，市民社会組織の利益団体としての存立と活動が決定されるのである。

　ただし，現実において制度化と組織化はそう単純に国家サイドと社会サイドに分類できるわけではない。現実に団体の集団としての実体が制度化以前に存在しなければ国家がいくら制度化を推進しようとしても不可能，もしくは困難であろう。また社会においていくら豊かな資源が存在しても，国家が組織化を抑制する措置をとればうまく組織化は進まないだろう。こうした制度化と組織化の複雑な相互関係を了解した上で，本章では，団体の制度化と組織化そして活動体の実態に接近し，現状分析をしてみたい。

1　理論的背景と課題：
　　パットナムの問題提起に対応して

　近年，再び association とよばれる市民社会組織や集団への関心を喚起したのは R. Putnam である（Putnam 1993, 翻訳 2001）。彼は, *Making Democracy Work* （『民主主義を機能させる』訳書での題名は『哲学する民主主義』）において，人間関係資本 social capital を蓄積した市民的共同体 civic community が独立変数となり，政治的な制度パフォーマンスを規定する，という命題を提

起した。イタリア20州での州政府の行政パフォーマンスが南部と北部で大きく異なることを彼は説明しようとしたのである。彼の結論は，自発的結社（合唱団やサッカー・チーム，野鳥の会やロータリー・クラブ）が根を張り，市民が様々な分野で盛んに活動し，水平的で平等主義的な政治を旨とした地域で制度パフォーマンスが高いというものである。この市民的共同体指数は，州別の優先投票率，国民投票率，新聞購読率，スポーツ・文化団体（7割がスポーツ団体）の活性度の4指標の合成指数であり，それは制度パフォーマンスに関する12の指標の合成指数と0.92という極めて高い相関を示した（同訳書：103-138，訳者後書き：253-256）。

　人間関係資本とは，社会的に「調整された諸活動を活発にすることによって社会の効率性を改善できる，信頼，規範，ネットワークといった社会組織の特徴」（訳書：206-7頁）である。市民的な共同体の中に具現され，それが生み出すものであり，連帯，信頼，寛容もしくは互酬性規範，市民的な積極的参加のネットワーク，などとも表現され，結局，その具体的な現れは，市民社会のある種の集団化，ある種の組織・団体活動がその指標となる。

　他方で同書では，この種の団体，スポーツ団体や文化団体が水平的な人間関係，人間関係資本を育てるものとして重視されているが，では「なぜスポーツ・文化団体か？」といった単純で本質的な疑問に答えてはいない。実際のデータとしてはスポーツ・文化団体数が採用されたが，それ以外にも，友愛組織，協同組合，自発的労働組合，頼母子講などが人間関係資本の指標として断片的に引証されている。

　こうした定義や焦点の曖昧さ，恣意性は，Putnamやそれに続く多くの研究が，結局，制度パフォーマンスと相関するようなassociationを選択して理論化したのではないか，出発点から北部の「多元主義性」への関心から出発し安易に多元主義的な価値へもたれかかっているのではないか，イタリア北部にアメリカンデモクラシーを投影させた，いわば新トックビル主義ではないか，と批判されるようなイデオロギー性を帯びることの1つの原因であろうと考えられる[1]。

　筆者は，この研究のイデオロギー性の原因として，まず，スポーツ・文化団体をその中に位置づけるような包括的な市民社会組織の調査とその見取り図を欠いていること，さらに体系的な交差社会的な比較研究でないこと，を

指摘したい。彼らが重視した市民社会の団体，組織の他のものとの異同が明示されていないため，「スポーツ・文化団体」等への注目が「恣意的」ではないか，それらを「水平的組織」と決めつけ，他を「垂直的組織」と述べるのは恣意的ではないかという批判を招くのである。

本章は理論的にはこうした問題と関連するが，あくまで経験的データの発掘に努め，包括的な市民社会組織の全体像をなるたけ経験的に，かつ比較政治的に描こうと試みる。本稿は，中立的な意味での市民社会の団体状況の解明を目指すが，それを3つのレベルで把握したい。3つのレベルとは

　　　　制度化レベル
　　　　組織化レベル
　　　　活動体レベル

である。この3つのレベルからその現況に接近し，各々のレベルで日米韓の状況の共通性と相違についても認識しようとする。日本の利益団体の置かれた状況が理解されると同時に，利益団体の普遍的在り方と個性的な在り方の解明への切り口が示される。

2　市民社会組織の諸レベル

では，そもそも市民社会組織とは何であろうか。本書での定義（第1章）はともかく，ここでは再度原理的に考察しておきたい。この内容は実は単純でなく，そこには交差社会・文化的な概念の違いが横たわっている（Schwartz 2002, Diamond 1994, 山本ほか 1998）。市民社会組織の定義，範囲として，少なくとも下のようないくつかの範囲を考えることができる（図11-1　制度から見た日本の団体地図参照，以下地図）。

　(ア)国家（装置）以外の組織全体（＝社会組織。国家とは何かにもよるが，一般には地図の左端にあたる「中央政府」および「公共団体」以外の存在するものすべて。図中にあるものに加えて，家族，親族など私的な集団も含むことになる）

　(イ)国家と営利企業組織以外の全体（＝NGOかつNPO。非政府で非営利企業であるから，地図でいえば左端とともに右端を除いた領域の組織）

　(ウ)国家と市場組織（営利企業，医療法人，労組，農協，生協，中小協組

等，商工会など）以外の全体（＝非営利組織＋市民主体組織など。図の中央上半分の領域。市場組織とは何かという問題がでてくるが，市場組織とは経済的利益追求組織を指すとすれば，企業などに加えて，利益を分配する可能性のある医療法人，協同組合等が入る。労働組合等は定義によるが，企業と労働市場で対峙するという点からここでは市場組織に含める）

(エ)市民主体の活動組織体（市民団体。上記の(ウ)より，財団・社団・学校・社会福祉・宗教などの各法人，信託など非営利組織を除いたもの。図の中央上右側付近の領域）

(オ)自発的，水平的な「市民性のある市民」主体の活動組織体（自立的市民性的団体。Putnam のいう市民的共同体組織。水平的な組織化，市民性 civility が要求される）

筆者は，(ア)から(オ)すべてに関心をもっているが，予めここで市民社会組織とはなにか一義的に確定することはせず，本章では実証的な作業の上で可能なものから検討を加えていきたい（同一の戦略として，Pharr and Schwartz eds. 2002参照）。[3]

まず制度化レベルでは，国家以外のすべての「法人化」((ア)の領域）に着目する。法人化とは多かれ少なかれ，国家による，国家を媒介とした制度化の表現である。さらに，非営利の多様な法人，つまり国家・営利企業（法人）以外の法人（(イ)の領域）にも注目する。この非営利の多様な法人と組合・団体の領域は，重なるが一致しない。JIGS 調査の対象であった組合・団体と捉えられる活動体のうち，法人化しているものは，日本で6～7割である。[4]

ついで，本章では，団体，政治・経済・文化団体として認識されているもの（日韓），"non-profit membership association"（米国）と捉えられているものを，市民社会の「組織（化）体」として分析する。それらは，従業者と事業所を有している組織的な団体である。

最後に，電話帳を母集団として，「組合・団体」と考えられるもの（JIGS調査）を「活動体」として分析する。[5]これらは，以下分析する組織化レベルと活動体レベルに当てはまる定義である。上記の整理でいえば，これは，(イ)と(ウ)の中間的な範囲を含んでいる。

(エ)，(オ)の領域には，その領域だけの信頼できるデータは現在のところ存在

図11-1 制度からみた日

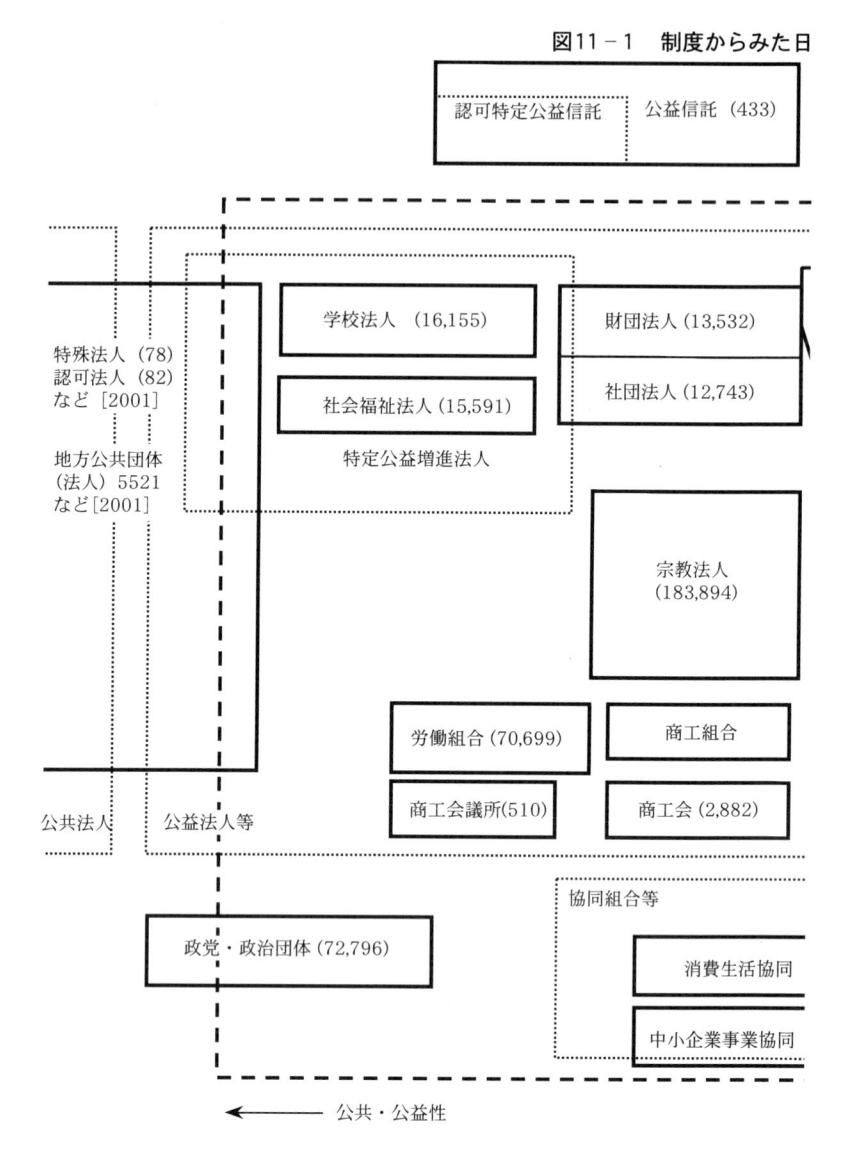

```
                          ┌─────────────────────────────┐
                          │ 認可特定公益信託 : 公益信託（433）│
                          └─────────────────────────────┘

            ┌──────────────────────┬──────────────────────┐
            │  学校法人（16,155）    │  財団法人（13,532）   │
特殊法人（78）│                      ├──────────────────────┤
認可法人（82）│                      │  社団法人（12,743）   │
など［2001］ │ 社会福祉法人（15,591）│                      │
            │                      │                      │
地方公共団体 │     特定公益増進法人                          │
（法人）5521 │                      ┌──────────────────────┐
など［2001］ │                      │                      │
            │                      │   宗教法人            │
            │                      │  （183,894）          │
            │                      │                      │
            │                      └──────────────────────┘
            │  ┌──────────────────┐ ┌────────────┐
            │  │ 労働組合（70,699）│ │ 商工組合    │
            │  ├──────────────────┤ ├────────────┤
            │  │ 商工会議所（510）│ │ 商工会(2,882)│
            │  └──────────────────┘ └────────────┘
  公共法人  公益法人等              協同組合等
                                   ┌────────────┐
                                   │ 消費生活協同│
            ┌──────────────────────┤            │
            │ 政党・政治団体（72,796）│ 中小企業事業協同│
            └──────────────────────┘└────────────┘
```

　　　　　←――――　公共・公益性

（資料）団体・法人の位置については，総合研究開発機構研究報告書 No.930034『市民公益活動基盤整備に関する非営利活動団体に関する経済分析調査』資料 1997,10（内部資料）の他，筆者が追加補充した。1996年または1997
資料：辻中・森 1998.

本の市民社会の団体地図

☐ は法人の概念   ┆┆ は税制上の概念

利益団体・NGO・民間非営利団体（NPO）の存在領域

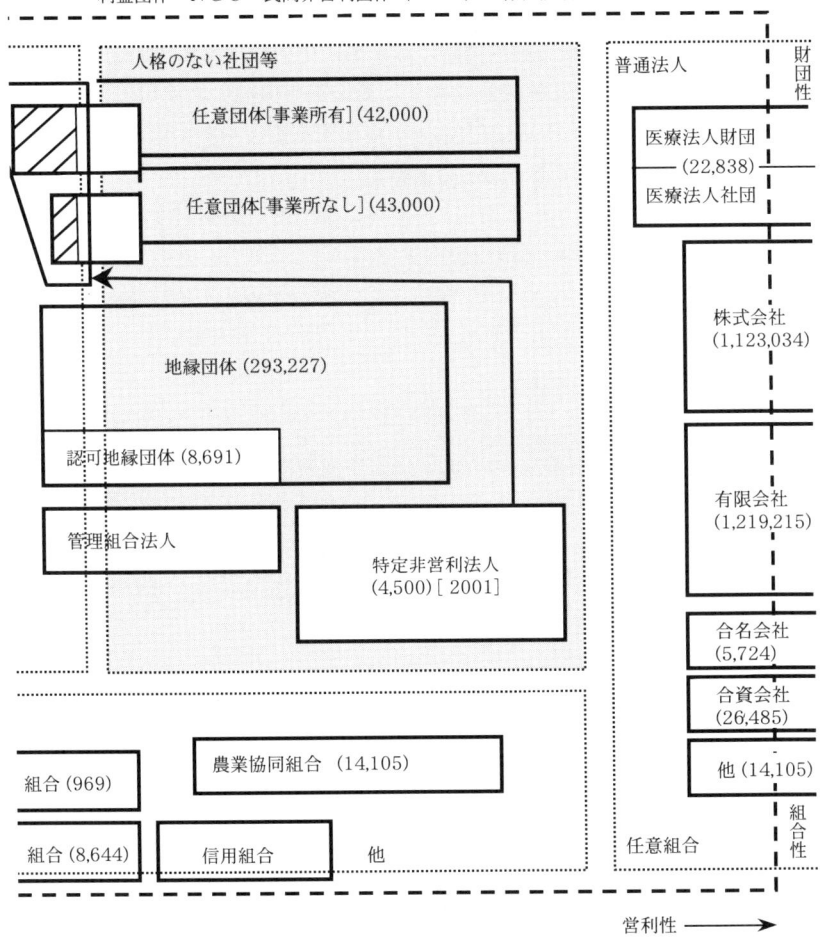

人格のない社団等
- 任意団体[事業所有] (42,000)
- 任意団体[事業所なし] (43,000)
- 地縁団体 (293,227)
- 認可地縁団体 (8,691)
- 管理組合法人
- 特定非営利法人 (4,500) [2001]

普通法人
- 医療法人財団 (22,838)
- 医療法人社団
- 株式会社 (1,123,034)
- 有限会社 (1,219,215)
- 合名会社 (5,724)
- 合資会社 (26,485)
- 他 (14,105)

財団性

任意組合
- 組合 (969)
- 農業協同組合 (14,105)
- 組合 (8,644)
- 信用組合　他

組合性

営利性 →

『調査研究』1994年，27頁の図をもとに「利益団体」の部分を筆者が加筆。団体数については，経済企画庁『民間年現在の数値。中央右の網掛け部分は，制度化がなされていない領域を示す。

しない。注意すべきは,理論的に Putnam の影響を受けて,またそれ以上に様々の文脈の現実政治での要請をうけて,(オ)の領域が多くの人々の関心を引いていることである。日本における（日本固有の表現である）NPO や NGO（これは普遍的用語）という概念にはそうしたニュアンスが込められている。ここで,1つだけ注意を喚起しておけば,この領域は,固有に存在するというより（固有に(オ)であるものは量的には非常に小さい），それぞれの組織のリーダーシップ,政治的文脈関係によって変化する機能である可能性が高い。実態としては,(ア)から(エ)の中に大部分が存在すること,その中の行動・態度データの分析が不可欠であることである。

このように,本章は,先の(ア)−(オ)の整理にぴったりと合致するわけではない。理論的に明確に範囲づけられない(ア)から(エ)の漠然とした領域に,日本および各国の多様な市民社会組織が存在しているのである。それゆえこうした3レベルからの整理が必要である。

3 制度化レベル

上に見たようにパットナムの人間関係資本仮説が,政治（制度）に対する社会決定論の立場であるの対して,国家・制度論的アプローチからの反論がホール（Hall 1999）やレヴィ（Levy 1999），ペッカネン（Pekkanen 2000, 2001）ら多くの研究者から提示されている（井戸 2000：159-160）。すなわち,
国家（政府政策）→市民社会組織→人間関係資本
という因果関係の流れである。

例えば,レヴィ（Levy 1999：8）は「(市民社会の) 組織的側面は政治的に調節されるし,変化しうるものである」と述べ,それを承けて,ペッカネンは「国家は市民社会（組織）を形成している。それはどのような国家も,何らかの方法で市民社会セクターを規制し団体の形成と成長のインセンティブをにぎっているからである。……特に日本の規制枠組みでは独立した大きな専門化した団体が発展するのは妨げられているが,近隣団体のような地域での小さな団体については促進されている」と明快に主張した（2000：73）。

政府の政策には,様々な手段が考えられるが,最も基本的なものが法人化,つまり法的主体としての認知である。法人化の方法にも,許可,認可から認証,届け出まで多くのレベルがあり,また各国において種差がある。法人化

と並んで重要であり，法人化と密接な関連があるものに税制上の位置づけ（税率の適用や寄付控除上の種差）がある（民間公益セクター研究会 1997）。ここでは，制度ごとの統計をもとに，日本と米国，韓国の対比を行っておこう。

図11-1は，日本に関して，関係政府機関が統計，名簿によって把握したものである。法人を中心に，非法人も把握された限りで，図示されている。事業所の有無，従業者の有無，電話の有無，活動実態の有無（休眠も含む）は問わない。制度化されていないものは，十分に把握されていない。管轄する政府機関や税把握上の都合から税務機関が団体を調査する場合もある。しかしあくまで制度形式上掌握された団体が示されている。

以下は法人を中心に纏めた。法人の制度も各国同じではなく個性があるが，営利系，非営利系，協同組合系，政治系（および国家公共系）[8]の4種類の中にバリエーションがあると見てよい。私たちの主たる関心は，非営利系と協同組合系を加えた広義の非営利団体にある。

3-1　日本の現況（1996〜97）（資料は政府統計，図11-1参照）

日本の制度化の現況は以下の通りである。

　　　　　A 普通法人（238.8万）：株式会社112.3万，有限会社121.9万，合資会社2.6万，医療法人2.9万ほか（相互会社，監査法人，証券取引所など）
　　　　　B 協同組合等（2.4万）：組合とその連合体
　　　　　C 公益法人等（31.8万）：宗教法人18.3万，労働組合7.1万，社会福祉法人1.5万，財団法人1.4万，社団法人1.3万他
　　　　（B,Cには民法法人等関連5法人のほか，90の法律による130種の法人）
　　　　　D 政党・政治団体（7.3万）
　　　　　B-D計　　　　42.4万
　　　　　E 公共法人（地方公共団体｛法人｝5,521）（国の特殊法人78，認可法人82）

つまり，Eを除く制度化された法人の総数は280.3万，普通法人238.8万

(85.2％)，公益法人等31.8万（11.3％），政党・政治団体7.3万（2.6％），協同組合等2.4万（0.9％）である。

3ヵ国比較を可能にするために，人口10万人当りの数に換算すれば，法人総数は2,237，普通法人1,906，公益法人等254，政党・政治団体58，協同組合等19となる。

日本においては，1990年代後半以降，これまで法人格のなかった任意団体，専門事業所，国家機関に対して新たに法人格を与えたり，逆に政府そのものから切り離して法人格を独立に与える試みが急速に進行しつつあるが，上記の時点ではまだそうした動きは始まっていない。(9)

3-2 米国の近況（1990～94）（民間公益セクター研究会 1997，山内 1999参照）

米国の制度化の近況は以下の通りである。

    A 営利法人（2,200.6万）：農業法人214.3万，非農業法人1,986.5万
    B－C 非営利法人（137.5万）：（以下94年）宗教・慈善・科学・公共安全・文化・教育など60.0万，社会福祉14.0万，共済組合9.2万，企業団体7.4万，農・労団体6.8万，社交・レクレーション団体6.5万，退役軍人団体3.0万，内国共済団体2.1万，従業員共済組合1.5万，農協など0.2万
    E 公共法人・特殊法人（8.3万）

Eを除く制度化された法人総数は2,338.1万，普通法人2,200.6万（94.1％），非営利法人等137.5万（5.9％）である。同じく，人口10万人当り数に換算すれば，法人総数は8,726，普通法人8,184，非営利法人等511となる。

3-3 韓国の現況（1998末～99末）(10)

韓国の制度化の現況は以下の通りである。

    A 普通法人（1.71万）：株式会社15.55万，有限会社0.89万，合資会社0.50万，医療法人318ほか（相互会社，監査法人，証券取引所など）
    B 協同組合等（0.6万）：農協0.4万ほか組合とその連合体

C 公益法人等（2.36万）：宗教法人424, 労働組合5,560, 学校法人
　　　　　　1,197, 社会福祉法人1,307, 財団法人1,793, 社団法人500他
　　　B － C 計　　　3.1万

　制度化された法人総数は200,727, 普通法人170,592（85.0％）, 公益法人等23,598（11.8％）, 協同組合等6,537（3.3％）である。同じく, 人口10万人当りの数に換算すれば, 法人総数は431, 普通法人366, 公益法人等51, 協同組合等14となる。

3－4 日米韓の特徴

　3ヵ国の特徴を見るために, 人口10万人当り数に換算した各国の法人数を基に考察しておこう。
　すでに触れた市民社会組織の範囲でいえば,
(ア)国家以外の組織全体, の意味では, 米国の8,726が圧倒的に多く, 日本2,237, 韓国431が続く。日本を1とすれば, 米日韓比は3.9：1：0.2である。米国の多さはとりわけ営利企業（普通法人）が多いためである。営利法人比は, 4.2：1：0.2である。
(イ)国家と営利企業組織以外の全体（非営利法人など）の意味でも, 米国511が多く, 日本273, 韓国65となる。米日韓比では, 1.9：1：0.2となり, (ア)の比より日米差は半減する。
(ウ)国家と市場組織以外全体, の意味では, 上記情報だけでは簡単には比較できない。
(エ)市民主体の活動組織体の意味でも, 米国が多いと予想されるが算定は単純でない。結果はほぼ(イ)の場合と同比率である。
　以上, 数量的な検討から, 次のことが見出された。
　米国の制度化された団体（法人）の総数は, 対日比で約4倍, 対韓比では約20倍に上っている。非営利法人等（協同組合を含む）では, その差は半減し, ほぼ2対1対0.2である。市民団体に関しても, 非営利法人と同様な比率であると推定される。
　これを逆に国内での割合の観点から見れば, 米国の非営利法人数は, 国内の対営利法人比では相対的に小さい（6％対94％）。日本の非営利法人は, 人

口当りの絶対数では対米比で半分であったが，国内での割合では12％（公益法人＋協同組合等）と米の倍である。韓国はさらにそれより大きい（15％）。韓日の法人別構成比は，ほぼ同じである。

　このような観察結果が得られ，それ自体興味深い。まず，法人，団体の絶対数（人口比標準化後）の違いである。アメリカの制度化の発展は，非営利法人で日本の2倍，韓国の10倍，全法人では差は倍増し，日本の4倍，韓国の20倍となる。これはアメリカの団体制度化における自由度の大きさを示すといってよいだろう。

　アメリカでは，日韓よりずっと法人化が容易であるか，もしくは法人化すべき集団の実態の面で先行しているか，その両方であるか，と推定できる。そして法人化に関して，米国では営利法人の方が非営利法人等よりさらに発展していることは留意すべきである。他方，日本は，非営利法人で米国の半分，営利法人含めた全法人では4分の1である。韓国は，その日本よりずっと少なく，非営利法人，全法人ともに日本の5分の1である。この大きな差は何によって説明できるだろうか。

　別の角度からみると，韓国や日本の非営利法人（おそらく市民団体も）の比重の「相対的な大きさ」が見えてくる。これまで通説的には非営利法人や市民団体の絶対的な規模のみが注目され，日本の相対的な「小ささ」「弱さ」が強調されてきた（ペッカンネン 2000参照）。しかし，営利法人まで視野にいれると，風景は異なる。サラモンら（Salamon and Anheir 1997）が広義のNPOセクターにのみ注目して（PO 営利セクターを考慮せず）国際比較し，日本は低レベルであると結論づけたが，それは一面的かもしれない。法人全体の中に占める非営利団体の相対的比率は米国の倍以上なのである。

　アメリカ社会は，営利，非営利を問わず，おそらく最も自由度が高く，規制度が低いのであろう。日本は，それと比べると，法人密度がアメリカの4分の1に減ずるくらいに規制が強い。韓国ではそれが20分の1に減ずるくらい規制が強い。ただし非営利団体ではそれほどではない。日韓の方が米より密度は少ないが，日本が米の半分，韓国は4分の1である。日韓では，非営利団体に対して営利団体より規制が厳しいのではなく，その逆である。結果として，日韓の，非営利団体の対営利団体比は，米国の倍になるのである。

　以上は，市民社会の文脈を重視する立場から重要であるし，統合空間ダイ

ナミクスモデルの立場からも注目できる。アメリカでは量的には企業法人によって非営利団体や市民団体が圧倒されている可能性があり，日本，特に韓国ではそれほどではないことになる。企業法人との対比では，韓国，日本の非営利法人の自由度や多元度が指摘できる。

4 組織レベル（事業所統計における団体レベル）

次に社会からの団体組織へのインパクトの側面として，「事業所を有し，雇用者のいる組織」に注目してみたい。これらを永続的組織と呼ぶと，社会が資源を提供する，もしくは社会資源が動員されることによって永続的組織が誕生し，市民社会の組織化が進行する。永続的組織のリソースの側面は第13章で分析する。

具体的には，事業所統計での日米韓の「非営利団体」事業所数と「非営利団体」従事者数を比較してみたい。ここでの対象は，日本・韓国で「政治・経済・文化団体」，米国で non-profit, membership association と呼ばれているものである。先の制度化に関して，統計では非営利の諸法人は日本で約40万以上（米国で130万以上，韓国で3万）を数えた。しかし，ここで注目する日本の事業所統計小分類には，教育，社会保険・社会福祉，宗教，協同組合等が別項目にあり，それらはこの政治・経済・文化団体の範疇には含められていない。先の制度化での非営利法人数から，ここに含まれないものを減ずると20万弱となる。

前節の制度化レベルの法人団体との違いは，組織レベルでの団体は，①制度化（法人化）の有無は問わないが，②永続的な事業所があり，そこに1名以上，常時，雇用者がいることが要件となる，という2点である（総務省統計局『事業所・企業統計調査』，Executive Office of the President Office of Management and Budget 1987，統計庁『事業体基礎統計調査報告書』）。

日本での現況は4万未満であるから，非営利の20万以上の法人，非法人を含めると70万に達する市民社会の団体の内，ここでの要件を満たす事業所を持つのは1割未満であるということになる。

いずれも日米韓比較を可能にするために，人口10万人当りの数（密度）で比較してみる。このデータに関しては，すでに幾つかの論稿で分析した（辻中・李・廉1998）。また歴史的な形成に関しては次章で詳述（特に図12-4参

表11-1 4つの時期における非営利団体事業所数：日本・アメリカ・韓国

	日本（1996年）			アメリカ（1995年）			韓国（1996年）		
	団体数	%	人口10万人ごと	団体数	%	人口10万人ごと	団体数	%	人口10万人ごと
合計	37,982	(100.0)	30.3	93,754	(100.0)	35.6	13,078	(100.0)	29.2
経済団体	14,728	(38.8)	11.8	14,643	(15.6)	5.6	1,230	(9.4)	2.7
労働団体	5,248	(13.8)	4.2	18,819	(20.1)	7.2	1,552	(11.9)	3.5
政治団体	840	(2.2)	0.7	1,897	(2.0)	0.7	827	(6.3)	1.8
市民団体				41,764	(44.5)	15.9			
専門家団体				5,871	(6.3)	2.2	875	(6.7)	2.0
学術団体	942	(2.5)	0.8						
その他の団体	16,224	(42.7)	13.0	10,760	(11.5)	4.1	8,594	(65.7)	19.2

	日本（1991年）			アメリカ（1990年）			韓国（1991年）		
合計	36,140	(100.0)	29.2	88,725	(100.0)	35.5	4,103	(100.0)	9.5
経済団体	13,798	(38.2)	11.1	12,677	(13.4)	5.1	1,946	(47.4)	4.5
労働団体	5,116	(14.2)	4.1	19,246	(23.4)	7.7	497	(12.1)	1.2
政治団体	828	(2.3)	0.7	1,653	(1.4)	0.7	645	(15.7)	1.5
市民団体				39,999	(44.8)	16.0			
専門家団体				5,480	(6.0)	2.2	703	(17.1)	1.6
学術団体	878	(2.4)	0.7						
その他の団体	15,520	(42.9)	12.5	9,670	(10.7)	3.9	312	(7.6)	0.7

	日本（1986年）			アメリカ（1986年）			韓国（1986年）		
合計	33,668	(100.0)	27.7	84,989	(100.0)	35.4	5,604	(100.0)	13.5
経済団体	13,386	(39.7)	11.0	11,637	(13.6)	4.8	3,309	(59.0)	8.0
労働団体	4,816	(14.3)	4.0	20,577	(24.1)	8.5	146	(2.6)	0.4
政治団体	790	(2.3)	0.7	1,315	(1.5)	0.5	352	(6.3)	0.9
市民団体				37,067	(43.3)	15.3			
専門家団体				5,236	(6.1)	2.2	733	(13.1)	1.8
学術団体	679	(2.0)	0.6						
その他の団体	13,997	(41.6)	11.5	9,157	(10.7)	3.8	1,064	(19.0)	2.6

	日本（1975年）			アメリカ（1976年）			韓国（1981年）		
合計	20,614	(100.0)	18.4	80,224	(100.0)	37.5	4,962	(100.0)	12.8
経済団体	10,027	(48.6)	9.0	12,077	(15.6)	5.6	3,576	(72.1)	9.2
労働団体	2,268	(11.0)	2.0	22,265	(27.6)	10.3	186	(3.7)	0.5
政治団体	532	(2.6)	0.5	1,371	(1.7)	0.6	207	(4.2)	0.5
市民団体				33,854	(42.0)	15.7			
専門家団体				3,746	(4.6)	1.7	254	(5.1)	1.5
学術団体	455	(2.2)	0.4						
その他の団体	7,332	(35.6)	6.5	6,911	(8.6)	3.2	739	(14.9)	1.9

	日本（1960年）			アメリカ（1962年）			韓国データなし
合計	10,357	(100.0)	11.1	62,542	(100.0)	34.6	
経済団体	4,698	(45.4)	5.0	11,141	(17.8)	6.2	
労働団体	1,572	(15.1)	1.7	18,976	(30.3)	10.5	
政治団体	169	(1.6)	0.2	815	(1.3)	0.5	
市民団体				25,236	(40.3)	14.0	
専門家団体				1,558	(2.5)	0.9	
学術団体	147	(1.4)	0.2				
その他の団体	3,771	(36.4)	4.0	4,816	(7.7)	2.7	

資料：日本：『事業所統計調査報告』総務庁統計局，各年版。
　　アメリカ：*County Business Patterns*, U.S. Bereau of Census.
　　韓国：『事業體基礎統計調査報告書』韓国統計廳，各年版。

照）する。ここでは現状を把握するために，その結果だけを箇条書きで要約するに留める。

　まず団体分類方法が各国で少しずつ異なることに留意しなければならない。経済団体，労働団体，政治団体，その他の団体という基本分類は3ヵ国同じである。他方で，市民団体という分類はアメリカにしかなく，日韓では「その他」に含まれる。学術文化団体という分類は，日本にしかなく，専門家団体という分類は韓米にあるが日本にはない。団体の種類としてこうした団体がないわけではなく，別分類に含まれる。こうした分類項目の設定自体が各国の統計当局の団体認識を端的に示しているのであり，興味深い。

4－1　団体数での特徴の要約

米国　全般の傾向：60年代以降，団体の数としては飽和停滞（62年：10万人あたり34.6団体，76年ピークで37.5，95年35.6）しており，ほとんど変わらない。
　　　構成：市民団体が一貫して4割強を占め量的な優位が続いている。労働団体より経済団体は少なく3番目であり劣位（15％程度）にある。
　　　傾向：市民団体の割合増大傾向からから安定化。労働団体の継続的減退（3割から2割へ）。
韓国　全般：増－減－急増と一貫しないパターン，特に90年代の急変に特徴がある。現在では団体の密度では日米と変わらぬ水準に到達したのが注目できる。

　　　　　構成：日本以上の経済団体偏重から，米国型の「その他」（市民ほか）と労働優位の構成へ急激に変動。
　　　　　傾向：上記のような質量両面での激変。
以上の米国，韓国と比べると，日本は発展がみられるが，それは安定したものである。
　日本　全般：60年代から90年代にかけて，安定的で継続的な発展を遂げる（人口当たりで3倍近い伸び）ことが特徴。90年代に入り成長鈍化（99年にはついに初めて減少）。
　　　　　構成：経済団体の量的な優位（4割弱）が続く。しかし，現在は量的には「その他」が最多に（4割強）。
　　　　　傾向：微かな多元化傾向（経済の割合のやや減少傾向，その他，学術の伸び）。

4－2　団体従業者数での特徴

　米国　全般：90年までは安定的で継続的な成長（62年比で1.5倍）。90年代以降は停滞。
　　　　　構成：市民団体の量的な優位（5割弱）。
　　　　　傾向：緩やかな市民団体優位の強化。労働団体の緩やかな減退。
　韓国　全般：かなり高い水準からの減退の後，90年代急増を示す。現在は米日の中間の水準，米の8割，日本より3割多い水準に達する。
　　　　　構成：日本型以上の経済団体優位から，米国型の「その他」（市民ほか）と労働優位。経済の急激な縮小。
　　　　　傾向：上記のような質量同時の激変。
　日本　全般：継続的発展（60年と96年比較で，人口当たりで3.6倍）。米の6割水準。
　　　　　構成：経済団体の量的な優位（4割強），同様に「その他」の団体の優位（4割）。
　　　　　傾向：緩やかな多元化（「その他」が60年の25％から96年の41％へ）。
　日本は，いわば安定した発展志向国家型もしくは生産者団体優位を示しつつ，着実な量的増大と緩やかな多元化傾向を示す，と総括できる。対して，米国は市民主体団体優位型であるが，団体数は飽和もしくは零和型の状況で

ある。韓国の激変は，評価が分かれるが，生産者団体優位型から市民主体団体型への完全な転換，民主化後の一時的な反作用現象，利益団体世界のエリート構造などいくつかの解釈の余地がある（辻中・李・廉 1998）。

こうした歴史的傾向については，次章で分析する。ここで注目しておきたいことは，

(a)制度化のレベルとは異なり，組織化のレベルでは90年代中盤の日米韓の3ヵ国には，大きな量的（密度の）相違が見られないことである。特に団体数に関しては，同水準といってもよい。団体の従業者では，やや相違があるが，制度レベルの非営利法人での差，米日における比2対1よりは差が小さい。また韓国の密度が日本より多い。米日韓の経済社会発展の違いを考慮すれば，以上のいくつかの点は団体に関する近代化モデル，社会の経済的な発展モデルが当てはまらないことを示唆している。少なくとも，一定レベル以上の社会発展を成し遂げた自由民主主義体制の社会では，組織団体の密度はほぼ一定である可能性がある。

(b)他方，永続組織団体の種類別構成には大きな違いが観察できる。歴史的な傾向に関しても同様である。これはおそらく政治社会体制の性格の相違や経路依存性（path dependence），特に団体空間の先取・占拠関係と関連するかもしれない。

(c)日本の特徴として，団体種類別構成としては経済団体など生産者団体への偏り，変容の型としては継続的で安定した成長が見出された。他方で，90年代にはその成長にブレーキがかかっており，経済成長の軌跡との並行関係も見出される。[11]

5　活動体レベル

法人という国家からの制度化の側面では，日米韓の大きな量的相違（米日韓の順）が，事業所という社会からの組織化の側面では3ヵ国の興味深い量的類似（収斂化）と構成上の対照的相違が観察された。

本章での最後の分析として，JIGSデータを用いて，実際の市民社会組織の団体活動体の存在規模を推察してみたい。

最初に確認しておきたいのは，市民社会での「活動」体を捉えるのは容易でないということである。国会の公聴会や行政の審議会など政策過程に登場

するのは一握りの団体であるし，各種の新聞などのメディアに登場することも通常の団体にとっては頻繁にあることではない。普通の利益団体活動自体を手がかりに活動団体を掌握することは困難である。無論，日本においては様々な行政の部局が，中央・地方を問わず社会の動員（最大動員，村松 1994）のために，関係団体名簿を有しており，それらを集大成するという方法もある（経済企画庁調査 1998）。しかしそれも網羅的ではない。ここでは活動そのものでなく，電話を持つ団体に注目する。

なぜこのデータが活動体の傾向を示すのだろうか。

まず，このデータは法人など制度化の有無に関係なく，非制度的な組織も含め包括的に把握していることである。市民社会の組織が活動するために最小限必要なものは，それは現在までは電話であり，電話を登録する場所である。最近，急速に Internet（メール，ホームページ，ネットミーティングなど）によってそれが補われつつあるが，調査時点（97年）ではなお電話は活動の基本であろう。その意味で，この JIGS 調査は，日韓米独の「組合・団体」「アソシエーション」を日本の電話帳での「組合・団体」を基準にして調査したものであるから，活動的団体への包括性を備えた良い母集団と推定できる。

繰り返せば，ここには，①電話を有し，職業別電話帳に登録する（対内外活動を電話を用いて行う），②学校法人，宗教法人（教会・寺院），医療法人，社会福祉関連施設，社会教育関連施設，消費者生協，医師会など一部専門家団体を除いた多様な非営利・市民団体（活動体・アソシエーション）が含まれている。

ここに含まれる具体的な団体の種類については第2章の表2-1を参照してほしい。

表11-2　電話帳における団体数（非営利法人，団体事業所数対比）

	日本		韓国		米国	
	東京	茨城	ソウル	京畿道	D.C.	ノースカロライナ
10万人当り	181.5	59.5	80.2	37.8	596.9	54.4
団体総数	21,366	1,762	8,647	2,874	3,122	4,106
人口（万人）	1177	296	1078	761	52	755
（国別単位）						
公益・非営利法人	273		65		511	
団体事業所組織	30.3		29.2		35.6	

まず，JIGS調査の母集団データに注目してみよう。日本の組合・団体の分類にあたる項目に入る市民社会組織の数である。比較のためにやはり，10万当りに換算しなおし，先の制度化での公益・非営利法人数，組織化での団体事業所数のデータも付加した。

法人の制度化での大きな違い，組織化（事業所）にみられる類似性との対比でいえば，活動体では首都で大きな違い（米日韓の比はおよそ3.3：1：0.4），地方ではあまり差がなく日本が一番多い（米日韓の比はおよそ0.9：1：0.6）と要約できるだろう。

首都間の比較については，ワシントンD.C.の特殊性は割り引かなければならない。東京で言えば，千代田区，港区，中央区などの政治的中心部だけで都市が形成されているからである。他方で，3ヵ国の地方の比較可能性もある意味で乏しい。ただ，日本の茨城は，電話帳での団体密度が41位であって[12]，最も低い地域であること，他方で，ソウル郊外の京畿道やノースカロライナと比べて高いことは，日本の地方が両国より高い可能性を示唆している。

母集団ではなく，JIGS調査でのサンプルにおける団体別の種類は，第13章で詳しくドイツを含めた4ヵ国比較として検討するが，それによれば次のようになっている。

首都データによれば，団体分類別では，日本は経済団体（19.0％），行政関係団体（9.5％），労働団体（7.6％）が3ヵ国中最大，韓国は福祉団体（13.7％），農業団体（3.5％）が，米国は教育団体（17.5％），専門家団体（14.3％），政治団体（6.3％）の各団体が他の2ヵ国に比して多いといえるだろう。いずれも調査有効サンプルに対する比率，非回答もNに含めている絶対比率である[13]。因みにドイツは，スポーツとして市民（21.8％），福祉（13.7％）が最大である。これは先に組織化でみた特徴と符合する側面がある。つまり，組織化レベルでは日本では経済団体など生産者団体が，韓国ではその他の市民団体が，米国ではやはり市民団体が多かったのである。

6　最近の組織化と活動体の比較：日本

90年代末から，NTTの電話帳データへのインターネットからの接近が可能となった。それに基づいて全国の組合・団体を集計したのが，表11-3である（JIGS調査母集団とはやや異なる点がある）。ここでの事業所データには，電

表11-3 電話帳に見る団体（活動体）と事業所統計での団体（組織体）

活動体（電話帳）：2000 2000年5月調査（全国）		%	組織体：事業所統計1999		%
組合・団体（農業協同組合）	62,082	31.4	農林水産協組	19,747	29.8
組合・団体（農林水産）	10,523	5.3			
漁業協同組合	7,232	3.7			
組合・団体（経済）	20,659	10.4	経済	14,320	21.6
（小計）	(100,496)	(50.8)	（小計）	(34,067)	(51.4)
組合・団体（労働）	14,357	7.3	労働	5,139	7.8
組合・団体（学術・文化）	5,133	2.6	学術・文化	917	1.4
組合・団体（政治）	4,966	2.5	政治	800	1.2
組合・団体	52,769	26.7	その他	15,962	24.1
			事業協同組合	9,419	14.2
生活協同組合	6,766	3.4			
組合・団体（宗教）	6,287	3.2			
組合・団体（社会保険）	3,244	1.6			
医師会	1,417	0.7			
1000未満 薬剤師会500 0.3, 青色申告会491 0.2, 歯科医師会426 0.2, 税理士会316 0.2, 弁護士会209 0.1					
200未満 土地家屋調査士会120, 行政書士会95, 司法書士会90, 社会保険労務士会72, 獣医師会63, 公認会計士会32					
総合計	197,849	100.0	計	66,254	100.0

表11-4 事業所統計にみる団体（1999年統計と1996年統計の変化）

最新1999年統計：		%	1999年	1996年		1999年	1996年	
	政治・経済・文化団体計		37,138	37,980	-2.2	215,845	236,066	-8.6
	経済	38.6	14,320	14,728	-2.8	93,873	99,388	-5.5
	労働	13.8	5,139	5,248	-2.1	19,870	26,541	-25.1
	学術・文化	2.5	917	940	-2.4	7,102	9,780	-27.4
	政治	2.2	800	840	-4.8	3,581	4,053	-11.6
	その他	43.0	15,962	16,224	-1.6	91,418	96,304	-5.1
	協同組合		29,166	30,775	-5.2	377,761	451,598	-16.4
	農林水産業協同組合		19,747	20,998	-6.0	332,960	399,224	-16.6
	事業協同組合（その他）		9,419	9,777	-3.7	44,801	52,374	-14.5
計	団体および協同組合		66,254	68,555	-3.4	593,606	687,664	-13.7
	サービス業				-1.4			-1.0
	全産業				-4.9			-6.5

話帳での分類に合わせて農協などの協同組合データも含めた（表11-4）。

　このデータに示された組織体と活動体は，協同組合（農協，中小企業事業協同組合）を含め，組織体6.6万，活動体19.8万とちょうど1：3の比率になっている。協同組合以外でも，組織体3.7万，活動体12.9万で1：3.5である。つまり，電話をもつ活動団体のうち3分の1しか事業所，つまり独立の事務

所と従業者を有していないのである。第13章で詳述するように，JIGS調査の調査団体において，有給職員がなしと答えたのは，東京，茨城とも6％程度，非回答も13〜17％程度であるから，独立の事務所という条件がネックとなって，組織体の数は減るであろう。

　この「事業所を有する団体」対「電話を有する団体」の対比に関して，団体の種類別にほとんど違いが見られないのは，興味深い。仮にこれらがほぼ同じ対象を把握しているとすれば，電話帳での団体のうち，農協・漁協の計は35.1％，事業所では29.8％である。以下同様に，農漁協と経済団体を加えた産業系団体の計は，電話帳50.8％対事業所51.4％，労働は7.3％対7.8％，その他は26.7％対24.1％とそっくりである。

　確かに，学術文化は2.6％対1.4％，政治は2.5％対1.2％と，事業所比率は低くなっているし，産業系団体にも，事業協同組合を加えると，50.8％対65.6％と今度は事業所比率が高くなる。その他も，生協以下を加えると電話帳は35％を超えるから，事業所比率はそれよりかなり低い。

　このような観察から，言えるのは次のようなことであろう。一般に，組織体と活動体では組織体が活動体の3分の1の大きさである。活動体が事業所のような組織と雇用者をもつのはほぼ3分の1である。組織体でも活動体でも団体種類別の構成比率は，経済団体を除けばかなり相似している。農協などが3割前後，一般の（その他，雑多な）団体・組合が25％前後，労働団体が7〜8％などである。但し，経済団体は組織体が活動体の2倍（事業協同組合を含めると3倍）以上の比率を占める。他方で学術文化や政治団体は組織体で比率が半減する。つまり，経済団体のリソースは，相対的に豊かであり，活動団体の多くが事業所も有していることが示唆され，学術文化，政治団体はその逆であるようだ。

まとめ

　本章での発見を日本を中心に要約すれば以下の通りである。

　制度化レベル：日本の法人（制度）化の程度は，全体として，対米比で4分の1倍，対韓比では5倍に達する。非営利法人（や市民団体）では，米国との差は半減し，米日韓比はほぼ2対1対0.2である。これは営利法人の米国での発展が関係する。標準化した密度では米国は営利，非営利法人ともに3

ヵ国でトップだが，営利法人の方が一層量的に発達しているため，却って非営利法人の相対的な割合は3ヵ国中で最小になっている。米の非営利法人の絶対量の優位と相対割合の不利であり，日韓はその逆である。

組織化レベル：最大の発見は，制度化での大きな違いに対し，組織化レベルでは大きな量的な違いがないことである。他方，3ヵ国の団体種別の構成比には明確な違いが見られる。日本では，60年代以降，極めて緩やかな多元化と安定的な量的発展が見出され，90年代には停滞したこと，構成比での日本の特徴は，経済団体中心であり，近年はその他という市民系と行政系，公益志向が伸びていることが観察された。

活動体レベル：団体の量の面では，制度化同様に首都では米国は日本の3倍以上，韓国は半分以下と差があるが，地方ではかなり類似し，日本が最多である。このレベルの団体種別の構成比では各国の個性が見られ，日本ではやはり経済団体と行政関係団体が多い。

日本では組織レベルの3倍以上の規模を活動体は有する。経済団体は組織レベルで活動体レベルの2倍以上の割合を誇り，リソースの大きさを暗示している。

日本の非営利団体では，各々カバーする範囲が異なるが，法人という点で観察した限りでは制度化された団体が最も規模としては大きいが，活動体レベルもほぼ同程度の規模を示している。分類の分布は異なるように推察される。制度化が進む領域と活動が進む領域は一致しない。他方，活動体と組織化はほぼ同じ構成で，組織化の方が規模が小さい。

このような団体の，制度化，組織化，活動体の各国間の違いは，統合空間モデルで説明することができる。

制度化の違いは，各国政治体制の団体の法人化への許容度の違い，市民社会組織や利益集団への自由度の違いを示唆する。日本と比べて，絶対数で大いに優る米は，やはり体制のもつ自由度が大きいと推察できる。他方，韓国はなお制約的である。

組織化レベルでの類似性は，一定の産業化，豊かさのレベルに達した社会は同程度の市民社会組織や利益団体を生み出すことを示している。体制の性格から法人といった立場をこれらの団体は得ていないが，3ヵ国で現に同程度の団体が事業所を構え，団体に同じような人数の人々が働いているのであ

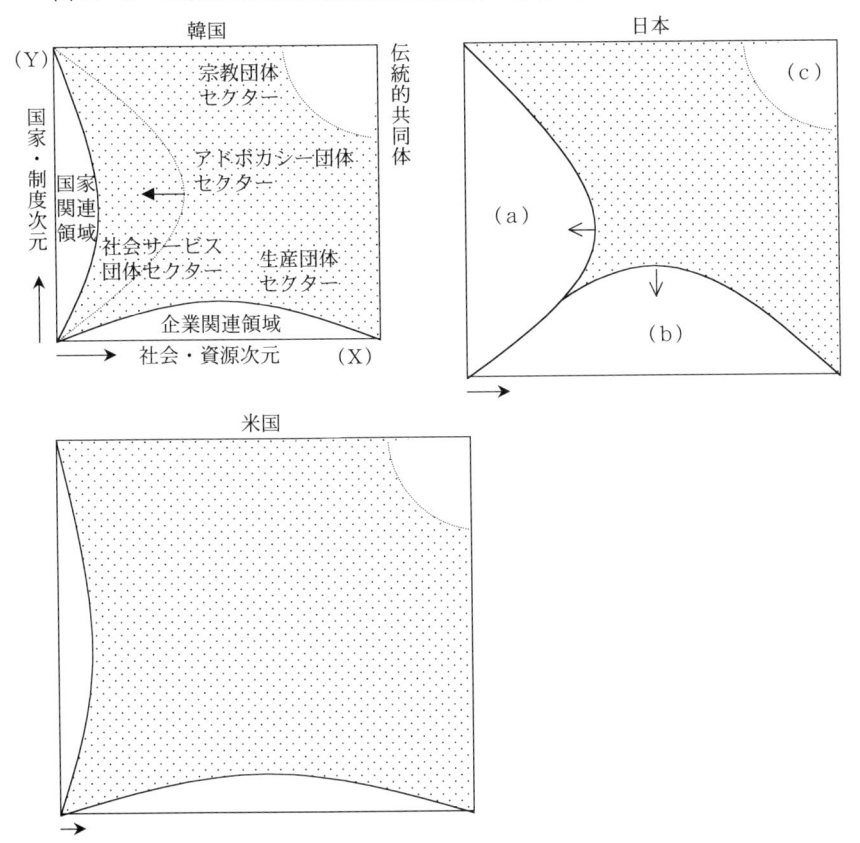

図11-2　日米韓の市民社会組織と利益団体の統合空間ダイナミクスモデル

る。これは後の章の団体のリソースでも確認できる。活動体の量でも地方ではほぼ3ヵ国似た傾向が観察された（首都は都市自体の性格が異なるので大きな差が生じている）。

　組織化において日本より韓国が数量的に優るケース（従業者数）や近接するケース（事業所数）が見られたが，これは図11-2の統合空間モデルにおける利益団体空間の占拠関係で理解することができるだろう。国家の制度化では，やはり米日韓の順で自由度が下がるが，社会空間的にはそう大きな違いはない。ただ占拠関係として，日本での経済団体，行政関係団体の比重の大

きさから推察されるように，日本は恐らく，なお国家関連領域，企業関連領域が他の2ヵ国よりも大きく，利益団体空間がそれらによって侵食されている。韓国は，1987年の民主化，90年代のその定着・安定化によって，急速に国家・制度化次元が自由化され拡大すると共に，そもそも財閥系企業の非社会性ゆえに利益集団空間が企業によって侵食されず，その空隙をNGO, NPOなどの新興の市民団体が埋めたのであろう。いずれにせよ，こうした興味深い仮説は，これに続く章および日韓比較の第2巻によってさらに検証される必要がある。

注

(1) 本書が，「民主主義の平和」(B. Russet 1991) や「第三の波」「文明の衝突」(S. Huntington 1991, 1993) と同様，冷戦以後の新しい世界展望という文脈で出現した点は，興味深い。

(2) パットナム自身，政党組織については，組織が垂直的か水平的かは場所次第と指摘している（訳書218頁）が，場所次第，時期次第ということはすべての組織にいえるのである。パットナムの研究への体系的な批判に関しては，井戸 2000参照。

(3) 市民社会および市民社会組織をめぐる論争や議論のすれ違いは，この概念の内包として何を考えるかに起因する場合が多い。確かに，国家，市場，市民といった言葉自体が，多義的であるし，容易に定義できない。しかし，特に市民をめぐる「すれ違い」は非西欧諸国で著しい。

(4) JIGS調査によれば，米国では，首都・ノースカロライナともに8割以上，韓国では首都で6割，京畿道で4割強である。後述13章の表13-1を参照。

(5) 「各国で組合・団体と考えられているもの」を必ず含んだが，加えて，日本での調査範囲の団体も漏らさないようにと考えたため，厳密な基準よりやや広くなっている。

(6) (エ)に近いものとして，日本ではいわゆるNPO法人および法人格をとっていないがNPOの領域とされるものがある。これらについては，自治体や旧経済企画庁などのサーベイ調査があるが，政策目的調査であるという限界がある。また実際にはこれも(ア)から(エ)に跨っている。

(7) 世界的には，市民社会という概念自体が，ポスト社会主義における東欧の民主化，ポスト権威主義体制下でのNIEsの民主化，ポスト冷戦下でのアメリカの新イデオロギーという側面を持つ。新しい自由民主主義国をどう「固めるか」という文脈である。他方で，日本でも，ポスト社会主義における1993年以後の連立政権下の，新しい理念として，市民社会，NPOが

登場している（Diamond 1994，山本正ほか 1998）。
(8) (E)分類に入るものとして，国レベルには，特殊法人と認可法人がある。また地方レベルでは，地方公共団体が法人格を有しており，その内訳（2001年）は，47都道府県，3,229市町村，23特別区，2,161事務組合（自治体が結成），61広域連合（同左）である。それ以外に地方公益事業が11,712存在するが，法人格はない。アメリカでも，同様の特殊法人等にあたるもの，地方公共団体や公益事業ががここでは(E)分類に入る。韓国，さらにドイツの事情については調査中である。
(9) 日本において，法人格のない団体の相当部分は，「団体としての組織を備え，代表の方法・総会の運営・財産の管理その他社団としての主要な点が，規則によって確定している」（最高裁昭和39年10月15日判決，最高裁判例集18.8.1671。民間公益セクター研究会編1997：14）限り，社団に準じて解釈され，当事者能力や納税義務が発生するものとして扱われている。収益事業は普通法人並，その他の事業は原則非課税である。

因みに，人格のない社団（38.7万）：地縁団体29.3万，任意団体8.5万ほかと推定されている。この法人格のない任意団体の領域に，1998年には，民間非営利活動法人（NPO法人），2001年には中間法人という2種類の新しい法人格が導入され，法人格を得ることが可能かつ容易になった。2001年にはNPO法人への税制が部分改正された。他方，2000年の社会福祉法の成立によって社会福祉作業所などの社会福祉法人化が容易になった。すでに認可地縁団体は1991年の地方自治法改正によって導入され，いわゆる自治会，町内会に法人格取得の道を開いた。1994年には政党法人化法が立法され，政党に法人格が付与された。さらに，2001年には，独立行政法人が導入され57組織が国家行政組織から切り離されて，独立の法人格を得た。弁護士事務所も法人格を2001年弁護士法改正によって得た。さらに国立大学に法人格を付与する立法も準備されているし，協同組合法や民法自体の改正も検討が進んでいる（2001年夏現在）。
(10) 韓国側共同研究者の一人である洪性満氏（高麗大学政府問題研究所）の調査による。
(11) 次章で，日本では米国には見られない経済発展との強い相関関係の存在が検証される。次章での検討は，1951〜99，1957〜99とかなり長期にわたるものである。ここでは，1981年から99年の団体財政に焦点をあて，日本経済の拡大による日本の非営利団体セクターの急速な発展と，経済の停滞による近年の停滞をスケッチしておく。ここでの非営利団体セクターは，政治・経済・文化団体とほぼ重なるが，そこから政治団体を抜いた，経済，労働，学術・文化，その他の各分類から成る。

1981年から96年まで，日本の非営利団体の財政は，15年間で2兆3,350億から5兆350億へと2.16倍，年平均5.3％もの成長を遂げた。しかし，バブルがはじけ，政府の財政が引き締められた結果，97～98年とマイナス成長し，2年で15％減の4兆2,750億に減退した。(Tsujinaka 2002)（資料は，経済企画庁『民間非営利団体実態報告』各年版。）

⑿　2000年7月時点でのNTTホームページ（インターネットタウンページ）分析を行ったが，まずこれはJIGS調査時点での電話帳にくらべてカバーする範囲がやや異なることに注意しておく必要ががある。例えば，JIGS調査の母集団では，組合・団体は10下位分類であったが，それが23項目に増えている。その異同はおくとして，これによると茨城県の人口10万人当り密度（人口は1999年10月総務庁データ）は111.4であり，全国平均156.2をかなり下回り，47都道府県中，41位である。

⒀　いずれも調査有効サンプルに対する比率，非回答もNに含めている絶対比率。因みにドイツは，スポーツ団体として分類されているが，それを市民団体とすれば21.8％で最大，また福祉（13.7％）も4ヵ国中最大である。

第12章

歴史的形成

辻中　豊・崔　宰栄

　本章では，活動体である JIGS 調査データと組織体である事業所統計データを用いて，日本と韓国，米国，(JIGS では) ドイツとの違いと共通性を確認しようと努める。

　活動体の設立年の分析から，日本では他の国に見られない戦前と戦後の大きな溝が見出され，その後のいくつかの波の存在が確認される。これは，①敗戦による「戦後体制変革」（国家・制度次元の改革）の意義の大きさを示す。そして，②その後のこの次元での変動の意義の「小ささ」を暗示する。③そしてこの時期にできた主として生産者団体からなるベビーブーマー的な団体が永続したのは，55年体制下での政治勢力との構造的連結が寄与したと推論される。事業所統計での分析から，その後の絶対量かつ人口比密度での順調な市民社会組織の発展を跡づけた。そして次第に日本の団体世界は多元的な様相を示しつつある。④この発展は，統合空間ダイナミクスモデルの社会・資源次元，つまり経済の発展と密接に関係していることを，相関分析によって示す。経済の停滞は，90年代後半に団体世界の量的発展にも停滞を招いた。⑤遅れて発展したように見えるアドボカシーセクターは，組織の脆弱性ゆえに近年設立のものが中心であるように見えるにすぎない可能性もある。⑥社会サービスセクターは，戦後一貫してかなりの成長を示しつづけている。

　戦前戦後の断絶や，生産者セクター・社会サービスセクター・アドボカシーセクターという輪唱型の設立分布は，他の国にみられない日本の特徴である。他方，体制変革の団体世界への衝撃的な意義や，近年のアドボカシーの形成など各国との共通点も見られる。

はじめに

すでに私たちは，前章において団体の「組織化」を検討する際，事業所統計における団体数の推移を概観した。この統計がカバーしたのは，「政治・経済・文化団体」，membership non-profit association として把握される組織であり，私たちの JIGS 調査の対象とする「組合・団体」（活動体）類型より，現実をカバーする範囲は狭いカテゴリーであり，事業所としての団体組織化は，活動体レベルの約3分の1の規模であった。

こうした限定付きではあるが，事業所統計での日本の団体発展パターンは，全般的に緩やかな多元化へ向けた市民社会組織の成熟と形容可能なものであった。それは，アメリカの市民社会組織が微変動を伴いつつも多元的飽和状態であること，韓国のそれが体制変動に伴う激変を示すこと，と鋭く対比されるものである。ただし，日本の市民社会の団体構造は，生産者団体，特に経済団体に偏重し，行政との関係も強いものと推察された。

本章では，まず，JIGS データに基づいて現存する団体（被調査団体）の設立年，つまり誕生年を見ることにしよう。現在活動している団体はいつ生れたか，である。日本だけでなく，韓国，米国，ドイツの団体誕生年も検討し，日本のパターンをどうみることができるか，またどのような団体形成の理論が適用可能か考えていきたい。そこでは，統合空間ダイナミクスモデルの国家・制度次元の意義を，政治体制変化のインパクトを見る中で検討する。また団体セクターごとの設立パターンの違いから，同モデルの社会・資源次元に関連して，団体別の資源動員について考察する。後半では，前章で見た組織化データである事業所統計を用いて，戦後の日本を中心に，韓国，米国を含めて，団体事業所，団体従業者が社会・経済の動向とどのような関係を有しているかを検討する。すなわち，団体と社会・経済環境との関係，社会・資源次元との関係を統計的に検討する。

1　JIGS 調査団体の設立年の分布

まず，図12 - 1 を見ていこう。日本（太線）および韓米独3ヵ国（点線，細線，破線）での調査団体の設立年分布（実数）である。直観的に各国のパターンが多様であることが了解できる。日本のグラフは，圧倒的多数が戦後

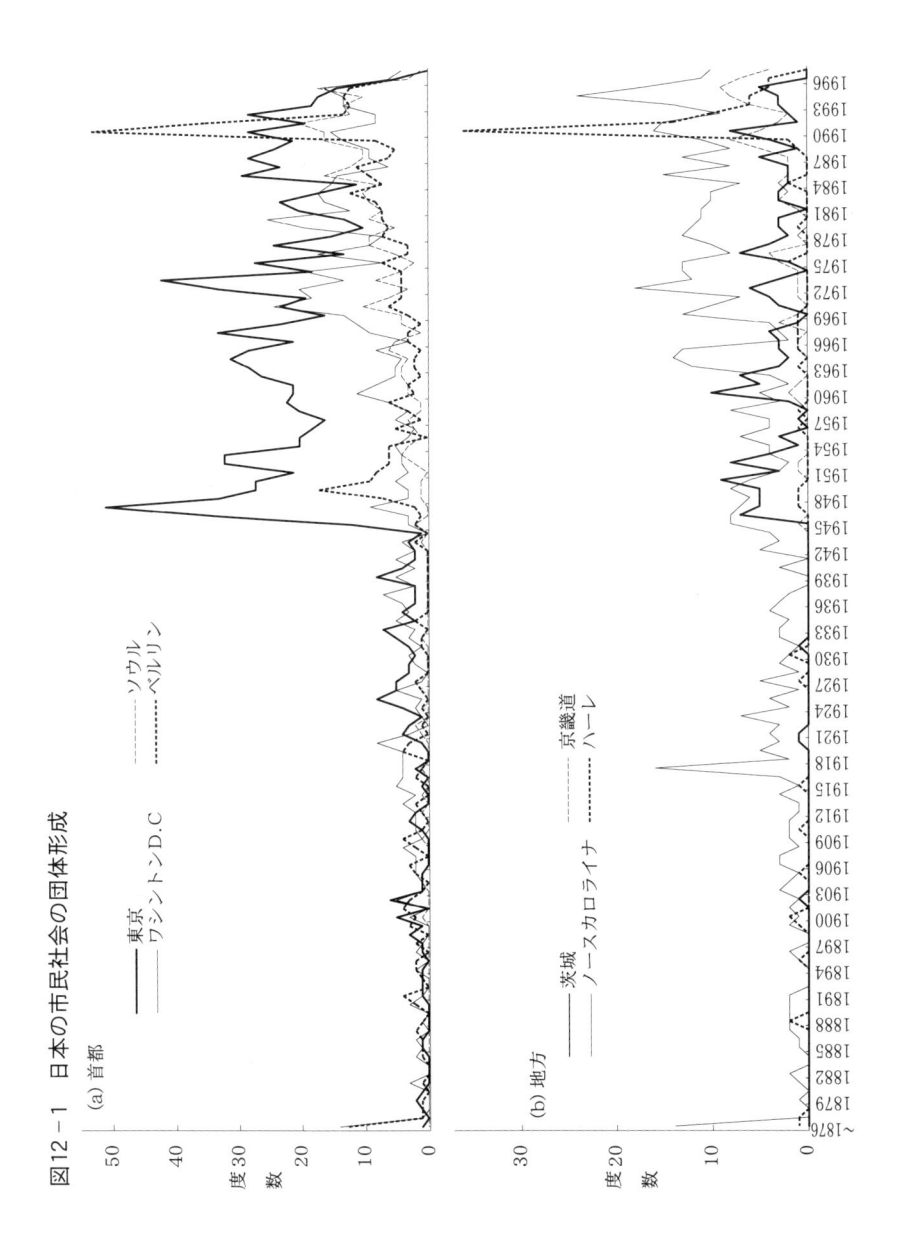

図12−1 日本の市民社会の団体形成

(a) 首都
 ――― 東京
 ――― ワシントンD.C
 ……… ソウル
 ------ ベルリン

度数

(b) 地方
 ――― 茨城
 ――― ノースカロライナ
 ……… 京畿道
 ------ ハーレ

度数

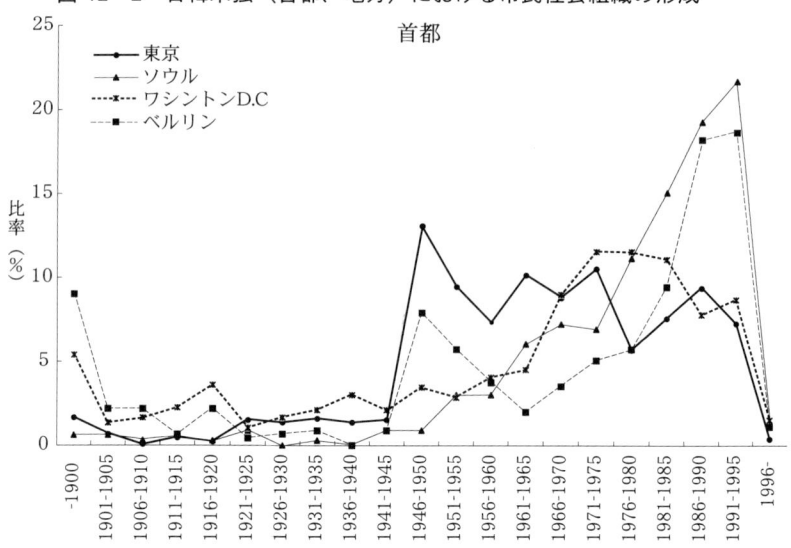

図 12-2 日韓米独(首都、地方)における市民社会組織の形成

首都

凡例:
- 東京
- ソウル
- ワシントンD.C
- ベルリン

縦軸: 比率(%)
横軸: -1900, 1901-1905, 1906-1910, 1911-1915, 1916-1920, 1921-1925, 1926-1930, 1931-1935, 1936-1940, 1941-1945, 1946-1950, 1951-1955, 1956-1960, 1961-1965, 1966-1970, 1971-1975, 1976-1980, 1981-1985, 1986-1990, 1991-1995, 1996-

の形成であること、戦前と戦後の断絶の大きさを予想させる。戦前にも多少の設立の波が観察できるが、戦後ほどではない。戦後にはいくつかの設立ラッシュ(年20団体以上首都での設立を基準とすれば)が1946〜55年、58〜68年、70〜77年、81〜92年に生じたことがわかる。

果たしてこれは、民主化や制度立法化といった政治的な環境要因によって説明されるのか、それとも経済成長などの社会要因によって説明されるのか、そして日本のパターンはユニークなのか普遍的なのか。さらに、なぜ「55年体制」は形成され、一党優位体制が確立し、自民党支配が永続したか、といった政治勢力の問題と、これはどのように関係するのだろうか? 図12-1に端的に示される団体の設立年に刻まれた歴史の痕跡は、私たちに無限の問いを突きつけるのである。

図12-2は日韓米独4ヵ国のパターンを捉えるために、首都、地方別に5年ごとに設立年を集計し、それを全体に占める比率で表示したものである。設立実数の図12-1は直観的に日本のパターンのユニークさを示したが、この図においては4ヵ国のパターン差が明確に析出されたといえるだろう。首都と地方の各国グラフの微細な相違も興味深いが、基本的には各国で両者は

地方

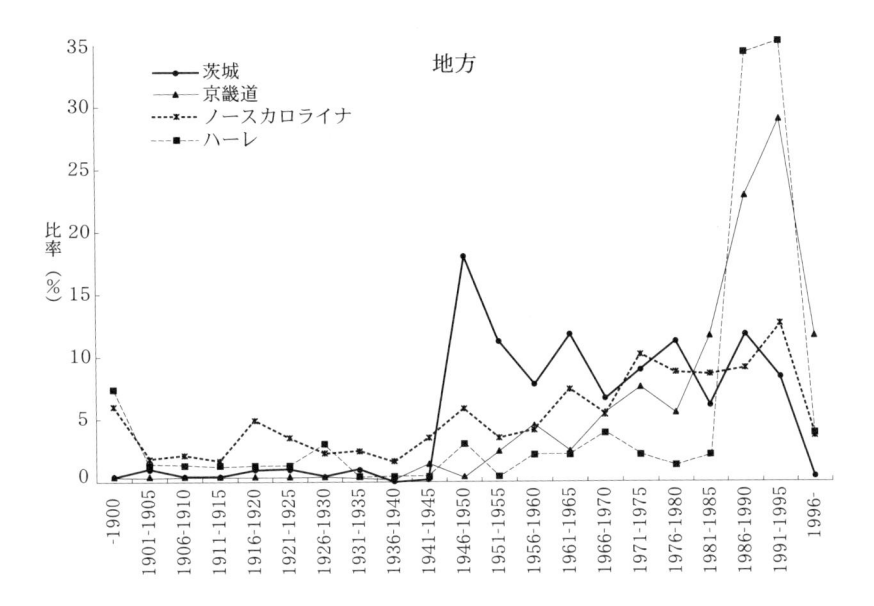

凡例:
- 茨城
- 京畿道
- ノースカロライナ
- ハーレ

(縦軸: 比率(%), 横軸: -1900〜1996-の5年区切り)

ほぼ同型であると見なせるので，両者の比較検討は別の機会に譲ることとしたい。

2　JIGS設立年の解釈と問題意識

まずJIGSデータの現存団体設立年の集計の持つ意味を考えておこう。つまり，これらグラフは「実際の設立数」を現すのではない。現段階では，この包括的な範囲での，市民社会組織の実際の設立数を示す統計は存在しない。[1] あくまでJIGSデータは，現存する団体の設立年である。だから，団体の年齢別分布グラフとみるのが正確である。

また図12-2のグラフは図12-1の実数とは異なり構成比%のグラフである。どれだけできたかの比較ではなく，現存するものが「いつ，どの程度の割合ができたか」を示している。つまり，このグラフは設立の状況を表すのではない。だから正確には現存団体の団体年齢の年度別比率分布のグラフである。

私たちは，しかし，これらのグラフは団体形成の実際のグラフと相似である，グラフ上の波動は実際の形成の波を，その高低を（一様かどうかは不明

だが）弱めながらも保存している，と基本的には解釈しておきたい。
　これ以外の理解として，これは団体「年齢」のグラフである，と厳密に解釈し，あくまで実際の設立とは切り離して考える解釈もありうる。しかし，誕生年の統計量であることに固執したとしても，団体は人間のように自然に誕生するという側面より，社会的・政治的に誕生するという側面が強い。またその寿命も自然人ではないので自然の制約はない。だから，ある時期に集中して設立され，それが存続することは普通のことである。後に見るように，日本のセクターごとの設立時期の差がこれに関係する。
　ただ，誕生年として見た場合，日本では，団体の設立が波打って続いたと言う側面より，(A)「なぜ，中年にあたる敗戦直後生まれのベビーブーマー的な団体が頑強に継続しているのか」，もしくは，その反面として，(B)「なぜその後の時代の団体が相対的に脆弱であったのか」という問題をこの図から読みとることはできる。
　但し，(B)に関しては，本章でも詳述する事業所統計での団体の順調な成長を考えれば，量的には，その後の時代にも多数の団体が形成されつづけたという点を否定するものではない。つまり，事業所統計はしっかりした組織事業所をもった団体を対象としたものであるが，そこでは60年代以降，団体実数の大きな増大とともに，団体数の人口当り密度の増大すら明確に観察できるのである。他方，この期間，団体の増大が著しいとされるアメリカ（例 Petracca 1992）は，密度でみれば停滞気味であった。だから，日本の状況は，敗戦直後の爆発的形成ほどのペースではないにしても，60年代以降もやや停滞した時期を挟みながら，かなりのペースで一貫した団体の形成が続いていると見るべきである。
　ただ私たちの解釈にしても，図12-2のグラフが設立の実際そのままではないのは事実である。実際の誕生は含まれるが，その後消滅してしまったものはそこに含まれないからである。そして，このグラフでは必ずしも明確ではないが，日本において，戦前1920〜30年代に，韓国において1960年代や80年代初頭に，米国においても同様に20世紀において幾つかの波が訪れたという証拠は十分に存在するからである。(2)
　このようにこのグラフは確かに実際のそれとは異なるが，決して実際のそれと無関係に存在する訳ではない。それゆえ，先の推論のように，これは団

体形成の実際のグラフと相似であるという解釈が生まれる。このグラフは「団体の増減の波」を一定程度反映しており，実際に形状としてはグラフに示されたような団体設立の波があると推定できるからである。本論はこの推論も採用する。

そうした観点に立てば，日本では，1945年における体制の完全な断絶，60年代から70年代における経済の高度成長，90年前後のバブル経済・地球化の波が，それぞれ先にあげたJIGS調査での複数の波と関連していることが予想される。同様に，米国では1910〜20年代，戦後，そして70年前後から80年代にかけての急増（69〜85年）が印象的であり，総じて1970年代の緩やかな盛り上がりに注目できる。韓国では1980年代以降，特に85年以降の激増をどう解釈するかが焦点となる。ドイツでも1990年の統一後の激増，戦後すぐの増大が注目できる。

図12-2のグラフが誕生年である点から生れる問題意識と，それを実際の設立形成の反映と捉えることから生れる問題意識の双方が，各国の市民社会組織の形成と発展を考える上で重要である。

3 国家・制度次元における体制変革の意義

統合空間ダイナミクスモデルの国家・制度空間次元においては，具体的には，政治体制の変化，権威主義体制による抑圧の効果とその崩壊，いわゆる自由主義的な民主化による解放という過程がどのようなインパクトを，団体世界に与えたかが重要である。

またこうした現在にいたる波を考える上で，現代の初期に見られた近代化初期遺産としての条件も重要である。それらを考えるヒントとして，例えば，20世紀までに形成され，現在まで存続したものの割合は，ベルリンでは7.9％，ワシントンでは5.4％，東京では1.7％，ソウルでは0.6％と有意な差が見られるし，1945年までに形成され，現在まで存続したものの割合でも，ワシントンでは24.1％，ベルリンでは18.1％，東京では10.4％，ソウルでは4.5％と同様の相違が見出される。米独に代表される欧米諸国では，その後の激動にもかかわらず，19世紀に誕生した一定の割合（5〜8％）の団体が現存するというのは，日韓との明確な違いとして，まず押さえておこう。

さて，ここで米国は権威主義体制を経験してこなかったので，それを理念

型として，日韓独の政治体制変化の大きさを推測してみよう。日本では，1945年の敗戦を契機とした戦後民主主義体制への変革，韓国では1987年の民主化宣言を契機とした権威主義体制から民主主義体制への移行（辻中・李・廉 1998），ドイツでは45年の敗戦と90年のドイツ統一に注目する。ごく簡便な方法であるが，政治体制変化の生じたとされる前の20年（10年毎）と，その後の10年の設立団体数の比率を比較してみよう。因みに，敗戦のインパクトは首都で，韓国とドイツの近年の変化は地方レベルで見ていこう。地方の方が変化が大きいことと，ドイツのハーレが東ドイツに属したため，社会主義からの体制変化を見ることができるためである。

権威主義体制における市民社会の組織化への抑圧がなければ，それによる抑制と解散がなければ，アメリカ同様の軌跡を描いたかどうかは，一概にいえない。形成の軌跡はそう単純ではない。ただ「解放」後の10年が，それまでの権威主義体制下での団体数の設立を補いそれに余りある著しい団体形成の期間であることは明確である。もう一点，同じく敗戦や体制変化が生じたとはいえ，各国とも断絶度，急激度において差が見られることである。

表12-1からわかるように，敗戦のなかった韓国と米国の首都では，それぞれ全く異なる社会的な位置であったが（いうまでもないが，米国は戦勝国であり，韓国は終戦時にはまだ日本に併合されていた），45年とその後10年のインパクトが団体設立（誕生年）に残っていないという点で共通である。そして，この表で見る限り，日独では，敗戦以前の20年に形成され現在まで残る団体数の数倍（4～5倍）の団体が敗戦後の10年で形成され現在に至っている。敗戦のインパクトは極めて明瞭であろう。

表12-2の示す体制変化のインパクトも同様にわかりやすい。日本や米国は60年代から現在まで大きな体制変更はなく，それゆえ大変類似した形成（誕生年分布）比率を各時期が示している。他方で，韓国，ドイツの地方では，

表12-1 日独敗戦の団体形成へのインパクト（敗戦前後での現存団体設立割合）

	1926-35年	1936-45年	1946-55年	N
東京	2.9%	3.0%	22.5%	1345
ベルリン	1.8%	0.8%	12.7%	496
ソウル	3.5%	0.9%	3.8%	343
D.C.	3.9%	5.0%	6.3%	700

表12-2 韓独90年前後の政治体制変化のインパクト(体制変化前後での現存団体設立割合)

	1966-75年	1976-85年	1986-95年	N
京畿道	13.6%	19.3%	56.8%	99
ハーレ	4.7%	2.4%	68.5%	127
茨城	16.8%	18.6%	21.7%	179
N.C.	14.5%	16.7%	20.5%	684

体制変更前後からの10年で現存する5割から7割の団体が形成されるという急激な変動が生じている。

　日本に関しては、次のような推論が可能である。
(1)　敗戦直後10年の団体が高い割合で生き残っている。戦前の団体はほとんどが根絶された。これは特に米国とは異なる。日本の戦後体制（55年体制）構造の強靭な基礎がここにある可能性がある。
(2)　戦後設立の団体は、ほぼ同様の割合で現在まで生存しており（同様の割合で存続したわけではないと推定されるが），設立の残存団体数は，その中で波動を示している。その波動は，米韓（そして独）より顕著で，3ないし4の頂きを残している。
(3)　体制変化のような大きなインパクトが生じると，それ以前に設立された団体は，その時期に，消滅，分裂や吸収，再編成を余儀なくされるので，それ以前の設立「波」は大きくその高さを減じるであろう。

　(1)に関しては，すでに推測したような，体制変動との連関が指摘できる。逆にいえば，米，韓両国の残存団体数の波やそれ以前との断絶度は，両国の体制変容と関連づけることが可能であろう。例えば，あまり明確に「政治体制の変更」とは論じられていないが，60～70年代のアメリカ「市民権革命」から70年代団体多元主義構造の形成は，T. ローウィ（1969, 1981）が述べたように古典的な自由主義の終焉であり，体制変更であると考える議論も十分検討する必要がある。いうまでもなく，韓国に関しては，87年の民主化開始であるが，80年代前半も90年代前半もともに体制変更との関係で重要であるように推察される。

　(2)の戦後日本の波状かつ高原状の高い設立団体の残存についても，団体が戦後社会で持った決定的な意味，特に保守政権の安定や高度成長など経済的発展との関連を強く示唆する。

　(3)の点はこのグラフを用いるときに注意を要する点である。体制変化以前の説明には，特に他のデータを援用する必要がある（辻中 1984, 1988, 1994 参照）。

4　社会・資源次元の検討 I：
日本における生産者セクター団体の量的優位と形成の先行

このように政治体制の変革に規定されて大量の団体が時期ごとに形成されるが，それは統合空間ダイナミクスモデルでいう多様な市民社会の団体セクター間の「陣地取り」の様相を呈する。利益団体の空間が開かれても，そのタイミングに合わせて，うまく社会の資源を動員したセクターが，自由な利益団体空間を占拠することが考えられる。こうした観点から，社会・資源次元の意義をみる上で，まず，セクター別の団体形成のパターンに注目してみたい。それはまた，上記(2)の高原状の波動の意味を解明することにもつながるだろう。

　それぞれのセクターには次の団体分野に属すると被調査団体が答えた団体分類をもとに再集計した。(6) ( ) 内は米での分類名。

　生産者セクター：経済，農業，労働

　社会サービスセクター：教育，行政（政府関連），社会福祉，専門家（医療
　　　　・保健，学術）

　アドボカシーセクター：政治，市民，（環境）

　宗教セクター：宗教団体（ドイツではなし）

　その他セクター：その他（その他，外国利益，文化）〔日本では，芸術文化，
　　　　国際交流・外国，親睦，非営利，農水林関連，厚生，国際NGO，専
　　　　門科学ほかが入る〕

4-1　セクター別構成比の検討

　まず，構成比を確認しておこう。

　日本は，「生産者」団体と「その他」団体が多い。これは事業所統計での，「経済」団体，「その他」団体の多さと一致する。但し，この生産者には労働団体も含まれている。他方，各々の比率は事業所統計より低い。アドボカシー，宗教(7)，社会サービスセクターは3ヵ国で最低である。

　米国は，社会サービスが多いが，どのカテゴリーも中間の順位である。ここでアドボカシー団体セクターには環境団体しか含まれていない。実際には，「その他」，「社会サービス」に他の国でのアドボカシーセクターの団体が含まれているのでこの数字より多い（Walker 1991参照）。

　韓国は，社会サービスが多い。アドボカシー，宗教も3ヵ国で最大である。他方，生産者とその他が少ない。生産者セクターが少ないのは近年の事業所

統計の動向と一致する。また事業所統計で「その他」が多く，それは社会サービスやアドボカシー団体を含んでいる。その傾向とも一致する。

ドイツは，スポーツという独自の分類を設けており，それを含め「その他」が多いが，それを除けば少ない。

4-2　5セクター別の設立動向

図12-3では，実数で表示してあるので，各セクターの規模を理解しつつ，誕生設立年の変動を理解することが可能である（各国の調査団体数，回答数に差があるので，スケールは同じではないことに注意）。

各国別に概観する。まず日本の傾向を見よう。生産者セクターの団体は戦後すぐに断崖状に盛り上がる大きな設立の波があり，その後波動を描きつつも設立数は減少している。社会サービスセクターとその他の団体は，戦後一貫して高く高原状であるが多少の波動を伴っている。アドボカシーセクターの団体は絶対数は少ないが，戦後すぐから60年までと，70年代以降，特に90年代に波が押し寄せている。宗教団体は絶対数が少ない。

米国の傾向は，社会サービスセクターとその他の団体では60～80年代前半に特に高く，90年代まで波は続く。生産者セクターは30年代と，70年代後半から80年代前半に山がある。アドボカシーセクターは，70年代，90年代前半に，宗教は全体になだらかであるが，60年代後半，80年代前半に盛り上がりがある。

韓国の傾向は，ほぼ全てのセクターが一挙に70年代後半から増大し，80年代後半から90年代前半に大きな盛り上がりを見せる。他方，生産者セクターは，60年代後半にもピークがある。

ドイツの傾向は，その他団体と社会サービスにおいて，20世紀以前，戦後すぐ，90年前後に盛り上がりを示している。90年の波が断崖状である。生産

表12-3　セクター別の構成比（首都％）

	生産者	社会サービス	アドボカシー	宗教	その他	計	N
日本	30.2	34.5	6.6	0.8	27.9	100.0	1403
米国	22.3	40.7	8.7	4.3	24.0	100.0	715
韓国	19.0	41.0	10.5	10.5	19.0	100.0	353
ドイツ	7.9	36.7	4.5	(宗教-スポーツ23.5 その他27.4)		100.0	597

図12-3 日独米韓におけるセクター別市民社会組織形成（5セクター；ただし、
首都における5年毎の設立数の推移

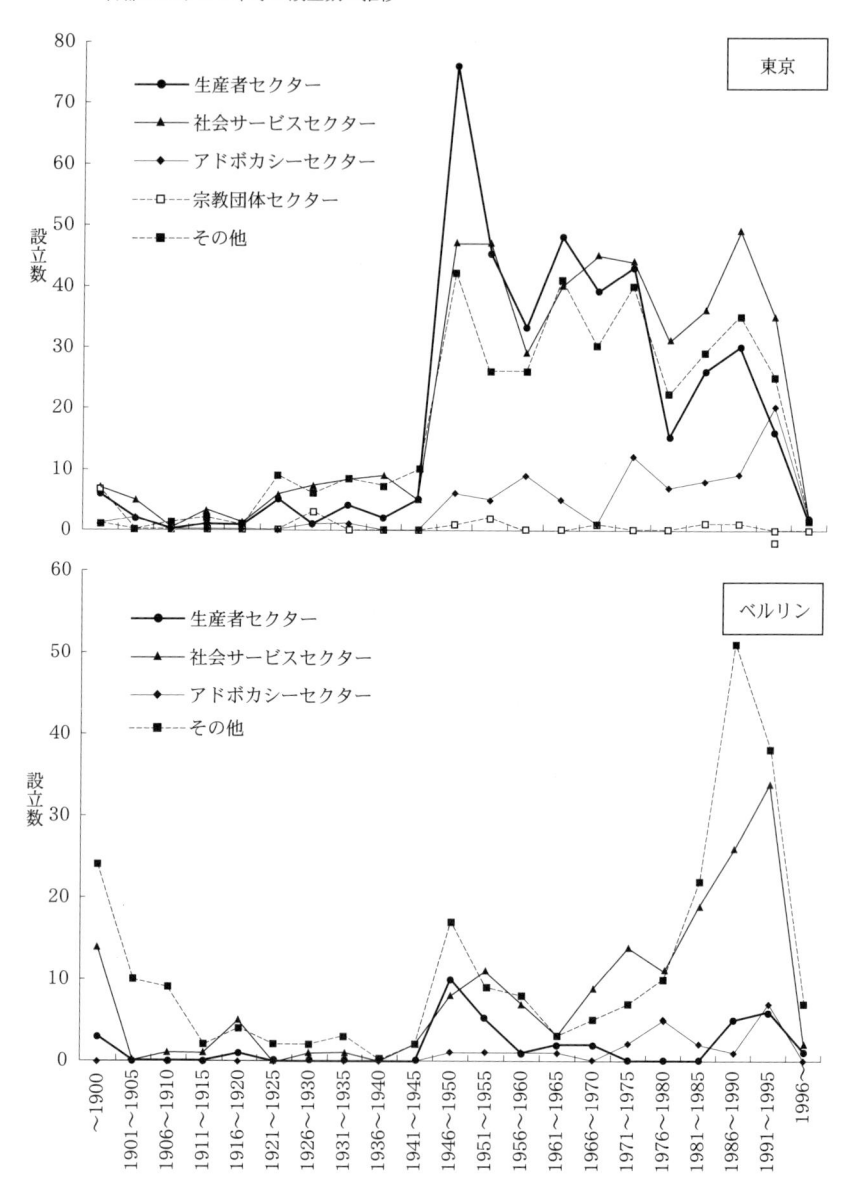

12章 歴史的形成 267

独のみ4セクター）

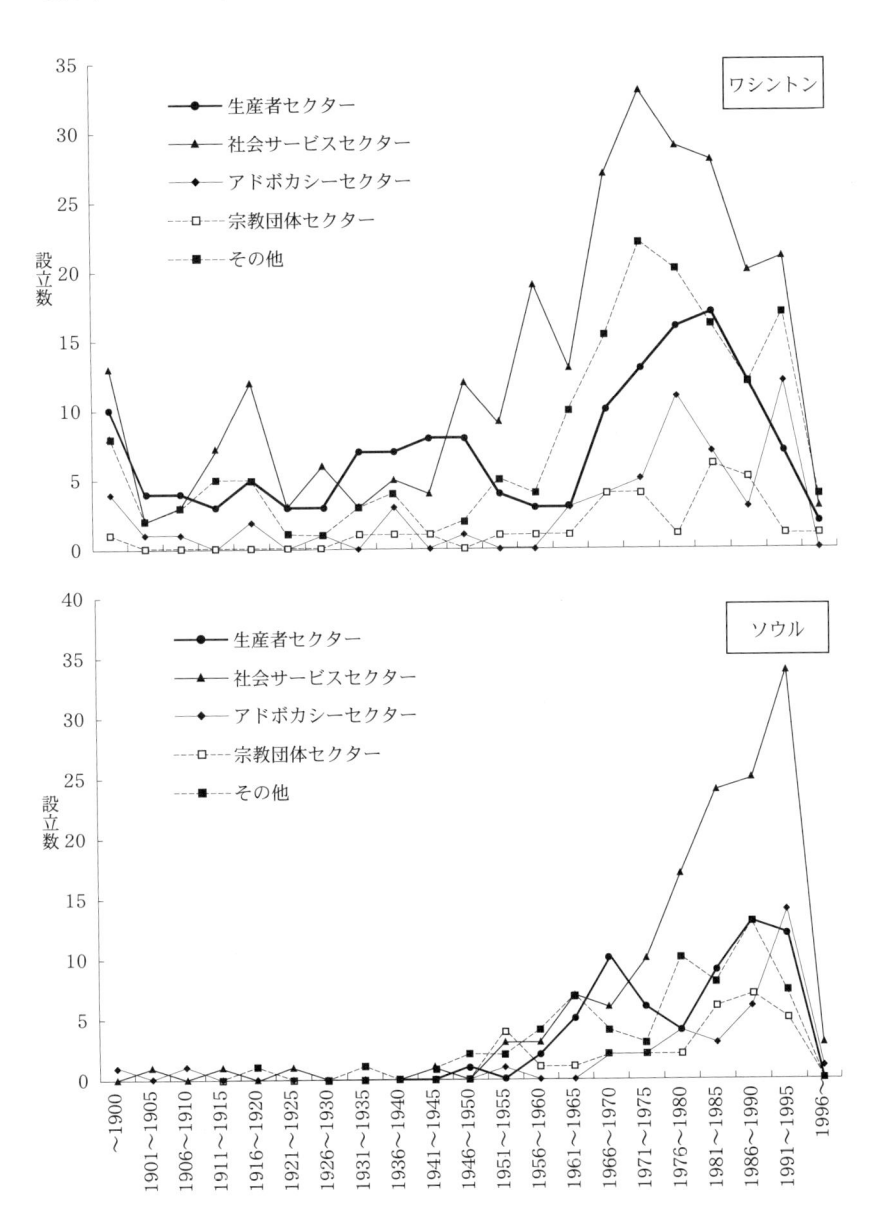

ワシントン

凡例：
- 生産者セクター
- 社会サービスセクター
- アドボカシーセクター
- 宗教団体セクター
- その他

縦軸：設立数
横軸：～1900 から 1996 までの5年区切り

ソウル

凡例：
- 生産者セクター
- 社会サービスセクター
- アドボカシーセクター
- 宗教団体セクター
- その他

者団体にとっては戦後すぐが重要であったようだ。

次に，5セクター別に概観しよう。3ヵ国の特徴を，生産者，社会サービス，アドボカシーの3セクターに注目し，どの時期に形成の中心があったかを検討する。

まず，生産者セクターである。日本では，戦後すぐに大きく，60～70年代，80年代と徐々に波の高さは低くなる。米国では30～40年代にもなだらかに形成の盛り上がりがあり，60年代後半から90年にかけてより多くの団体が形成される。韓国では，60年代後半，80年代から90年代前半に集中している。ドイツでは戦後すぐに大きい。

社会サービスセクターを見ていこう。日本では，戦後すぐ，60～70年代前半，80年代後半とほぼ同じ高さの波が続く。米国では，60年代後半から90年代前半にかけて大きな盛り上がりが見られる。韓国では，70年代後半から90年代前半に形成の波が訪れる。ドイツでは，80年代から90年代の波が鋭く盛り上がり，50年代前半，20世紀以前も設立が見られる。

最後にアドボカシーセクターである。日本では戦後すぐから60年，70年代前半，90年代前半と徐々に高さを上げつつ波が訪れる。米国では70年代後半，90年代前半に，韓国では80年代後半から90年代前半に多くの団体が形成される。ドイツでも80年代後半以降である。

以上をまとめると，日本だけが生産者，社会サービス，アドボカシーの各々のセクター間の形成時期の対照が著しいことがわかる。生産者，社会サービス，アドボカシーの順に，戦後前半集中型，一貫して高い型，そして後半集中型となり，生産者から社会サービス，（絶対数は少ないが）アドボカシーセクターへと形成の力点がシフトしていくことが観察される。日本における市民社会組織の資源動員が，この順に生じたのであり，他の分野，国家や企業からの資源供給がなされたのである。それが先に見た現在の相対的に生産者団体が発達したセクター別団体分布に帰結したのである。

米国では，60年代後半から90年代前半まで多少の波打ちと大きなうねりがほとんどのセクターに観察できる。時期は少しずれるが，韓国でも，80年代から大きなうねりが現在にかけて観察できる。ドイツはその他，社会サービスが中心でありかつ類似の波を描き，90年前後の変容に特徴が見られた。

4ヵ国でほぼ共通するのは，アドボカシーセクターの近年における増大動

向だけである。しかし，これは資源動員的には，2つの解釈が可能である。つまり，アドボカシー団体ブームが起こっているという普遍的な市民社会連帯革命仮説（サラモンほか 1996，山本ほか 1998）と，アドボカシーセクターの団体は脆弱なので，近年に形成されたものしか，常に残存していないという市民・アドボカシーセクター脆弱仮説である。日本においても，アドボカシーセクター動向と民主化の波とは共変（60年までの戦後民主化，70年安保と革新自治体期，90年代 NPO の時代から政界再編期）してきたことが観察できるが，その度に，大衆運動や市民団体・住民団体は，砂山のように，急速に盛り上がっては消滅してきた可能性がある。

以上の観察された事実は，統合空間ダイナミクスモデルの社会・資源次元以外の，もう一つの次元である国家・制度次元の仮説と関連させることもできる。

まず，政治体制の変更は，社会サービスセクター（および同様の団体を含む「その他」）により大きな変更を迫るものと考えられる。政治体制が政策変更を導き，それはとりわけ国家（社会）政策に関連する社会サービスに衝撃を与えるのであろう。

政治体制だけでなく，政権構成，権力分布，政権能力ともセクター別の形成は大きな関連をもつであろう。日本では55年体制での与野党，その後の保守政権下での社会的なコーポラティズムの基礎となる，生産者団体の形成の早さとその存続力の強さが印象的である。日本の戦後体制（55年体制）構造の強靭な基礎がここにあると推論できるのである（Tsujinaka 1996）。

韓国やドイツでは，80年代からすでに団体セクターの増大が生じており，それが90年代の大きな盛り上がりにつながる。これは韓国民主化宣言やドイツ統一の意義を示すと同時に，それ以前の権威主義体制（韓国全政権）や社会主義体制（東ドイツ側）の自由主義的な「緩み」や折衷性を示すものかもしれない。米国でも，65〜80年にかけての市民権「革命」のインパクトはここに明瞭に観察することができるが，その波自体はややなだらかであり，他の3ヵ国とはやはりパターンが相違する。

5　市民社会組織の歴史的形成理論の課題

以上，団体活動体に関する比較 JIGS データをもとにこれまでの日韓米独の

市民社会における団体配置の形成について，統合空間モデルの国家・制度次元と社会・資源次元を意識して，考察を加えてきた。無論部分的な検討であったので，それを補いつつ，市民社会の団体の形成について，少し理論的な整理をしておこう（辻中 1988：2, 3章。Petracca 1992, Baumgartner/Leech 1998, 小野 2001）。

　統合空間ダイナミクスモデルでは, 2つの次元と3つの領域を関係する変数として考えた。すなわち，国家・制度次元，社会・資源次元，国家関連領域，企業関連領域そして伝統的共同体領域である。2つの次元の許容度の大きさによって，利益集団の空間規模は，規定され形成される。そうして生れた利益集団空間において，利益集団活動に関与する企業と国家下位の領域および伝統的共同体の領域を減じたものが，市民社会組織の政治化が可能な領域（利益団体空間）である，というのが私たちの仮説である。

　こうした理論仮説は，団体形成の外部要因として，国家の制度要因（制度化）と社会の資源要因（近代化）を主として考えており，構造的・マクロ的である。しかし，団体の形成には，それ以外に，政治的機会構造のようなさらにマクロで全政治システムに関係する政治要因や，資源動員に関係するリーダーシップや組織化のテクニックなどの内部要因など多くの他の要因も関係する（小野 2001：70-78）。

　国家・制度要因としては，憲法規定，関連立法，税制，予算措置，団体政策・規制，行政指導，警察活動の管轄と実際などが含まれている。それらが，団体形成・維持の促進，助成，自由化，規制強化，規制緩和，抑圧という形で表面化する。それらの中で，政治体制の変更が最も包括的で大きな影響をもつことはいうまでもない。具体的には，憲法規定や各種の立法化との関連や改革政策との関連を分析することとなる。

　もう1つの，社会・資源要因としては，経済成長，景気循環，工業化，サービス化，情報化，コミュニケーション技術の進化，教育の発展，さらには経済・社会の地球化などの要因をあげることができる。この側面についてはすでに近代化論として多くの研究がなされたが，市民社会の団体形成との明示的な関係を分析したものは少ない。

　団体自体の内部要因としては，集団や団体の規模，集団セクター間の対抗組織化・連鎖反応・団体間関係（これは政治的機会構造と関係する），団体の

内部政策（副産物など便益供与）の要因，団体の指導力（団体企業家），団体の小集団のネットワーク関係などが重要な要因となる。社会・資源次元，国家・制度次元を認識し，それを利用するのは，団体の内部要因である。

　こうした要因が複合的に関連して現実の団体形成が生じる。

　これまで経験的仮説としては，団体形成の資源動員「外部関与」仮説，すなわち，国家，企業，それらの関連機関，公益法人などからの援助を重視する仮説や「世界民主化仮説」——日本の市民社会の団体形成と民主化，体制変更に関して，「市民社会の組織の設立の噴出（増加）の波は（国内）民主化の波と共変する。日本における（国内の政治傾向としての）民主化は，ハンチントンのいう国家の民主化（世界の諸国家の民主主義政体への移行）の波に強い影響を受けている」という仮説や「政治変動仮説：独立変数としての団体変化」——「政治体制の移行，変化，変容は団体形成の波の谷の（停滞）時期，市民社会の団体数の減少や停滞の時期であり，団体の確立・基礎固めや再編成が生じている時期に発生する。換言すれば，体制変化は団体数の増加の波を追いかけるのであり，そうした変化は民主的であるとは限らない」といったマクロな歴史過程仮説を構想してきた（Tsujinaka 1996, Tsujinaka 2002）が，経験的な実証にはなお肉付けが必要であり，今後の課題と考えることができる。

　国家・制度および社会・資源の2次元からの検討においても，多くの課題が残されていることを確認して，次に統計的な検討に移りたい。

6　日本の市民社会組織の比較的特徴：
事業所統計による日米韓比較

　ここでは，サーベイ調査である JIGS データから，再び統計的な団体事業所データに目を移し，戦後日本を中心に，韓国，米国を含めて，団体事業所，団体従業者が社会・経済の動向とどのような関係を有しているかを，限定された変数関係の中で検討する。いわば統合空間モデルの社会・資源次元との関係を見るわけである。そのことによって，国家・制度次元の意義を推定することもできると思われる（詳細は Tsujinaka 2002）。

　事業所統計に基づき統計的変化の比較から記述してみよう。このデータは，前章と同じ，「政治・経済・文化団体」，membership non-profit association と

272

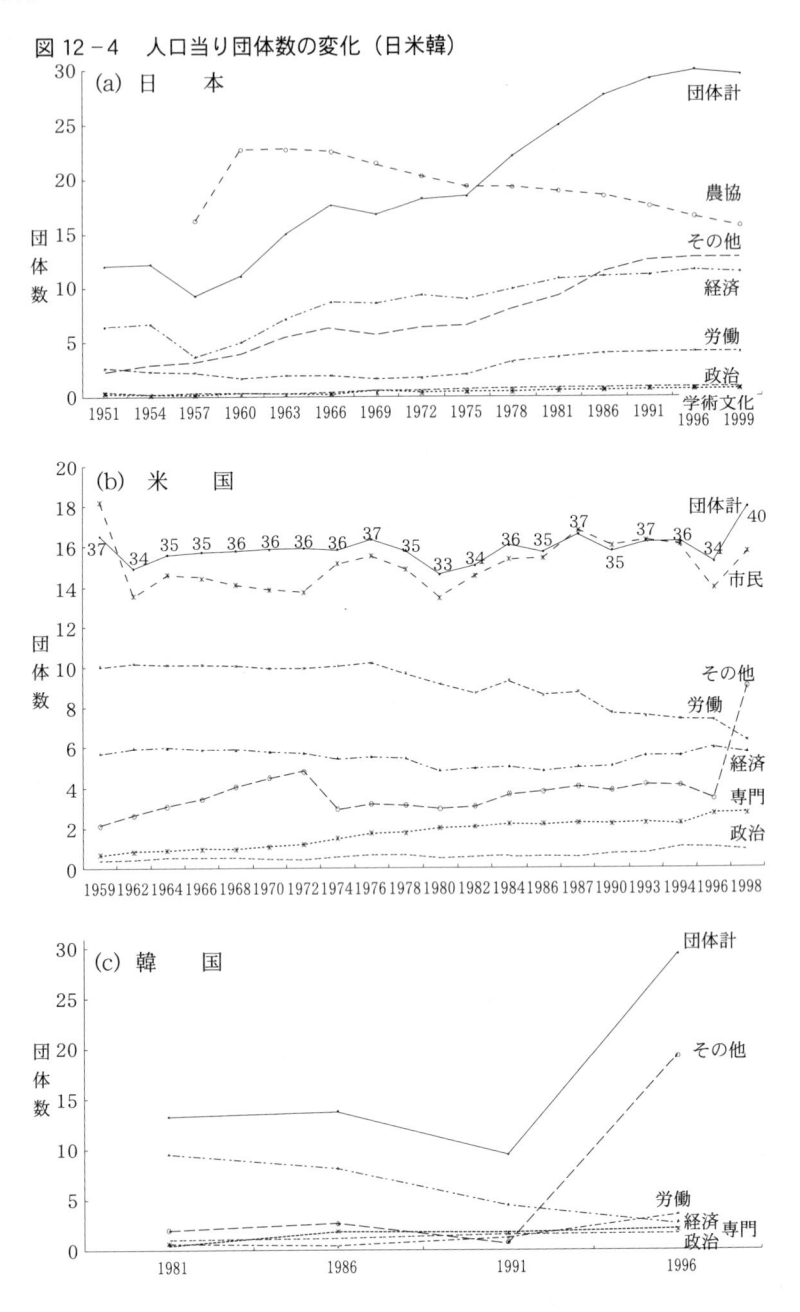

図 12-4　人口当り団体数の変化（日米韓）

(a) 日　本

(b) 米　国

(c) 韓　国

12章 歴史的形成 273

図12-5 人口当り従業者数の変化（日米韓）

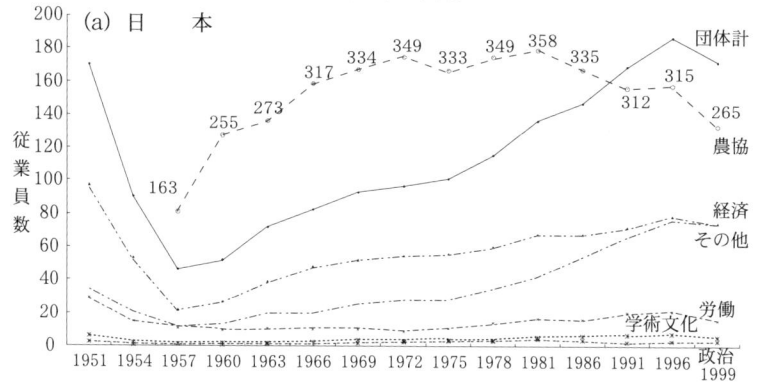

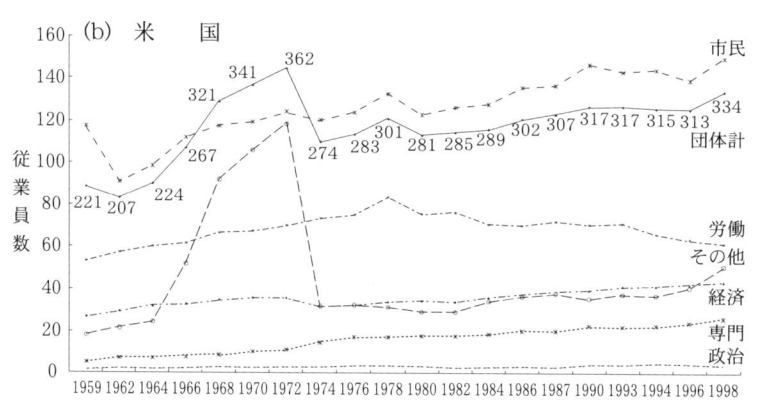

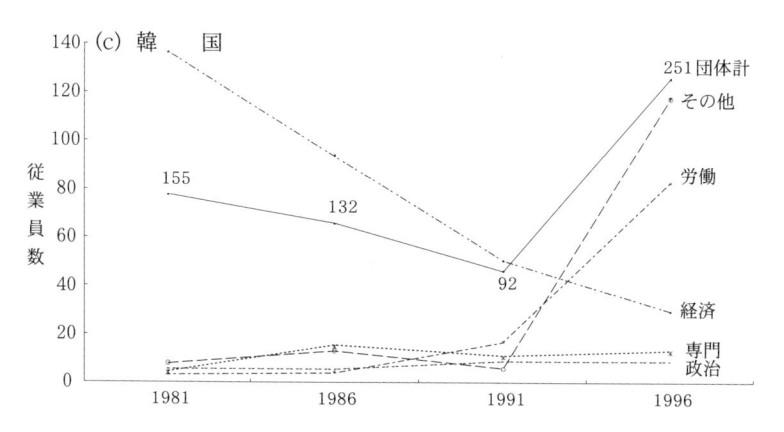

(a) 日　本

(b) 米　国

(c) 韓　国

して把握される組織であって，農協，中小企業協組など協同組合は含まれない。

　比較のために主として数値を人口で除し，10万人当り標準化した数値（以下，密度）を用いる。日本が51～99年，米国が59～98年，韓国が81～96年（統計自体が81年開始）とカバーする範囲に相違があるが，それは統計的な連続性，整合性の観点から最大限を検討範囲に収めたためである。

　アメリカ市民社会の団体状況は，極めて安定した状態にある（微増減）といってよいだろう。団体実数は1959～98年の39年間で1.65倍（年平均1.3％増）になっており微増である。人口当り密度でみると，アメリカでは1960年代以降10万人当りほぼ35団体でほとんど変化がない（最低1980年の32.8，最高1987年の37.3および1959年の37.1である。最近年1998年の40.3は「その他」の急増によるが，この年より分類が改変されているため，実態の変動でなく統計分類上の問題である可能性がある）。つまり団体数はこのおよそ40年間ほぼ飽和状態にあるといってよい。

　他方，団体を種類別にみれば，市民団体が一貫して４割以上を占めその優位も変化していない。人口当り密度では経済団体とともに横ばいである。経済団体は日本との比較では割合，絶対数ともに少ない。経済団体の数は漸減気味であったが，近年は緩やかに増加している。労働団体は76年をピークに以後減少傾向（人口10万当り密度10から６台へ）である。他方で専門家団体やその他の団体は人口当り密度で約４倍に，政治団体は倍に増加している。団体従業者数でも39年間で絶対数で2.3倍，人口当りで59年の221から98年の334と，全体に緩やかな増加が観察できる。労働組合はここでも78年以降漸減である。[8]

　以上を要約すれば，アメリカの団体世界は密度で見れば，1960年代以降，団体事業所数ではほぼ飽和状態にあり，団体従事者の面では緩やかに増大を示す。他の定評のある資料, 例えば *Encyclopedia of Associations*（Gale Research Company）からは，団体が活性化し収録団体数が増大していることや，団体の細分類ごとに相当な入れ替えがあることが推定される（辻中 1988：93-98）が，上に見たように団体密度自体は飽和に近いので，結果的には，ゼロ・サム的な団体空間の奪い合い的な状況が存在すると考えられる。

　韓国市民社会の団体状況は，全体に激動の様相を示している。団体実数は

86～91年の期間一旦減少し，91年から96年にかけて今度は3倍増である。この期間に，団体数密度も日本の3分の1水準から日本並み（米国の8割以上）に増大している。

団体種別にみれば，経済団体は一貫して減少を示すが（人口10万人当り密度9.6から2.8へ），近年の傾向では，経済団体以外の種類は皆密度を増加させている。特に「その他」の団体の爆発的増大（91年以前の最大値86年の7倍以上）は印象的である。労働組合（15年で7倍）や専門家団体，政治団体の増大も著しい（いずれも15年で3倍増）。

団体世界の構成も激変している。1991年までは日本型ともいうべき経済団体の圧倒的優位（全体の約半分かそれ以上が経済団体）を示したが，96年には「その他」（実質は市民団体も多く含む）の団体の圧倒的優位へ様変わりである。団体の従業者数の変化も同様の傾向を示し，現在の密度は日本を越えている（約1.3倍）。団体従業者密度で見れば，経済団体だけは4分の1以下に激減，労働は20倍，その他13倍，専門家と政治団体は3倍といった爆発的増大ぶりである。

要約すると，韓国では，1991年以降に，団体の爆発的な自由化が発生したと考えられる。これは果たしてバブルに過ぎないのか，それとも実質的な欧米的な意味での団体多元化が生じたのか，そもそも団体世界自体がなおエリート構造の一角にあり，単にエリートレベルでの構成変化が生じただけで，実際は相変わらず二重構造なのかなど，この激変の解釈が争点といえる（辻中・李・廉 1998）であろう。

こうした米韓の対照的な2つのシステムは，両国とも，理念型として十分用いることができる。すなわち，政治体制「安定」と「変化」のスケールとして，市民社会の団体の量的変化を用いうるという筆者の理論的仮説（「団体は世につれ，世は団体につれ」的な相関関係）を支持するものである。

これら両国と日本の市民社会の団体状況を比べてみると，事業所レベルに関しては日本はほぼ安定成長を遂げたと特徴づけられる。団体実数は1960～96年の36年間で3.7倍（年平均3.7％増加，51～99年で2.7％増）を示し，この間の平均成長率はアメリカの3倍に近い。微かに減少を記録したのは1957年，69年，99年の3回だけである。

人口当りの団体密度では，60年の対米比3分の1から96年にはアメリカの

85％にまで達した（但し，99年には漸減）。

団体種別でみると，安定した経済団体の優位（4割前後）が印象的である。但し，経済団体も最大の時期より10ポイントの比率減少を示し，近年は停滞気味である。もう1つ近年に特徴的なのは，「その他」の団体の急速な増大である。この半世紀で5倍以上の密度の伸びを示し，現在では最大の分類になっている。政治団体も3倍増，学術や労働団体の密度は2倍弱である。参考までに述べると，農協や宗教の事業所は長期減少傾向にある。

団体従業者数をみれば，60～96年の36年間は4.9倍（年平均4.5％増）の増大である。但し，1957年までと96年以後は減少を示した。しかも図から理解されるように，事業所レベルとはやや趣きを異にするのは，57年以前と以後は質的な違いを予想させるだけの大きな減少傾向が観察できることである。団体従業者総数は51～57年の期間に4分の1に激減した。半世紀たった現在も1951年の団体従業者密度水準を上回っているのは，「その他」と「団体総計」だけである。

ただ，その後の成長は順調である。57年と99年を比較すれば，その他の団体は6倍弱，政治団体，学術文化団体は4倍，経済団体は3倍強，労働団体は2倍弱である。ちなみに，国勢調査での団体従業者数も1947年の戦後第1回調査から，50年，55年と急減後に成長軌道に入っている。不況（サービス業も減少）や戦前の遺産整理，55年体制に向けた様々な政治社会集団の整理統合もそこに関連して可能性もある（辻中 1988：69-76）。

以上，日本の状況をまとめれば，1957～60年頃からそれ以前とは異なる段階に入ったこと，それ以降団体世界の継続的な安定成長が続いていること，75年以降，「その他」を中心とした新たな波が現れていること，90年代後半に入り停滞気味であること，などが指摘できる。

日本のパターンは，アメリカ市民社会の多元的飽和状態での微変動，韓国の体制変動に並行する市民社会組織の激変と対比すれば，戦後初期とごく最近を除けば，市民社会組織は安定的な成長と緩やかな多元的成熟を遂げてきた，と形容可能であろう。他方で，その構成は安定的であり，なお経済団体の量的優位があることも特徴的である。増大する「その他」の団体の解釈が特に日韓の性格付けに関係するが，これは市民団体と政府系や企業系の公益団体の混合（前掲，第4章プロフィール）であり，今後の分析課題である。

7 社会・資源次元の検討Ⅱ：
「発展志向型国家の団体状況」仮説の部分的検証

　団体が社会の資源を動員し組織化することで成立するとすれば，資源を供給する経済環境の影響を受けることが考えられる。ここでは様々な経済環境変数を用いて体系的に検討するのではなく，１つの試みとして，「全事業所（従業者）数の動向」に経済環境を代表させ，それとの関連を探るにとどめる。この比較は確かに同一の統計を用いるという点で便宜的であるが，それだけでなく，事業所組織，同従業者という同じ次元で，団体と全ての産業総計を比較することができるという強みも持っている。

　ここでは，これまで焦点を合わせてきた政治・経済・文化団体だけでなく，農業協同組合や宗教組織の事業所も比較の観点から可能な限り検討を加えた（但し団体計には含めていない。団体計は政治・経済・文化団体である）。方法は基本的に，戦後の分析可能な時期のデータ間での単純相関分析である[9]。ただ，日本では57年以前と以後には性格の違いが推定されるので，51〜99年と57〜99年の２時期で相関を算出した。

7 - 1　全産業事業所数と団体事業所数の相関（全産業従業者数と団体従業者数の相関）

　まず，各国の人口当りの団体数密度と全産業事業所密度の推移，同じく団体従業者数密度と全産業事業所従業者数密度の推移を見ていこう（以下すべて人口10万人当りの密度であるので密度は略する）。図12-6，12-7には，団体の推移とともに全産業事業所の推移，団体従業者の推移とともに全産業事業所従業者の推移もスケールは異なるが示してある。表12-4，表12-5は両者の間の相関分析である。

　アメリカでは，人口当り全産業事業所の推移は，72〜74年，82〜84年のジャンプが見られ（図12-6），おそらく何らかの制度（税制など）的な変動の影響と考えられる。72年までは漸減，84年以降は漸増である。結果的には40年で1.4倍である。他方，既に触れたように団体事業所の方は35前後で停滞している。両者の相関係数は，0.367で大きくはない。全事業所と団体の従業者レベル（表12-5）は，ともに漸増傾向を示し，それらの相関係数は0.598と

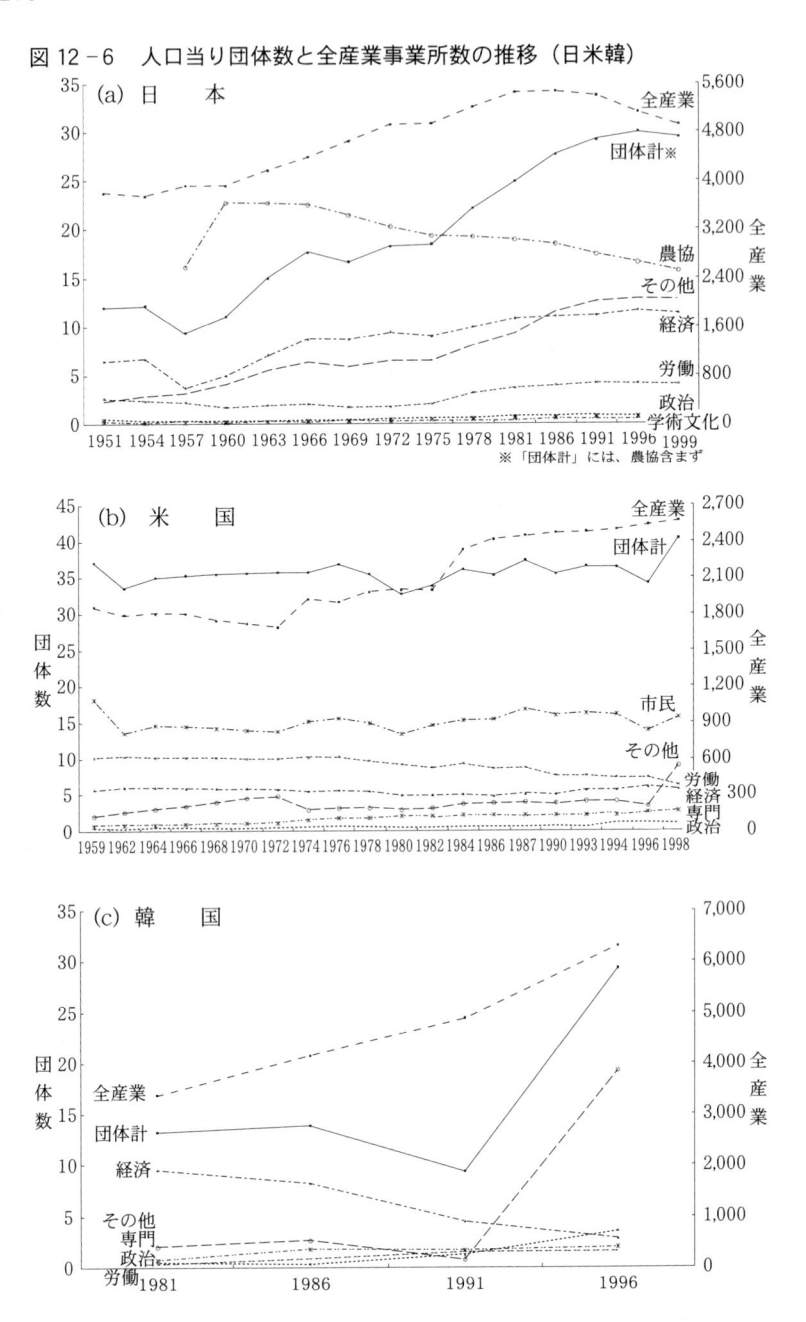

図 12-6　人口当り団体数と全産業事業所数の推移（日米韓）

(a) 日　本

(b) 米　国

(c) 韓　国

※「団体計」には、農協含まず

12章 歴史的形成　279

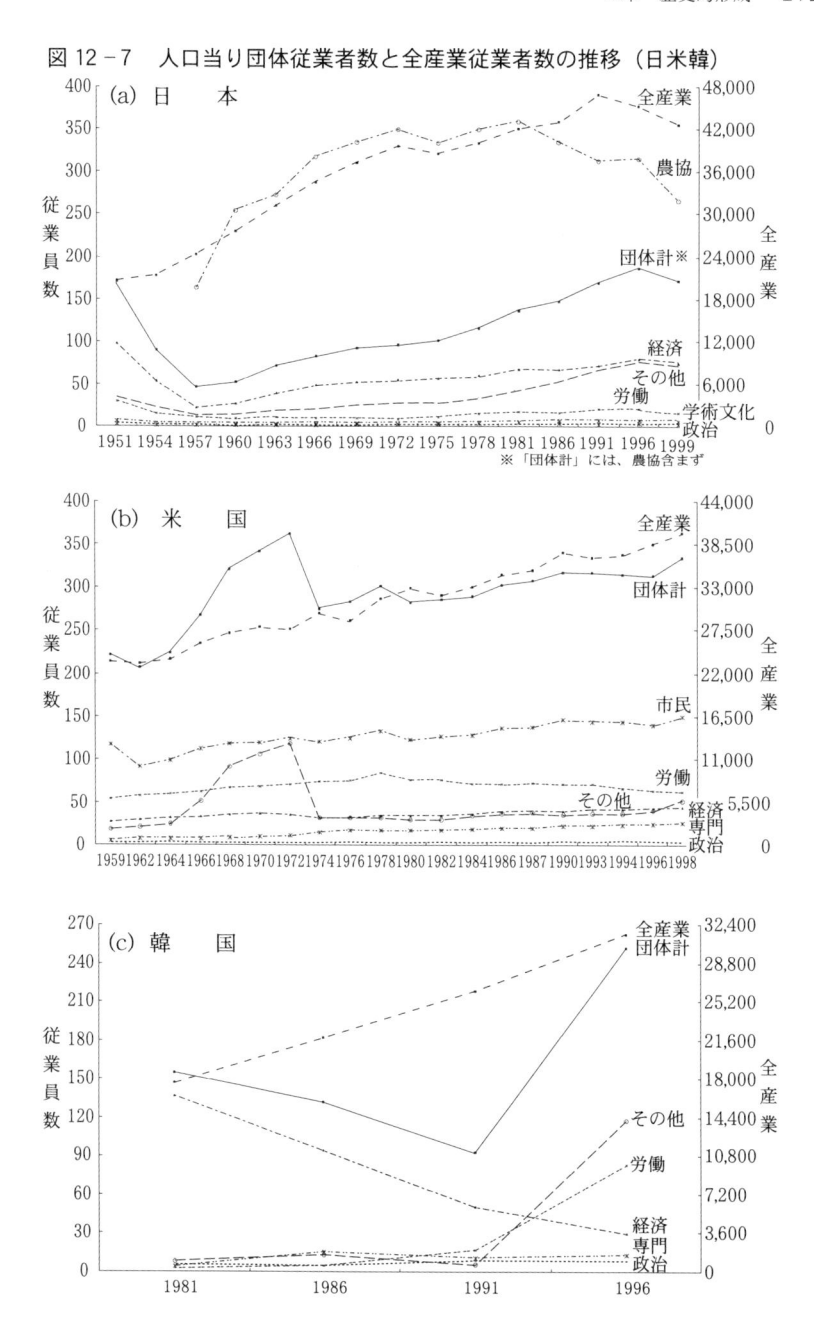

図12-7　人口当り団体従業者数と全産業従業者数の推移（日米韓）

(a) 日　本

※「団体計」には、農協含まず

(b) 米　国

(c) 韓　国

表12-4 人口当り団体数と全産業事業所数との相関分析

区	分	団体計	経済	労働	学術文化/市民	政治	その他	農協/専門	宗教
日本	1951～99年	0.884**	0.898**	0.657**	0.733**	0.952**	0.858**	-0.433	-0.740**
日本	1957～99年	0.865**	0.909**	0.733**	0.772**	0.955**	0.800**	-0.433 (-0.770**)	-0.891**
米国	1959～98年	0.367	-0.388	-0.899**	0.438	0.734**	0.408	0.900**	0.974**

(注)・／：左は日本の項目，右は米国の項目。　・**は水準0.01で，有意。
・（ ）内は，1960年～1999年の相関値。

表12-5 人口当り団体従業者数と全産業従業者数との相関分析

区	分	団体計	経済	労働	学術文化/市民	政治	その他	農協/専門	宗教
日本	1951～99年	0.534*	0.339	0.009	0.577*	0.708**	0.724**	0.707**	-0.243
日本	1957～99年	0.930**	0.979**	0.751**	0.884**	0.802**	0.858**	0.707** (0.473)	0.762**
米国	1959～98年	0.598**	0.900**	0.351	0.924**	0.846**	-0.127	0.978**	0.968**

(注)・／：左は日本の項目，右は米国の項目。　・*は水準0.05で，**は水準0.01で，有意。
・（ ）内は，1960年～1999年の相関値である。

表12-6 人口当り団体数と全産業事業所数との増減量の相関分析

区	分	団体計	経済	労働	学術文化/市民	政治	その他	農協/専門	宗教
日本	1951～99年	0.373	0.232	0.341	0.191	0.713**	0.348	-0.109	0.199
日本	1957～99年	0.559	0.552	0.331	0.007	0.770**	0.377	-0.109 (0.193)	-0.079
米国	1959～98年	0.172	-0.083	0.318	0.335	0.057	-0.178	0.287	0.683**

(注)・／：左は日本の項目，右は米国の項目。　・**は水準0.01で，有意。
・（ ）内は，1960年～1999年の相関値。

表12-7 人口当り団体従業者数と全産業従業者数との増減量の相関分析

区	分	団体計	経済	労働	学術文化/市民	政治	その他	農協/専門	宗教
日本	1951～99年	0.183	0.413	0.192	0.293	0.270	0.183	0.746**	0.120
日本	1957～99年	0.672*	0.759**	0.327	0.390	0.259	0.449	0.746** (0.811**)	0.241
米国	1959～98年	-0.039	-0.012	0.092	0.293	-0.134	-0.153	0.128	0.354

(注)・／：左は日本の項目，右は米国の項目。　・*は水準0.05で，**は水準0.01で，有意。
・（ ）内は，1960年～1999年の相関値。

高くなり，有意である。

　韓国では，統計調査年が4回しかないので，相関係数には意味がない。ただ，図12-4，12-5のグラフから全産業事業所が一貫して順調に成長しているのに対し，団体が横ばいから，減少そして急拡大と複雑な動きをしているのが対照的である。

日本は，グラフからも分かるように，全産業事業所と団体事業所は少しのギャップはあるものの極めて相似的な動きをしている。但し従業者レベルでは戦後57年までが異なる軌跡傾向なので相似はそれほどでない。団体の推移の方が全産業より伸びが著しい。その結果，事業所レベルで0.884，従業者レベルでも0.534の相関係数を記録している。しかも，質的変化が予想される57年以降だけに限れば，それぞれ係数の値は0.865，0.930となり，相関関係は極めて強くなる。日本の係数は，すべて統計的に有意である。

全団体と全産業との密度の相関関係のレベルでは，日本が韓米を大きく引き離して，強い相関関係を持つように推察される。

7-2 全産業事業所「増減」量と全団体事業所「増減」量の相関（全産業従業者増減数と全団体従業者増減数の相関）

相関関係に関しては，データが時系列的なものであるため初期値が係数に与える影響が考えられるので，次に増減量（年単純平均）に着目して，団体と全産業の増減量間の相関係数を算出した。

まず，**アメリカ**を見ていこう。先の値より，全産業との相関係数は団体の事業所数でも，従業者数でも下がって，それぞれ0.172，−0.039である。つまり，ほぼ無相関である。

韓国。平均増減数のグラフを書くと，先の全体数とは異なり，全産業と団体は事業所レベルでも，従業者レベルでも相似した形状を示している。

日本。先の全体数のものより，平均増減数における全産業との相関係数は，団体の事業所数でも，従業者数でも下がって，それぞれ，0.373と0.183となり，かなり相関は低い。ところが先と同様に，57年以後に限れば，0.559と0.672（統計的に有意）となり，相関関係は強くなる。

全団体の増減量レベルでは韓国は置くとして，日本は米国よりも，全産業との相関関係が強いように推察される。特に1957～99年の時期は相当相関関係が強い。

7-3 人口当り全産業事業所数と「各団体分類」事業所数の相関（全産業従業者数と「各団体分類」従業者数の相関）

次に，各団体分類ごとに観察していこう。ここでは，政治・経済・文化団

体だけでなく，参照できる限り，宗教団体，農業協同組合にも触れてみたい。ただし，団体総計にはこれらは含まれていない。なお韓国は相関分析については省略する。

　アメリカ。全団体の相関は低く有意でなかった。種類別では宗教，専門家，政治団体が正の強い相関を示し，労働団体は強い「負」の相関を示した。従業者数でも，専門家，宗教，市民，経済，政治の各団体が強い相関を示し，全体も有意な相関であった。

　日本。有意の相関を示したのは，事業所では政治，経済，その他，学術文化，労働が正の強い相関，宗教（60年以降の農協）が負の強い相関で有意であった。従業者では，政治，農協，学術文化団体が正の相関として有意であった。57年以降をとると，相関係数は全体に飛躍的に上昇し，経済，労働を含め全項目が強い有意な相関となる。

　3ヵ国を見れば，やや意外な感があるが非経済的な団体が，全産業事業所・従業者と高い相関を示しているのがわかる。宗教（日本では負）や政治団体，日本での学術文化がその典型である。

7-4　人口当り産業事業所増減量と「各団体」事業所増減量の相関（全産業従業者増減量と「各団体」従業者増減量の相関）

　アメリカ。全産業事業所と団体事業所との増減数の関係では，宗教団体の相関値が高く0.683，その他のものは有意な相関が見られなかった。従業者では，有意な相関を示すものはなかった。

　日本。団体事業所では，政治団体が最も高く，唯一統計的に有意である。その他，労働団体や「その他」の団体などに弱い相関が見られるが有意でない。従業者では，農協が唯一有意な相関関係であり，経済に弱い相関が観察される。57年以降をとると，全体の相関値が上昇し従業者で経済も有意な相関となる。

　米国と比べて，日本において，政治団体や農協が正の相関を事業所や従業者で示したのはユニークであるように思われる。

7-5　まとめ

　以上の検討をまとめると，以下のとおりである。

人口当り団体事業所・団体従業者数と全産業の事業所・従業者数の相関の検討からは，事業所レベルでは，正負の相関の混じる項目の多い米国より，日本の方が相関係数は大きく上回り極めて高い。従業者レベルでは団体計の相関係数は米が少し上回っており，日本は経済・労働の相関が弱い。ただし，57年以降をとれば飛躍的に上昇し，すべて有意な相関となる。日本では，事業所，従業者両方で，全産業との相関関係が確認できる。米国では従業者のみ確認できるといえるだろう。団体セクターそのものが成長を遂げた日本と，セクターとしては団体数が飽和（人口増に伴う増大あり）していた米国の違いが明瞭である。

人口当り団体事業所・団体従業者数と全産業の事業所・従業者数の平均増減量の相関の検討からは，事業所では，まず日本の方が，全体としての相関は高いが，統計的に有意なのは政治団体だけである。米国では，事業所での宗教を除き，ほとんど相関関係にない。全体も無相関に近い。従業者でみても，米国では無相関であるが，日本では弱い相関がみられ，特に57年以降だと経済，農協に高い相関が現れ，全体も有意な相関となる。高度成長期の日本の団体は，増減量という点でも産業の動向と相関関係が見られ，団体の数では政治（や経済），団体従業者では経済と農協がそれに反応したのである。

結論的には，高度成長期以降の日本の市民社会組織は，団体（事業所）数，団体従業者数ともその人口当り密度において，全産業の動向に規定されたといえよう。まさに，経済発展とともに団体は存在したのである。従業者数に関しては，確かに米国においても全産業との相関は相当高い。しかし米国では，日本で記録したような団体の事業所数と全産業との相関は見られない。団体の数量自体が，産業の動向と相関したという点で，日本の市民社会は，発展指向国家型の性格を有したのである。

まとめ

本章では，活動体であるJIGSデータと組織体である事業所統計データを用いて，市民社会における団体の設立，数量的推移における日本と米国，韓国との違いと共通性を確認し，日本の特徴を浮き彫りにしようと努めた。

活動体の設立（誕生）年の分析から，日本では他の両国に見られない戦前と戦後の大きな溝が見出され（ドイツも小さいが見られる），戦後には継続的

に多数の団体設立が見られるとともに,いくつかの波の存在が確認された。これは,韓米両国とは大きく異なり,またドイツともかなり異なる点である。日本では比較的にみて生産者セクターが極めて大きい。また日本だけが生産者,社会サービス,アドボカシー各々のセクター間の形成時期の対照が著しく,生産者から社会サービス,(絶対数は少ないが)アドボカシーセクターへと形成の力点がシフトしていくことが観察される。

　JIGS設立年データからは,日本のパターンは,アメリカ市民社会の多元的飽和状態での微変動,韓国やドイツでの体制変動(韓国民主化,ドイツ東西統一)に並行する市民社会組織の激変と対比すれば,戦後初期とごく最近を除けば市民社会組織の安定した成長と多元的成熟と形容可能であろう。他方で,その構成は保守的安定であり,なお経済団体の量的優位があることも特徴的である。増大する「その他」の団体の解釈が特に日韓両国の性格づけに関係する。

　後半では事業所統計データを用いて日米韓3ヵ国を対比した。人口当り団体事業所・団体従業者数と全産業の事業所・従業者数の相関およびそれらの年平均増減量の相関を検討した。事業所レベルでは,米より日本の方が相関係数が上回り極めて高い。従業者レベルでも57年以降をとれば,日本の値は飛躍的に上昇し,米国より高く有意な相関となる。日本では,事業所,従業者両方で,全産業との相関関係が確認できる。米国では従業者のみ確認できるといえるだろう。団体セクターそのものが成長を遂げた日本と,セクターとしては団体数が飽和していた米国の違いが明瞭である。人口当り平均増減量の相関の検討からも,統計的には弱いが,同様の傾向が観察された。高度成長期の日本の団体は,増減量という点でも産業の動向と相関関係が見られた。

　このように,日本では,敗戦直後に形成された団体,しかも生産者団体が,今でも多数を占めている。これが第1の大きな波の核心である。第2の波以降は社会サービスセクター,いわゆる政策受益団体が台頭し,近年の第3の波では市民団体がやや目だっている。戦前・戦後の政治体制の変容の意義とともに,戦後体制の構造の強固さ,その後の累積のあり方に特徴が見られる。なお戦後民主化体制の延長に団体セクターの構造が見出される。こうした「戦後」が特殊な意味をもつ軌跡を,ドイツとは共有しているが,米韓両国と

は共有していない。

　日本の戦後民主化構造の下では，とりわけ57年以降には，全産業の成長動向と並行した，それとの相関関係の強い団体セクターの増大，団体従業者の増大が安定的，継続的に続いた。57～96年の間は，こうした発展指向型の市民社会組織形成が続いていたが，57年以前と96年以後には，質的相違が推定できる。1945～55年の政治的再編成や55年体制の形成，93年以降の政治再編成の開始や98年のNPO法などの新しい団体法制の動向は，こうした時期区分と密接に関連していることが予想される。いずれにせよ，これらの興味深い展開は今後の研究課題となるが，こうした大きな政治体制問題に，市民社会の組織，利益団体の研究が，密接に連動していることは，本章で確認できるのである。

　本章の最初の問題意識の1つは，「なぜ，中年にあたる敗戦直後生まれのベビーブーマー的な団体が頑強に継続しているのか」，もしくは，その反面として，「なぜその後の時代の団体が相対的に脆弱であったのか」であった。この問題に十分な答えをする準備はないが，本章の文脈でいえば，他の国々との比較の中で，次の点が重要である。

①日本の敗戦による「戦後体制変革」，国家・制度次元改革の意義の大きさ。
②その後（55～60年以後）の体制変革や制度次元での改革の「少なさ」。
③戦後の体制変革後，成立する安定的政治構造とベビーブーマー団体（主として生産者セクター）の構造的な連結，いわゆる55年体制の団体世界での意義。これらの団体は，市民社会の団体空間を先取し，占拠し，政治「構造」化したのである。
④その後90年代まで続く，経済発展指向国家型の市民社会組織の形成。経済動向との密接な連動は，経済発展の低成長化によって市民社会組織の停滞を招来する。
⑤遅れてきたアドボカシーセクター団体は，この構造の前に，脆弱でありつづけた可能性が高い。

　こうした点の意義が本章で，部分的には検証されたといえるだろう。

注
　(1)　団体事業所レベルに関しては，事業所統計における新設事業所数を各調

査年で集計するのは可能である。また公益法人やNPOに関しても，統計が入手可能である。JIGS調査の対象とする包括的な市民社会組織に関しては，正確なデータは困難である。

(2) 辻中 (1994：470-474)。村松・伊藤・辻中 (1986：50-63)。特に辻中 (1984) において，戦前戦後の各分野別の体系的な検討を行っている。

(3) 戦前・戦後の実際の設立動向を，各分野別に検討したものとして，辻中 (1984，辻中 1994) を参照。1980年の全国レベル（主要な圧力団体を対象）の団体調査での，設立年の分布グラフと本論のそれは極めて類似している（辻中1984 特に243, 259頁のグラフ参照）。

(4) 政治体制変化がないとは断定できないが，ここではそれを仮定している。体制変化がない社会での団体世界の発展のパターンについては，スイスの例で推察したことがある。スイスでは，1940年頃に都市化・工業化の発展と並行して，団体設立もピークを迎えている。（辻中 1988：51）。

(5) 日本における団体レベルでの戦前と戦後の連続・断絶については，1957年と81年の事業所統計での設立年調査がヒントを与える。営利企業では，それぞれの年に，32.9％，9.9％が戦前期に設立されたと報告しているのに対し，団体（政治経済文化団体）では，それぞれ14.5％，3.0％に過ぎない。辻中 (1988：62-63) 参照。

(6) この大セクター分類は，J.Walker の Profit Sector, (Mixed Sector) Nonprofit Sector, Citizen Sector にほぼ対応する。それぞれ生産者，（対応なし），社会サービス，アドボカシーのセクターである。彼は，設問で団体成員と職業・産業との関係などを詳細に聞いており，それに基づいて分類するという手法をとっている。

(7) 宗教団体の教会・寺院などの基本組織は本調査の対象としてどの国の母集団にも含めなかったので，結果としてドイツでは0，日本ではそれ以外の宗教団体が「その他」から抽出したため0.8％ある。米韓両国においてその区別が明瞭でなく，より多く混入している可能性がある。事業所統計に基づく宗教団体と団体一般の日米韓比較として，辻中 1994：459-462を参照。

(8) 米の団体従業者の統計には，1966～72年の時期に「その他」の分類の変動に起因する異常な軌跡が記録されている。

(9) 団体の動向と産業全体（経済）の動向は，こうした単純な関係では十分把握できない。営利企業と非営利であり，公共の利益や理念・主義主張と関連する市民社会の団体の論理は異なるから，いくら資源を動員するとしても，単純な影響関係は考えられない。両者の間のズレや相互関係を計量的にも明らかにすることが今後必要である。

第13章

組織リソース

辻中　豊・崔　宰栄

　団体のリソースのうち，基本である組織リソースの一部を概観し，韓国，アメリカ，ドイツと比較してみる。団体のリソースは，団体の主体的属性であり，様々に活動する際の基礎となる。発見としては，全体として，日韓米の団体セクターのリソースに大きな違いは見出せない。首都では極めてよく似たグラフを描くことが注目できる。個人・団体の会員数，財政規模，職員数どれをとっても，米日韓の順に規模が漸減するとはいえ，その差は小さい。地方では，日本の方が財政，職員の面でより発達している。日本は地方で団体が比較政治的に見てより発達している可能性がある。これは，一党優位の政党政治システムや55年体制の安定性の問題にも関係する。

はじめに

　私たちは，統合空間ダイナミクスモデルを1つの比較の準拠枠として，日本の利益団体，市民社会組織を比較政治的に分析してきた。このモデルの社会・資源次元との関係が本章の焦点である。すなわち，社会発展や社会環境の変容が団体世界に与える影響は，団体の組織化，設立だけでなく，できあがった団体のリソースという形でも現れると予想されるのである。しかし，この社会－団体関係の諸仮説を体系的に検討することは別の機会にゆだねざるを得ない（比較を中心とした第6巻）。

　ここでは，果たして日本の市民社会組織リソースはどのような発展を遂げているのかを，JIGSデータを記述的に紹介し日韓米独で比較対照することから，考えてみたい。

　リソースの定義，範囲には様々な議論が成り立ち得る。会員数，財政規模，スタッフ数などの有形的な組織リソース，会員の社会経済的地位や組織年齢，会員の動機の強さや団体目的への統合性，団体や会員の評判，団体活動の正統性などの無形的なリソース，指導者の有形・無形のリソース，人的・組織的なネットワークやアクターアクセス，情報力ななどに関する「位置やネットワーク」に関するリソースなど多様である（辻中 1980, 1988）。後の章でも一部について分析される。ここでは最も基礎的な組織リソースについて検討する。

　予め注意を喚起すれば，母集団は，日韓米ともに電話帳であったが，ドイツはそれに利益集団CD-ROMが加わっている。また首都での回答率も，日(37%)，米(33%)，独(25%)，韓(13%)の順に低くなる。こうしたことがある程度リソースの回答に影響を与え，歪みをもたらしている可能性もある。すなわち，ドイツのやや広い母集団は，そこに他国以上に広い幅で小さい集団を捕捉している可能性があるし，日本の高い回答率も同様の多少の偏りを与える可能性がある。

1　理論的背景

　日本の市民社会組織は未発達であるという主張が国際比較に基づいて強く主張されてきた。例えば，サラモンとアンハイアー (Salamon & Anheir 1997:

123）は，教育・調査研究および保健・医療，社会サービス，業界団体を日本で発達した分野として述べた後，「日本では，これ以外の分野では非営利セクターの活動はあまり盛んに行われていない。つまり文化・レクレーション，環境保護，住民あるいは市民運動といった分野での非営利活動はほとんどない」と述べたし，山本（1998：132）は「……日本のシビル・ソサエティのこれまでの発展は，法人化，免税措置，行政府のコントロールといった多くの阻害要因によって，他の先進国のみならず，最近，シビル・ソサエティがダイナミックな形で発展しつつある近隣アジア諸国と比べても，相当の遅れをとってきたことは認めざるをえない」。

すでに第Ⅲ部第11章（制度化，組織化，活動体）および第12章（歴史的形成）で，3ないし4ヵ国比較の中で，日本の市民社会組織の展開を確認してきた。市民社会団体総体では，組織レベル，活動体レベルでは米国に引けを取らない相当な発展が確認されたが，生産者セクターの優位やアドボカシーセクターの出遅れなど，の分野によって，違いも見られた。

ここでは，簡単ではあるが，2つの角度で確認しておきたい。まず，市民社会組織（活動体）総体としての韓米独3ヵ国との比較である。もう1つは，市民社会組織のなかのアドボカシーセクターのリソースの比較である。

2　活動体の分布

まず，団体の分布，構成比を首都でのデータをもとに確認しておこう。すでに，生産者，社会サービス，アドボカシー，宗教，その他といった大セクター分類では，歴史的形成において検討した（第12章表12－3参照）。

そこで触れたように，日本は，「生産者」が特に多く，また「その他」も多い。これは第11章の組織化で触れた事業所統計での，「経済」，「その他」の多さと一致する。但し，この生産者には労働も含まれている。他方，事業所統計より，比率は低い。アドボカシー，宗教，社会サービスセクターは3ヵ国で最低である。ここでは，JIGS調査の設問（日本Q1）に基づく小分類での分布を確認する（米や独での分類名が一部異なることに注意。特に市民団体という項が米国にはないし，ドイツではスポーツが別項目として入っている）。

図13－1から理解されるように，日本が他国より多いのは，経済団体（日19％，

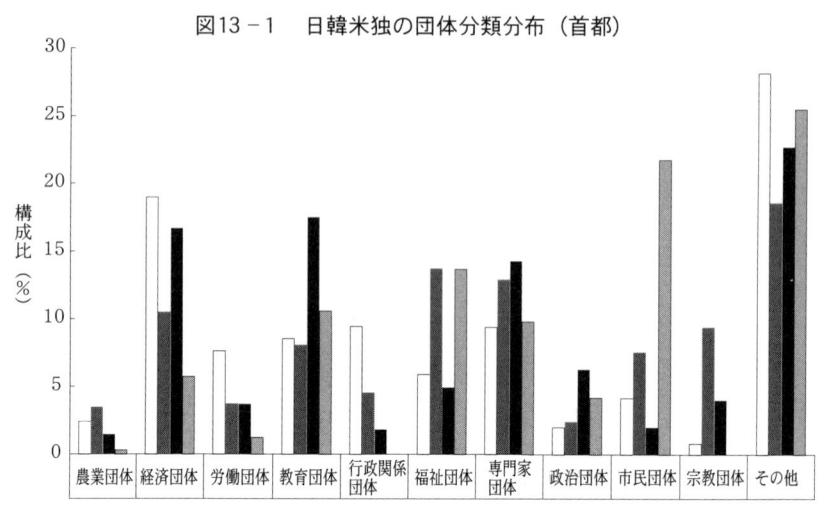

図13-1　日韓米独の団体分類分布（首都）

（母数）：□日本（1,438），■韓国（371），■米国（748），■ドイツ（643）
（注）合計は，日韓米独それぞれ97.6%，95.0%，95.5%，92.9%で，100%にならない。全有効回答への比率。
・残余は無回答の割合。

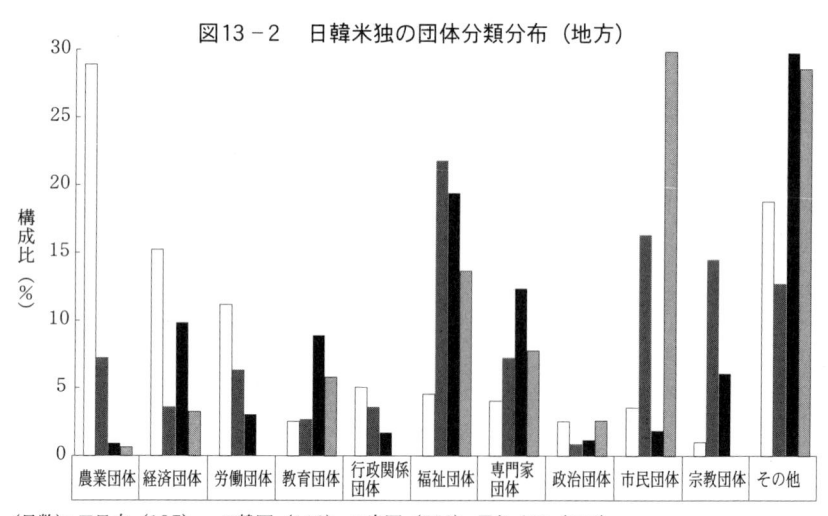

図13-2　日韓米独の団体分類分布（地方）

（母数）：□日本（197），■韓国（110），■米国（752），■ドイツ（154）
（注）合計は，日韓米独それぞれ97.5%，97.2%，95.2%，92.1%で，100%にならない。全有効回答への比率。
・残余は無回答の割合。

米17%,韓11%,独6%),行政関係団体（日10%,韓5%,米2%,独該当項目なし),労働団体（日8%,韓4%,米4%,独1%),そして「その他」の団体（日28%,独26%,米23%,韓19%）である。逆に他国より少ないのは,専門家団体（日9%,独10%,韓13%,米14%),政治団体（日2%,韓2%,独4%,米6%）である。

他方で,調査地方の性格が必ずしも均質でないので一般化は難しいが,データの背景として重要なので調査地方での団体分布(図13-2)も概観したい。

日本の方が著しく組織化が進んでいるのは,農業団体（日29%,韓7%,米1%,独1%),経済団体（日15%,米10%,韓4%,独3%),労働団体（日11%,韓6%,米3%,独0%),行政関係団体（日5%,韓4%,米2%,独該当項目なし）である。少ないのは,福祉団体（日5%,独14%,米19%,韓22%),専門家団体（日4%,韓7%,独8%,米12%),教育団体（日3%,韓3%,独6%,米9%）である。

以上のことから,日本では,経済,労働団体（地方での農業）などの生産者セクターにおいて他国より組織化が進展している可能性が強い。そして行政関係領域の組織化も同様に進んでいるようである。これは,これらの部分によりリソースが動員されていることや,動員されやすい政治・社会構造が存在することを推定させ,これまでの発展指向や生産性指向（C. Johnson）といわれた日本の社会や国家の性格付けに見合う団体世界の状況であると考えられる。

3 活動体の法人格

次に,各国の団体の法人格について検討しよう。

表13-1をみれば,首都でも地方でも,米日韓の順で法人格ありの比率は減少する。日韓の差は地方で著しい。すでに第11章の制度化で検討したように,

表13-1 調査団体における法人組織の割合 （日本,米国,韓国）

	日本	米国	韓国
法人格あり比率（首都）	60.3%	86.8%	58.2%
実数	1,438	748	371
法人格あり比率（地方）	67.5%	85.4%	44.5%
実数	197	752	110

出典：辻中豊および日本利益団体調査グループ,JIGS（日本）1997, Q4, JIGS（米国）1999, Q4, JIGS（韓国）1997, Q4

表13-2 団体分類別の法人組織の割合

		農業団体	経済団体	労働団体	教育団体	行政関係団体	福祉団体	専門家団体	政治団体	市民団体	宗教団体	その他	計
日本法人化	有	94.1	74.6	61.7	58.2	77.2	66.7	57.3	14.3	27.1	100.0	53.1	61.6
	無	5.9	25.4	38.3	41.8	22.8	33.3	42.7	85.7	72.9	0.0	46.9	38.4
	N	34	272	107	122	136	84	131	28	59	12	401	1408
韓国法人化	有	60.0	80.0	44.4	62.5	75.0	82.6	76.7	37.5	57.7	56.3	70.7	70.0
	無	40.0	20.0	55.6	37.5	25.0	17.4	23.3	62.5	42.3	43.7	29.3	30.0
	N	10	35	9	24	12	46	43	8	26	32	58	313
米国法人化	有	90.9	94.4	56.0	92.2	64.3	91.9	83.0	78.7	100.0	83.3	86.1	86.5
	無	9.1	5.6	44.0	7.8	35.7	8.1	17.0	21.3	0.0	16.7	13.9	13.5
	N	11	125	25	129	14	37	106	47	15	30	166	734

出典：表13-1と同じ。

3ヵ国はこの順で法人化の容易さが減少する事実と符合する結果である。

表13-2は，団体分類別に検討した結果である。日本において米韓両国より法人化率が高い分類は，農業，労働，行政関係，宗教団体である。また同様に米韓両国より低い分類は経済，教育，福祉，専門家，政治，市民，その他の団体である。韓国と比べてもかなり低いのは，その内，政治，市民団体であり，次いでその他，専門家，福祉団体である。

言うまでもなく，法人という法的地位は重要な地位リソースであるから，こうした分野に対して，日本の国家（政府）がとっている政策を表していると見ることが可能である。アドボカシーセクターへの日本政府の冷遇を見ることができる。

4 組織リソースの分布

次に，現存する団体の組織リソースについてみていきたい。

組織リソースとして，個人会員数，団体会員数，財政規模，常勤職員数の4つの基本リソースで検討する。なお，以下は日韓米独の首都のデータに主として注目する。比率は，いずれも個々の設問への有効回答数ではなく，回答を寄せた調査団体絶対数を母数としており，無回答が多ければ比率が低下する。こうした表示は無回答の割合にも注意を払うためである。無回答は，単なる回答拒否，回答忘れ，非該当など複数の理由が考えられる。

4-1 個人会員数（日韓米独の各JIGS：Q32/Q35/Q21/Q30）

4ヵ国で見れば，最大の範疇の団体（10万人以上，2万人以上）でやや日本

13章　組織リソース　293

図13-3　日韓米独の会員数（個人）分布（首都）

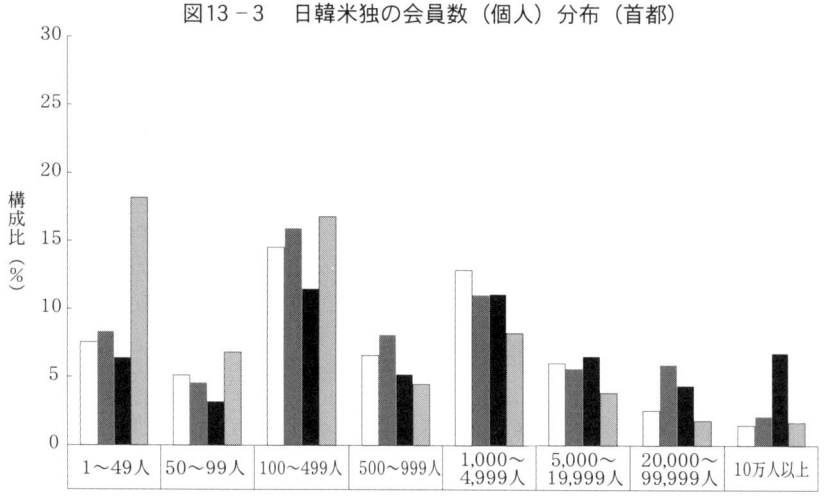

(母数)：□日本（1,438），■韓国（371），■米国（748），■ドイツ（643）

(注)　合計は，日韓米独それぞれ56.9%，61.9%，55.2%，62.0%で，100％にならない。全有効回答への比率。残余は「0」と「無回答」の割合。ここで，0は無回答との区分けが容易ではないため，残余処理する。

図13-4　日韓米独の会員数（団体）分布（首都）

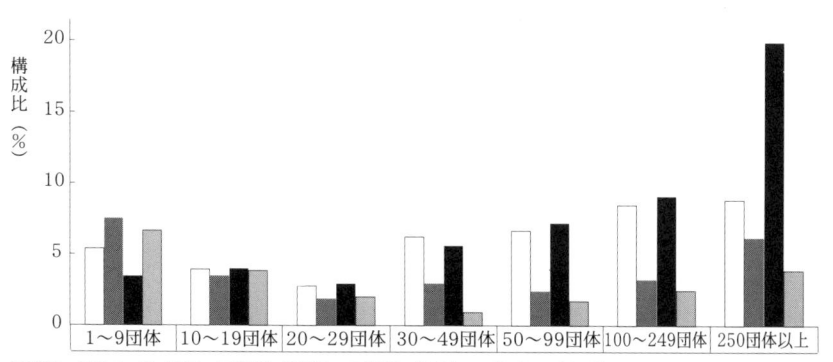

(母数)：□日本（1,438），■韓国（371），■米国（748），■ドイツ（643）

(注)　合計は，日韓米独それぞれ42.5%，27.7%，52.2%，21.6%で，100％にならない。全有効回答への比率。残余は「0」と「無回答」の割合。ここで，0は無回答との区分けが容易ではないため，残余処理する。

・ドイツが少ないものの,パターンとしてはかなり類似している(図13-3)。ドイツだけ最小範疇1〜49人が最も多い比率を示しているが,その他の3ヵ国では,100〜499人,1,000〜4,999人という2つのレベルの団体が共通して最多(モード)の分類になっており,次いで日韓両国では1〜49人である。全体に似た分布であり,20〜30人の小規模団体,200〜300人の中規模団体,2,000〜3,000人の大規模団体とそれぞれに存立の安定点があるように見える。この大中小の安定構造は,地方レベルでも観察でき,どの国でもこの3カテゴリーがやはりほぼ上位3〜4位を占める(米国では10万以上が3位)。つまり,かなり普遍的な現象と推定できる。

4−2 団体会員数(日韓米独の各JIGS:Q32/Q35/Q21/Q30)

個人会員数ほどではないが,団体会員数分布もやや類似している(図13-4)。回答数が大きく減っているが,これは団体システム自体の発達と関係する可能性がある。早期から団体形成が進んだ米国では,組織された非営利団体数そのものも日本の2倍以上であったが,加えて関連の団体による他団体の系列化,ネットワーク化が進んでいる可能性がある。団体会員規模の分布でも,日米において最大カテゴリー(250団体以上)がモードであるが,米国の方がその割合が相当大きい(米20%,日9%,韓6%,独4%)。地方でも同様に米国の団体会員規模が大きい。米日韓独の順で団体会員は少なくなる。

日本では,恐らく中央で半分,地方で3割が団体会員を持ち,全体の1〜2割(団体会員のあるものの3〜4割)は100団体以上の団体会員を有しているのである。

4−3 団体の財政規模と常勤職員規模:首都
   (日米韓独の各JIGS:Q34/Q37/Q22/Q32, Q33/Q36/Q21/Q32)

団体の会員規模にある程度の共通性が確認されたが,団体の組織リソースとしてより直接的な財政規模と常勤職員数に注目してみよう(図13-5, 6, 7, 8)。米韓独との比較のためにドル,ウォン,マルクを,それぞれ円対比でウォンは1/10,ドルは100倍,マルクは50倍のレートとして換算した(1997〜2000での変動あり)。財政規模と職員数は互いに規定し合うもの,財政規模に応じたスタッフが雇用されるものと推察できる。しかし,非常勤職員やボラン

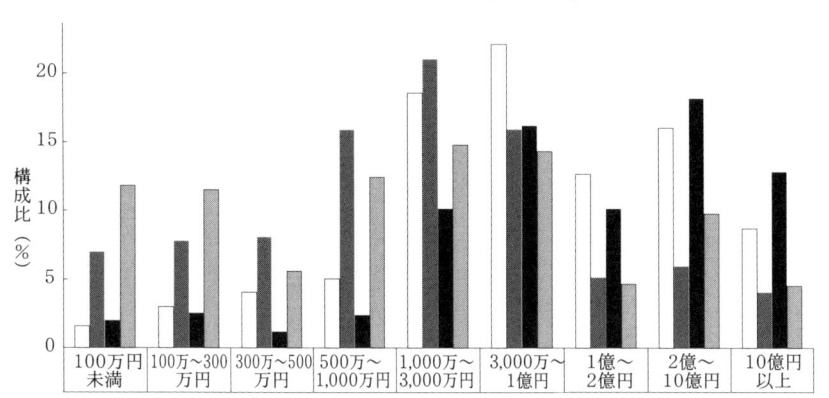

図13-5　日韓米独の予算分布（首都）

縦軸：構成比（％）

横軸：100万円未満／100万〜300万円／300万〜500万円／500万〜1,000万円／1,000万〜3,000万円／3,000万〜1億円／1億〜2億円／2億〜10億円／10億円以上

（母数）：□日本（1,438），■韓国（371），■米国（748），■ドイツ（643）

（注）合計は，日韓米独それぞれ91.7%，90.7%，75.7%，89.4%で，100%にならない。全有効回答への比率。残余は「無回答」の割合。

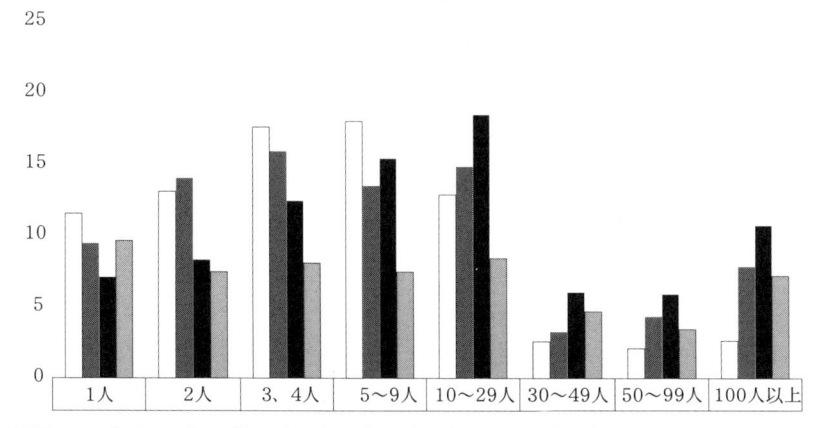

図13-6　日韓米独の職員数（常勤）分布（首都）

横軸：1人／2人／3、4人／5〜9人／10〜29人／30〜49人／50〜99人／100人以上

（母数）：□日本（1,438），■韓国（371），■米国（748），■ドイツ（643）

（注）合計は，日韓米独それぞれ80.4%，82.9%，84.2%，56.4%で，100%にならない。全有効回答への比率。残余は「0」と「無回答」の割合。ここで，0は無回答との区分けが容易ではないため，残余処理する。

図13-7　日韓米独の予算分布（地方）

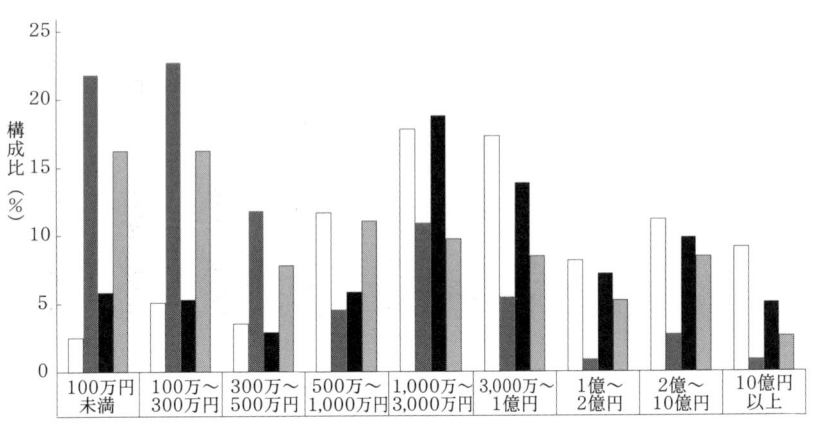

(母数)：□日本（197），■韓国（110），■米国（752），■ドイツ（154）
(注) 合計は，日韓米独それぞれ86.4%，81.7%，74.7%，85.5%で，100%にならない。全有効回答への比率。残余は「無回答」の割合。

図13-8　日韓米独の職員数（常勤）分布（地方）

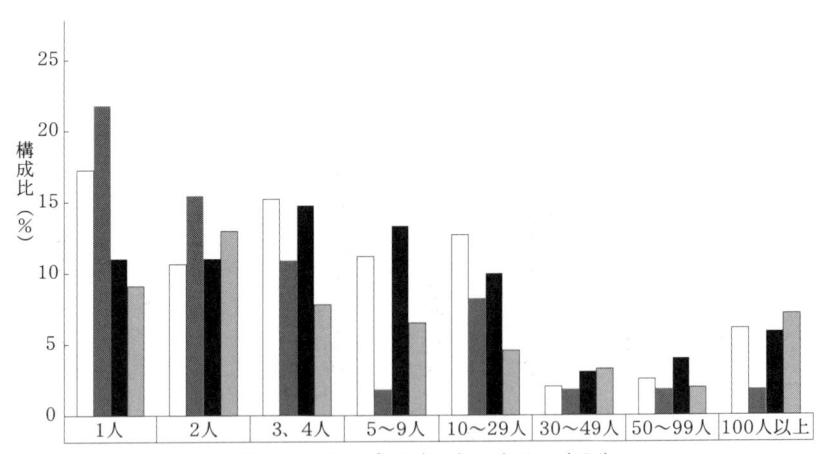

(母数)：□日本（197），■韓国（110），■米国（752），■ドイツ（154）
(注) 合計は，日韓米独それぞれ77.7%，63.6%，73.1%，53.1%で，100%にならない。全有効回答への比率。残余は「0」と「無回答」の割合。ここで，0は無回答との区分けが容易ではないため，残余処理する。

ティアの活用など多様な人的リソースの動員が考えられるから，関係は直線的でない可能性もある。まず，首都でのJIGSデータを見ることにする。

図13-5から理解されるように，財政規模のモードは米2～10億円，日3,000万円～1億円，韓独1,000～3,000万円と，順序よく少しずつ規模が小さいほうへシフトしている。しかし，グラフ全体の傾向はピークはずれるが良く似ている。特に日米では，1,000万円～1億円規模と2億～10億円規模が多いカテゴリーであるという共通性がある。

ほぼ同様の傾向を常勤職員数でも見ることができる（図13-6）。モードであるグラフのピークは，米国が10～29人，次いで5～9人，日本は5～9人，次いで3～4人，韓国は3～4人，次いで10～29人，ドイツは1人，次いで10～29人と次第に小さくなり異なるようだが，特に日米のグラフは相似形である。3～30名のスタッフが働く1,000万から10億規模の財政をもつ事務所が団体の典型的なイメージである。また100人以上が働く大きな事務所は特に日本においては少ない。

首都と比べると地方の団体像はやや趣きを異にする（図13-7,8）。団体の種類自体に大きな開きがあったことが原因している可能性が大きい。日米両国はやはりよく似ているが，日本の方が大きな団体が多いようだ。10億や2億以上の財政規模，100人もしくは10～29人の職員規模の団体がどちらでもそうである。そして韓国やドイツは規模が小さくなる。団体の共通性はまだ韓国の地方までは及んでいないのかもしれない。ドイツは母集団として相当小さいものまで把握された可能性もある。そして，日本は地方で団体が比較政治的に見てより発達している可能性がある。既に見たように，農業，経済，労働の団体が大きな割合を占めたからである。これは，一党優位の政党政治システムや55年体制の安定性の問題にも関係するだろう。

5 アドボカシーセクターの比較

アドボカシーセクターとして，市民団体と政治団体をとりあげ，その組織リソースが全体合計と比べて多いか少ないか，検討してみよう。

表13-3は，その検討の結果をまとめたもの，表13-4は，そのうち最も重要な組織リソースと考えられる有給の職員数について，詳細を示したものである。

表13-3 組織リソースに関するアドボカシーセクター団体の相対強度比較[1]

		日本		韓国		米国	
		市民	政治	市民	政治	市民	政治
首都	個人会員数	相違はない	高い	高い	高い[2]	高い	高い
	有給の従業者数	低い	相違はない	相違はない	相違はない[2]	相違はない	相違はない
	予算	低い	相違はない	相違はない	若干高い[2]	高い	相違はない
地方[3]	個人会員数	相違はない	相違はない	相違はない	—[4]	高い	高い
	有給の従業者数	低い	低い	低い	—[4]	若干高い	相違はない
	予算	低い	低い	低い	—[4]	高い	相違はない

出典:日韓米のJIGS調査。
注1:相対強度については、調査設問同士のクロス表から、市民、政治の団体分類と調査団体全体の分布の形を比べて、「大変低い、低い、相違はない、高い、大変高い」の5段階評価で評価したもの。
注2:サンプルの規模は小さい。
注3:各地域におけるそれぞれの項目の規模は小さい。
注4:サンプルの規模はゼロ。

表13-4 アドボカシーセクター団体の分類別職員数比較:日韓米

		政治団体			市民団体			その他			計		
		日本	韓国	米国	日本	韓国	米国	日本	韓国	米国	日本	韓国	米国
職員数(常勤)	0	12.0	0.0	2.3	20.8	0.0	0.0	7.9	0.0	7.6	7.5	0.0	4.1
	1	20.0	22.2	6.8	28.2	0.0	7.1	15.8	21.2	11.1	13.3	11.4	8.1
	2	12.0	0.0	9.1	14.6	30.4	7.1	14.1	21.2	6.9	15.0	16.9	9.4
	3, 4	24.0	44.4	15.9	16.7	26.1	7.1	24.6	5.8	15.3	20.2	19.2	14.2
	5-9	24.0	22.2	25.0	6.3	21.7	28.6	18.6	19.2	13.9	20.7	16.2	17.5
	10-29	4.0	11.1	22.7	6.3	8.7	28.6	13.0	15.4	20.1	14.8	17.9	21.0
	30-49	0.0	0.0	2.3	0.0	4.3	7.1	2.5	1.9	6.3	3.0	3.9	6.8
	50-99	0.0	0.0	9.1	2.1	4.3	14.3	2.3	5.8	5.6	2.4	5.2	6.7
	100以上	4.0	0.0	6.8	4.2	4.3	0.0	1.1	9.6	13.2	3.0	9.4	12.2
	計	100.0	100.0	100.0	100.0	100.0	100.0	100.0	100.0	100.0	100.0	100.0	100.0
	N	25	9	44	48	23	14	354	52	144	1250	308	659

出典:日米韓国JIGS調査、日本 Q33、韓国 Q36、米国 Q21
※ 計には、ここに記載されていない、7ないし8の分類をすべて含む。

　表13-3から理解されるように、日本の市民団体の組織リソースは個人会員数を除いて、全体よりも小さい(図における「強度」は低い)。韓国では首都では「高い」か「相違ない」であるし、米国では「高い」か「相違ない」であるから、他の2国と比べても、日本の市民団体のリソースは少ないと言える。他方で、政治団体は、首都では「相違ない」か「高い」であり、これは他の2国と共通である。

　表13-4を観察してみよう。今述べたような傾向をより詳細に確認できる。政治団体に関しては、やや米国の規模が大きく、日本に職員0が目立つが分布傾向は相似であろう。他方、市民団体は、明確に米国が規模が大きく、次いで韓国、そして日本となる。こうしたパターンは、右端に示した「全体」

計や様々な団体が混じった「その他」とは異なる。これらでは，米国，日本，韓国の順に規模が小さくなるからである。

　ここでの発見としては，日本の市民団体が組織リソースの小さいものを多く抱えているという，既存の認識を再確認しただけでなく，政治団体というアドボカシーセクターの別の分類では，日本において他の国々と比して発展が観察されたことである。これは，別の章（第3章）で述べた日本の団体の，行動上の特徴とも符合する。

まとめ

　以上，市民社会の団体リソースの検討として，団体の分類ごとの分布，法人格での違いの中で，韓米両国と比べた日本の特徴として，経済，農業団体など生産者団体や行政関係団体において，他国より組織化が進んでいることが発見された。逆に法人化では特に政治，市民団体の低さが目立った。

　また，リソースのうち，基本である組織リソースの集計データの一部を概観し，韓米独と比較してみた。団体のリソースは，団体の基本的な属性であり，様々に活動する際の基礎となる。日本の団体の条件を考える上で，重要であり，以下の章の分析の基礎となる。

　注目すべき発見としては，全体として，日韓米独の団体セクターのリソースに際立った違いは見出せない。特に日本がユニークであるとは言えない。地方では異なる点も見出されるが，首都では極めてよく似たグラフを，特に日米両国の間で描くことが注目できる。個人・団体の会員数，財政規模，職員数どれをとっても，米日韓独の順に規模が漸減するとはいえ，その差は，特に日米の差は小さい。地方での比率に注目する限り，日本の団体の方がどの国よりも，財政，職員の面でより発達していると推定できる。

　最後に，アドボカシーセクターの検討では，日本では，市民団体は他の国よりリソースが小さい可能性が高いが，政治団体ではそうではないことが発見された。

第IV部

全体的な分析と結論

第14章

現代日本市民社会の団体配置構造：
要因相互間の関連

辻中　豊・崔　宰栄

　数量化Ⅲ類を用いて，主要な変数，団体分類，設立年などの多次元的な関係を統計的に分析し，団体の系統樹を作成する。日本の市民社会は，政治への関与の度合い，行政・政党志向，国内モノ・地球化情報志向という3つの次元で分かれるだろう。まず第1に，政治への積極関与と消極・自立志向に分かれる。前者には，生産者団体，45～74年設立団体，社団・特殊法人が含まれ，後者には，社会サービス団体，アドボカシー団体，44年以前と75年以後設立団体，財団，法人格なしが含まれる。第2の次元の行政・政党志向では，いわゆる55年体制での与党（自民）系が行政志向，野党系が政党志向である。さらに第3の次元として，社会サービス・アドボカシー団体を中心とした地球化と情報への志向が存在する。

　現在の構図は，既存政治体制派と，市民社会自立派に分岐し，旧来からの自民党・政府といった「体制」を支える団体構造が分化し脆弱化したこと，新しい曖昧な市民的な団体，法人格なしの団体の位置が，これまでの保革軸をこえた新しい位置にあること，55年体制と異なる21世紀型の構図を示していることが発見されるのである。

はじめに

　本章では，特定の従属変数を予め想定せず，日本の市民社会組織・利益団体の全構造の鳥瞰図を作成してみたい。

　JIGSデータは日本で初めての無作為抽出の団体調査であることから，かなり欲張って多くの質問を設けた。調査票には38の質問，260の回答個所が含まれる。これまで，個々の質問やそのまとまりを中心に傾向を観察し分析してきたが，全体を見渡せる鳥瞰図なくして，日本の市民社会の団体，利益団体の本質を把握することは困難である。これまで取り上げてきた諸要因が全体としてどのような質的構造をなしているかをここでは追求してみたい。

　データは団体の分類，活動目的，関心分野，法人格分類，活動範囲，国との関係，自民党との関係，新進党との関係，民主党との関係，国の予算編成，団体の働きかけ（ロビイング）の有効対象，接触の程度，情報収集源（第一位），設立年，インターネット情報発信など，団体の属性，活動の方向，他アクター関係，行動様式を示す15分野を選んだが，特に今回の分析では，各団体分類の相対的位置，および団体法人格の種類，設立年の位置に注目したい。つまり，本章の分析によって，日本の市民社会の多様な種類の団体が，いかなる基準からみた異なる回答パターンを持つかが明らかになる。それは，こうした団体がもつ行動の志向性，関係の違いを基に，団体を分類し類型化することを可能にし，日本の市民社会と政策過程の構造を示唆することになるであろう。

1　方法

　まず，林数量化Ⅲ類の意義を説明しよう（林 1993, 三宅・中野・水野・山本 1983, 田中・脇本 1983, 駒澤 1984, 田中・垂水・脇本 1984, 浅野 1996)。
　数量化Ⅲ類は，数多い情報（変数）をもつ定性的な事象から，ある似たパターンのものを集め分類するとともに，その事象の数量化，または視覚化を可能にする統計手法である。これは，定量的な事象に対し，一般的に使われているパターン分類の因子分析とも同じ機能を果たす手法である。
　因子分析の場合，各定量変数の相関パターンが同じくなるような潜在因子を抽出し，そのパターンを分類するが，数量化Ⅲ類は，各定性変数のカテゴ

リーとケースとの反応パターンに基づき，似た反応パターン同士を分類するものである。

　数量化Ⅲ類のパターン分類の基本的な考え方は，「ケース×カテゴリー」のデータ行列（反応：1，非反応：0）に対し，「行」と「列」を並べ替えることによって，反応「1」がデータ行列の対角線に極力集まるようにすれば，その隣り合うケースやカテゴリーは，その性質が似かよったものである，とみなすことである。

　数量化Ⅲ類では，同時に反応することの多いカテゴリー（変数）に類似の値を与え（つまり数量化し），一方で同時に反応することの少ないカテゴリーには離れた値を与え，それをカテゴリー・スコアと呼び，同様にサンプル（ケース）に付与された値をサンプル・スコアと呼び，それらの相関が最大になるように両方のスコアを決定する。出力の解釈としては，各軸で大きなスコアのカテゴリーと小さなスコアのカテゴリーとを比較し，それが反対の意味を持つように軸の意味を付与するのが一般的である。

　数量化Ⅲ類を用いた分析は多用されているので以上の基本的な考え方を確認するだけでよいであろうが，利益団体に関しては村松岐夫（村松・伊藤・辻中 1986）が，また公益法人については数量化法の開発者である林知己夫自身（林 1997，Hayashi・Iriyama・Tanaka 1998）がこれを用いて分析しており，分析方法や解釈の参考にすることができる。

2　データ

　用いた設問は，J-JIGSデータ，つまり日本の市民社会の『団体基礎構造調査』（1997年）の内，Q1団体分類（被対象団体の自己分類），Q2（団体の活動目的），Q3（団体の政策関心），Q4（団体の法人格有無と分類），Q6（団体の地理的活動範囲），Q8（国の行政との関係），Q13（政党：自民党との支持関係），Q14（政党：自民党との接触関係），Q13（政党：新進党との支持関係），Q14（政党：新進党との接触関係），Q13（政党：民主党との支持関係），Q14（政党：民主党との接触関係），Q16（国の予算編成への働きかけ），Q19（働きかけの有効な対象），Q21（働きかけ―ロビイング―の種類と程度），Q22（情報の収集源：第1位），Q30（設立年），Q36-3（インターネット情報発信）の15種類である。

表14-1　各変数のカテゴリー

変数	カテゴリー	変数	カテゴリー
団体分類（Q0101）	1. 農業団体 2. 経済団体 3. 労働団体 4. 教育団体 5. 行政関係団体 6. 福祉団体 7. 専門家団体 8. 政治団体 9. 市民団体 10. その他	自民党との関係	自民党の支持（Q1311）　1. しない　2. する 自民党と接触程度（Q1411）　1. しない　2. する
		新進党との関係	新進党の支持（Q1312）　1. しない　2. する 新進党と接触程度（Q1412）　1. しない　2. する
		民主党との関係	民主党の支持（Q1313）　1. しない　2. する 民主党と接触程度（Q1413）　1. しない　2. する
関心分野[1]（Q2）	1. 経済政策 2. 安全政策 3. 公共開発政策 4. 福祉政策 5. 教育政策 6. 環境政策		国の予算編成に働きかけ（Q1611）　1. しない　2. する
		働きかけの有効対象	政党（Q1911）　1. 非有効　2. 有効 行政（Q1912）　1. 非有効　2. 有効 裁判所（Q1913）　1. 非有効　2. 有効
活動目的[2]（Q3）	1. 内部的な組織 2. 経済利益の組織 3. 政治利益の組織 4. 対外サービス組織		
法人格分類[3]（Q4）	1. 財団法人 2. 社団法人 3. 特殊，福祉法人など 4. 法人格がない	働きかけの有無	与党と接触（Q2101）　1. しない　2. する 政府省庁と接触（Q2103）　1. しない　2. する 専門情報の提供（Q2106）　1. しない　2. する マスコミに情報提供（Q2111）　1. しない　2. する 他団体と連合形成（Q2114）　1. しない　2. する
活動範囲（Q0601）	1. 市町村レベルの活動 2. 県レベルの活動 3. 広域圏レベルの活動 4. 日本全国レベルの活動 5. 世界レベルの活動		
国との関係	国の許認可（Q0801）　1. 受けない　2. 受ける 国の法的規制（Q0802）　1. 受けない　2. 受ける 国の行政指導（Q0803）　1. 受けない　2. 受ける 国に協力（Q0804）　1. しない　2. する 国と意見交換（Q0805）　1. しない　2. する 国の審議会等に委員の派遣（Q0806）　1. しない　2. する 行政退職者のポスト提供（Q0807）　1. しない　2. する	第1の情報収集先（Q2201）	1. 行政 2. 政党 3. 専門家 4. 協力団体 5. その他
		設立年（Q3001）	1. 44年以前 2. 45年～54年 3. 55年～74年 4. 75年以後
		インターネット情報発信（Q3603）	1. 非発信 2. 発信

注）
1. 関心分野：「Q2. あなたの団体が関心のある政策‥‥」の質問項目である「1. 財政政策～22. その他」を主成分分析により，集約したものである。辻中ほか1999の内，辻中・崔論文（『選挙』52巻11号）参照。
2. 活動目的：「Q3. あなたの団体の主な目的，活動は‥‥」の質問項目である「1. 会員・組合員への情報提供～12. その他」を主成分分析により，集約したものである。
3. 欠損値がある変数についてはこの質問に対し，否定的と見直し，Q010と，Q2201は「その他」，Q4は「法人格がない」，Q0801～Q0807は「受けない」又は「しない」，Q1311～Q1313, Q1411～Q1413, Q2101～Q2114は「まったくない」，「あまりない」と共に「しない」，Q1611は「しない」，Q1911～Q1913は「非有効」，Q3603は「非発信」で，リーコードしたものである。

変数のまとめ方としては，いくつかについては設問の下位設問が多いのでそれを主成分分析し総合したものを用いた（Q2，Q3）。また変数値も高中低の3カテゴリーに集約したものが多い。欠損値の幾つかについてはは表14-1の注にあるように意味を考慮して再コード化した。

3 数量化III類による団体特性

第I軸，II軸，III軸をSPSS版数量化プログラム（ver.7.5）を用いて計算した。

3-1 第I軸：政治的関与の軸

図14-1にみるように，第I軸は固有値が0.17であり，そう高くはないが，多くの変数において正負への散らばりが適度に見られ，変数全体の配置を鳥瞰できる。「政治関与の軸」と呼ぶことができる。

負の軸では，民主党・新進党・自民党との接触（Q14），民主党・新進党・自民党への支持（Q13），与党との接触（Q21），予算編成への働きかけ有り（Q16），情報の収集源政党（Q22），専門的情報の提供（Q21），政治団体（Q1），マスコミへの情報提供（Q21），国の行政への協力有り（Q8），政府省庁との接触（Q21），他団体との連合（Q21），審議会への委員派遣有り（Q8），そして農業団体（Q1）などが目立っている。

また正の軸では，その他の情報源（Q22），自民党との接触なし（Q14），政府省庁との接触なし（Q21），経済政策への関心（Q3），世界レベルの活動（Q6），自民党支持なし（Q13），国と意見交換しない，行政指導を受けない（Q8），専門情報の提供なし（Q21）などが目立っている。

全体として，負の軸が政治への関与大，政治の積極的活用が大である政治積極関与の軸，正の軸は逆に政治から距離をおく（反体制ではなく）非体制・自治的な没関与の軸であり，このような点からこの軸を政治関与の軸と呼んでよいように思われる。

団体の分野も政治関与の積極性を示す「負」の側に政治，農業，経済，労働，行政の各団体が，また法人格では社団法人や特殊法人などが入る。

政治関与の消極性を示す「正」の軸の側には，福祉，教育，その他，専門家，（弱いが市民）の各団体が，また財団法人や「法人格なし」が入り，正負

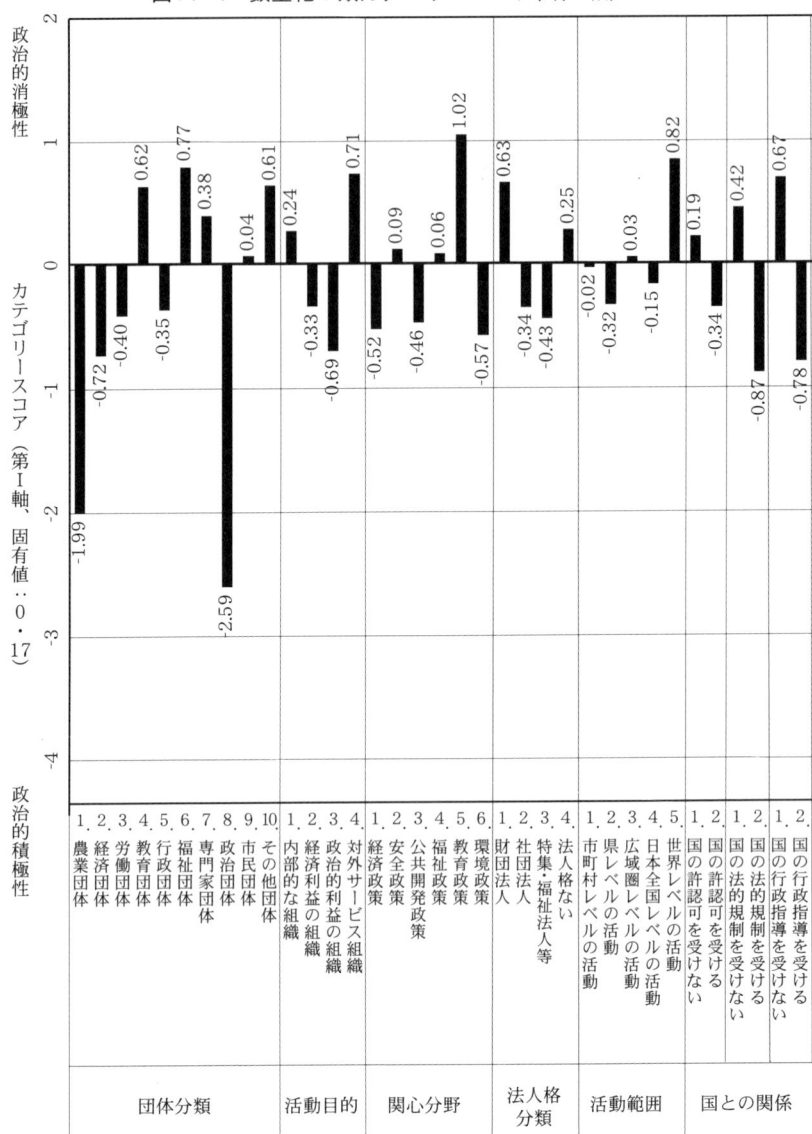

図14-1　数量化3類カテゴリースコア図（Ⅰ軸）

団体分類											活動目的				関心分野						法人格分類				活動範囲					国との関係			
1.農業団体	2.経済団体	3.労働団体	4.教育団体	5.行政団体	6.福祉団体	7.専門家団体	8.政治団体	9.市民団体	10.その他団体	1.内部的な組織	2.経済的利益の組織	3.政治的利益の組織	4.対外サービス組織	1.経済政策	2.安全政策	3.公共開発政策	4.福祉政策	5.教育政策	6.環境政策	1.財団法人	2.社団法人	3.特集・福祉法人等	4.法人格ない	1.市町村レベルの活動	2.県レベルの活動	3.広域圏レベルの活動	4.日本全国レベルの活動	5.世界レベルの活動	1.国の許認可を受ける	2.国の許認可を受けない	1.国の法的規制を受ける	2.国の法的規制を受けない	1.国の行政指導を受ける	2.国の行政指導を受けない

カテゴリースコア値（Ⅰ軸、固有値：0.17）

政治的消極性（上）／政治的積極性（下）

値一覧：
-1.99, -0.72, 0.62, -0.40, 0.77, -0.35, 0.38, -2.59, 0.04, 0.61
0.24, -0.33, -0.69, -0.52
0.09, -0.46, 0.06, 1.02, -0.57, 0.71
0.63, -0.34, -0.43, 0.25
-0.02, -0.32, 0.03, -0.15, 0.82
0.19, -0.34
0.42, -0.87
0.67, -0.78

14章 現代日本市民社会の団体配置構造：要因相互間の関連　309

	0.40	0.76	0.34	0.11	0.98	1.04	0.56	0.45	0.42	0.34	0.47	0.33	0.44	-0.07	0.75	1.02	0.63	0.44	0.65	
	-2.40	-1.35	-2.23	-1.25	-2.54	-2.95	-3.46	-4.11	-3.60	-4.13	-3.08	-1.87	-0.72	-0.01	-3.69	-2.29	-2.74	-2.27	-2.28	

1.2	1.2	1.2	1.2	1.2	1.2	1.2	1.2	1.2	1.2	1.2	1.2	1.2	1.2	1.2	1.2	1.2	1.2	1.2
国に協力する	国に協力しない	国と意見交換する	国と意見交換しない	国の審議会等に委員の派遣	国の審議会等に委員の非派遣	行政退職者のポスト提供	行政退職者のポスト非提供	自民党の支持する	自民党の支持しない	自民党と接触する	自民党と接触しない	新進党の支持する	新進党の支持しない	新進党と接触する	新進党と接触しない	民主党の支持する	民主党の支持しない	民主党と接触する	民主党と接触しない	働きかけ有効	働きかけ非有効	政党、働きかけ有効	政党、働きかけ非有効	行政、働きかけ有効	行政、働きかけ非有効	裁判所、働きかけ有効	裁判所、働きかけ非有効	与党と接触する	与党と接触しない	政府省庁と接触する	政府省庁と接触しない	専門情報の提供する	専門情報の提供しない	マスコミに情報提供する	マスコミに情報提供しない	他団体と連合形成する	他団体と連合形成しない

| 国との関係 | 自民党の関係 | 新進党の関係 | 民主党の関係 | 国予算編成に | 働きかけの有効対象 | 働きかけの程度 |

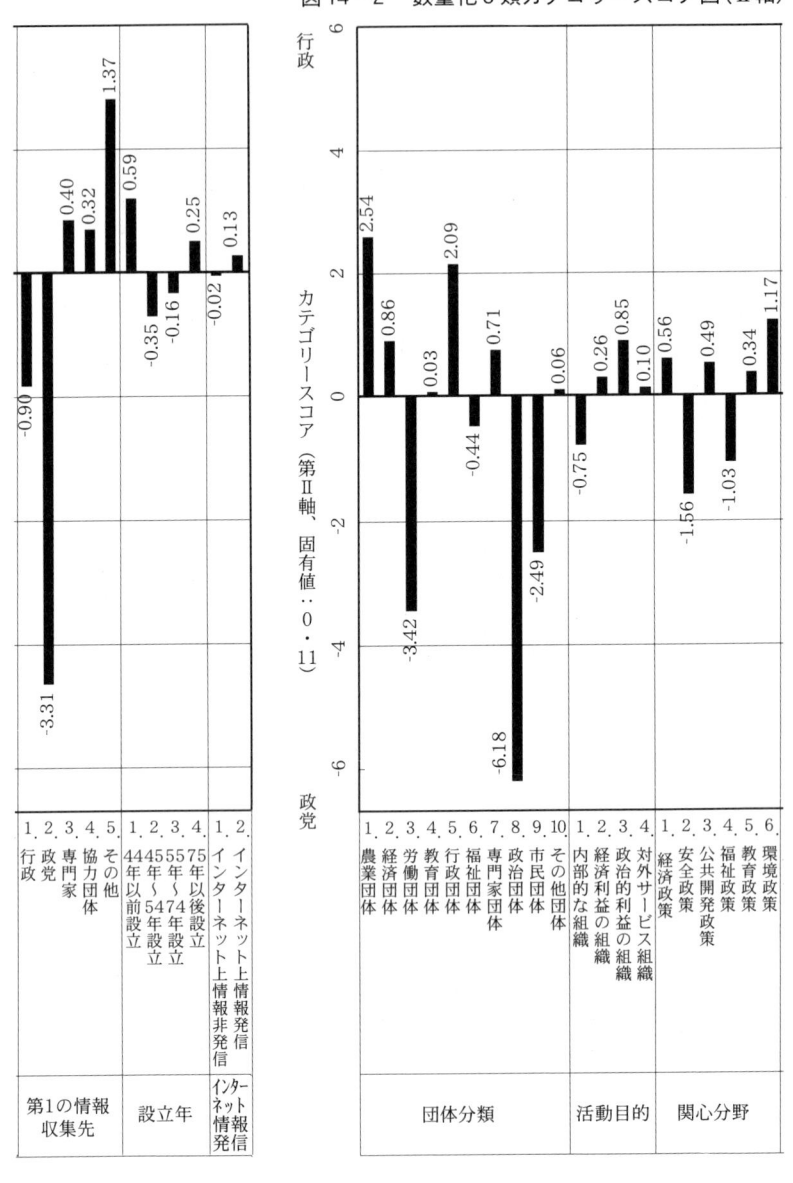

図14-2　数量化3類カテゴリースコア図（Ⅱ軸）

第1の情報収集先
1. 行政　-0.90
2. 政党　-3.31
3. 専門家　0.40
4. 協力団体　0.32
5. その他　1.37

設立年
1. 44年以前設立　-0.35
2. 4455年～5474年設立　-0.16
3. 55年以後設立　-0.02
4. 75年以後設立　0.25

インターネット情報発信
1. インターネット上情報発信　0.13
2. インターネット上情報非発信

団体分類
1. 農業団体　2.54
2. 経済団体　0.86
3. 労働団体　-3.42
4. 教育団体　0.03
5. 行政団体　2.09
6. 福祉団体　0.71
7. 専門家団体　-0.44
8. 政治団体　-6.18
9. 市民団体　-2.49
10. その他団体　0.06

活動目的
1. 内部的な組織　-0.75
2. 対外サービス組織　0.26
3. 政治的利益の組織　0.85
4. 経済団体　0.10

関心分野
1. 安全政策　0.56
2. 公共開発政策　-1.56
3. 福祉政策　0.49
4. 教育政策　-1.03
5. 環境政策　0.34
6. 経済政策　1.17

カテゴリースコア（第Ⅱ軸、固有値：0・11）

行政／政党

14章 現代日本市民社会の団体配置構造：要因相互間の関連

図14-2 （続き）

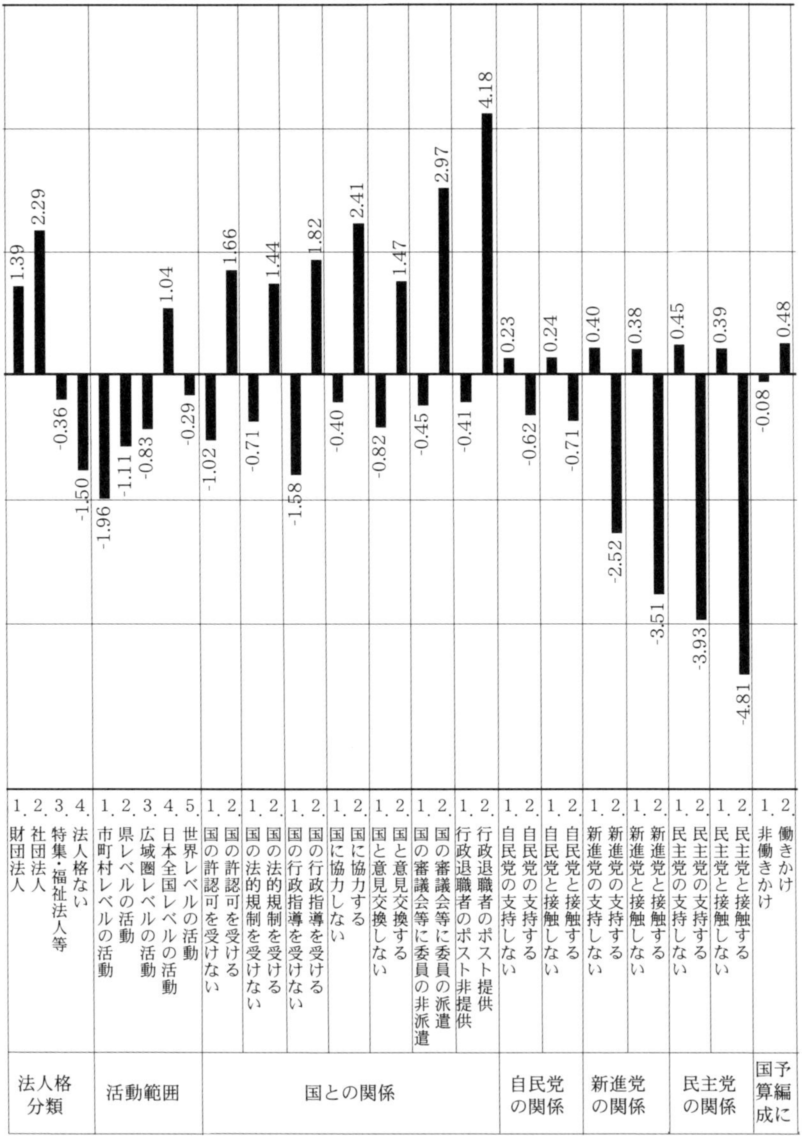

図14-2（続き）

働きかけの有効対象	働きかけの程度	第1の情報収集先	設立年	インターネット情報発信

働きかけの有効対象
- 1. 政党、働きかけ有効: 0.40
- 2. 政党、働きかけ非有効: -2.29
- 1. 行政、働きかけ有効: 1.19
- 2. 行政、働きかけ非有効: -0.74
- 1. 裁判所、働きかけ有効: 0.08
- 2. 裁判所、働きかけ非有効: -1.15

働きかけの程度
- 1. 与党と接触する: 0.25
- 2. 与党と接触しない: -1.26
- 1. 政府省庁と接触する: 1.09
- 2. 政府省庁と接触しない: -0.50
- 1. 専門情報の提供する: 1.65
- 2. 専門情報の提供しない: -0.39
- 1. マスコミに情報提供する: 0.05
- 2. マスコミに情報提供しない: -0.02
- 1. 他団体と連合形成する: 0.05
- 2. 他団体と連合形成しない: -0.20

第1の情報収集先
- 1. 行政: 1.55
- 2. 政党: -5.60
- 3. 専門家: -0.81
- 4. 協力団体: -0.27
- 5. その他: -0.96

設立年
- 1. 44年以前設立: 0.56
- 2. 45〜54年設立: -0.26
- 3. 55〜74年設立: 0.22
- 4. 75年以後設立: -0.26

インターネット情報発信
- 1. インターネット上情報発信: 0.40
- 2. インターネット上情報非発信: -0.07

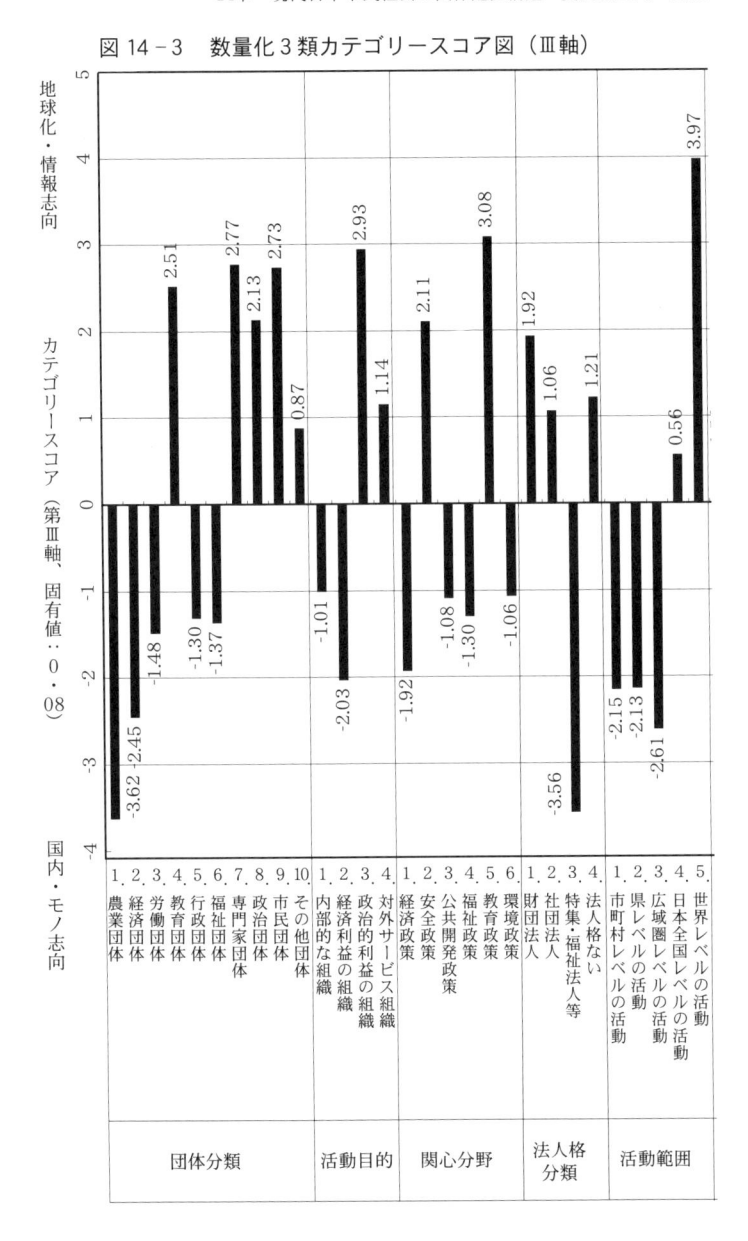

14章 現代日本市民社会の団体配置構造:要因相互間の関連 313

図14-3 数量化3類カテゴリースコア図(Ⅲ軸)

縦軸: カテゴリースコア(第Ⅲ軸、固有値:0.08)
上方向: 地球化・情報志向
下方向: 国内・モノ志向

団体分類
1. 農業団体: -3.62
2. 経済団体: -2.45
3. 労働団体: -1.48
4. 教育団体: 2.51
5. 行政団体: -1.30
6. 福祉団体: -1.37
7. 専門家団体: 2.77
8. 政治団体: 2.13
9. 市民団体: 2.73
10. その他団体: 0.87

活動目的
1. 内部的な組織: -1.01
2. 経済利益の組織: -2.03
3. 政治的利益の組織: 2.93
4. 対外サービス組織: 1.14

関心分野
1. 経済政策: -1.92
2. 公共開発政策: 2.11
3. 安全政策: -1.08
4. 福祉政策: -1.30
5. 教育政策: 3.08
6. 環境政策: -1.06

法人格分類
1. 社団法人: 1.92
2. 財団法人: 1.06
3. 特集:福祉法人等: -3.56
4. 法人格ない: 1.21

活動範囲
1. 市町村レベルの活動: -2.15
2. 県レベルの活動: -2.13
3. 広域圏レベルの活動: -2.61
4. 日本全国レベルの活動: 0.56
5. 世界レベルの活動: 3.97

図 14 - 3 （続き）

カテゴリ	項目	1	2
国との関係	国の許認可を受ける / 受けない	0.56	-0.92
	国の法的規制を受ける / 受けない	0.74	-1.48
	国の行政指導を受ける / 受けない	0.80	-0.93
	国に協力する / しない	0.84	-0.16
	国と意見交換する / しない	0.13	-0.09
	国の審議会等に委員の派遣 / 非派遣	-0.25	-0.01
	行政退職者のポスト提供 / 非提供	1.48	-0.06
自民党の関係	自民党の支持する / しない	0.43	-1.10
新進党の関係	新進党の支持する / しない	0.19	-0.50
民主党の関係	民主党の支持する / しない	0.07	-0.39
	民主党と接触する / しない	-0.05	0.55
国予算編成に働きかけ	有 / 非	0.00	0.04
働きかけの有効対象	政党、働きかけ有効 / 非有効	-0.09	1.20
	行政、働きかけ有効 / 非有効	-0.11	0.80
	裁判所、働きかけ有効 / 非有効	0.04	-0.20
	政府省庁と接触する / しない	-0.19	0.32
	与党と接触する / しない	0.10	-1.32
働きかけの程度	政府省庁と接触する / しない	-0.18	0.91
		-0.59	1.34

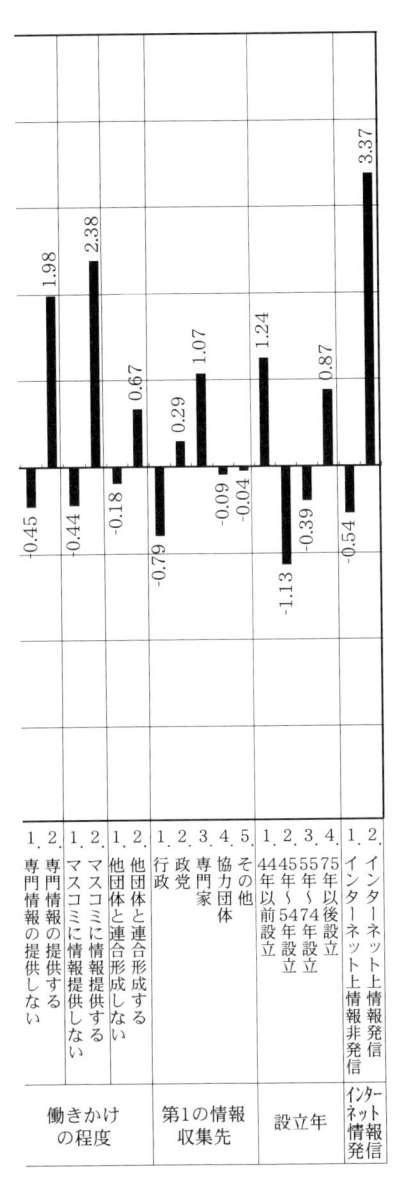

は興味深い対比となっている。設立時期では大きな違いはないが、最も古い44年以前と最も新しい75年以後がやや消極的、45年から54年設立がやや積極的である。

さらに第Ⅱの軸を見てみよう。

3-2 第Ⅱ軸 政党-行政志向の軸

ここでは固有値が0.11でさらに低いものの、政治関与の軸以上に、多くの変数において正負への適度な散らばりが見られ、変数全体の配置を鳥瞰しやすい軸となっている。後述のように「政党-行政志向の軸」と呼ぶことにする。

図14-2から分かるように、負の軸側では、政治団体（Q1）、情報収集先－政党（Q22）、民主党と接触あり（Q14）、民主党支持あり（Q13）、新進党接触あり（Q14）、労働団体（Q1）、市民団体（Q1）、新進党支持（Q13）、政党働きかけ有効（Q19）、市町村レベルの活動（Q6）などが目立っている。

正の軸側では、行政の退職者へのポストの提供（Q8）、国の審議会への委員派遣（Q8）、農業団体（Q1）、国の行政への協力（Q8）、社団法人（Q4）、農業団体（Q1）、行政団体（Q1）、国の行政指導を受ける（Q8）、国の許認可を受ける（Q8）、などが目立っている。

正負を対比すれば、負が政党志向性、

正が行政志向性を示すものと解釈可能である。

団体の分野では、前者の政党志向性が強いものは、すでに触れた政治、労働、市民の各団体、法人格なしの団体である。後者の行政志向性は、農業、行政、経済、専門家の各団体において、また財団、社団法人において強くなっており、これも興味深い対比である。設立年では大きな差は見られない。

3-3　第Ⅲ軸　地球化・情報志向－国内・モノ志向の軸

図14-3では固有値が0.08でいっそう低いものの、これまでのⅠ、Ⅱ軸以上に、多くの変数において正負への散らばりが明快であり、変数全体の配置を鳥瞰しやすい軸となっている。後述のように「地球化・情報志向－国内・モノ志向の軸」と呼ぶことにする。

図から明瞭なように、負の側では、農業団体（Q1）、特殊・社会福祉法人（Q4）、広域圏レベル（Q6）、経済団体（Q1）、県レベル（Q6）、市町村レベル（Q6）、経済政策志向（Q2）福祉政策志向（Q2）、経済的利益の組織（Q3）、労働団体（Q1）、福祉団体（Q1）、行政団体（Q1）、国の法的規制を受ける（Q8）などが目立っている。

他方、正の側では、世界レベルの活動（Q6）、インターネット上にホームページ作成し情報を発信（Q36-3）、教育政策志向（Q3）、経済政策志向（Q2）、専門家団体（Q1）、市民団体（Q1）、教育団体（Q1）、マスコミに情報提供（Q21）、政治的利益の組織（Q3）、政治団体（Q1）、専門情報の提供（Q21）、財団法人（Q4）、国の審議会への委員派遣（Q8）などが目立っている。

団体の分野での違いは最も明瞭である。地球化・情報志向が強いのは、専門家、市民、教育、政治、その他の団体であり、財団、法人格なし、社団法人がそうである。他方で、国内・モノ志向性が強いのは、農業、経済、労働、福祉、行政の各団体において、また特殊法人・社会福祉法人などにおいて極めて強くなっており興味深い。政策の関心でも差は明確で、経済、教育、環境政策が地球化・情報志向、福祉、安全保障、公共開発政策が国内・モノ志向である。設立年でも対照が見出される。75年以降と44年以前が地球化・情報志向であり、45年から54年、55年から74年の団体が国内・モノ志向である。

4　団体特性の配置構造

　第Ⅰ，Ⅱ，Ⅲの数量化の3つの軸は，それぞれ政治関与の積極対消極（自治・脱政治）および政党志向対行政志向，そして地球化・情報志向対国内・モノ志向という興味深い構造軸を構成するものであった。

　ここではこの3つの軸をそれぞれX，Y軸として，そこにここでのすべての変数カテゴリーをプロットして，3種類の図を作成してみることにしよう。

　本章では様々な変数カテゴリーの関係を見る際，団体の10種類の分類別と法人格別の4種類の分類，計14団体カテゴリーおよび4つの設立時期区分を1つの導き手として用いることにしよう。

4-1　政治関与の積極性と政党・行政志向

　図14-4のようにX，Yの2軸が4つの象限を構成するから，左下から時計周りに，政治関与積極・政党，積極・行政，消極・行政，消極・政党の4つの象限の区画が生れる。

　最も原点から離れた左下の特異な地点に存在するのは，「政治団体」である。「政党からの情報を収集」や主要諸政党との「支持・接触」というカテゴリーなどとともに存在し，ユニークな反応様式を示していることがわかる。この象限に存在する団体カテゴリーは政治団体だけではないが，団体のなかで後援会を中心とするであろうこの類型がいかにユニークかを示している。常識的ではあるが，政治団体は政党とほぼ一体のものとして存在することは明らかである。ほかに，労働団体と特殊法人ほかの法人がこの象限に入る。

　左上の政治的な積極性と行政次元に移ると4つの団体カテゴリーが存在する。「農業団体」は中心から離れ，やや特異な地点にあり，性格が明確である。農業団体に近い点に注目すると，やや離れているが「自民党支持あり」「同接触あり」といった保守政党との強い関係カテゴリーと「政府省庁との接触あり」「国の予算編成に働きかけ」「国の行政への協力」「国の審議会への委員派遣」といった政府省庁との強い結合，さらに「専門情報の提供あり」「他団体との連合形成あり」といった強い圧力団体としての特性カテゴリーを含んでいる。つまり，農業団体は，自民党，政府と強く結合した強力な圧力団体であるという，従来からの通説的見解が回答パターンからも裏付けられたとい

図14-4　数量化法　第Ⅰ軸×第Ⅱ軸

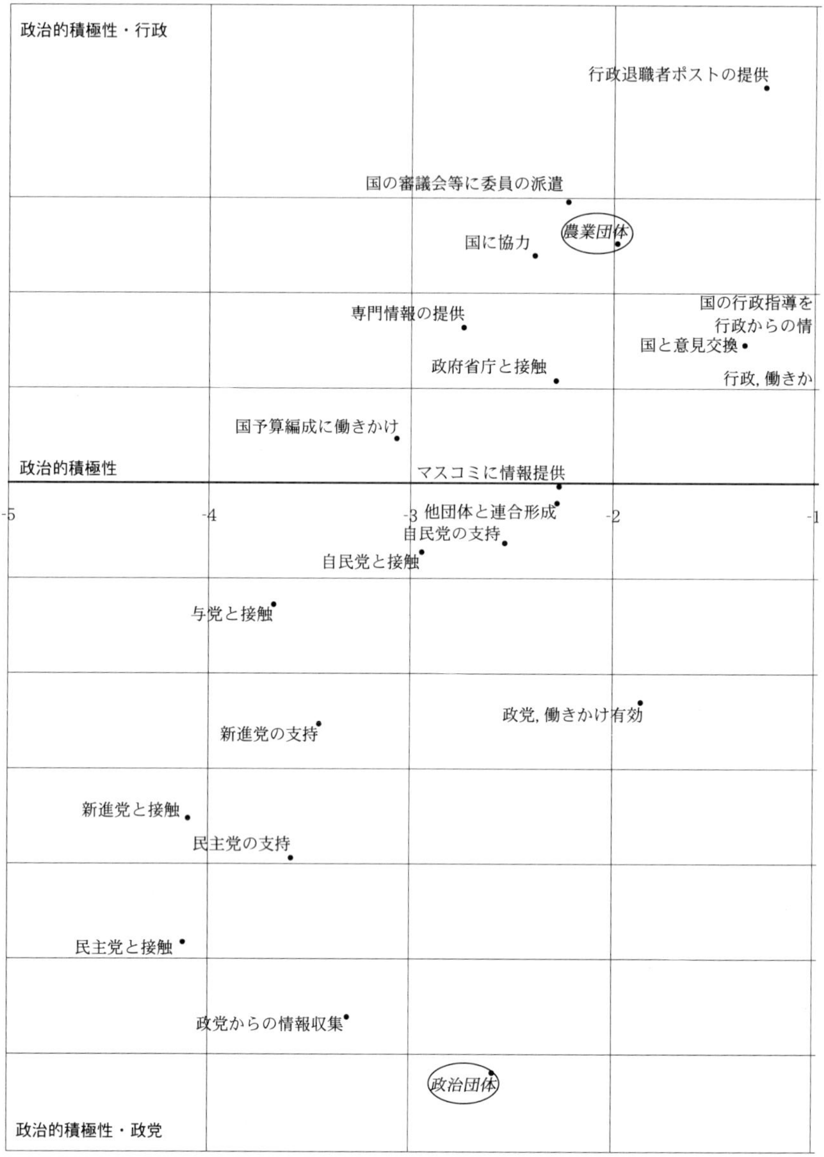

政治的積極性・行政

- 行政退職者ポストの提供
- 国の審議会等に委員の派遣
- 国に協力
- (農業団体)
- 専門情報の提供
- 国の行政指導を
- 行政からの情
- 政府省庁と接触
- 国と意見交換
- 行政, 働きか
- 国予算編成に働きかけ

政治的積極性

-5　　-4　　-3　マスコミに情報提供　-2　　-1
　　　　　　他団体と連合形成
　　　　　　自民党の支持
　　　　　　自民党と接触

- 与党と接触
- 新進党の支持
- 政党, 働きかけ有効
- 新進党と接触
- 民主党の支持
- 民主党と接触
- 政党からの情報収集
- (政治団体)

政治的積極性・政党

14章 現代日本市民社会の団体配置構造：要因相互間の関連　319

政治的消極性・行政
①行政退職者ポストの非提供
②インターネット上情報発信
③75年以降設立
④内部的な組織
⑤国の審議会等に委員の非派遣
⑥協力団体からの情報収集
⑦政党, 働きかけ非有効
　民主党と非接触
⑧民主党の非支持
⑨新進党と非接触

⑩マスコミに情報非提供
⑪国予算に非働きかけ
⑫国に非協力
⑬国の法的規制を受けない
⑭行政, 働きかけ非有効
⑮専門情報の非提供
⑯教育団体
⑰その他団体
⑱他団体と連合非形成
⑲対外サービス組織
⑳新進党の非支持

政治的消極性・政党

える。

　この象限での原点に近いやや性格が曖昧なグループには，「行政関係団体」，「社団法人」「経済団体」がある。経済団体はX軸に近いが行政側に，「特殊法人・社会福祉法人ほかの法人」はX軸の向こう側政党側に近接していて政党・行政のどちらの志向が強いとも言い切れない。

　ここには，国の「法的規制」「行政指導」「許認可」を受けるという行政との関係要因，「行政からの情報収集」「行政が（ロビイング）働きかけ有効」「国との意見交換」といった対行政の行動的要因が含まれる。ロビイング方法や自民党への「支持」「接触」では先の農業と共通であるカテゴリーに相対的には近い。農業団体と比べれば穏健であるが，体制への関与と与党にも目配りしながら行政にやや力点をおくロビイング姿勢を示す，経済関係の業界団体や行政関連団体の姿が浮かび上がってくる。

　次に政治団体，農業団体，経済団体，行政関係団体，社団法人，特殊法人・社会福祉法人ほかといった現体制への政治積極関与型の団体から，右側，つまり，「消極・自治型」の団体に目を転じよう。

　右上の象限，つまり非体制・行政の区画には，財団法人，専門家団体，その他の団体，教育団体が含まれる。もっとも，後2者の団体はX軸にほぼ重なっているので行政への志向性が明瞭ではなく，政党志向との中間であるということであろう。

　このグループの近く，つまり似た反応をしめす要因としては，否定的なものがほとんどである。自民党への「接触」「支持」の「なし」であるとか，「政党働きかけ有効でない」「予算編成への働きかけしない」とか，「マスコミ情報提供なし」「連合形成なし」等々。

　ここでの4つの種類の団体分類は，かつては自民党へのかなり明確な支持母体であったし，行政とも近く，政府の政策や制度から受益することが大きな利益団体活動のエネルギーであると考えられたので，「政策受益団体」という類型が想定されたのであった。しかし，1980年代の行政改革の時代，財政改革の時代を経て，さらに90年代のバブル崩壊後の政策不況の時期を経て，「政策受益」といった観点から「民営化」「自立・自律」「分権」といった観点へ大きく政策体系が移行したことが，こうした否定的なパターンの中にこの団体グループの位置を移しかえたのであろう。

さらに右下，政治への消極性・政党志向の象限を見ていこう。

ここにはY軸，政党・行政志向軸の政党志向の強い方向から，「市民団体」「法人格なし」そして「福祉団体」の分類が含まれる。これと反応パターンが似た要因として，「市町村レベルの活動」「世界レベルの活動」といった両極の（実は類似団体特性である）地理的活動範囲，幾つかの否定的要因と共に，「裁判所が働きかけに有効」「専門家からの情報収集」「協力団体からの情報収集」「その他からの情報収集」といった政治・行政から自治的志向性が含まれる。

市民・労働団体が一応別の次元とはいえ，近似の位置にあるというのは，自民・社会対峙の55年体制下の「革新勢力」構造の残存なのかどうかという観点から興味深い。残存でなく，新しい求心力ある政党や政府を欠いているためにこうした地点に2集団が近接している可能性もある。いずれにせよ団体の基礎構造つまり，下位レベルの状況は，トップレベルとは異なるのかもしれない。また，98年のNPO法の立法化で脚光を浴びた「法人格なし」の団体は，市民・労働団体に近いということもわかったのである。

設立年ではこの第Ⅰ，Ⅱ軸では大きな違いは見られなかったが，微かな傾向の違いをいえば，44年以前の消極・行政の軸から，45～54年の積極・政党の軸へ，さらに55～74年は積極・行政へ，75年以降は消極・政党へという，微妙なシフトが観察できる。これは55年体制の形成を担った団体，55年体制下で生まれた団体，そして75年以後の55年体制変容期と微妙だが奇麗に分かれている。

分類分けとしては，
積極・政党：政治団体，労働団体，（特殊・社会福祉法人）（1945～54年設立）
積極・行政：強い傾向　農業団体
　　　　　　弱い傾向　社団法人，行政関係団体，経済団体　（55～74年設立）
消極・行政：財団法人，専門家団体，（教育団体）（その他の団体）（44年以前設立）
消極・政党：市民団体，法人格なし，福祉団体　（1975年以後設立）
となる。

4-2　政治関与の積極性と地球化・情報志向

図14-5　数量化法　第Ⅰ軸×第Ⅲ軸

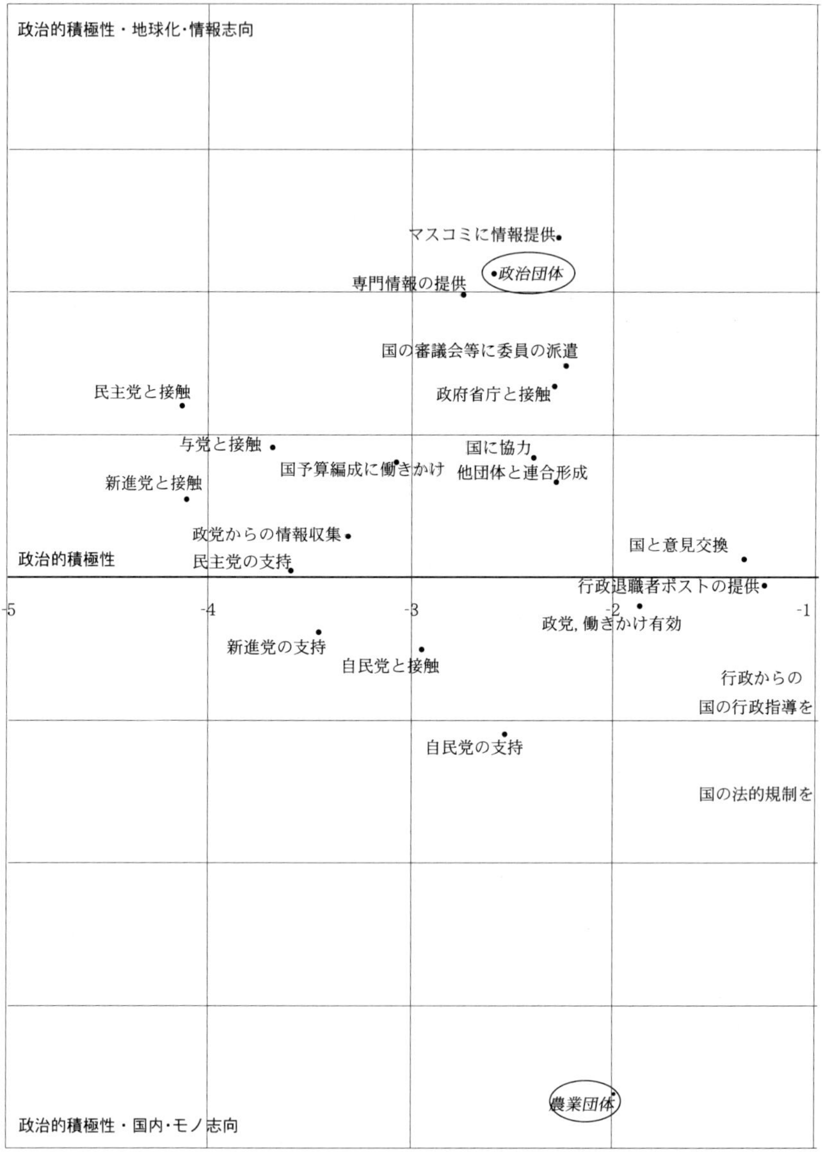

政治的積極性・地球化・情報志向

マスコミに情報提供•
専門情報の提供• •政治団体

国の審議会等に委員の派遣
民主党と接触• 政府省庁と接触•

与党と接触•　　国に協力•
新進党と接触• 国予算編成に働きかけ• 他団体と連合形成

政党からの情報収集•　　　　国と意見交換•
政治的積極性 民主党の支持•
　　　　　　　　　　　　　　　　　　行政退職者ポストの提供•
-5　　　　-4　　　　　　-3　　　　-2 •　　　　　　　-1
　　　　　新進党の支持•　　　政党,働きかけ有効
　　　　　　　　自民党と接触•
　　　　　　　　　　　　　　　　　　　　行政からの
　　　　　　　　　　　　　　　　　　　　国の行政指導を

自民党の支持•
　　　　　　　　　　　　　　　　　　国の法的規制を

農業団体

政治的積極性・国内・モノ志向

14章 現代日本市民社会の団体配置構造：要因相互間の関連 323

世界レベルの活動
地球化・情報志向／政治的消極性・地球化・情報志向
インターネット上情報発信
政治的利益の組織
市民団体
専門家団体
教育団体
教育政策に関心
安全保障政策に関心
財団法人
社団法人
法人格がない
専門家からの情報収集
44年以前設立
75年以降設立
その他団体
対外サービス組織
国の行政指導を受けない
日本全国レベルの活動
国の法的規制を受けない
行政、働きかけ有効
国の許可を受けない
自民党の非支持
裁判所、働きかけ非有効
政党、働きかけ非有効
新進党の非支持
自民党と非接触
政治的消極性
行政退職者ポストの非提供
国と意見交換しない
与党と非接触
その他からの情報収集
国の審議会等に委員の非派遣
①②⑤
⑥行政、他団体と連合非形成
55年〜74年設立
マスコミに情報非提供
働きかけ非有効
専門情報の非提供
情報収集
インターネット上情報発信
政府省庁と非接触
受ける
環境政策に関心
45年〜54年設立
内部的な組織
公共開発政策に関心
行政団体
裁判所、働きかけ有効
福祉政策に関心
福祉団体
労働団体
経済政策に関心
経済的利益の組織
県レベルの活動
市町村レベルの活動
経済団体
広域レベルの活動
①協力団体からの情報収集
②民主党と非接触
③民主党の非支持
④新進党と非接触
⑤国予算編成に非働きかけ
⑥国に非協力
特殊、福祉法人
国内・モノ志向／政治的消極性・国内・モノ志向

図14-5は，左上の政治関与が積極的で地球化・情報志向のある象限から見ていこう。

　ここには，遠く離れた地点にやはり政治団体が，そして社団法人がY軸に近い点に存在する。政治団体の近くには，多くの政党・行政変数があるのは先の場合と同じである。加えて，専門情報の提供，マスコミへの情報提供といった情報関連変数が存在する。

　市民団体や法人格なし団体はY軸に近いが，専門家団体，教育団体，財団法人，その他の団体と同じ象限にはいる。ここには政治へやや積極か・消極かという違いがある。このグループの近辺には，インターネット上の情報発信，世界レベルの活動，専門家からの情報収集，教育政策への関心，安全保障政策への関心，対外サービスの組織そして44年以前と75年以降設立といった変数が見られる。

　右下の政治関与が消極で国内・モノ志向の象限に目を移せば，福祉団体が含まれ，広域レベルの活動，福祉政策への関心，内部的な組織などが近い。

　左下の政治関与が積極的で，国内・モノ志向をみると，農業団体が突出し，特殊・社会福祉法人，経済団体，労働団体，行政関係団体が含まれる。45〜54年，55〜74年の設立年，国の許認可，法的規制，行政指導，公共開発政策や環境政策への関心などが近い。

　すでに見たように設立年ではこの第Ⅰ，Ⅲ軸では大きな違いが見られる。44年以前と75年以降の新旧の団体が政治関与は消極的だが地球化と情報を志向する象限に存在するのに対して，45年から54年，55年から74年という戦後の高度成長期の団体，55年体制下の団体（そして55年体制の基軸となった団体）は政治積極性と国内・モノ志向の象限にあるという際めて明快な対比が観察された。

　分類分けとしては，
積極・地球化・情報志向：政治団体，社団法人
消極・地球化・情報志向：専門家団体，教育団体，財団法人，その他の団体，
　　　法人格なし，市民団体，44年以前，75年以後設立団体
消極・国内・モノ志向：福祉団体
積極・国内・モノ志向：農業団体，特殊・社会福祉法人，経済団体，労働団
　　　体，45〜54年設立，55〜74年設立団体

4-3 政党・行政志向と地球化・情報志向

　図14-6は，左上の政党志向で地球化・情報志向のある象限から見ていこう。

　ここには，遠く離れた地点にやはり政治団体が，そして市民団体，法人格なしの団体がこの象限に含まれる。関連する変数としては，民主党接触，新進党接触，安全保障政策への関心，世界レベルの活動，マスコミ情報提供，専門家からの情報提供，行政指導受けずなど行政に関係した消極性変数が存在する。Y軸に近いが，75年以降の設立団体がここに入る。

　次に右上の行政志向，地球化・情報志向を見てみよう。専門家団体，財団法人，社団法人が存在し，インターネット上の情報発信，専門情報の提供，審議会への委員派遣，教育政策への関心，政治的利益組織，政府省庁との接触，国の行政への協力などが関連変数である。Y軸に近接して，教育団体とその他の団体もこの象限に入る。44年以前設立団体もここに含まれる。

　右下の，行政志向で国内・モノ志向をみると，農業団体，経済団体，行政団体が含まれる。環境政策・公共開発・経済政策政策への関心，経済的利益の組織，国の法的規制，行政指導，許認可，55～74年の設立年などが近い。

　左下の，政党志向で国内・モノ志向を見れば，特殊・社会福祉法人，労働団体，福祉団体が入り，45～54年設立も含まれる。政党働きかけ有効，市町村レベル活動，県レベル活動，広域レベル活動，裁判所働きかけ有効などがそれらに関連する。

　すでに見たように設立年ではこの第Ⅱ，Ⅲ軸でもかなりの違いが見られる。44年以前はほぼ原点に近いが，45～54年は政党・国内・モノ志向に，55～74年は，行政・国内・モノ志向に，そして75年以降は，政党で，地球化と情報を志向する象限に向かう。これも戦後復興から高度成長期の団体，55年体制下の団体は国内・モノ志向の象限にあるが，政党志向から行政志向にシフトし，75年以降は政党・地球化・情報志向であるという際めて明快な対比が観察された。

　分類分けとしては，
政党・地球化・情報志向：政治団体，市民団体，法人格なし，75年以後設立
　　　　団体

図14-6　数量化法　第Ⅱ軸×第Ⅲ軸

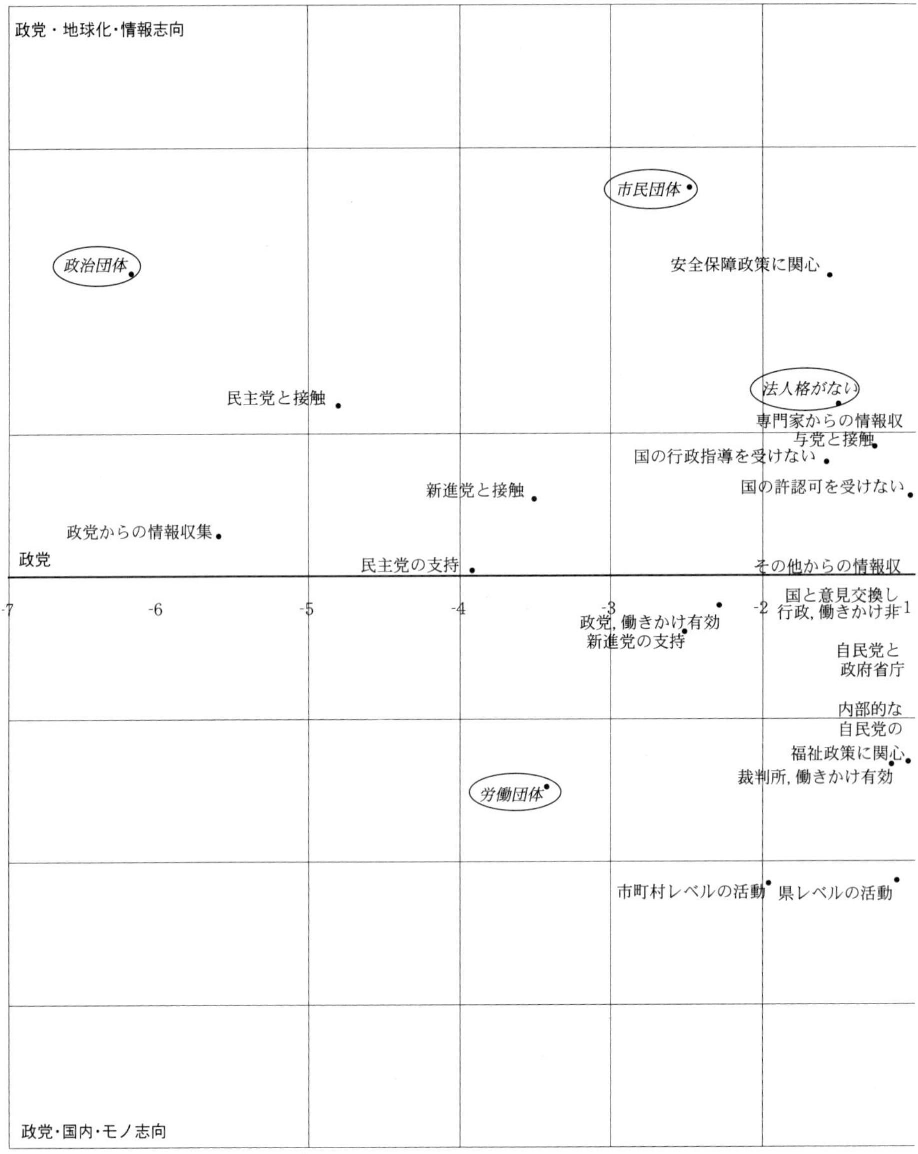

政党・地球化・情報志向

市民団体●

安全保障政策に関心●

政治団体●

民主党と接触●

法人格がない
専門家からの情報収●
与党と接触●
国の行政指導を受けない●
新進党と接触●　国の許認可を受けない●

政党からの情報収集●
政党　　　　　　　民主党の支持●　　　その他からの情報収

-7　　　　-6　　　　-5　　　　-4　　　-3　　　　　●-2　　国と意見交換し　1
　　　　　　　　　　　　　　　政党,働きかけ有効　　　行政,働きかけ非
　　　　　　　　　　　　　　　新進党の支持　　　　　自民党と
　　　　　　　　　　　　　　　　　　　　　　　　　　政府省庁

　　　　　　　　　　　　　　　　　　　　　　　　　　内部的な
　　　　　　　　　　　　　　　　　　　　　　　　　　自民党の
　　　　　　　　　　　　　　　　　　　　　　　　　　福祉政策に関心●
　　　　　　　　　　　　労働団体●　　　　　　　　　裁判所,働きかけ有効

市町村レベルの活動●　県レベルの活動

政党・国内・モノ志向

14章 現代日本市民社会の団体配置構造:要因相互間の関連 327

行政・地球化・情報志向：専門家団体，財団法人，社団法人，(教育団体)(その他団体)，44年以前設立
行政・国内・モノ志向：農業団体，行政団体，経済団体，55〜74年設立団体
政党・国内・モノ志向：労働団体，特殊・社会福祉法人，福祉団体，45〜54年設立団体

　3つの分類分けを組み合わせ，その分類での順位を（　）内に表示すると，以下のようになる。因みに団体の分類は全部で14種類であるのでここでは各尺度を1次元とすれば1位から14位まであることになる（但し「政治関与積極・消極」以外は別次元とし，各志向での順位とした）。同じく設立年は，スコアを基にその性格の強・中・弱をつけて，分類する。

政治関与積極－政党志向－地球化情報志向：政治（1, 1, 4）の団体
政治関与積極－政党志向－国内モノ志向：45〜54年設立（弱，弱，強），労働団体（5, 2, 4），特殊・社会福祉法人ほか（4, 6, 2）
政治関与積極－行政志向－国内モノ志向：55〜74年設立（弱，弱，弱），農業（2, 1, 1），経済（3, 5, 3），行政（6, 3, 6）の団体
政治関与積極－行政志向－地球化情報志向：社団法人（7, 2, 7）
――――――――――――――――――――――――――――――
政治関与消極－行政志向－地球化情報志向：財団法人（13, 4, 5），教育（12, 8, 3），専門家（10, 6, 1），その他の団体（11, 7, 8），44年以前（中，中，強）
政治関与消極－行政志向－国内モノ志向：なし
政治関与消極－政党志向－国内モノ志向：福祉団体（14, 5, 5）
政治関与消極－政党志向－地球化情報志向：75年以降設立（弱，弱，中），法人格なし（9, 4, 6），市民団体（8, 3, 2）

そして，これは系統樹をなしている（第15章の図15‐1を参照）。

まとめ

　数量化Ⅲ類を用いた本章の分析から，日本の市民社会と政策過程における団体配置の鳥瞰図的な構造が明らかになった。それは政治関与の積極－消極性，政党志向－行政志向，地球化・情報志向－国内・モノ志向という3つの軸を持ち，日本の市民社会の複雑な亀裂を立体的に示すものであるといえる。

これは55年体制における保革対立型の団体分類と異なる構図である。

1980年団体調査の分析（村松・伊藤・辻中 1986，辻中 1988）において，セクター団体とよばれ強い与党・行政志向を示した農業・経済団体と専門家の団体が，別グループにわかれた。3つの軸の内，いまでは行政志向しか共通するものはない。専門家団体が自立・消極化し，地球化・情報志向を示したのである。

かつては野党・革新サイドの中心であった労働と市民団体も，全く同様に政治関与や地球化・情報志向の2次元でわかれ，別グループに属している。

また，80年代保守回帰の原因に繋がる要因として注目（村松・伊藤・辻中 1986）されてきた，教育，福祉，行政関係などの政策受益型団体類型も，本分析では行政関係団体を除き，政治関与の消極分類に含まれたのである。政治からの自立を余儀なくされている。

しばしば公益団体として一括りにされる財団法人と社団法人の違いも政治関与という軸で明確になった。社団は積極的だが，財団は消極・自立的なのである。

他方，これまで曖昧であるとともに目立たないため注目されなかった「法人格なし」や「その他の団体」などの位置や志向性も一歩明確になった。「法人格なし」は市民団体に近く，「その他」は財団や教育，専門家団体に近いことが明らかになり，NPO法（1998年）以後の今後の日本の市民社会の展開を考える上で，興味深い示唆を与えるのである。

日本の団体の回答パターンの違いは，まず政治関与の積極・消極性，言い換えれば政治依存と政治からの自立であるということは，90年代以降の日本社会を考える上で，きわめて示唆的である。政治積極派は，政治からの受益，政治を通じての利益実現派であり，政治団体を含めほぼすべて，55年体制の保守革新の中核をなした集団，いわば既得権集団である。また政党志向と行政志向は分かれるが，大部分がやはり国内・モノ志向であり，実際，それらは45年から74年に設立したものが多いことを示している。

それに対して，政治消極・自治派は，かつて政策受益団体といわれた集団も含め，55年体制の中核ではなく，相対的には周辺部に位置した。設立時期は，55年体制成立時からかなり後の75年以後の団体である。そしてほとんどが，地球化・情報志向である知識指向型の組織である。これらの示す政治へ

の消極性は，政治の否定ではなく，没政治，自治，非政党政治などの意義をもつものであり，既得権の少ない集団の志向と関連する。

　第Ⅱの軸は，政党・行政志向であるが，与党系で安定した団体ほど行政志向を示し，野党系と混在系は政党志向を示している。

　最後に，第Ⅲの軸は，とりわけ今後の政策過程を考える上で興味深い。地球化と国内，情報とモノを巡って，極めて鮮やかに団体世界は二分された。そしてそれは，生産に関連する戦後工業化期の団体と工業化以後の時期で分かれた。

　以上のように本章の団体特性の配置構造の分析は，20世紀末の団体の志向が，既存政治体制派と，市民社会自立派に分岐し，旧来からの自民党・政府といった「体制」を支える団体構造が分化し脆弱化したこと，他方で新しい曖昧な市民的な団体，法人格なしの団体の位置が自立的な非体制・政党象限にあり，そして地球化情報志向を示すことなど，そうした保守・革新軸をこえた新しい第Ⅲの軸の意義など今後焦点とすべき興味深い仮説を提示しているのである。

// # 第15章

// # 結　論

辻中　豊

はじめに：本書の課題

　本書において，私たちは現代日本の市民社会の全体像を，市民社会における組織，とりわけ活動体に焦点を合わせて捉えようとした。円錐型の3層構造モデルは，この探求の旅の青写真であった。私たちのJIGS調査は，首都と一地域において，この3層を貫くように活動する市民社会組織をランダムにサンプリングした。この調査法自体が全く新しい試みであるから，それぞれのレベルでの利益団体の新鮮な姿を捉えることができ，これまでの研究にない興味深い多くの発見があった。本書の第Ⅱ部では主として政治過程，政策過程での団体と他のアクターの関係を日本に絞って分析し，第Ⅲ部では，日本と比較できる数ヵ国を念頭に統合空間ダイナミクスモデルを提示し，社会過程や政治体制での団体の状況を，歴史的・空間的に捉えようとした。

　本書の課題（狙い）は，市民社会組織の全体像を包括的に捉えその構造を明らかにすることであった。具体的には，①市民社会と利益集団に対していかにして経験的な調査が可能か示し，②政治過程と利益団体の相互関係を主要アクターごとに明らかにし，③日韓米独など諸国との比較の中で日本の位置付けに関する仮説を提示した。①の課題については，市民社会組織・利益団体をJIGS調査で用いた方法によって遂行することでそれが部分的には可能となったと考えている（さらにもう1つの地球環境政策ネットワークGEPON調査で補完する）。

　以上の課題に関して，本書での事実発見はいかなる示唆を与えただろうか。各章での事実発見を，節をあらためて振り返ってみよう。

1　比較政治的な発見：共通性と差異

　まず，課題の③比較政治的な発見，特に比較での日本の位置付けである。第Ⅲ部で見たように，各国を貫く共通性と同時に各々の個性も見出された。

　共通性としては，団体世界が，組織リソースの点で類似すること，組織化のレベルで差がないことがあげられる。比較研究したどの国々でも，人口当りで同じ程度（10万人当り約30の団体事業所，数十の団体活動体）の市民社会組織が，数名から数十名規模の職員を擁して存在しているのである。団体の利益団体としての活動における特性に関しても，ほぼ百パーセントの団体

が政策関心をもつこと，半分前後の団体がロビイングや政治アクターと関係を持つこと，1，2割の団体が強度の政治活動を行うこと，という階層性は共通である。調査対象国が限定されているので断定的なことはいえないが，洋の東西を問わず，利益団体の世界にはこのように一定の共通性が存在するようである。おそらく先進工業社会としての共通性，自由民主主義体制としての共通性を保持していたことと，それは関連するであろう。西洋諸国でなくとも，世界的に，先進工業国かつ自由民主主義国は，ほぼ共通の市民社会的基礎を有するといってもよいだろう。R. ダール（ダール 1981, 1999）ら多元主義的近代化論者の主張は，この点では立証されたのである。

比較での日本固有の特徴としては，歴史的形成における時期的特徴，つまりベビーブーマー的な戦後派団体の比重の大きさがあげられる。これは分類的には大部分が生産者団体である。また，中央と地方の団体を対比した場合，日本の地方団体は生産者の比重が重く，組織リソースが大きく，また活動も旺盛であるという点に特徴が見られる。活動の側面では，選挙・予算活動は活発であるが，各種のロビイングは低調である。つまり，日本の団体は，政治，農業，労働，経済など生産者団体を中心に，選挙と予算に特化しているのである。

日本は，戦後改革以後調査時点（97年）まで，大きな変革はなく，戦後の団体空間を先取りしたのは生産者団体であったのである。生産者団体を中心とする配置は，政党制を係留することで，政治体制として確定したのであろう。こうした日本の特徴や各国の相違点に関しては，今後の詳細な対比較，全体比較の続巻において更に分析を深めていきたい。

2　旧構造の浮上？

次に課題の②政治・政策過程での団体について述べよう。ここでは，20世紀末の流動する現実の政治状況に比べると，やや旧い55年体制型の日本政治の姿が浮かび上がったように見える。これは違和感を覚える結果であった。つまり，比較で見たように農業，労働，経済団体など生産者団体セクターと政治団体が，ロビイング全般で優位に立っているのである。選挙活動や予算活動でもそうである。農協を抱える農業団体や企業をバックにもつ経済団体は，リソースの面でも他より優位にある。生産者団体が大きな割合を占める

地方での団体活動は，自治体や政党に向けられ，首都より全般に盛んである。他方で，団体との関係における行政や自民党の位置も大きい。いわば，発展志向国家型で，自民党一党優位で，官僚制主導で，そして多元的で競争的な，国家と市民社会の構造が発見されたのである。

　こうした調査結果自体，事実である。しかし，1997年時点において，この一見すると旧い生産者団体優位の発展志向型国家型の体制構造が現存することに対する解釈の可能性は，複数考えられる。すなわち，

(1)団体の基礎構造，基盤構造は，ローカルなもの，弱小なものをすべて含むがゆえに，容易に変わらない。これが日本の市民社会組織の実体である。政治の表面である政局や政策過程のレベルの構図や政治過程の構図とは異なる。おそらく，団体の基礎構造は，政治社会体制の形成期に制度的な枠組みとともに創られたのである。そしてこの制度的な枠組みと形成期の構造配置を与件として，その初期構造の上に積み重なるようにその後の団体世界の発展が生じた。いわば，初期条件からの経路依存性（path dependence）が今も強固なのである。

(2)確かにそれが実体であるが，そこには変化が生じている。市民社会組織レベルと政策過程レベルには，時差がある。利益団体という下部構造と政治過程や政策過程という上部の構造の変動には時差がある。それゆえ，このレベルの実体構造だけでなく，変化の方向に注目する必要がある。つまり，これからこの基盤レベルも多元化するのである。

(3)確かに実体であり，変化もあるが，その方向は逆である。1980年代までの多元化は，90年代以降の厳しい環境変動の中で，調査時点97年にはその潮流が引いた時期（非多元化）なのである。かつて，自民党を媒介に旺盛な政治・政策・予算活動をした「政策受益団体」は，この環境激変によって，市民社会へ戻り，自立せざるを得なくなった。かくて，旧い構造である50～60年代の生産者団体の構造が残り，再浮上したのである。

(4)確かにそれは，実体の一部である。ただ市民社会組織のそれぞれの分類や種類によって，政治，政策過程との関係が異なるから，サーベイデータの単純集計など静態的な分析だけでは，十分捉えきれない。動態的な構造的分析が必要である。例えば，メディアが介在してメディア多元主義が成り立つとき，アドボカシー団体セクターはメディア，生産者団体セクターは行政・政

党といった，異なるルート，異なるアリーナ（舞台）で，自己を表現する可能性がある。

こうした複数の解釈可能性が考えられる。これらを今後さらに検証していくには，(1)(4)に関しては，他の並行した調査（GEPON 地球環境政策ネットワーク調査など）との総合的検討が必要であり，また可能である。(2)(3)に関しては，設立年，10年前との比較など時間軸の入った JIGS 調査の設問項目に注目し，検討する必要があり，それは部分的には，本書でもなされている。

前章での数量化による総合的な分析は，こうした解釈に別の面から示唆を与える。数量化Ⅲ類による多くの設問を俯瞰し，その背後の深層構造を探る方法も有効である。

すでに触れたが，数量化分析での結果から，下記のような系統樹が描きうることがわかった。これについては，次の政治・社会過程に関する発見の中で触れよう。

図 15-1　数量化分析（Ⅲ類）による団体の分類系統樹

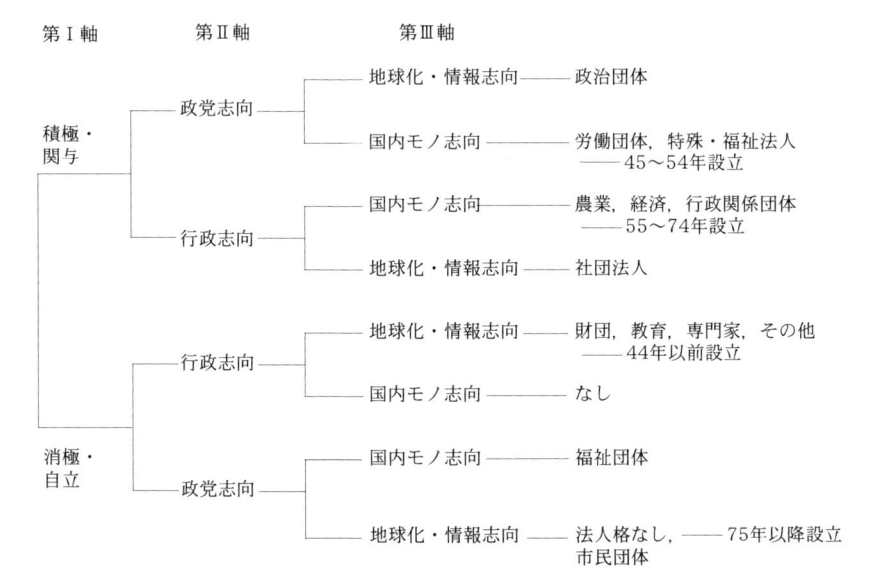

```
第Ⅰ軸         第Ⅱ軸            第Ⅲ軸

                              ┌─ 地球化・情報志向 ── 政治団体
               ┌─ 政党志向 ──┤
               │              └─ 国内モノ志向 ───── 労働団体，特殊・福祉法人
積極・         │                                   ──── 45～54年設立
関与 ─────────┤
               │              ┌─ 国内モノ志向 ───── 農業，経済，行政関係団体
               └─ 行政志向 ──┤                     ──── 55～74年設立
                              └─ 地球化・情報志向 ── 社団法人

               ┌─ 行政志向 ──┬─ 地球化・情報志向 ── 財団，教育，専門家，その他
               │              │                     ──── 44年以前設立
消極・         │              └─ 国内モノ志向 ───── なし
自立 ─────────┤
               │              ┌─ 国内モノ志向 ───── 福祉団体
               └─ 政党志向 ──┤
                              └─ 地球化・情報志向 ── 法人格なし，──── 75年以降設立
                                                     市民団体
```

3　旧構造をはみ出る3つの発見

前節では，「旧構造的な」発見とその解釈の多様性を指摘した。しかし，も

う少し政治・社会過程を鳥瞰的に観察すれば，旧構造をはみ出る本書での発見として，少なくとも次の３点を指摘できる。第１は，全体としての政治化の程度の低下，第２は旧い亀裂の消滅，第３は，新しい団体の登場と新しい亀裂の可能性である。

　最初に，全体としての政治化の弱体化を指摘したい。1980年代中葉と比べた場合，具体的には，選挙活動，予算活動，政党支持や接触など（行政接触では，トップへはやや減り，実務レベルは増大）の減退に端的に現れている。これは，新しい団体の非政治性だけでなく，最も政治的な生産者団体など既成団体の政治性の低下も含んでいる。全体として，緩やかではあるが，「組織による政治」からの後退といえる傾向である。それゆえに，前節で述べたように旧構造が浮上してきたのかもしれない。

　第２には旧い亀裂の消滅である。かつての保革対立構造下での団体政治は，政策過程とイデオロギー過程の二重構造と模型化された（村松 1981）。そこでは，団体は，接触相手別にみた場合の行政派（政策受益団体），政権党派（経済・専門家団体）と野党派（労働・市民政治団体），ロビイング戦術におけるインサイド・アウトサイドの別が，保守派，革新派の亀裂とほぼ重なっていた（村松・伊藤・辻中 1986，辻中 1988）。本研究での興味深い発見は，行政派対政党派ではなく，行政派対行政・政党両方派が分化していることであり，戦術ではインサイド・アウトサイド併用が最も多かったことである。団体の分類間の違いも大きくない。こうした点では，旧い亀裂である保守・革新型の亀裂はほぼ消滅しつつあると推定できるであろう。

　第３は，新しい団体の登場である。世界志向型の団体，アドボカシーセクター団体の登場が注目される。こうした団体が，近年の設立であることは，単純に近年増大していることの証拠とはいえない。逆にそれらの脆弱性の証拠であることも多い。データが示すように，政治団体はともかく，市民団体，法人格なしの団体などはなお脆弱なものが多い。世界志向団体は，その基盤のしっかりしたものと脆弱なものの混合である。

　他方で，前章での検討結果として示す系統樹（前頁図15-1）のように，新しい団体は，最も設立の古い団体とともに，市民社会自立派とでもいうべきような政治から距離をとる傾向をもち，世界志向性やマスメディアへの態度から地球化・情報志向を有しているのである。これらの団体は，政党志向も

残しているから，政治に完全に背を向けているわけではない。ただ既存の生産者団体の，政治関与，国内・モノ志向とは大きな相違を示している。こうした点から，新しい亀裂の可能性をここから推論することが可能である。

4　深層の構造分析へ

第3章で概観したように，市民社会組織自身の認識においても，「旧構造」的なものは根強い。つまり，そこでは「他のアクターの影響力評価」において，日本の団体は，官僚，農業団体，外国の政府，外国の利益団体，国際機関に他国より高い評価を与えているが，労働やアドボカシー・市民系の団体には低い評価を与えていることが分かったのであった。そして，私たちの分析でも，生産者団体の強さ，行政の比重の大きさ，アドボカシーセクター団体の脆弱性などが確認された。

他方で，前章の数量化分析で浮かび上がった構図は，他の断片的な発見とともに，深層の構造，変化の方向を可能性として示すものと推論可能である。繰り返しになるが，図15-1は，多くの関連設問の関係を総体的に検討し，それを団体分類，団体の法人分類，設立年と関係づけた結果である。最も異なるグルーピングとして，かつての保革軸でも，政策過程・イデオロギー過程の二重構造軸でもない，新たな軸が浮上したことは注目できる。政治への積極関与と政治への消極・自立軸である。

ここでの「政治関与」とは，調査時点1997年での政治，既成の政治への関与である。つまり，政治への消極・自立派グループは，1997年時点の政治・行政構造，政党配置を念頭においた関与と非関与の軸とも読むべきである。そして，このグループには，いわゆる知識組織系の専門家団体や教育団体，財団などとともに市民団体，法人格なしの団体が含まれるのである。設立時期的には，最も旧い団体と最も新しい団体がそこに含まれる。第2の軸，行政と政党志向は，既に述べたように，55年体制型の政治過程の二重構造とほぼ重なる。これは第2の次元であって，第1の次元ではないことが重要である。そして第3の軸，次元として，地球化・情報志向という新しい傾向が明確に1つの方向として登場し，それが，現体制への消極・自立系の多くの分類とともに，政治団体，社団法人によって志向されているのも，今後の方向性，ベクトルを考える上で示唆的である。

以上，いくつかの日本政治への事実発見とその示唆，推論を提示した。私たちは，序論において，現時点でのいくつかの政治ベクトルへの見方も予め提示していた。この見方と以上の事実はどういう関係であるのか，現時点でどこまで分かったか，私たちの考え方を要約したい。まず，いくつかの見方を思い出してみよう。

5　3つの見方

　序論の最後に，新聞記事の動向を探る中，NPO，NGOなど新しい団体の爆発的な紙面への登場を受けて，現在の政治ベクトルへの3つの見方を示した。つまり，(ア)メディアの報道は実態に近いという観点に立つ，急速に進む多元主義化説，(イ)マスメディアが，意図的かどうかはともかく新しい傾向の，しかも日本の政治・社会にとって必要とメディアの立場で考える団体，集団を多く報道しているという説で，メディア多元主義説，そして，(ウ)表層のこうした報道の意義は小さいと考え，日本社会・政治では既存の団体が大きな役割を果たしているとみる，既成生産者団体支配モデルである。いずれも日本の市民社会の多元度と多元化の傾向を知りたい，という問題意識が背後にある。比較的にもそれはどの程度なのかである。

　もう1つの日本政治への「見方」群は，市民社会組織や利益団体と中央行政や政党，地方自治体との関係が自発的なものか動員されたものかをめぐるものである。特に行政と団体の関係が，これまでの多元主義，エリート主義，コーポラティズムなどのモデルとの関連で注目された。簡単にいえば，官僚制エリートなど政治エリートはどの程度，団体世界を牛耳っているかである。

　最後の見方として，日本の市民社会，利益団体における亀裂，区分線は何か，様々な市民社会の組織，団体はいかにグルーピングできるかという類型学である。そしてそこでのベクトル，変化の方向性は何かである。新旧の団体や分類の位置を，これらの亀裂，区分線，方向性を考えることで，現在から将来への推察を行うことができるのではないか。政治過程の新しい対立軸，新しい多元主義は亀裂を生んでいるかである。

　最初に示した見方のうち，「急速に進む多元主義化」説は，本書の市民社会組織の構造分析からは，十分な証拠を得られず，どちらかといえばその基盤の弱さを示した。「メディア多元主義」「既成生産者団体支配モデル」の2者

は，それぞれある程度説得力ある証拠が見出されたように思われる。それゆえ，今後の方向として，メディアの役割の増大，新しい団体の組織リソースの脆弱性，非政治性，既成団体の政治への消極化は，組織政治の弱体とポピュリズムを招聘する可能性も否定できない。

しかし，他方で，深層構造的には，別のもう1つの政治のあり方への志向が，現在の政治関与への消極，自立という形で表れており，またそれは，地球化と情報化を示す非生産者団体セクターによって担われているとの推定も可能である。また，比較的にみて日本の市民社会の多元度は，活動団体としては平均的であると推定され，特に矮小なわけでは決してない。既成の生産者団体支配モデルや政治アクターによる団体動員モデルは強固でもない。

そして，この深層構造分析は，すでに触れたように，新しい亀裂，対立線を暗示していると読むことが可能である。この分類系統樹は，既成政治と新しい政治，既得権と非既得権，政党と行政，その志向性に関して，極めて示唆的である。

6　比較に向けての1枚の地図

本書では，複数の技法を用いて，3層のレベルを分析する方法を自覚的に援用することによって，深浅の複雑な日本の政治社会の配置構造や傾向が透けて見えてきたのである。97年の橋本政権下での市民社会の配置をこの分析はほぼ捉えているように思われる。

私たちの新しい試み，日本や各国の市民社会を輪切りにして，市民社会組織，利益団体世界の断面図を作りたいという試み，そこからいわば，中長期的な気候配置図や地殻変動図を描くように，政治・社会過程と政治体制の配置図を描き，政治の諸条件を理解したいという試みが，どの程度成功したか，それは読者の判断に委ねざるをえない。

この巻は，これに続く国家毎の対比較の諸巻，そして総比較の巻の出発点，礎石になるものである。これからもこの作業は続けられる。より詳細な比較分析という作業によって，多義性を残したここでの解釈を，より明快に結論づけることができるだろう。

JIGS調査が日本でなされた1997年以後，急速に国家の団体政策が変容している可能性も否定できない。98年のNPO法人だけなく，2000年，2001年に

は特許業務法人，中間法人，弁護士法人が創設され，社会福祉法人制度改正がなされ，NPO法の改正，協同組合法改正が議論されている。NPO, NGOなどの言説がメディアに出ない日はない。政治過程の，政治社会の構造変化が急速に進み，特殊法人，認可法人の抜本改革の可能性も否定できない。私たちは，こうした新しい変動の追跡もこれから続けるであろう。

　本巻では，そうした団体政策の構造変化直前，1997年における日本の位置づけに関して，これからのさらなる現状分析と比較分析の出発点となる，1枚の地図を提示したのである。

参考文献目録

邦文（アイウエオ順）

朝日新聞

読売新聞

赤石和則（1998）「転換期を迎える日本のNGO－その現状と展望」『軍縮問題資料』2月号.

浅野紀夫（1996）『統計/分析手法とデータの読み方』日刊工業新聞社.

朝日新聞,「危機感なき癒着構造」, 2001年3月31日.

足立研幾（2000）「国際政治過程における非政府組織（NGO）―対人地雷禁止条約形成過程を一事例として」『国際政治経済研究』第6号.

飯尾潤（1993）『民営化の政治過程』東京大学出版会.

池田謙一（2000）「ネットワークの中のリアリティ，そして投票」飽戸弘編著『ソーシャル・ネットワークと投票行動』木鐸社.

石川真澄（1990）「メディア－権力への影響力と権力からの影響力」『レヴァイアサン』7号90年秋.

石田雄（1961）『現代組織論』岩波書店.

石田徹（1992）『自由民主主義体制分析』法律文化社.

イーストン，デイビッド（片岡寛光監訳）（1980）『政治生活の体系分析』上下, 早稲田大学出版部.

イーストン，デイビッド（山川雄巳監訳）（1998）『政治構造の分析』ミネルヴァ書房.

伊藤光利（1981）「利益集団をめぐる政治理論」『高度産業国家の利益政治と政策－日本－』トヨタ財団助成研究報告書.

伊藤光利・田中愛治・真渕勝（2000）『政治過程論』有斐閣.

伊藤大一（1980）『現代日本官僚制の分析』東京大学出版会.

井戸正伸（2000）「シヴィック・コミュニティー論再考」『レヴァイアサン』27号.

稲上毅ほか（1994）『ネオ・コーポラティズムの国際比較』日本労働研究機構.

犬童一男（1977）「圧力団体－労働組合と財界を中心として」柚正夫編『国政選挙と政党政治総合分析1945年～1976年』政治広報センター.

井上雅雄（1997）『社会変容と労働』木鐸社.

猪口孝（1983）『現代日本政治経済の構図－政府と市場』東洋経済新報社.

猪口孝（1993a）『日本－経済大国の政治運営』東京大学出版会.

猪口孝（1993b）『現代日本外交－世紀末変動の中で』筑摩書房.

猪口孝・岩井奉信（1987）『「族議員」の研究』, 日本経済新聞社.

岩井奉信（1996）「55年体制の崩壊とマス・メディア」日本政治学会編『年報政治学』岩波書店.

岩崎信彦, 鯵坂学, 上田惟一, 高木正朗, 広原盛明, 吉原直樹 (1989)『町内会の研究』御茶の水書房.
内田満 (1972)『政治参加と政治過程－現代日本の政治分析』前野書店.
内田満 (1980)『アメリカ圧力団体の研究』三一書房.
内田満 (1988)『現代アメリカ圧力団体』三一書房.
大嶽秀夫 (1979)「日本政治の研究における比較の方法（上）（中）（下）」『UP』77, 78, 80号.
大嶽秀夫 (1994)『戦後政治と政治学』東京大学出版会.
大嶽秀夫 (1996)『現代日本の政治権力経済権力　増補版』三一書房.
大嶽秀夫 (1999)『高度成長期の政治学』東京大学出版会.
大嶽秀夫 (1999)『日本政治の対立軸』中公新書.
大山耕輔 (1996)『行政指導の政治経済学　産業政策の形成と実施』有斐閣.
岡義武編 (1953)『戦後日本の政治過程』岩波書店.
小野耕二 (2001)『比較政治』東京大学出版会.
オルソン, M（依田博／森脇俊雅訳）(1983)『集合行為論』ミネルヴァ書房.
オルソン, M（加藤寛監訳）(1991)『国家興亡論』ＰＨＰ研究所.
片岡正昭・山田真裕 (1997)「読売選挙班へのアンケート調査分析」大嶽秀夫編『政界再編の研究　新選挙制度による総選挙』有斐閣.
片桐新自 (1995)『社会運動の中範囲論』東京大学出版会.
加藤淳子 (1997)『税制改革と官僚制』東京大学出版会.
蒲島郁夫 (1990)「マス・メディアと政治」『レヴァイアサン』7号, 90秋.
蒲島郁夫 (1998)『政権交代と有権者の態度変容』木鐸社.
蒲島郁夫・竹中佳彦 (1996)『現代日本人のイデオロギー』東京大学出版会.
上林良一 (1985)「選挙と圧力団体」『ジュリスト増刊総合特集No.38　選挙』有斐閣.
菅直人 (1998)『大臣』岩波書店.
カザ, グレゴリー（岡田良之助訳）(1999)『大衆動員社会』柏書房.
北沢栄 (2001)『公益法人』岩波新書.
栗田宣義 (1993)『社会運動の計量社会学的分析』日本評論社.
久米郁男 (2000)「労働政策過程の成熟と変容」『日本労働研究雑誌』475号, 1月.
久米郁男 (1998)『日本型労使関係の成功』有斐閣.
経済企画庁国民生活局 (1996)『市民公益団体の実態把握調査』.
駒澤勉 (1984)『数量化理論とデータ処理』朝倉書店.
重冨真一 (2000)『国家とNGO―アジア15カ国の比較資料―』アジア経済研究所.
重冨真一 (2001)『アジアの国家とNGO―アジア15カ国の比較研究―』明石書店.
篠田徹 (1989)『世紀末の労働運動』岩波書店.
篠原一 (1962)『現代の政治力学』みすず書房.

社会運動論研究会（1994）『社会運動の現代的位相』成文堂.
社会調査研究所（1997）『市民活動団体基本調査報告書』（平成8年度経済企画庁委託調査）.
財団法人　行政管理研究センター（1987）『公的法人の機能とその管理』.
(財)行政管理研究センター監修（今村都南雄編著）（1993）『「第三セクター」の研究』中央法規.
ジョンソン，チャーマーズ（矢野俊比古監訳）（1982）『通産省と日本の奇跡』TBSブリタニカ.
城山英明・鈴木寛・細野助博編著（1999）『中央省庁の政策形成過程－日本官僚制の解剖』中央大学出版部.
新川敏光（1999）『戦後日本政治と社会民主主義』法律文化社.
高橋秀行（1986）「日本医師会の政治行動と意思決定」中野実編『日本型政策決定の変容』東洋経済新報社.
高畠通敏（1980）『現代日本の政党と選挙』三一書房.
田口富久治（1969）『社会集団の政治機能』未来社.
武田清子編（1970）『比較近代化論』未来社.
田中豊・脇本和昌（1983）『多変量統計解析法』現代数学社.
田中豊・垂水共之・脇本相昌（1984）『パソコン統計解析ハンドブックⅡ：多変量解析編』共立出版株式会社.
ダール，ロバート・A（高畠通敏訳）（1999）『現代政治分析』岩波書店.
ダール，ロバート・A（高畠通敏・前田脩訳）（1981）『ポリアーキー』三一書房.
辻清明（1950）「社会集団の政治機能」『近代国家論　第3部　機能』弘文堂.
辻中豊（1984）「日本における利益団体の形成と組織状況」北九州大学法政論集　第12巻第1号.
辻中豊（1986a）「現代日本政治のコーポラティズム化」内田満編『政治過程』三嶺書房.
辻中豊（1986b）「窮地に立つ『労働』の政策決定」中野実編『日本型政策決定の変容』東洋経済新報社.
辻中豊・李政熙・廉載鎬（1998年）「日韓利益団体の比較分析」『レヴァイアサン』23号18－49頁.
辻中豊（1987）「労働界の再編と86年体制の意味：労組・自民・政府三者関係1975－87」『レヴァイアサン』1号，木鐸社.
辻中豊（1988）『利益集団』東京大学出版会.
辻中豊（1994a）「比較コーポラティズムの基礎的数量分析」『ネオ・コーポラティズムの国際比較』日本労働研究機構.
辻中豊（1994b）「政権交代期における利益団体の行動と構造変化」『中央調査報』446号.

辻中豊（1996）『日本における利益集団システムの変化と今後の展望・課題― 利益集団と政党の関係を考えるために』 筑波法政　第二〇号.

辻中豊（1997）「日本の政治体制のベクトル転換－コーポラティズム化から多元主義化へ」『レヴァイアサン』20号，木鐸社.

辻中豊・石生義人（1988）「利益団体ネットワーク構造と政権変動」『レヴァイアサン』22号：16－36。木鐸社.

辻中豊他（1999）「現代日本の利益団体と政策ネットワーク－日米韓比較実態調査を基にして」『選挙』1999年1月－12月（連載）.

辻中豊編（1999a）『団体の基礎構造に関する調査（日本）J-JIGS コードブック』エル・デー・ビー.

辻中豊編（1999b）『団体の基礎構造に関する調査（韓国）K-JIGS コードブック』エル・デー・ビー.

辻中豊編（2001a）『団体の基礎構造に関する調査（アメリカ）US-JIGS コードブック』エル・デー・ビー.

辻中豊編（2001b）『団体の基礎構造に関する調査（ドイツ）G-JIGS コードブック』エル・デー・ビー.

辻中豊（1996）『現代日本の利益集団の研究』博士学位（法学）論文（京都大学）.

ティリー，チャールズ（堀江湛監訳）（1984）『政治変動論』芦書房.

東京都政策報道室調査部（1996）『行政と民間非営利団体（NPO）』東京都政策報道室・都民の声部情報公開課.

デュヴェルジェ，モーリス（樋口陽一・深瀬忠一訳）（1969）『社会科学の諸方法』勁草書房.

富永健一（1984）『現代の社会科学者』中央公論社.

長尾伸一・長岡延孝編監訳（2000）『制度の政治経済学』木鐸社.

中野実（1984）『現代国家と集団の理論』早稲田大学出版部.

日本政治学会編（1960）『日本の圧力団体』岩波書店.

日本政治学会編（1979）『55年体制の形成と崩壊』岩波書店.

橋本満（1980）「団体所属」中久郎編『国会議員の構成と変化』政治広報センター.

林知己夫（1993）『数量化－理論と方法』朝倉書店.

林知己夫・入山映（1997）『公益法人の実像：統計から見た財団・社団』ダイヤモンド社.

林知己夫編（1997）『現在日本の非営利法人の実像：日本の財団・社団の実態調査を中心として』笹川平和財団.

ハンチントン，サミュエル（内山秀夫訳）（1972）『変革期社会の政治秩序』上下，サイマル出版会.

パットナム，ロバート・D．（河田潤一訳）（2001）『哲学する民主主義』ＮＴＴ出版.

ヘルド，デーヴィッド（2000）（辻中若子訳）「グローバリゼーションは規制できるか」『レヴァイアサン』27号，木鐸社．
ベントリー，アーサー・F（喜多靖郎・上林良一訳）（1994）『統治過程論』法律文化社．
ボール，アラン・R．，ミラード，フランシス（宮下輝雄監訳）（1997）『圧力団体政治』三嶺書房．
堀幸雄（1985）「選挙と宗教団体」『ジュリスト増刊総合特集No. 38 選挙』．
升味準之輔（1969）『現代日本の政治体制』岩波書店．
松田宏一郎（1996）「福沢諭吉と「公」・「私」・「分」の再発見」『立教法学』第43号．
松下圭一（1962）『現代日本の政治的構成』東京大学出版会．
的場敏博（1990）『戦後の政党システム』有斐閣．
馬橋憲男（1999）『国連とNGO 市民参加の歴史と課題』有信堂．
真渕勝（1994）『大蔵省統制の政治経済学』中央公論社．
水崎節文・森裕城（1998）「得票データからみた並立制のメカニズム」『選挙研究』第13号，木鐸社．
三宅一郎（1985）『政党支持の分析』創文社．
三宅一郎（1989）『投票行動』東京大学出版会．
三宅一郎・中野嘉弘・水野欽司・山本嘉一郎（1983）『SPSS統計パッケージⅡ：解析編』東洋経済新報社．
三宅一郎・綿貫譲治・嶋登・蒲島郁夫（1986）『平等をめぐるエリートと対抗エリート』創文社．
宮脇昇（1998）「国際レジームにおけるNGOアクター——人権NGOをめぐる国連とOSCEの比較」『国際政治』119号．
ミルズ，ライト・C（鵜飼信成・綿貫譲治訳）（1969）『パワー・エリート（上）（下）』東京大学出版会．
民間公益セクター研究会編（1997）『民間公益セクターの全体像』（財）公益法人研究会．
村上泰亮（1984）『新中間大衆の時代』中央公論社．
村松岐夫（1981）『戦後日本の官僚制』東洋経済新報社．
村松岐夫（1994）『日本の行政：活動型官僚制の変貌』中央公論社．
村松岐夫（1998）「圧力団体の政治行動」『レヴァイアサン』臨時増刊号（政権移行期の圧力団体），木鐸社．
村松岐夫・伊藤光利・辻中豊（1986）『戦後日本の圧力団体』東洋経済新報社．
村松岐夫・伊藤光利・辻中豊（1992）『日本の政治』有斐閣．
村松岐夫・伊藤光利・辻中豊（2001）『日本の政治 増補 第2版』有斐閣．
毛利聡子（1997）「NGOのガバナンス—UNCED・CSDプロセスにおけるNGO

のネットワーク形成」『外交時報』9月号.
森脇城（2001）『日本社会党の研究　路線転換の政治過程』木鐸社.
森脇俊雅（2000）『社会科学の理論とモデル6　集団・組織』東京大学出版会.
山内直人編（1999）『NPOデータブック』有斐閣.
山口定（1989）『政治体制』東京大学出版会.
山田真裕（1997）「選挙運動の理論」白鳥令編『選挙と投票行動の理論』東海大学出版会.
山本正ほか（1998）『「官」から「民」へのパワー・シフト―誰のための「公益」か』TBS・ブリタニカ.
ラセット，ブルース（鴨武彦訳）（1991）『パクス・デモクラティア　冷戦後世界への原理』東京大学出版会.
『レヴァイアサン』（1998）（特集・政権移行期の圧力団体），臨時増刊号，1998年冬.
ローウィ，Th. J.（1981）（村松岐夫監訳）『自由主義の終焉』木鐸社.

欧文（アルファベット順）

Alker, Hayward R. (1969) "A Typology of Ecological Fallacies," *Social Ecology*: 69-86, MIT Press.

Almond, Gabriel. & Powell. (1996) *Comparative Politics Today: A World View*, Harper Collins Publishers Inc.

Ball, Alan R. & Frances Millar (1986) *Pressure Politics in Industrial Societies*, Macmillan Education Ltd.

Baumgartner, Frank R. & Beth L. Leech (1998) *Basic Interests: The Importance of Groups in Politics and in Political Science*, Princeton University Press.

Bentley, Arthur F. (1967, 1st1908) *The Process of Government*, The Belknap Press of Harvard University Press.

Diamond, Larry. (1994) "20 / Rethinking Civil Society: Comparative Politics," harcourt Brace College Publishers.

Easton, David. (1990) *The Analysis of Political Structure*, Routledge.

Evans, Diana M. (1991) "Lobbying the Committee: Interest Groups and the House Public Works and Transportation Committee." in Cigler, Allan J. & Burdett A. Loomis eds. *Interest Group Politics*, CQ Press.

Gais, Thomas L. & Mark A. Peterson & Jack L. Walker (1984) "Interest Groups, Iron Triangles and Representative Institutions in American National Government." *British Journal of Political Science*, 14 (April): 161-85.

Goldstein, Kenneth M. (1999) *Interst Groups, Lobbying, and Participation in America*, Cambridge University Press.

Hall, Peter(1999) "Social Capital in Britain," *British Journal of Political Science*, vol. 29. 417-61.
Hayashi, Chikio. Akira Iriyama, & Yayoi Tanaka "Public-Interest Corporation in Japan Today : Data Scientific Approach," *Behaviormetrika*, vol.27, No. 1 : 67-88.
Huntington, Samuel. P. (1968) *Political Order in Changing Societies*. Yale University Press.
Ishio, Yoshito. (1999) "Interest Groups' Lobbying Tactics in Japan and in the U.S. : The Influence of Political Structures and Conflict on Tactical Choices," *Southeastern Political Review*, 27 : 243-64.
Johnson, Chalmers. (1982) *MITI and the Japanese Miracle : The Growth of Industrial Policy, 1925-1975*, Stanford University Press.
Johnson, Chalmers. (1985) "The Institutional Foundations of Japanese Industrial Policy," *California Management Review*, 27 (Summer) : 59-69.
Kabashima, Ikuo & Jeffrey Broadbent (1986) "Referent Pluralism : Mass Media and Politics in Japan," *Journal of Japanese Studies*, 12 : 329-61.
Kato, Junko. (1994) *The Problem of Bureaucratic Rationality : Tax Politics in Japan*, Princeton University Press.
Key, V.O, Jr. (1964) *Politics, Parties, & Pressure Groups*, Thomas Y. Crowell Company.
King, G., R. O. Keohane and S. Verba. (1994) Designing Social Inquiry : Scientific Inference in Qualitative Research, Princeton University Press.
Knoke, D. (1990) *Political Networks; Structural Perspective*, Cambridge University Press.
Knoke, David, Franz Urban Pappi, Jeffrey Broadbent, and Yutaka Tsujinaka (1996) *Comparing Policy Networks : Labor Politics in the United States, Germany, and Japan*, Cambridge University Press.
Kollman, Ken (1998) *Outside Lobbying : Public Opinion and Interest Group Strategies*, Princeton Univeristy Press.
Kume, Ikuko. (1998) *Disparaged success*, Cornell University Press.
Laumann, Edward O. & David Knoke. (1987) *The Organizational State : A Perspective on National Energy and Health Domains*, University of Wisconsin Press.
Levy (1999).
Levy, Jonah D. (1999) *Tocqueville's Revenge : State, Society, and Economy in Contemporary France*. Cambridge, MA : Harvard University Press.
Lipschultz, Ronnie D. (1992) "Reconstructing World Politics : The Emergence of Global Civil Society", Millennium : *Journal of International studies*.
Lowi, Theodore J. (1969) *The End of Liberalism : The Second Republic of the United States*, W・W・Norton & Company.

Mathews, Jessica T. (1997) "Power Shift," *Foreign Affairs*, January/February.
Milbrath, Lester W. (1963) *The Washington Lobbyists*, Northwestern University, Rand MacNally & Company.
O'Brien, Richard (1992) *Global Financial Integration : The End of Geography*, Printer Publishers.
Olson, Mancur (1965) *The Logic of Collective Action*, Harvard University Press.
Ornstein, Norman J. & Shirley Elder (1978) *Interest Groups, Lobbying and Policymaking*, Congressional Quarterly Press.
Pekkanen, Robert (2000) "Civil Society in Japan" paper presented at the Conference on "Global Perspective on Civil Society in Japan," East-West Center, Honolulu, 12-15 January.
Pekkanen, Robert (2001) "Nonprofit Sector Research Fund Working Paper Series: An Analytical Framework For The Development Of The Nonprofit Sector And Civil Society In Japan," The Aspen Institute.
Petracca, Mark P. (1992) "The Politics of Interests : Interest Groups Transformed," Westview Press.
Pharr, Suzan & Frank Schwartz (2002) *The State of Civil Society in Japan*. Cambridge University Press.
Princen, Thomas & Matthias Finger, eds. (1994) *Environmental NGOs in world poltics : Linking the Local and the Global*, Routledge.
Putnam, Robert D. (1993) *Making Democracy Work : Civic Tradition in Modern Italy*, Princeton University Press.
Risse-Kappen, Thomas ed. (1995) *Bringing Transnational Relations Back In : Non-State Actors, Domestic Structures and International Institutions*, Cambridge University press.
Salamon, Lester M. & Helmut K. Anheir (1997) *Defining the Nonprofit Sector : A Cross-national analysis*, Manchester University Press.
Samuels, R. (1987) *Business of Japanese State*, Cornell University Press.
Schlozman, Kay Lehman & John T. Tierney (1986) *Organized Interests and American Democracy*, Harper & Row Publishers.
Schmitter, Philippe C. & Gerhard Lehmbruch (1979) *Trends Toward Corporatist Intermediation*, Sage Publications Ltd.
Schwartz, Frank(2002) "Introduction," to Pharr, Suzan & Frank Schwartz eds. *The State of Civil Society in Japan*. Harvard University Press.
Silberman, Bernard S. (1982) "The Bureaucratic State in Japan : The Problem of Authority and Legitimacy," in Najita, Tetsuo & Victor J. Koschmann, eds. *Conflict in Modern Japanese History : The Neglected Tradition*, Princeton University Press.

Thomas, Clive S (1993) *First World Interest Groups*, Greenwood Press.
Truman, David B. (1951, 1980). *The Governmental Process : Political Interests and Public Opnions*, Alfred A. Knopf.
Tsujinaka, Yutaka (1993) "Rengo and Its Osmotic Network" in Allinson, Gary D. & Yasunori Sone eds. *Political Dynamics in Contemporary Japan*, Cornell University Press. pp. 200-213.
Tsujinaka, Yutaka (1996) *Interest Group Structure And Regime Change In Japan*, Center for International And Security Studies at Maryland.
Tsujinaka, Yutaka (1997) "Interest Group Basis of Japan's Democratic Regime Change in the 1990s : Interst Group Formation and its Consolidation under Four Patterns of Democratization in 20th century Japan," paper presented at the International Political Science Association XVII World Congress at Hotel Lotte, Seoul, August 17th-21st.
Tsujinaka, Yutaka (2002) "Japan's Civil Society Organizations in Comparative Perspective," in Pharr, Suzan & Frank Schwartz (2002). *The State of Civil Society in Japan*. Cambridge University Press.
Walker, Jack L. Jr. (1991) *Mobilizing Interest Groups in America : Patrons, Professions, and Social Movements*, The University of Michigan Press.
Weiss, Thomas G. & Leon Gordenker eds. (1996) *NGO, the UN, and Global Governance*, Lynne Rienner Publishers.
Yamamoto, Tadashi ed. (1998) *The Nonprofit Sector in Japan*, Manchester University Press.

団体の基礎構造に関する調査

団体基礎構造研究会

◆質問には、団体の事務局長もしくは日常の業務に責任のある方が、ご回答くださいますようお願い申しあげます。

◆各質問へのお答えは、団体の公式の見解でなくても結構です。ご回答される方が普段お考えになっている団体の立場をご記入ください。

◆質問の中には貴団体に該当しないものがあるかと思います。そのような場合は、その質問にはお答えくださらなくても結構ですので、次の質問に進んでください。

◆質問の中には、選択肢に適当なものがない場合があるかと思います。そのような場合は、貴団体の立場により近い選択肢をお選びください。また、どうしてもお答えいただけない質問がある場合は、その質問をとばしてくださって結構ですので、質問の最後までお答えくださいますようお願い申しあげます。

◆ここでお答えいただいたデータは学術的に処理され、各回答者のプライバシーが侵されることが決してないように細心の注意が払われます。

◆誠に勝手なお願いで恐縮でございますが、1週間以内にご回答いただけたら幸いに存じます。

調査票　351

Q1　あなたの団体は、下の9つの団体分類のどれにあたりますか。該当する番号を1つお選びください。

①農業団体　　　　⑥福祉団体
②経済団体　　　　⑦専門家団体
③労働団体　　　　⑧政治団体
④教育団体　　　　⑨市民団体
⑤行政関係団体　　⑩その他（　　　　　　　）

Q2　国や自治体の政策のうち、あなたの団体が関心のある政策や活動分野はどれにあたりますか。あてはまるものすべてに○印を記入してください。

1	財政政策	（　）	12	治安政策	（　）
2	金融政策	（　）	13	司法・人権政策	（　）
3	通商政策	（　）	14	地方行政政策	（　）
4	業界の産業振興政策	（　）	15	労働政策	（　）
5	土木・建設・公共事業政策	（　）	16	農業・林業・水産政策	（　）
6	運輸・交通政策	（　）	17	消費者政策	（　）
7	通信・情報政策	（　）	18	環境政策	（　）
8	科学技術政策	（　）	19	厚生・福祉・医療政策	（　）
9	地域開発政策	（　）	20	国際交流・協力・援助政策	（　）
10	外交政策	（　）	21	文教・学術・スポーツ政策	（　）
11	安全保障政策	（　）	22	その他（　　　　　　）	（　）

Q3　あなたの団体の主な目的、活動は次のどれにあたりますか。あてはまるものすべてに○印を記入してください。

1　会員・組合員への情報提供。　　　　　　　　　　　　　　　　　　（　）
2　会員・組合員のための経済的利益の追求。　　　　　　　　　　　　（　）
3　会員・組合員の生活や権利の防衛のための活動。　　　　　　　　　（　）
4　会員・組合員の教育・訓練・研修。　　　　　　　　　　　　　　　（　）
5　会員・組合員に、国や自治体からの補助金や奨励金を斡旋する。　　（　）
6　会員・組合員に、許認可や契約などの行政上の便宜をはかる。　　　（　）
7　情報を収集し会員外の機関・団体に提供する。　　　　　　　　　　（　）
8　専門知識に基づく政策案を会員外の機関・団体に提言する。　　　　（　）
9　公共利益実現のための啓蒙活動。　　　　　　　　　　　　　　　　（　）
10　他の団体や個人に資金を助成する。　　　　　　　　　　　　　　（　）
11　一般向けのサービスの提供。　　　　　　　　　　　　　　　　　（　）
12　その他（　　　　　　　　　　　　　　　）　　　　　　　　　　（　）

Q4 あなたの団体には、法人格がありますか。法人格がある場合は、該当するものに○印を記入してください。

```
    (1) ある        (2) ない
     ↓
   1 財団法人   (  )   5 認可地縁団体     (  )   9 農業協同組合        (  )
   2 社団法人   (  )   6 労働組合        (  )  10 中小企業事業協同組合 (  )
   3 特殊法人   (  )   7 商工組合        (  )  11 株式会社           (  )
   4 社会福祉法人(  )   8 消費生活協同組合 (  )  12 その他(                )
```

Q5 あなたの団体に属する人は、保守的な人と革新的な人のどちらが多いですか。団体の**執行部**と**一般会員**について、下の尺度でお答えください。

①革新的な人が非常に多い
②革新的な人が多い
③どちらかといえば革新的な人が多い
④同程度
⑤どちらかといえば保守的な人が多い
⑥保守的な人が多い
⑦保守的な人が非常に多い

執行部 　　一般会員

Q6 あなたの団体が活動対象とする地理的な範囲は、次のどのレベルですか。

①市町村レベル
②県レベル
③複数県にまたがる広域圏レベル
④日本全国レベル
⑤世界レベル

Q7 Q6でお答えになった'地域'でなにか政策課題が生じたとき、あなたの団体はどの程度影響力をおもちでしょうか。

①非常に強い
②かなり強い
③ある程度
④あまりない
⑤まったくない

Q8　あなたの団体と〈国〉の行政機関との関係をお尋ねします。以下の事項に該当する場合は、○印を記入してください。

　　1　許認可を受ける関係がある。　　　　　　　　　　　　　　　　（　　）
　　2　何らかの法的規制を受ける関係がある。　　　　　　　　　　　（　　）
　　3　何らかの行政指導を受ける関係がある。　　　　　　　　　　　（　　）
　　4　行政機関の政策決定や予算活動に対する協力や支持をしている。（　　）
　　5　団体や業界などの事情についての意見交換をしている。　　　　（　　）
　　6　審議会や諮問機関に委員をおくっている。　　　　　　　　　　（　　）
　　7　行政機関の方が退職した後のポストを提供している。　　　　　（　　）

Q9　あなたの団体と〈自治体〉との関係についてお尋ねします。以下の事項に該当する場合は、○印を記入してください。

　　1　許認可を受ける関係がある。　　　　　　　　　　　　　　　　（　　）
　　2　何らかの法的規制を受ける関係がある。　　　　　　　　　　　（　　）
　　3　何らかの行政指導を受ける関係がある。　　　　　　　　　　　（　　）
　　4　自治体の政策決定や予算活動に対する協力や支持をしている。　（　　）
　　5　団体や業界などの事情についての意見交換をしている。　　　　（　　）
　　6　審議会や諮問機関に委員をおくっている。　　　　　　　　　　（　　）
　　7　行政機関の方が退職した後のポストを提供している。　　　　　（　　）

Q10　あなたの団体が行政に〈直接的〉に働きかけをする場合、次のそれぞれの役職の方とどの程度接触（面会・電話等）されるでしょうか。現在と10年前について、次の尺度でお示し下さい。

　　　　　　　　　　　　　　　　　　　③かなり頻繁　②ある程度　①まったくない

			現　在	10年前
【国に対して】	(1)	大臣・局長クラス	3 — 2 — 1	3 — 2 — 1
	(2)	課長クラス	3 — 2 — 1	3 — 2 — 1
	(3)	係長クラス	3 — 2 — 1	3 — 2 — 1
	(4)	一般職員	3 — 2 — 1	3 — 2 — 1
【自治体に対して】	(1)	首長	3 — 2 — 1	3 — 2 — 1
	(2)	課長クラス	3 — 2 — 1	3 — 2 — 1
	(3)	係長クラス	3 — 2 — 1	3 — 2 — 1
	(4)	一般職員	3 — 2 — 1	3 — 2 — 1

Q.11 あなたの団体は、次のような人を介して、行政に〈間接的〉に働きかけることがありますか。次の尺度でお示しください。

> ③かなり頻繁 ②ある程度 ①まったくない

【国に対して】
(1) 地元の国会議員　　　　　　　　　3 — 2 — 1
(2) (1)以外の付き合いのある国会議員　3 — 2 — 1
(3) 首長・地方議会の議員　　　　　　3 — 2 — 1

【自治体に対して】
(1) 国会議員　　　　　　　　　　　　3 — 2 — 1
(2) 地方議員　　　　　　　　　　　　3 — 2 — 1
(3) その地域の有力者　　　　　　　　3 — 2 — 1

Q.12 あなたの団体は、国や自治体の行政機関から政策の作成や執行に関して相談を受けたり、意見を求められたりすることがありますか。そのようなことがある場合は、具体的な組織名をすべてお書きください。

(1) ある　　　(2) ない
　↓

中央官庁 [　　　　　　　　　　　　　　　　　]

自治体　 [　　　　　　　　　　　　　　　　　]

Q.13 あなたの団体と各政党との関係についてお尋ねします。各政党に対するあなたの団体の支持の程度は、どれ位でしょうか。現在と10年前について、次の尺度でお示しください。

> ⑤非常に強い ④かなり強い ③ある程度 ②あまりない ①まったくない

【現　在】
(1) 自民党 …… 5 — 4 — 3 — 2 — 1
(2) 新進党 …… 5 — 4 — 3 — 2 — 1
(3) 民主党 …… 5 — 4 — 3 — 2 — 1
(4) 共産党 …… 5 — 4 — 3 — 2 — 1
(5) 社民党 …… 5 — 4 — 3 — 2 — 1
(6) 太陽党 …… 5 — 4 — 3 — 2 — 1
(7) さきがけ … 5 — 4 — 3 — 2 — 1
(8) その他 …… 5 — 4 — 3 — 2 — 1
　(　　　　　)

【10年前】
(1) 自民党 …………… 5 — 4 — 3 — 2 — 1
(2) 社会党 …………… 5 — 4 — 3 — 2 — 1
(3) 公明党 …………… 5 — 4 — 3 — 2 — 1
(4) 共産党 …………… 5 — 4 — 3 — 2 — 1
(5) 民社党 …………… 5 — 4 — 3 — 2 — 1
(6) 新自由クラブ …… 5 — 4 — 3 — 2 — 1
(7) 社民連 …………… 5 — 4 — 3 — 2 — 1
(8) その他 …………… 5 — 4 — 3 — 2 — 1
　(　　　　　)

Q14 あなたの団体が政党に働きかけをする場合、どの政党と接触することが多いでしょうか。現在と10年前について、次の尺度でお示しください。

> ⑤非常に頻繁　④かなり　③ある程度　②あまりない　①まったくない

【現　在】
(1) 自民党 ……… 5－4－3－2－1
(2) 新進党 ……… 5－4－3－2－1
(3) 民主党 ……… 5－4－3－2－1
(4) 共産党 ……… 5－4－3－2－1
(5) 社民党 ……… 5－4－3－2－1
(6) 太陽党 ……… 5－4－3－2－1
(7) さきがけ …… 5－4－3－2－1
(8) その他 ……… 5－4－3－2－1
（　　　　　）

【10年前】
(1) 自民党 ……………… 5－4－3－2－1
(2) 社会党 ……………… 5－4－3－2－1
(3) 公明党 ……………… 5－4－3－2－1
(4) 共産党 ……………… 5－4－3－2－1
(5) 民社党 ……………… 5－4－3－2－1
(6) 新自由クラブ …… 5－4－3－2－1
(7) 社民連 ……………… 5－4－3－2－1
(8) その他 ……………… 5－4－3－2－1
（　　　　　　　）

Q15 あなたの団体は、国政選挙の時に以下のような活動をしますか。次の尺度で、現在と10年前について、お答えください。

> ⑤非常に頻繁　④かなり　③ある程度　②あまりない　①まったくない

	【現在】	【10年前】
(1)特定の候補者や政党に投票するように、**会員に呼びかける**。	5－4－3－2－1	5－4－3－2－1
(2)特定の候補者や政党に投票するように、会員を通じて**一般の人に呼びかける**。	5－4－3－2－1	5－4－3－2－1
(3)特定の候補者や政党に**資金の援助**をする。	5－4－3－2－1	5－4－3－2－1
(4)特定の候補者や政党の選挙運動に、**人員の援助**をする。	5－4－3－2－1	5－4－3－2－1
(5)会員を特定の政党の**候補者として推薦**する。	5－4－3－2－1	5－4－3－2－1

Q16 あなたの団体は〈国〉の予算編成において、政党や行政に対して何らかの働きかけをしますか。現在と10年前についてお答えください。

【現　在】　　(1)する　　(2)しない
【10年前】　　(1)する　　(2)しない

Q.17　あなたの団体は〈自治体〉の予算編成において、政党や行政に対して何らかの働きかけをしますか。現在と10年前についてお答えください。

【現　在】　　(1)する　　(2)しない
【10年前】　　(1)する　　(2)しない

Q.18　あなたの団体の権利や利益、意見を主張するとき、行政機関や政党、国会議員はどの程度信頼できるとお考えでしょうか。現在と10年前について、次の尺度でお示しください。

⑤非常に信頼できる　④かなり　③ある程度　②あまりできない　①まったくできない

【行政機関】　　　　現在（　　　　）　　10年前（　　　　）
【政党・国会議員】　現在（　　　　）　　10年前（　　　　）

Q.19　あなたの団体の主張をとおしたり、権利、意見、利益を守るために、政党（ないし議会）、行政、裁判所のどれに働きかけることがより有効だと思われますか。現在と10年前について、（　　）に1～3の順位を入れてください。

　　　　　　　　　政党（ないし議会）　　行　政　　　　裁判所
　　　　　　　　　　　　↓　　　　　　　　↓　　　　　　↓
【現　在】　　　（　　　）位　　（　　　）位　　（　　　）位
【10年前】　　　（　　　）位　　（　　　）位　　（　　　）位

Q.20　あなたの団体は行政や政治家と交渉するときに、おおよそ何人ぐらいの人の利益を代表していると主張しますか。またその人たちは具体的にどのような人ですか。

　　　　　　　　　人　　　　［　　　　　　　　　　　　　　　　　］

Q21 あなたの団体は、政党や行政に働きかけをする場合、次にあげるような手段や行動をどの程度なさいますか。自社さ連立政権成立以降を念頭において、次の尺度でお答えください。

> ⑤非常に頻繁　④かなり　③ある程度　②あまりない　①まったくない

(1) 与党と接触する（電話・会見など）。 ……………………… 5 − 4 − 3 − 2 − 1
(2) 野党と接触する（電話・会見など）。 ……………………… 5 − 4 − 3 − 2 − 1
(3) 政府省庁と接触する（電話・会見など）。 ………………… 5 − 4 − 3 − 2 − 1
(4) 政党や行政に発言力をもつ人を介して働きかける。 ……… 5 − 4 − 3 − 2 − 1
(5) 政党・行政の法案の作成を手伝う。 ………………………… 5 − 4 − 3 − 2 − 1
(6) 政党・行政に技術的・専門的なデータ・情報を提供する。 … 5 − 4 − 3 − 2 − 1
(7) 審議会や諮問委員会に委員を送る。 ………………………… 5 − 4 − 3 − 2 − 1
(8) 政党・行政に対して、手紙・電話などを用いて働き………… 5 − 4 − 3 − 2 − 1
   かけるように一般会員に要請する。
(9) すわりこみなどの直接行動をとる。 ………………………… 5 − 4 − 3 − 2 − 1
(10) 大衆集会を開く。 …………………………………………… 5 − 4 − 3 − 2 − 1
(11) 新聞などのマスコミに情報を提供する。 …………………… 5 − 4 − 3 − 2 − 1
(12) 有料意見広告を掲載する（テレビ・雑誌・新聞）。 ………… 5 − 4 − 3 − 2 − 1
(13) 記者会見を行なって、団体の立場を明らかにする。 ……… 5 − 4 − 3 − 2 − 1
(14) 他団体との連合を形成する。 ………………………………… 5 − 4 − 3 − 2 − 1

Q22 あなたの団体は、活動する上で必要な情報をどこから得ていますか。次の中から重要な順に3つまでお答えください。

①国の行政機関　　⑦一般のマスメディア
②自治体　　　　　⑧専門紙・業界紙
③政党　　　　　　⑨協力団体
④国会議員　　　　⑩団体のメンバー
⑤地方議員　　　　⑪企業
⑥学者・専門家　　⑫その他（　　　　　）

1 位	2 位	3 位

Q23 あなたもしくはあなたの団体が、個人的によく知っていて、接触できる人が下記のなかにいますか。いる場合は、（　）に○印をつけてください。

1　国会議員　　　（　）　　6　全国紙新聞記者　　　　　（　）
2　与党の指導者　（　）　　7　地方紙新聞記者　　　　　（　）
3　野党の指導者　（　）　　8　全国・地方テレビ放送記者（　）
4　自治体の首長　（　）　　9　各省の局長・課長　　　　（　）
5　地方議会議員　（　）

Q24　過去3年間に、あなたの団体はマスコミに何回ぐらいとりあげられましたか。テレビ、新聞を問わずにとりあげられた回数を、おおよその数で結構ですのでお答えください（全国紙・全国局、地方紙・地方局を問いません）。

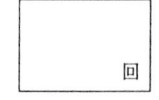

□回

Q25　次にあげるのは1980年代以降の重要な政策決定と考えられるものです。これらの政治決定に対するあなたの団体の態度、活動についてお教えください。

(1) あなたの団体のこの問題への参加の程度（強い・普通・弱い）はいかがですか。
(2) あなたの団体のこの決定に対する立場（賛成・中立・反対）はいかがですか。
(3) あなたの団体のこの決定に対する満足度（大変満足・満足・不満）はいかがですか。

	(1)参加	(2)立場	(3)満足度
	③強い ②普通 ①弱い ↓	③賛成 ②中立 ①反対 ↓	③大変満足 ②満　足 ①不　満 ↓
(1) 80年12月　：外国為替及び外国貿易管理法の一部を改正する法律施行	3-2-1	3-2-1	3-2-1
(2) 82年8月4日：老人保健法を国会が可決	3-2-1	3-2-1	3-2-1
(3) 83年3月15日：第二次臨時行政調査会答申	3-2-1	3-2-1	3-2-1
(4) 84年8月7日：健康保険法改正を可決	3-2-1	3-2-1	3-2-1
(5) 84年12月14日：電電公社民営化三法案を可決	3-2-1	3-2-1	3-2-1
(6) 85年5月17日：男女雇用機会均等法可決	3-2-1	3-2-1	3-2-1
(7) 86年11月28日：国鉄改革関連八法案を可決	3-2-1	3-2-1	3-2-1
(8) 88年12月24日：消費税法案を可決	3-2-1	3-2-1	3-2-1
(9) 92年6月15日：国連平和維持活動協力法案可決	3-2-1	3-2-1	3-2-1
(10) 93年12月7日：米輸入部分的自由化決定	3-2-1	3-2-1	3-2-1
(11) 94年1月29日：政治改革4法案の可決	3-2-1	3-2-1	3-2-1
(12) 95年12月20日：住専処理案決定	3-2-1	3-2-1	3-2-1

Q26　下記の諸グループが日本の政治にどの程度の影響力を持っていると思いますか。「ほとんど影響力なし」を1とし「非常に影響力あり」を7とする下のような尺度にあてはめると、何点にあたりますか。それぞれの欄に点数をご記入ください。

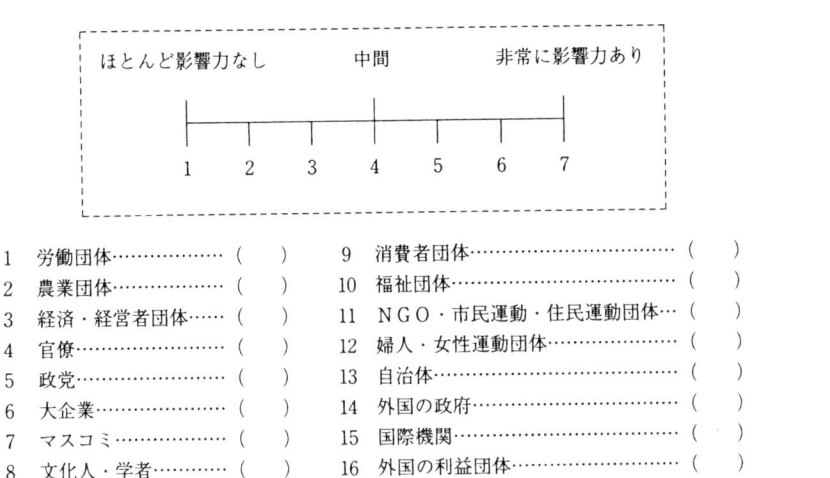

```
ほとんど影響力なし      中間      非常に影響力あり
|────┼────┼────┼────┼────┼────|
1    2    3    4    5    6    7
```

1　労働団体…………（　）　　9　消費者団体…………………（　）
2　農業団体…………（　）　　10　福祉団体……………………（　）
3　経済・経営者団体……（　）　11　ＮＧＯ・市民運動・住民運動団体…（　）
4　官僚………………（　）　　12　婦人・女性運動団体………（　）
5　政党………………（　）　　13　自治体………………………（　）
6　大企業……………（　）　　14　外国の政府…………………（　）
7　マスコミ…………（　）　　15　国際機関……………………（　）
8　文化人・学者……（　）　　16　外国の利益団体……………（　）

Q27　あなたの団体は、下記の諸グループとどのような関係にありますか。「非常に対立的」を1とし「非常に協調的」を7とする下のような尺度にあてはめると、何点にあたりますか。それぞれの欄に点数をご記入ください。

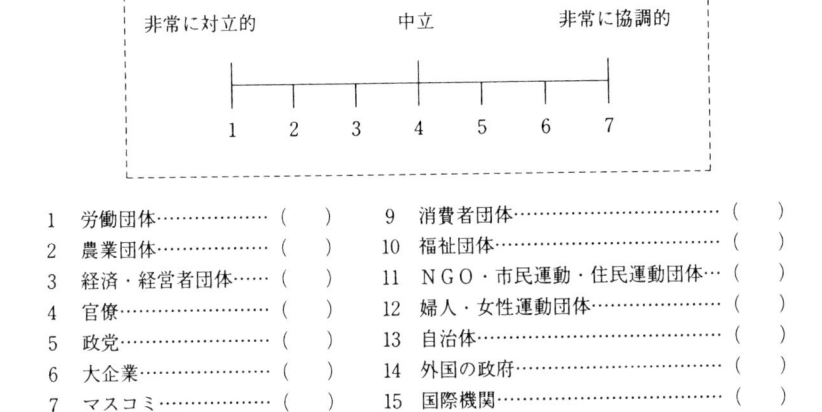

```
非常に対立的      中立      非常に協調的
|────┼────┼────┼────┼────┼────|
1    2    3    4    5    6    7
```

1　労働団体…………（　）　　9　消費者団体…………………（　）
2　農業団体…………（　）　　10　福祉団体……………………（　）
3　経済・経営者団体……（　）　11　ＮＧＯ・市民運動・住民運動団体…（　）
4　官僚………………（　）　　12　婦人・女性運動団体………（　）
5　政党………………（　）　　13　自治体………………………（　）
6　大企業……………（　）　　14　外国の政府…………………（　）
7　マスコミ…………（　）　　15　国際機関……………………（　）
8　文化人・学者……（　）　　16　外国の利益団体……………（　）

Q.28　あなたの団体の活動によって、国または自治体に特定の政策や方針を〈実施〉させることに成功したことがおありでしょうか。

　　　(1)　はい　　　(2)　いいえ
　　　　　↓
　　　2つほど実例をおあげください。

　　　┌──────────────────────────────────┐
　　　│　　　　　　　　　　　　　　　　　　　　　　│
　　　├──────────────────────────────────┤
　　　│　　　　　　　　　　　　　　　　　　　　　　│
　　　└──────────────────────────────────┘

Q.29　あなたの団体の活動によって、国または自治体の特定の政策や方針を〈修正〉あるいは〈阻止〉することに成功したことがおありでしょうか。

　　　(1)　はい　　　(2)　いいえ
　　　　　↓
　　　2つほど実例をおあげください。

　　　┌──────────────────────────────────┐
　　　│　　　　　　　　　　　　　　　　　　　　　　│
　　　├──────────────────────────────────┤
　　　│　　　　　　　　　　　　　　　　　　　　　　│
　　　└──────────────────────────────────┘

Q.30　あなたの団体が設立されたのはいつですか。

　　　　　　　　　　　　　　　　　　　　1　9　　　　年

Q.31　団体が設立されるに際して、資金やその他、何らかの援助を他の組織からうけることはよくあると思います。貴団体が設立されるに際して他組織から援助を受けでしょうか。受けた場合は、（　）に組織名を具体的に記入してください。

　　　(1)　受けた　　　(2)　受けない
　　　　　↓
　　　・中央官庁（　　　　　）　・自治体（　　　　　　）
　　　・経済団体（　　　　　）　・労働団体（　　　　　）
　　　・企　業（　　　　　）　・その他（　　　　　　）

Q32　あなたの団体の会員数の推移をおうかがいします。次にあげた項目ごとに会員数をお知らせ下さい。なお団体会員の場合は、団体会員数とその団体に属する構成員の総合計数をお知らせください。（正確にわからない場合は概数でお知らせ下さい）

	個人会員の会員数	団体会員の会員数	（所属人数の合計）
設 立 時	人	団体	（　　　　　人）
10 年 前	人	団体	（　　　　　人）
現　　在	人	団体	（　　　　　人）

Q33　あなたの団体には、有給の職員が何人おられますか。

・常勤（　　　）人　　　・非常勤（　　　）人

Q34　あなたの団体の平成8年度の予算はいくらでしたか。

①100万円未満
②100万円以上300万円未満
③300万円以上500万円未満
④500万円以上1,000万円未満
⑤1,000万円以上3,000万円未満
⑥3,000万円以上1億円未満
⑦1億円以上2億円未満
⑧2億円以上10億円未満
⑨10億円以上

Q35　あなたの団体は国や自治体から補助金や奨励金をいくらうけておられますか。平成8年度についてお答えください。

・国から（　　　　）万円　・自治体から（　　　　）万円

Q36　最後に情報機器導入の程度についておうかがいします。

(1) あなたの団体は、何台のコンピューター（パソコン）をお持ちですか。　　　　　台

(2) あなたの団体は、電子メールを使って他の組織と情報の交換を行なっていますか。
　　　□している　　□していない

(3) あなたの団体は、インターネット上にホームページを開設し、情報の発信をしていますか。
　　　□している　　□していない

ご協力ありがとうございました。

索引

あ行

アウトサイド（戦術）　166, 177
秋月謙吾　49
アクセサビリティ　168
新しい団体の登場　336
圧力団体　26, 39, 84
アドボカシー団体　225, 264, 297
アーモンド　20
阿利莫二　39
石生義人　49
石田雄　39
石田徹　19
伊藤大一　120
伊藤光利　160
猪口孝　121
インサイド（戦術）　166, 177
インターネット　221-222, 246
影響力　46
エリート主義
　　──的　30
　　──的モデル　39
大嶽秀夫　40
岡義武　39

か行

階級闘争
　　──的　30
　　──モデル　33
回答率　59
有効──　56
経路依存性（path dependency）　245, 334
価値推進団体　42, 132
活動体レベル　245, 250
官庁クライエンテリズム　40
規制行政　130
既成生産者団体支配モデル　33
旧構造　335
旧構造の浮上　333
行政活動の包括性　128
行政信頼度　125
行政・政党両方接触派　151
行政接触派　151
行政との間接接触　112
行政との直接接触　111
協調関係　203
協調と対立　97, 98-99
亀裂の消滅　336
近代化・社会発展モデル　218, 223
近代化初期遺産　261
「組合・団体（union, association）」
　　　　　　51, 54, 233, 256
　　──に含まれる団体　55
久米郁男　125
グローバル化モデル　221
権威主義体制　261, 269
「権力の3層モデル」　19-21
構成員数　91
「構造」　29
　　イーストンによる──　29
国内志向団体　192
「55年体制」　258
国会議員　112
国家・制度要因　270
国家論　221
小林直樹　39

さ行

「最大動員システム」　120
サラモンとアンハイヤー　288
3頭制パワー・エリート（モデル）　39
事業所統計　54, 56, 241, 271
　　──にみる団体　248
重冨真一　220
質問票　59
篠原一　39
市民社会　22-23
　　──組織　21, 232

――組織の政治化　65,72-73,
　　――組織の利益集団化　68-69
　　グローバルな――　192
　　――組織の発展（変化）　223
社会運動　216
社会過程　43
社会サービス団体　225,264
社会・資源・社会変容要因　270
社会集団　22
　　――の組織化　67
宗教団体　255,264
集団の噴出　16-17
　　――現象　38-39
首都間の比較　247
自由民主主義体制　245
常勤職員数　93,195
　　活動空間と――　106
省庁との関係　134
情報源　108,201
　　――としての行政機関　126
職業別電話帳（タウン・ページ）　54,246
　　――上の分類　86
　　――にみる団体　248
ジョンソン　121
人口当り
　　――団体従業者数と全産業従業者数の推移
　　　　　　　　　　　　　　　　　279
　　――団体数と全産業事業所数の推移　278
「政権党ネットワーク」　147
政策関心　67,74,95,96-97,122
　　活動空間と――　107
政策受益団体　42,50,132
政策スコープ　176
政策認知コミュニティー　216
政策ネットワーク　216
生産者団体　225,263,264
政治活動　67,74
政治化の3層構造　67
政治化の弱体化　336
政治関与の積極性と政党・行政志向　317
政治関与の積極性と地球化・情報志向　321
政党・行政志向と地球化・情報志向　325
政党－行政志向の軸　315

政治社会構造　18
政治的アクター関係・行動　66
政治的関与の軸　307
政治的な集団　170
政党支持　143,144
政党接触　114,143,145,151
政党と行政　45,49
制度化
　　韓国の――　238
　　日本の――　237
　　米国の――　238
制度化・権力規制モデル　220,223
制度化レベル　233,241,245,249
制度論的アプローチ　34
政府依存度　175
世界志向団体　192
セクター団体　42,132
セクター別の設立動向　265
全産業事業所数と団体事業所数の相関　277
選挙活動　150
　　――の停滞化　153
組織化レベル　241,247,250
組織目標　176
組織リソース　90,175,288,292
「その他」の団体　85,264
設立年　256
　　――解釈　259

た行

ダイアモンド　22
「大企業労使連合」　44,50
高畠道敏　159
田口富久治　39
多元主義　30,216,218
　　――化　32,334
　　――的アプローチ　34
　　――的近代化論　333
　　――論　43
ダール　333
「団体」　24
団体活動体　289
団体－行政関係　109,123,199

364

——の協調性　123
「団体形成の循環」　43
団体従業者数　244
団体-政党関係　114
団体地図　57, 235
「団体ディレクトリー」　52
「団体の基礎構造に関する調査（JIGS）」　18
団体の政党ばなれ　155
団体の設立目的・活動内容　94, 198
団体の選挙活動　142
団体の分類系統樹　335
団体分類　42, 58, 122, 197
　　——別の特徴　71
団体本部　195
「団体名鑑」　53
団体類型　42
地球化・情報志向-国内・モノ志向の軸　316
調査時期　60
調査対象団体　54
地理的活動範囲　104
辻清明　39
辻中豊　49
動員・野党戦略　180, 182-183
東京と茨城　70
統合空間ダイナミクスモデル
　　　　219, 223, 251, 263, 270, 288, 332
　　——の国家・制度次元　226, 256, 261, 269
　　——の社会・資源次元
　　　　226, 256, 263, 269, 276
トランスナショナル　104, 221, 222

な行

永井陽之助　39
日韓米独4ヵ国比較　64, 67
　　——個人会員数　292
　　——財政規模　294
　　——常勤職員規模　294
　　——団体会員数　294
　　——における団体分類分布　290
人間関係資本（social capital）
　　　　216, 219, 230-231
ネオ・コーポラティズム

　　　　30, 49, 216, 221, 269
　　——化　125
「ネットワーク分析」　49
ノーク　20

は行

働きかけの対象　109
発展志向国家型　244, 276, 334
林数量化III類　304
比較政治体制研究　216
「比較地球環境政策ネットワーク調査（GEPON）」　27
非政治的な集団　170
非制度的な組織　246
ペッカネン　221, 236
ベントリー　70, 218
文化・規範モデル　222
法人化　223
法人格　238
　　——上の分類　86, 88
　　——のない団体　253
　　活動空間と——　106
　　活動体の——　291
法人格なし　89
保革イデオロギー　148
補助金　201
ホール　236

ま行

マスコミ掲載度　205
升味準之輔　38, 39
マスメディア利用　202
松下圭一　39
真渕勝　49
丸山真男　39
3つの見方　338
三宅一郎　159
　　——「エリートの平等観調査」　41, 58
ミルズ　20
村松岐夫　16, 41, 120, 132
　　——「官僚調査（1次, 2次）」　41

――『戦後日本の圧力団体』 40, 41-47, 51, 132
――『戦後日本の官僚制』 40
――「団体調査(1次1980, 2次1994)」 31, 41, 58
メディア多元主義 31, 33

や行

「野党ネットワーク」 147
予算規模 90, 195
　　活動空間と―― 106

ら行

利益集団 25, 51
　　――機能 52
　　――研究 214
　　――世界の基本規模 255
　　――の「作業定義」 51
　　――の属性・活動 58
　　――の発展(変化) 223
　　積極的な政治的――活動 70
利益団体 23, 24, 84
　　――空間 226, 251
　　――世界 225
　　――の発展(変化) 223
『レヴァイアサン』98冬臨増号「政権移行期の圧力団体」 48, 51
レヴィ 236
ロビー 26
　　――の標的 173
ロビイスト 26
ロビー戦術 164
ロビー戦略 181
　　――の組み合わせ 171
ロビイング 44, 66, 67, 74, 76, 205

Baumgartner and Leech 25, 215, 217
Knoke 216
Milbrath 215
NGO 52, 194, 220, 221, 232
NPO 52, 232
　　――法人 253
Olson 215, 216, 219
Putnam 218, 230, 236, 251
Samuels 120
Schlozman and Tierney 215
Truman 218
V. O. Key Jr. 84
Walker 215

* 執筆分担について，**太字は単独執筆**，その他は共同執筆。

辻中豊（つじなか　ゆたか）（**1章**，2章，3章，4章，5章，**10章**，**11章**，**12章**，**13章**，**14章**，**15章**）
1954年大阪府生れ。大阪大学大学院単位取得退学。博士（法学，京都大学1996年）。現在　筑波大学人文社会系教授。『利益集団』東京大学出版会1988年。『日本の政治　第2版』有斐閣2001年（共著）。*Comparing Policy Networks: Labor Politics in the U.S.A., Germany and Japan.* (Cambridge U.P. 1996 coauhtor). "Japan's Civil Society Organizations in Comparative Perspective," in Frank J. Schwartz and Susan J. Pharr eds. *The State of Civil Society in Japan.* Cambridge U.P. 2002.

森裕城（もり　ひろき）（2章，4章，5章，6章，**7章**）
1971年広島県生れ。筑波大学大学院修了。博士（国際政治経済学，2000年）。現在　同志社大学法学部教授。『日本社会党の研究　路線転換の政治過程』木鐸社　2001年。「得票データからみた並立制のメカニズム」『選挙研究』13号　1998年（水崎節文との共著）「中選挙制における候補者の選挙行動と得票の地域的分布」『選挙研究』10号1995年（水崎節文との共著）ほか。

崔宰栄（チェ　ジェヨン）（3章，**12章**，**13章**，**14章**）
1965年　韓国生れ。筑波大学社会工学系単位取得退学。博士（工学，筑波大学）。現在　筑波大学人文社会系准教授。「北海道南西沖地震が交通需要の変動に与える影響」『土木学会論文集』No.543（1996年，共著筆頭）。「日本と韓国の団体から見た政策の構造」『選挙』52巻11号（1999年，共著）。「日本と韓国のアクター・団体間関係の構造」『選挙』52巻10号（1999年，共著）。

石生義人（いしお　よしと）（**8章**）
1964年　福岡県生れ。ミネソタ大学大学院 Ph.D.（社会学，1995年）。現在　国際基督教大学教養学部教授。Ishio, Yoshito. 1999. "Interest Groups' Lobbying Tactics in Japan and in the U.S.: The Influence of Political Structures and Conflict on Tactical Choices." *Southeastern Political Review* 27(1999): 243-64. "Determinants of Interest Groups' Coalition Participation: An Analysis of the U.S. Labor Policy Domain." *American Review of Politics* 18(1997): 269-289. ほか

足立研幾（あだち　けんき）（6章，**9章**）
1974年京都府生れ。筑波大学国際政治経済学研究科修了。博士（国際政治経済学）。現在　立命館大学国際関係学部准教授。「日本における世界志向団体の存立・活動様式」『国際政治経済学研究』5号（2000年）。「国際政治過程における非政府組織（NGO）：対人地雷禁止条約形成過程を一事例として」『国際政治経済学研究』6号（2000年）。

平井由貴子（ひらい　ゆきこ）（4章，索引）
1975年東京都生れ。筑波大学人文社会科学研究科修了。博士（政治学）。現在　外務省勤務。「トルコの総選挙における各政党の得票パターンとその時系列的傾向」『筑波法政』31号（2001年）。

世界の市民社会・利益団体研究叢書
Ⅰ　現代日本の市民社会・利益団体

2002年4月20日　第一版第一刷印刷発行　Ⓒ
2014年7月20日　第一版第二刷印刷発行　Ⓒ

| 編著者との
了解により
検印省略 | 編著者　辻　中　　　豊
発行者　坂　口　節　子
発行所　㈲木鐸社（ぼくたくしゃ）
印刷　㈱アテネ社　製本　高地製本所 |

〒112-0002 東京都文京区小石川 5 - 11 - 15 - 302
電話・ファクス（03）3814-4195番　振替 00100-5-126746

ISBN978-4-8332-2319-5　C 3330

乱丁・落丁本はお取替致します

現代世界の市民社会・利益団体研究叢書
辻中豊編（筑波大学）　　　　　　　　　　全6巻

　各国市民社会組織の構成や配置，そして利益団体としての政治過程での行動，関係を世界的な比較の中で体系的に分析し，各国の政治社会構造の特性を摘出する。とりわけ，共通の調査分析部分とそれを踏まえた日本との比較と各国別の固有の質的な分析を行う。

第1巻　現代日本の市民社会・利益団体
辻中豊編
A5判・370頁・4000円（2002年）ISBN978-4-8332-2319-5

第2巻　現代韓国の市民社会・利益団体
：体制移行と日韓比較研究
辻中豊・廉載鎬編
A5判・490頁・6000円（2004年）ISBN978-4-8332-2320-1

第3巻　現代アメリカの市民社会・利益団体
：ロビー政治の実態と日米比較
辻中豊・石生義人・久保文明編
A5判・350頁・価未定　ISBN978-4-8332-2321-8

第4巻　現代ドイツの市民社会・利益団体
：団体政治の日独比較
辻中豊・フォリヤンティ=ヨスト・坪郷實編
A5判・350頁・価未定　ISBN978-4-8332-2322-5

第5巻　現代中国の市民社会・利益団体
辻中豊・李景鵬・小嶋華津子編
A5判・350頁・価未定　ISBN978-4-8332-2323-2

第6巻　現代世界の市民社会・利益団体
：総括　5カ国比較
辻中豊編
A5判・350頁・価未定　ISBN4-8332-2324-4

別巻　日本における市民社会の二重構造
R. Pekkanen, Japans Dual Civil Society : Without Advocates, 2006
R. ペッカネン著　佐々田博教訳
A5判・272頁・3000円（2008年）ISBN978-4-8332-2399-7 C3031

　日本における市民社会の組織は，消費者運動に焦点を絞った生活者運動に終始する傾向が強く，国の政策転換や社会全体の改革に提言する機会が少ない。しかし，日本の市民社会は社会関係資本や共同体の育成を通じて民主主義をささえる一方，政策提言団体に育てる人材が少ないことが市民社会の二重構造を作り出している，と分析する。